中央民族大学国家“十五”“211工程”建设项目

宫玉宽 编

马克思主义宗教观研究资料选编

中央民族大学出版社

图书在版编目（CIP）数据

马克思主义宗教观研究资料选编/宫玉宽编．—北京：中央民族大学出版社，2008.1

ISBN 978-7-81108-261-6

Ⅰ．马…　Ⅱ．宫…　Ⅲ．马克思主义—宗教学—研究资料　Ⅳ．A 811.63

中国版本图书馆 CIP 数据核字（2006）第 041457 号

马克思主义宗教观研究资料选编

编　　者	宫玉宽
责任编辑	张嘉林(特约)
封面设计	布拉格
出 版 者	中央民族大学出版社 北京市海淀区中关村南大街 27 号　邮编:100081 电话:68472815(发行部) 传真:68932751(发行部) 68932218(总编室)　68932447(办公室)
发 行 者	全国各地新华书店
印 刷 者	北京宏伟双华印刷有限公司
开　　本	880×1230(毫米)　1/32　印张:13.5
字　　数	340 千字
印　　数	2000 册
版　　次	2008 年 1 月第 1 版　2008 年 1 月第 1 次印刷
书　　号	ISBN 978-7-81108-261-6
定　　价	28.00 元

目　录

编者的话

宗教作为人类精神生活的一个重要内容，作为社会的一种文化现象，是伴随着氏族制度而产生的。在后来的人类社会历史发展中，宗教的作用是十分重要的。然而，宗教真正成为科学研究的对象还是在19世纪后期的事情。从19世纪70年代开始，人类学家、社会学家、心理学家、哲学家逐渐摆脱了信仰主义的立场，把宗教作为科学研究的对象，研究宗教的起源、历史发展过程，并对不同的宗教进行了比较研究。直至今日，把宗教作为科学研究的对象的比较宗教研究或宗教学，在整个人文社会科学领域中显得越来越重要。

马克思主义是无产阶级的世界观，是人类解放的理论。马克思主义把宗教问题放置到人类解放的总的问题中，对宗教问题的研究总是处于无产阶级革命和人类解放的从属地位。这样，一方面，马克思主义的经典作家们并没有创立一门马克思主义宗教学的科学，另一方面，在论述更为重要的问题的时候，也涉猎到宗教问题，形成了马克思主义宗教观。

马克思主义是随着社会历史的发展而发展的科学理论。伴随着马克思主义的发展，马克思主义宗教观也得到了发展。伴随着马克思主义的中国化，马克思主义宗教观也获得了中国化的形式。在这个过程中，一是历史的因素使得马克思主义宗教观得到发展。宗教作为社会的上层建筑，是随着社会的物质生活的变化而变化的。因此，在不同的历史发展时期，宗教的社会作用是不同的。二是文化的因素使得马克思主义宗教观得到发展。由于各个国家的文化传统不同，在不同的国家，宗教的社会作用也是不同的，尤其像中国这样的宗教隶属于政治的国家状况，宗教的社会作用与西方是不能同日而语的。基于这样的原因，马克思主义经典作家对宗教观的论述可以分为两个阶段：马克思、恩格斯、列宁阶段，中国共产党及其领导人阶段。

对马克思主义宗教观的研究，除了经典作家的相关论述外，我国学术界的研究成果也是令人瞩目的。早在20世纪60年代初期，中国科学院就成立专门的研究机构——世界宗教研究所，然而由于大家共知的原因，直到改革开放前并没有取得令人满意的成果。改革开放后，宗教才真正成为科学研究的“非禁区”，经过学者们多年的努力，在学术队伍方面形成了中国的宗教学界，研究的领域得到了拓展，研究的问题得到了深入，并初步形成了“马克思主义宗教学”。在马克思主义宗教观的研究领域，学者们的研究成果包括对马克思、恩格斯、列宁的宗教观的研究，对中国共产党及其领导人的宗教观的研究，对于宗教本质和特征的研究，对宗教与社会主义关系的研究等。

基于以上的认识，本书分为两编：上编收录了马克思、恩格斯、列宁有关宗教的有代表性论著、中国共产党及其领导人有关宗教的有代表性论著；下编收录了我国宗教学界对马克思主义宗教观的研究的代表性的成果，并根据问题进行了分类。

宫玉宽

2006年4月16日

代序言：马克思主义宗教观的再认识

牟钟鉴

我为什么要谈这样一个题目，有几点理由。第一点，马克思主义宗教观是我们现在宗教工作的理论基础和指导思想，如果我们在马克思主义宗教观的理解上有偏差，我们的宗教工作就不可能健康，所以要不断地学习，不断地认识。第二点，新中国成立几十年来，我们的宗教工作在某些阶段上取得了伟大的成绩，是因为我们正确地认识和实践了马克思主义宗教观。但有些时期出现了非常严重的问题，特别是"文化大革命"中要消灭宗教、肆意破坏宗教文化，这和我们有些人对马克思主义宗教观的极"左"的错误理解是有关系的。实践证明是正确的，要坚持下去；实践证明是有害的，我们要纠正。第三点，现在客观环境发生了很大变化，新的时代出现了很多新的情况和问题，这是马克思、恩格斯时代想象不到的，不可能要求他们来解决。比如社会主义者管理的国家如何处理与宗教、宗教界的关系，马克思、恩格斯没有讲，列宁提到了，但后来前苏联实践的结果是教训多于经验，我们无法借鉴。再比如，马克思当时认为，随着科学的发展，宗教将逐步丧失地盘而走向衰落。现在的情况是，科学技术高度发达，而全世界的宗教信徒却在不断增加，20 世纪 60 年代的统计是，教徒占世界人口的 60% 多一点，现在增长到 80% 以上，这是怎么回事呢？马克思主义者应该作出新的解释。还有，民族宗教问题现在成为日益影响社会生活、影响国际政治、影响社会稳定的重大问题，而马克思当时没有直接关注这个问题，因为当时没有这种情况。另外，自上个世纪至今，世界范围内新兴宗教蓬勃发展，成为一大景观，需要加以研究。第四点，新中国成立以来，特别是改革开放以来，我们国家的领导人、领导集体，也包括许多学者，对宗教问题从理论到实践上都有许多新的创造性的发展，需要进一步概括总结，以便丰富马克思主义宗教观。

马克思主义宗教观的核心

马克思主义宗教观的核心究竟是什么？人们对这个问题一直有不同看法。长期以来，许多人认为马克思主义宗教观的核心是“鸦片论”，即宗教是麻醉人民的鸦片。有些人也许没认真读过马克思的书，但一提起宗教，他首先想到的就是宗教是鸦片，并认为这是马克思主义关于宗教问题最重要的论断。这个看法相当普及。按照我的理解，“鸦片论”不是马克思主义宗教观的核心，因为它没有揭示宗教真正的本质和根源。

马克思主义宗教观的理论基础是唯物史观，即把宗教作为一种上层建筑和意识形态，是社会经济基础、社会生活的反映，但这种反映是曲折的、颠倒的。马克思说：“国家、社会产生了宗教，即颠倒了的世界观，因为它们本身就是颠倒了的世界。”恩格斯有一段近似于宗教定义的话：“一切宗教都不过是支配着人们日常生活的外部力量在人们头脑中的反映，在这种反映中，人间的力量，采取了超人间的力量的形式。”就是说，宗教的神是自然与社会异己力量压迫的产物。这就把宗教的本质和根源说清楚了。我称之为“唯物的反映论”，或者叫“社会的异化论”，它是马克思主义宗教观的基础。

那么，马克思主义者对待宗教的态度是什么呢？由于宗教的根源存在于不合理的社会，所以要从根本上改造社会，实行社会革命，把对宗教的批判引导向对社会的批判，要为建立人间的天堂而奋斗。有了地上的天堂，人们就不会向往天国了。

马克思主义宗教观可以概括为两论：唯物的反映论和社会改造论，都是从社会角度看宗教。以往的无神论者往往局限在思想文化领域研讨宗教的本质，或者简单化地批判宗教谬误，把宗教看作是人类认识的误区。费尔巴哈把神性归结为人性，认为是人创造了神，而不是神创造了人；但他把人看成单个的抽象物，不了解人的社会性。马克思、恩格斯却把考察宗教的眼光伸向了社会生活，特别是经济生活、生产方式、社会结构，因此是一种非常深刻的宗教理论，它在世界宗教社会学界得到很高的评价。

当然，它也有不足的地方。马克思、恩格斯是革命家，他们主要从社会革命的角度来探讨宗教问题，缺乏视角的多样性。宗教是立体化的多层次的社会文化体系，对于宗教的探讨，不能仅仅停留在社会经济生活领域，还要有文化学的视野，有心理学的分析，甚至有生死学（探讨死亡问题）的关注。但是，如果我们要求经典作家把什么问题都解决好了，那还要我们干什么呢？

马克思在《〈黑格尔法哲学批判〉导言》里确实说过“宗教是人民的鸦片”。看看上下文就会知道，马克思没有一点意思说宗教本身很坏，像毒品毒害人，而是说不合理的社会制度使人民得不到幸福，人民在苦难里无法承受，只好到宗教中寻找安慰。在这种情况下，“宗教里的苦难既是现实的苦难的表现，又是对这种现实的苦难的抗议”，“于是对天国的批判就变成对尘世的批判”。他的矛头始终是对准剥削压迫制度的。他从来没有把“宗教是人民的鸦片”这句话作为他的宗教观的核心或基石，最多是把鸦片作为宗教的一种社会功能来作比喻的。

宗教“鸦片论”与“斗争论”

那么，“鸦片论”或“鸦片基石论”是什么时候出现的呢?是到了列宁的时期，是俄国式、苏联式的社会主义者对马克思主义宗教观的解释出了问题。

列宁有许多非常精彩的思想，他说：“被压迫阶级为创立人间的天堂而进行的这种真正革命斗争的一致，要比无产者关于天堂的意见的一致更为重要。”也就是说，信仰上的差别并不是第一位的，人民群众共同的长远利益是第一位的。列宁反对向宗教宣战，认为这是一种愚蠢的举动。他还讲过政教分离，教育与宗教分离，力求使信教成为公民私人的事情等等。但是列宁在《论工人政党对宗教的态度》一文中说：“宗教是麻醉人民的鸦片，马克思的这一句名言是马克思主义在宗教问题上全部世界观的基石。”列宁的这个概括在马克思恩格斯经典里找不到根据，也没有揭示宗教的根源和社会本质，只把一种社会功能当作马克思主义宗教观的基石，离开了唯物史观，把水平降低到旧无神论的高度，这合理吗?显然是违背马克思主义的。可是他的概括非常简练明确，比喻形象生动，容易流传，加上他本人的威望，遂成了经典语言，影响面太大了，影响时间太久了。随着“鸦片论”而来的是对待宗教的“斗争论”。列宁说：“我们应当同宗教作斗争，这是整个唯物主义的起码原则，因而也是马克思主义的起码原则。”又说：“马克思主义者应当是唯物主义者，是宗教的敌人。”这样就确定了俄国共产党人反宗教的立场。唯物主义者当然不赞成宗教教义，但为什么不能在信仰上互相尊重而一定要站在反宗教的立场上与宗教作斗争呢?列宁的“斗争论”同马克思主义及他自己所说的不要向宗教宣战是相违背的，所以列宁主义在宗教问题上有深刻的矛盾。后来斯大林长期领导苏联，在理论和实践上都强化了与宗教作斗争的立场，使国家和宗教的关系长期处于紧张状态，只是在卫国战争时期稍有放松。

总之，社会主义者与宗教、与宗教界、与宗教文化究竟应该建立一种什么样的关系，这个问题一直未得到正确解决。

中国共产党人对宗教观的创新

中国共产党人在新中国成立以来有许多探索和试验，有时候坚持唯物史观和宗教信仰自由政策，有时候受"鸦片论"和"斗争论"的影响出现"左"倾错误。很多情况下是结合我国的实际而有所创新。

先谈毛泽东。毛泽东的贡献有这样几点：第一，从我国宗教界的实际出发，把宗教界作为统一战线的对象，把宗教工作作为统战工作的组成部分。第二，区分两类不同性质的矛盾，认为在宗教问题上产生的矛盾，大量是人民内部矛盾。第三，时任统战部长的李维汉提出了"宗教五性论"，看到宗教不仅是一种思想信仰，它还是一种社会力量，因而有其社会五性，即：群众性、长期性、复杂性、民族性和国际性。第四，强调对待思想信仰问题不能采取强制性的手段，马克思主义也不能强制人民去信仰。第五，在民族宗教工作上强调采取"慎重稳进"的方针。第六，1963年，毛泽东在一个请示建立若干外国问题研究机构的文件上作了重要批示："但未提及宗教研究。世界三大宗教至今影响着广大人口，而我们却没有知识。"又说："不批判神学，就不能写好哲学史，也不能写好文学史或世界史。"毛泽东对宗教神学的态度是严厉的，但他看到了研究宗教的重要性，看到了研究宗教与人文科学的密切关系。于是翌年便成立我国第一个宗教研究机构——世界宗教研究所。现在大陆宗教研究发展如此蓬勃，与毛泽东当年的批示是直接相关的。当然，1957 年以后，强调以阶级斗争为纲，把民族问题归结为阶级斗争问题，经常把宗教问题提升为政治问题，“鸦片论”和“斗争论”在“文革”中达到顶峰，造成大破坏、大混乱，马克思主义的理性精神被抛弃了。

邓小平实行改革开放，在宗教工作上制订出台了 1982 年的 19 号文件，纠正了“文革”的极左路线，使宗教理论、宗教政策和宗教工作重新回到马克思主义轨道上；平反冤假错案，落实宗教信仰自由政策，使宗教活动趋于正常。在理论上论证了宗教在社会主义时期存在的长期性与必然性，指出宗教工作的重心是团结信教群众投身于社会主义建设事业，又强调宗教管理部门、宗教学术界和宗教界三支队伍的团结与合作。从那时起，“鸦片论”被淡化，发布的有关文件不再引用“宗教是鸦片”这句话，因为看到了它的消极作用。在社会主义制度下，谁来利用宗教麻醉人民呢？这是说不通的。

第三代领导集体在宗教问题上也提出两论，即“适应论”和“引导论”。在他们提出的关于宗教的许多重要观点中，我认为最重要的就是“积极引导宗教与社会主义社会相适应”，这句话是江泽民提出来的。此前许多学者也在探讨，宗教与社会主义社会到底应有什么样的关系。其中有代表性的学者是上海的罗竹风和萧志恬等等，他们经过调查研究，写出了《中国社会主义时期的宗教问题》一书和许多论文，提出宗教与社会主义社会可以相协调。他们的研究为我国宗教理论的创新提供了重要参考意见。

“积极引导宗教与社会主义社会相适应”这个理念重要在哪里？在于它在共产主义运动史上、在马克思主义发展史上，第一次正面地正确解决了宗教和社会主义的关系问题。既然宗教可以与社会主义社会相适应，那它与社会主义必有共同的地方，不是决然对立的，否则便无法引导、无法适应。当然宗教也有不适应的方面，但有相适应的基础，所以能够引导，引导就不是斗争，这是很了不起的创新。坚持“适应论”和“引导论”，就要抛弃与宗教作斗争的反宗教的立场，抛弃把宗教作为异己力量的观点；要把宗教不仅仅看成是私有制社会的上层建筑，也是社会主义社会的上层建筑，它是一个正常的社会文化体系。宗教适应社会主义社会，不仅仅是政治上的，宗教思想、宗教文化同社会主义思想文化也可以相互沟通。所以江泽民讲，宗教界要爱国守法，要发掘宗教教义、宗教道德里面的积极因素来为社会主义社会服务，这已经远远超出了毛泽东时代的提法（当时毛泽东的提法是我们共产党人与宗教界只能在政治上联盟，在思想上要严格划清界限）。

宗教适应社会主义社会是全方位的，是和而不同的，是有差别的适应，这与我国的文化传统有关。费孝通先生说中华民族的民族格局是多元一体。文化上也是这样，儒、佛、道三教并立，还有伊斯兰教、基督教、摩尼教、犹太教，多种宗教和平共处。中原地带从没有发生流血的宗教战争，也没有出现宗教裁判所，这在世界历史上是罕见的。中国共产党人继承我国文化的这一优良传统，在文化政策和对宗教的态度上越来越宽容，越来越离开俄国式的做法而走自己的路。宗教和社会主义之间的差异是显然的，两者的哲学基础就不同，但是我们现在政策的基本点是寻找相互之间的契合点，把主要精力放在开发宗教体系中一些积极内容和智慧，来改良我们的人生，改善我们的社会。马克思主义宗教观是动态的，在不断发展。现在的“适应论”和“引导论”已经抛弃了“鸦片论”和“斗争论”，不仅回到“唯物反映论”和“社会改革论”，而且超出了后者。

可能有这样一个思想障碍，即认为共产党是无神论的政党，不可能与宗教真正相协调，它在本质上必然是反宗教的，所以它的宗教信仰自由政策只能是权宜的、策略的。西方有些人正是这样看我们，而我们队伍中也有人这样看自己，他们都不相信社会主义能与宗教和谐相处。这当然是错误的。假如我们的无神论是历史上的旧无神论，我们难免不采取反宗教的立场。可是我们共产党人的无神论是辩证唯物论和历史唯物论，我们了解宗教产生和发展的规律，把宗教看作是一种必然的历史文化现象，有其合理性与长期性，只要社会异化现象存在，宗教也将存在。同时，共产党人要代表最广大人民群众的根本利益，就包括尊重群众选择信仰的神圣权利。从这两点出发，我们的社会主义应该是对宗教最为宽容的主义，我们共产党人应该成为宗教信仰自由政策最坚定的维护者，只有这样才符合我们的世界观和人民性。共产党人由于没有宗教信仰，可以对所有宗教一视同仁。如果社会管理层有特定宗教信仰，它会自觉或不自觉地在政策上倾向它信奉的宗教，而对其他信仰加以歧视，就很难做到全面的信仰自由，如今天美国的社会那样，基督教与政治权力有千丝万缕的联系，常被政治势力所利用。

我们今天的一个重要进步，就是对宗教社会功能从简单化理解提高到全面理解。历史上统治阶级经常利用宗教来麻醉人民，这也是事实。当代宗教仍然有两重性，在世界民族和地区冲突中有很大的负面作用。但宗教的社会功能还要从积极的方面去理解，例如政治的整合功能，心理的调适功能，道德的教化功能，社会的公益功能，文化的推动功能，至少有这五大功能。现在一个流行的说法：宗教是文化。宗教有政治性，但不属于政治系统，它基本上是一种社会文化体系。我国宗教则是我国传统文化的一个重要组成部分，这样看我们的视野就被打开了，社会主义者与宗教的共同点就越来越多了。我国传统文化历史悠久，博大精深，精华很多，其中有各种宗教文化的贡献。我国社会主义者要培育和弘扬民族精神、继承和发展优良传统文化，就不能不对各种宗教及其文化心存敬意，注意包纳和吸收。

适应是双向的。社会主义者要消除对宗教的偏见，全面理解宗教，并学会引导宗教适应社会、服务大众；同时，宗教（宗教界是其主体）也要自我调整、不断进步。宗教的基本信仰是不能改变的，但宗教对经典的解释和它的活动方式却是随着时代的发展而变化的，目的是为了更好地适应社会，否则就可能被淘汰。而且宗教要保持自己永远成为推动文明的健康力量，就必须不断提高自己的文化素质和文化含量，增强宗教理性的睿智，坚持宗教昭示的真善美的方向，向社会提供丰富多彩的精神食粮，为社会安定与民众幸福做更多更好的事情，自然就会受到社会的欢迎。否则，因循守旧就可能僵化衰朽，庸俗功利就可能腐化变质，诡秘极端就可能违法入邪，所以宗教自身的建设是非常重要的。

几点看法与认识

下面我对宗教的长期性、群众性和复杂性谈点看法。

以往马克思主义者讲宗教长期性时，关注三大根源：剥削制度以及由此引起的群众的贫困和愚昧。这三个根源的铲除也并不容易，但毕竟可以预测它的阶段。还有三个根源的铲除是难以预期的，即：命运、生死、意外灾难。恩格斯讲："当谋事在人，成事也在人的时候"，宗教就会消亡。人的命运总是难以完全自己掌握的，"谋事在人，成事也在人"是一个遥遥无期的目标。生死问题也是一个永恒性的矛盾，有限的生命要追求无限的存在，因此恐惧死亡，希望闯过生死大关，获得永生，宗教能够满足人们的这种心理需求。再就是各种想象不到的灾害，包括"非典"、地震、小行星撞击地球等，人的生命是脆弱的，人类群体在宇宙力量面前也是脆弱的，所以要依靠宗教增强信心。应该这样去理解它的长期性，在社会主义社会，宗教将不仅长期存在，而且不会出现消亡的趋势。

宗教的群众性是很强的。成千上万的信众都是普通百姓，共产党人一向走群众路线，所以会尊重群众的信仰选择，维护群众的信教自由。还要再进一步，如果某个地区绝大多数人不信教，只有少数人有宗教信仰，你维不维护他们的自由？还是要维护的，因为这是维护基本人权的问题。人权、法治、理性、自由等都是现代的理念，我们必须把尊重信仰自由提高到尊重人权的高度，才能从根本上解决问题。列宁曾经给共产党人提出一个任务："无产阶级专政应当坚持不懈地使劳动群众实际上从宗教偏见中解放出来。"这是不是共产党人应该和能够去完成的任务？如果去做，会不会违背宗教信仰自由的政策？我觉得我们没有去改造信教群众世界观的任务。共产党人的责任是为人民谋幸福，把社会建设好，把社会主义文明推到很高的理想境地。至于信仰问题，让大家自由选择，只要爱国守法就可以了。当然，在学校里要进行无神论教育，主要是结合科学，普及讲好唯物论和辩证法；同时给学生以准确的宗教学知识，使他们能以理性的态度对待宗教。

关于宗教的特殊复杂性，这些年我们也有了更多的认识。宗教自身就是一个结构复杂的综合体。吕大吉教授提出宗教四要素说，我也有个四层次说：超世的信仰是宗教体系的核心；它的外层，由宗教精英建造了宗教的神学、哲学、伦理及清规戒律，形成一个理论层面，又可称之为宗教的解释系统；它还有一个实体的层面，即信徒、神职人员、庙堂、器物、财产和宗教活动，这就是宗教界及其生活方式；最外层则是宗教文化，它与世俗的文学艺术、哲学伦理、民俗科技交织在一起。宗教与社会政治、经济、文化、民族有密切而广泛的联系，不能只从一个角度看问题。宗教领域的矛盾，大量的是人民内部矛盾，同时也存在着

"宗教掩护敌人，敌人利用宗教"的问题。还有，宗教之间也是千差万别的。以我国宗教而言，道教是土生土长的，民间性较强；佛教注重思辨，哲学理性较强；伊斯兰教在民族地区流传，民族性较强；天主教和基督教与中西交往不可分，国际性较强。这些宗教在适应我国社会主义现代化过程中的作用和方式自然不尽相同，那么宗教工作的作法也要因教制宜，各有侧重。可以说，宗教的民族性和国际性是宗教复杂性的重要表现，因而处理宗教问题要特别慎重、细心周备。

我们正在致力于社会主义现代化和全面建设小康社会，它要求我们调动一切积极因素，团结一切可以团结的力量，其中包括宗教界和宗教文化。通过双方努力使宗教与社会主义社会形成一个比较和谐的关系，符合全体人民的根本利益，也有利于宗教的正常发展。列宁写过一篇《社会主义与宗教》的文章，我们中国共产党人要借鉴前苏联的教训，继承优秀民族文化，总结新中国成立以来的经验，吸收现代人类文明成果，重新做一篇"社会主义与宗教"的大文章，我们是有条件做好这件事的，改革开放的成功证明，我们中国人有很大的独创性。

马克思主义宗教观是动态的开放的，我们要继续研究新问题，继续进行理论探索。新问题很多，例如宗教极端主义及抑制它的途径就很值得研究，它与目前国内外反对恐怖主义的斗争连在一起，既是政治问题，也是宗教学问题。再如民间信仰问题，长期以来处在我们宗教工作视野之外，不出问题时放任自流，出了问题便由公安部门来管，这样是不行的。我国普通民众与知识层不同，其精神支柱不是哲学而是宗教，而民间信仰的特点是多神崇拜，除了五大宗教，还有许多俗神及祭拜活动，它本身也是一种文化生活。要移风易俗，也不能简单取缔，它有深厚的传统，目前还找不到替代品。要不要引导？如何引导？这就需要研究和试验。马克思主义宗教观就是在不断研究和解决新问题中发展的。随着社会的不断进步、不断扩大开放，我们的宗教理论和政策也会不断地充实和丰富，这需要大家来共同推动。

（摘自《中国民族报》2004 年 7 月 23 日）

一、马克思、恩格斯、列宁宗教观研究

马克思和恩格斯无神论宗教观的形成简论

王肖燕

马克思主义产生于19世纪40年代。马克思主义在宗教观上属于无神论。马克思、恩格斯无神论宗教观的形成与马克思主义产生的历史进程是一致的。马克思、恩格斯无神论宗教观是马克思主义思想体系的组成部分。如果说1848年2月马克思、恩格斯的《共产党宣言》的发表是马克思主义成熟的标志，在此之前的一些著作中，马克思主义的基本原理，包括马克思主义的宗教观已经得到了明确的表述。

一、马克思主义宗教观产生的社会历史背景

当19世纪德国进行资产阶级革命时，英法等国已于18世纪进行了资产阶级革命。德国资产阶级革命是用哲学的武器进行的。康德和黑格尔的哲学反映了德国资产阶级软弱的特点。到了18世纪40年代，德国资产阶级反对封建专制的斗争依旧是用哲学的武器进行，但已经不是为了抽象的哲学目的，而是直接地针对传统的宗教和封建专制的国家政权了。

黑格尔于1831年去世。到19世纪30年代末，黑格尔学派

分裂为老年黑格尔派和青年黑格尔派。老年黑格尔派重视黑格尔哲学的唯心主义体系，在宗教上和政治上相当保守。青年黑格尔派重视黑格尔哲学的辩证法，成为激进的资产阶级的哲学。“但是，政治在当时是一个荆棘丛生的领域，所以主要斗争就转为反宗教的斗争；这一斗争，特别是从1840年起，间接地也是政治斗争。1835年出版的施特劳斯的《耶稣传》成了头一个推动力。”[1]青年黑格尔派的施特劳斯的《耶稣传》，对基督教的历史和《圣经》进行了批判性的研究。这一研究的深入发展，使青年黑格尔派认识到对现存宗教进行斗争的实际必要性。

1841年，费尔巴哈的《基督教的本质》出版了。费尔巴哈的唯物主义哲学有两方面的内容，一是关于自然的学说，另一是关于人的学说。费尔巴哈主张把自然当作一个不以人的意志为转移的客观实体，哲学的任务应当按照自然的本来面貌来认识自然。自然界是第一性的，精神是派生的。费尔巴哈认为，唯心主义哲学的秘密是神学，而神学的秘密是人本学。神学或黑格尔哲学都是客观化了的和神化了的人的本质。这样，费尔巴哈就把神的本质归结为人的本质，用人的本质去说明神的本质。这对反对宗教神学的斗争具有革命的进步作用。恩格斯晚年在《路德维希·费尔巴哈和德国古典哲学的终结》中指出，费尔巴哈的哲学使唯物主义重新登上了王座。费尔巴哈的《基督教的本质》的解放作用，只有亲身体验过的人才能想象得到。

英国于18世纪上半叶进行了资产阶级革命。英国的光荣革命为欧洲大陆的资产阶级革命提供了唯物主义哲学和先例。法国于18世纪下半叶进行了资产阶级革命。法国资产阶级革命是在资产阶级更为成熟和更为强大的情况下进行的，以启蒙思想为理论指导，比英国资产阶级革命更为彻底。法国资产阶级革命对德国的知识阶层产生了深刻的影响。正如恩格斯晚年在《反杜林论》中指出的："在法国为行将到来的革命启发过人们头脑的那些伟大人物本身都是非常革命的。他们不承认任何外界的权威，不管这种权威是什么样的。宗教、自然观、社会、国家制度，一切都受到了最无情的批判；一切都必须在理性的法庭面前为自己的存在作辩护或者放弃存在的权利。思维着的悟性成了衡量一切的唯一尺度。"[2]在19世纪二、三十年代，德国知识阶层中争取自由进步和国家统一的思想和运动蓬勃发展。马克思、恩格斯即成长于这种社会环境。英、法资产阶级革命的影响，德国的思想意识状况和社会状况对马克思、恩格斯的思想转变和世界观的形成有着深刻影响。

二、马克思、恩格斯宗教观的转变

1. 青年马克思与青年恩格斯的宗教信仰

马克思成长于一个犹太律师家庭。马克思的父亲深受18世纪法国启蒙思想的影响，于1816年由犹太教改信基督教。他的七个孩子也于1824年改信基督教。马克思父亲的进步的自由主义思想和理性的宗教观对马克思有很大的影响。马克思于1835年8月12日写的中学毕业作文《青年在选择职业时的考虑》，一方面反映了马克思的宗教信仰，另一方面也表明了他的理想主义。他在文中写道："历史承认那些为共同目标劳动因而自己变得高尚的人是伟大人物；经验赞美那些为大多数人带来幸福的人是最幸福的人；宗教本身也教诲我们，人人敬仰的理想人物，就曾为人类牺牲了自己——有谁敢否定这类教诲呢？"[3]在马克思写于1835年8月10日的中学考试论宗教问题的作文中，也同样表明了他的宗教信仰和理想主义。他写道："和基督一致可使内心变得高尚，在苦难中得到安慰，有镇定的信心和一颗不是出于爱好虚荣，也不是出于荣誉欲，而只是为了基督而献给了博爱和一切伟大而高尚事物的心。”[4]

恩格斯出生于德国巴门一个商人家庭。恩格斯的父亲是一个保守分子和基督教正统派信徒。在宗教方面，恩格斯的出生地巴门和成长地不来梅是北德意志虔信主义的堡垒。恩格斯因家庭原因选择商业作为职业而中止中学的学习。他的中学肄业证书记载他信仰福音派新教，“熟悉福音派教会的基本教义，同样熟悉基督教会史的要点。通晓《新约》(原文)。”[5]这种宗教背景使得青年恩格斯后来在摆脱虔信主义的束缚时经历了激烈的思想斗争。

马克思、恩格斯在宗教观上的思想转变有着共同的轨迹，也有各自的不同特点。就共同点来说，他们都是由受理性主义的宗教观的影响，通过参加青年黑格尔派的哲学斗争，接受费尔巴哈的唯物主义，最后通过批判当时德国现实的斗争和实践，摆脱宗教的影响，实现了世界观上从唯心主义到唯物主义的转变。就他们世界观转变的各自特点来说，马克思受法国启蒙思想的影响，注重在理论上的批判和研究。由于宗教信仰的背景，恩格斯的世界观的转变经历了个人思想上的激烈斗争。

2. 马克思宗教观的转变

马克思 1835 年秋入波恩大学学习，一年后转入柏林大学学习。当时正值黑格尔哲学风靡柏林大学。马克思通过与青年黑格尔派成员的接触，了解了黑格尔哲学。对宗教的批判是当时青年黑格尔派关注的一个主要问题。马克思 1841 年的博士论文反映了青年黑格尔派的思想对他的影响。在其博士论文的序言中，马克思明确地表示了他反对宗教的无神论思想：“哲学，只要它还有一滴血在它那个要征服世界的、绝对自由的心脏里跳动着，它就将永远用伊壁鸠鲁的话向它的反对者宣称：‘渎神的并不是那抛弃众人关于所崇拜的众神的人，而是同意众人关于众神的意见的人。哲学并不隐瞒这一点。普罗米修斯承认道：老实说，我痛恨所有的神。这是哲学的自白，它自己的格言，借以表示它反对一切天上的和地上的神，这些神不承认人的自我意识具有最高的神性。不应该有任何神同人的自我意识相并列。”[6]

马克思离开大学后，从1842年开始了政治活动。马克思把青年黑格尔派的施特劳斯、布鲁诺·鲍威尔对《圣经》的批判发展为对基督教的批判和对国家的批判。在这个过程中，费尔巴哈的唯物主义对马克思的世界观的转变起了相当重要的作用。这表现在他所撰写的政论文章上。从1842年10月起，他担任了《莱茵报》的主编。马克思在《莱茵报》期间写的文章，体现了他受到的资产阶级启蒙思想的影响及对德国政治现实的批判。他论证了康德哲学是法国革命的德国理论。在评论莱茵省议会关于林木盗窃法的辩论的论文中，马克思捍卫了在政治上和社会上备受压迫的贫苦群众的习惯权利的实在和合法性。在担任《莱茵报》主编期间，对德国现实的社会政治问题的批判，使马克思关注社会主义和共产主义思想，并对这些思想进行了深入的研究。在这期间，马克思已经明确而坚定地表明了他的无神论思想，并联系着对社会的批判来阐明他的无神论世界观。在1842年11月30日致阿尔诺德·卢格的信中，马克思认为要“更多地联系着对政治状况的批判来批判宗教，而不是联系着对宗教的批判来批判政治状况”[7]。“要知道，宗教本身是没有内容的，它的根源不是在天上，而是在人间。随着以宗教为理论的被歪曲了的现实的消灭，宗教也将自行消灭。”[8]这时，马克思的宗教观已经牢固地建立在唯物主义的基础之上。无神论世界观的形成是青年马克思共产主义世界观形成过程中一个重要的阶段。

3. 恩格斯宗教观的转变

恩格斯无神论世界观的形成经历了比马克思更为激烈的思想斗争。恩格斯离开中学从事商业活动后，自己对黑格尔哲学和青年黑格尔学派的哲学思想进行了深入的研究，并在柏林大学旁听哲学课程。理性主义的宗教观与虔信派的思想斗争是恩格斯思想转变过程中一个重要的阶段。青年黑格尔派的布鲁诺·鲍威尔有关早期基督教史的许多著作，费尔巴哈的著作，大卫·施特劳斯的《耶稣传》的影响，使恩格斯对宗教信仰产生了怀疑，进而摆脱了自幼接受的传统宗教观念的束缚，认识到宗教信仰就像海绵一样漏洞百出，《圣经》中存在着无法解决的矛盾，信仰和理性是不相容的。恩格斯在这一时期致弗里德里希·格雷培的一系列信件中反映了他接受理性主义的宗教观，对上帝存在的怀疑，对相信《圣经》的字面意义的怀疑，反映了他思想上的激烈斗争。他在 1839 年 1 月 12 日至 27 日给格雷培的信中，谈到了他的思想斗争，“你不了解我们这些人为了解决有无上帝这个问题而不得不进行的斗争；你不了解一个人随着最初的怀疑而开始感觉到的那种负担即旧信仰的负担是何等沉重，当时他必须决定对旧信仰是维护还是反对，是承担它还是将它抛弃。”[9]从对宗教信仰的怀疑到接受黑格尔关于神的观念成为泛神论者，又通过对社会现实的批判成为唯物主义的无神论者，这是恩格斯无神论思想形成的发展过程。1840 年 6 月，恩格斯在《风景》一文中表达了他成为无神论者的快乐：“当我们走下庸人思想的堤坝，从令人窒息的加尔文派的正统思想束缚下冲出来，进入自由精神的广阔大地时，我们感到多么幸福啊！”[10]

对社会现实的批判在恩格斯的无神论思想的形成中发挥了重要的作用。在恩格斯写于 1839 年 3 月的第一篇政论文章《乌培河谷来信》中，体现了他对宗教的批判态度。恩格斯对乌培河谷工人的贫困和悲惨生活，对童工被剥削的状况表示了极大的同情，对工厂主的无耻，表示愤慨。恩格斯写道，与工人的生活形成对照的是：“大腹便便的厂主们的良心是轻松愉快的，虔诚派教徒的灵魂还不致因为一个儿童如何衰弱而下地狱，假如这个灵魂每个礼拜日到教堂去上两次，那就更没有事了。因为我们知道，厂主中间对待工人最坏的就是虔诚派教徒。”[11]在这个时期的许多文章中，恩格斯都表明了与宗教黑暗势力进行斗争的思想。

三、马克思、恩格斯早期著作中的无神论观点

从1848年前后至1848年2月发表《共产党宣言》，是马克思、恩格斯无神论的世界观及其共产主义思想、辩证唯物主义和历史唯物主义思想的形成时期。他们在这个时期的主要著作，马克思的《论犹太人问题》、《〈黑格尔法哲学批判〉导言》、《关于费尔巴哈的提纲》、《1844年经济学哲学手稿》，恩格斯的《英国状况》（三篇），马克思、恩格斯合著的《神圣家族，或对批判的批判所做的批判》、《德意志意识形态》等著作中对宗教问题的论述表明了他们的宗教观与辩证唯物主义和历史唯物主义世界观形成过程的一致性。

以下是马克思、恩格斯这些著作中的无神论思想：

1. 人创造了宗教，而不是宗教创造了人。人就是人的世界，就是国家，社会。国家、社会产生了宗教即颠倒了的世界观，因为它们本身就是颠倒了的世界。因此，反宗教的斗争间接地也是反对以宗教为精神慰藉的那个世界的斗争。宗教里的苦难既是现实的苦难的表现，又是对这种现实的苦难的抗议。宗教是人民的鸦片。[12]

马克思在写于1843年末至1844年1月的《〈黑格尔法哲学批判〉导言》中的这些论述说明了宗教是对社会现实的反映，在德国当时的社会条件下，反宗教的斗争就是反对当时的社会现实的

斗争。

2. 宗教的本质是现实的、社会的人的本质。宗教感情是社会的产物。社会的人是属于一定的社会形式的。要把社会现实、社会事物、人的感性当作人的感性活动，当作实践去理解。哲学家们只是用不同的方式解释世界，而问题在于改变世界。[13]

马克思在写于1845年春的《关于费尔巴哈的提纲》中的这些论述用人的社会本质、人的社会活动、人的社会实践去说明宗教的本质、人的宗教感情，并提出了改变世界的实践要求。马克思把唯物主义的立脚点放在了人类社会，这使马克思的唯物主义远远超出了费尔巴哈的唯物主义。

3. 要用自由公民的世俗桎梏来说明他们的宗教桎梏。只有消灭了世俗桎梏，才能克服宗教狭隘性。不要把世俗问题化为神学问题，反而要把神学问题化为世俗问题。公民权利决不以无条件地彻底废除宗教为前提，在这些权利中间有信仰自由。从人权这一概念决不能得出宗教和人权不相容的结论。[14]

上述马克思写于1843年秋的《论犹太人问题》中对宗教问题的论述，一方面说明了他以世俗问题说明宗教问题的唯物主义观点，另一方面也表明了马克思关于宗教“信仰自由”的基本观点。

4. 宗教是人的异化。在宗教中，人的幻想，人的头脑和人的心灵的自己活动是作为某种异己的活动。人奉献给上帝的越多，他留给自身的就越少。神不是人类理性的迷误的原因，而是人类理性迷误的结果。宗教、家庭、国家、法、道德、科学、艺术等等，都不过是生产的一些特殊的方式，并且受生产的普遍规律的支配。无神论是对神的否定而肯定人的存在。宗教的异化本身只是发生在人内心深处的意识领域中，而经济的异化则是现实生活的异化。无神论、共产主义是人的本质作为某种现实的东西的实现。[15]

上述论述见于马克思《1844年经济学—哲学手稿》。这篇著作是马克思对经济学和对黑格尔、费尔巴哈哲学批判性地研究的一部著作，其中对宗教问题的论述表明了他认为宗教是人的意识异化的产物，宗教是受生产普遍规律支配的，表明他的无神论的宗教观已经与他的思想体系融合在一起。

5. 宗教的本质是人和大自然。宗教按其本质来说就是剥夺人和大自然的全部内容。把它转给彼岸之神的幻影，然后彼岸之神大发慈悲，把一部分恩典还给人和大自然。我们反对现代基督教世界秩序的伪善，我们迫切的任务是同它进行斗争。我们要把宗教夺去的内容归还给人。历史不是“神”的启示，而是人的启示。人所固有的本质比臆想出来的各种各样的“神”的本质要伟大得多，因为“神”只是人本身的相当模糊和歪曲了的反映。基督教世界秩序再也不能向前发展了，它必然要从内部崩溃并让位给合乎人性，合乎理性的制度。[16]

上述论述见于恩格斯的《英国状况》。恩格斯写于1844年1月、2月和3月的三篇《英国状况》在对英国的政治、经济和社会状况进行研究分析的同时，对宗教作出了精辟的论述，表明他已经联系着对社会的批判来说明宗教。

6. 宗教的本质有世俗社会的基础，不能把宗教意识当作某种独立的实质来反对。不能把宗教问题看作纯宗教的问题。现代犹太人的生活不能以他们的宗教来解释，相反地，犹太教的生命力只能用虚幻地反映在犹太教中的市民社会的实际基础来解释。当国家摆脱了国教并且让宗教在市民社会范围内存在时，国家就从宗教下解放出来了，同样，当个人已经不再把宗教当作公事而当作自己的私事来对待，他在政治上也就从宗教下解放出来了。人权并没有使人摆脱宗教，而只是使人有信仰宗教的自由。[17]

马克思和恩格斯于1844年9—11月合著的《神圣家族》是一部批判青年黑格尔派的唯心主义的各种表现的著作。在批判中，马克思和恩格斯阐述了哲学上的唯物主义观点、社会主义的思想及其之间的联系，从而使辩证唯物主义和历史唯物主义的一些基本原理得到了表述。在批判中马克思和恩格斯对宗教问题的上述论述也反映了他们的宗教观与他们的唯物主义世界观的联系。这种唯物主义已经超出了费尔巴哈的唯物主义。

7. 不是意识决定生活，而是生活决定意识。人们是自己的观念、思想等等的生产者，思想、观念、意识的生产是与人们的物质活动，与人们的物质交往交织在一起的，他们受着自己的生产力的一定发展以及与这种发展相适应的交往的制约。观念、思维、人们的精神交往还是人们物质关系的直接产物，意识在任何时候都只是被意识到了的存在。道德、宗教、形而上学和其他意识形式没有独立的历史，那些发展着自己的物质生产和物质交往的人们，在改变自己的思维和思维的产物。物质生活的生产方式是整个历史的基础，要在这个基础上追溯宗教、哲学、道德等等的产生过程。[18]

马克思、恩格斯于1845—1846年合著的《德意志意识形态》对历史唯物主义的基本观点第一次作出了较完整的表述。他们认为，这种历史观和唯心主义历史观不同，它不是在每个时代中寻找某种范畴，而是始终站在现实历史的基础上，不是从观念出发来解释实践，而是从物质实践出发来解释观念的东西。正是从这种唯物主义的历史观出发，马克思、恩格斯批判了青年黑格尔派错误地把思想、观念、现存世界在思想上的独立化了的表现当作这个世界的基础的唯心主义观点，并在历史唯物主义的基础上说明了宗教是人们物质生活的实践的产物，表明了他们的宗教观与历史唯物主义的一致性。

马克思、恩格斯在宗教观上由有神论到无神论的转变是世界观上由唯心主义到唯物主义的转变。在这个转变的过程中，费尔巴哈的唯物主义对他们产生了重要的影响。但是他们的唯物主义并不仅仅停留在费尔巴哈的水平，他们吸收了黑格尔哲学中的辩证法，并把辩证唯物主义贯穿于人类社会历史领域，形成了历史唯物主义，把精神与物质的关系，宗教与现实的关系牢固地建立在辩证唯物主义和历史唯物主义的基础之上，形成了马克思主义宗教观。

四、马克思主义宗教观与其哲学基础

1848年以后，马克思深入研究经济问题，从事《资本论》的写作。在《资本论》及其他有关经济、政治问题的著作中，马克思对宗教问题也作出了许多精辟的论述。恩格斯在《反杜林论》、《路德维希·费尔巴哈和德国古典哲学的终结》，在关于早期基督教的三篇著作《布鲁诺·鲍威尔和原始基督教》、《启示录》、《论原始基督教的历史》，在关于历史唯物主义的通信等著作中，对宗教理论和宗教问题作出了深刻的论述。马克思、恩格斯的这些著作中对宗教的论述，进一步阐明了马克思主义宗教观及这个宗教观与马克思主义哲学的基本原理不可分割的紧密联系。在此，仅根据马克思、恩格斯的两段经典论述，说明他们的无神论的宗教观与其哲学基础的关系。

马克思在1859年1月所写的《〈政治经济学批判〉序言》具有重大理论意义，马克思在其中对唯物主义历史观的实质作了精辟的说明，并对历史唯物主义的实质下了经典的定义。马克思是这样简要地表述他的唯物史观的："人们在自己生活的社会生产中发生一定的、必然的、不以他们的意志为转移的关系，即同他们的物质生产力的一定发展阶段相适合的生产关系。这些生产关系的总和构成社会的经济结构，即有法律的和政治的上层建筑竖立其上并有一定的社会意识形式与之相适应的现实基础。物质生活的生产方式制约着整个社会生活、政治生活和精神生活的过程。不是人们的意识决定人们的存在，相反，是人们的社会存在决定人们的意识。社会的物质生产力发展到一定阶段，便同它们一直在其中活动的现存生产关系或财产关系（这只是生产关系的法律用语）发生矛盾。于是这些关系便由生产力的发展形式变成生产力的桎梏。那时社会革命的时代就到来了。随着经济基础的变更，全部庞大的上层建筑也或快或慢地发生变革。在考察这些变革时，必须时刻把下面两者区别开来：一种是生产的经济条件方面所发生的物质的、可以用自然科学的精确性指明的变革，一种是人们借以意识到这个冲突并力求把它克服的那些法律的、政治的、宗教的、艺术的或哲学的，简言之，意识形态的形式。我们判断一个人不能以他对自己的看法为根据，同样，我们判断这样一个变革时代也不能以它的意识为根据；相反，这个意识必须从物质生活的矛盾中，从社会生产力和生产关系之间的现存冲突中去解释。无论哪一个社会形态，在它们所能容纳的全部生产力发挥出来以前，是不会灭亡的；而新的更高的生产关系，在它存在的物质条件在旧社会的胎胞里成熟以前，是决不会出现的。所以人类始终只提出自己能够解决的任务，因为只要仔细考察就可以发现，任务本身，只有在解决它的物质条件已经存在或至少是在形成过程中的时候，才会产生。”[19]

恩格斯晚年在一些通信中对唯物史观的原理作出了深刻的论述，其中于1890年致约·布洛赫的信中对唯物史观的说明具有经典意义。恩格斯指出：“根据唯物史观，历史过程中的决定性因素归根到底是现实生活的生产和再生产。无论马克思或我都从来没有肯定过比这更多的东西。如果有人在这里加以歪曲，说经济因素是唯一的决定性的因素，那么他就是把这个命题变成毫无内容的、抽象的、荒诞无稽的空话。经济状况是基础，但是对历史斗争的进程发生影响并且在许多情况下主要是决定着这一斗争形式的，还有上层建筑的各种因素：阶级斗争的各种政治形式和这个斗争的成果——由胜利了的阶级在获胜以后建立的宪法等等，各种法权形式以及所有这些实际斗争在参加者头脑中的反映，政治的、法律的和哲学的理论，宗教的观点以及它们向教义体系的进一步发展。这里表现出这一切因素间的交互作用，而在这种交互作用中归根到底是经济运动作为必然的东西通过无穷无尽的偶然事件（即这样一些事物，它们的内部联系是如此疏远或者是如此难于确定，以致我们可以忘掉这种联系，认为这种联系并不存在）向前发展。”[20]

在以上所引马克思、恩格斯关于唯物史观的论述中，不仅揭示了历史发展的规律，而且也对他们的宗教观及其与历史唯物主义的关系作了论述。我认为有以下内容：

1. 经济基础决定上层建筑，社会存在决定社会意识，宗教作为意识形态的一种形式，它的存在和发展也是由经济基础和社会存在所决定的。

2. 社会物质生产力的发展，生产力和生产关系的矛盾运动是社会发展和社会变革的动力。随着社会经济基础的变更，社会的上层建筑也或快或慢地发生变化。宗教作为上层建筑中意识形态的一种形式，也会随经济基础的变更而发生变化。

3. 对于时代的变革，我们要从生产力和生产关系的矛盾冲突中去解释。宗教的变化和变革也是社会经济基础变化和变革的反映。

4. 社会变革只是在它的物质条件已经存在或在形成过程中的时候才会产生。社会形态的灭亡和产生是由社会生产力的发展所决定的。宗教作为社会形态中意识形态的组成部分其变革也是最终由社会生产力的发展所决定的。

5. 上层建筑对经济基础有反作用，在许多情况下，决定社会斗争发展的形式。宗教观点和宗教教义体系在这一过程中也与上层建筑的其他因素一样对经济基础发生影响和产生作用，而且上层建筑各因素之间也有交互作用。

综上所述，马克思、恩格斯无神论的宗教观是与辩证唯物主义和历史唯物主义紧密相连、不可分割，既是以辩证唯物主义和历史唯物主义为基础，又是辩证唯物主义和历史唯物主义的组成部分。

注释：

[1] 恩格斯：《路德维希·费尔巴哈与德国古典哲学的终结》，《马克思恩格斯选集》(人民出版社出版，下同)第4卷，第217页。

[2] 恩格斯：《反杜林论》，《马克思恩格斯选集》第3卷，第56页。

[3] 马克思：《青年在选择职业时的考虑》，《马克思恩格斯全集》(人民出版社出版，下同)第40卷，第7页。

[4] 马克思：《根据约翰福音第15章第1至14节论信徒和基督的一致，这种一致的原因和实质，它的绝对必要及其影响》，《马克思恩格斯全集》第40卷，第822页。

[5] 《中学高年级学生弗里德里希·恩格斯的肄业证书》，《马克思恩格斯全集》第41卷，第693页。

[6] 马克思：《德漠克利特的自然哲学和伊壁鸠鲁的自然哲学的差别》，《马克思恩格斯全集》第40卷，第189—190页。

[7] 《马克思致阿尔诺德·卢格》，《马克思恩格斯全集》第27卷，第436页。

[8] 《马克思致阿尔诺德·卢格》，《马克思恩格斯全集》第27卷，第436页。

[9] 恩格斯：《致弗里德里希·格雷培(1839年7月12—27日)》，《马克思恩格斯全集》第41卷，第511页。

[10] 恩格斯：《风景》，《马克思恩格斯全集》第41卷，第94页。

[11] 恩格斯：《乌培河谷来信》，《马克思恩格斯全集》第1卷，第499页。

[12] 见马克思：《〈黑格尔法哲学批判〉导言》，《马克思恩格斯选集》第1卷，第1—2页。

[13] 见马克思:《关于费尔巴哈的提纲》,《马克思恩格斯选集》第 1 卷,第 16—19 页。
[14] 见马克思:《论犹太人问题》,《马克思恩格斯全集》第 1 卷。
[15] 见马克思:《1844 年经济学哲学手稿》,《马克思恩格斯全集》第 42 卷。
[16] 见恩格斯:《英国状况》(三篇),《马克思恩格斯全集》第 1 卷。
[17] 见马克思恩格斯:《神圣家族》,《马克思恩格斯全集》第 2 卷。
[18] 见马克思恩格斯:《德意志意识形态》,《马克思恩格斯全集》第 3 卷。
[19] 马克思:《政治经济学批判》序言,《马克思恩格斯选集》第 2 卷,第 82—83 页。
[20]《恩格斯致约·布洛赫》,《马克思恩格斯选集》第 4 卷,第 477 页。

(摘自《世界宗教研究》1999 年第 4 期)

论马克思科学宗教观的形成及其意义

郑明珍

马克思科学宗教观的形成由于受当时的社会和家庭的影响，经历了从有神论到启蒙无神论，向科学无神论思想转变再到科学无神论思想形成过程。认真研究马克思科学宗教观的形成过程，掌握马克思科学宗教观以及科学无神论思想，对于树立正确的世界观分清是非，划清唯物论与唯心论、科学与迷信的界限具有重要的理论意义和实践意义。

马克思青年时期的宗教观

卡尔·马克思生于1818年德国莱茵省的特里尔。马克思的父亲亨利希·马克思受了法国资产阶级启蒙思想的影响，是一位思想开明的资产阶级自由主义人士，后来放弃犹太教而改路德新教，并给儿女们施了新教洗礼。马克思16岁时，其父还再次给他安排了再洗礼。马克思的父亲虽然没有彻底摆脱宗教传统的束缚，仍然要依附于一种宗教，从他的基本态度看，并非完全出于对宗教的虔诚，在一定程度上是出于社会传统思想的压力。这种情况在一定程度上也影响到青少年时期的马克思在宗教方面并非是一位虔诚的路德教徒。

但是，当时的德国毕竟是一个以基督教为国教的国家，宗教是当时德国封建统治者的精神支柱，宗教渗透到德国社会生活的一切方面，而且根据当时普鲁士国家的规定，宗教课是一切学校的必修课程，生活在这样环境中的马克思必然受宗教思想的影响，马克思在1835年中学毕业时写的宗教考试作文可以说明。他在作文中指出："没有他（基督）我们就不能完成自己的目的，没有他我们就不会为上帝所接受，而且只有他才能赎我们的罪。"可见，马克思在青少年时基本上持有神论的观点。

1835年10月至1836年8月，马克思在波恩大学学习法律。此间马克思与其父不断通信往来，从其父给儿子的回信可知，马克思在波恩读书期间对宗教信仰在思想上有些怀疑，父亲还在信中劝儿子应保持宗教信仰。信中说："你会继续保持良好的道德行为，这点我深信不疑。但对上帝的纯粹信仰却是道德的支柱。"

1836年10月，马克思又进柏林大学法律系学习。但他花了大量时间阅读许多哲学著作，尤其是黑格尔的哲学著作。当时正是黑格尔哲学解体时期。德国社会矛盾尖锐，黑格尔哲学信徒发生了分化。这种分化在黑格尔哲学内部暂时就以神学论争的形式出现，比如对灵魂不灭持肯定态度的人就发展为老年黑格尔派，持否定态度的人就发展为青年黑格尔派。以后的争论又从灵魂不灭转到关于基督的问题。但是，在当时青年黑格尔派对宗教的批判运动，给了青年马克思的思想以很大的影响，这在他的博士论文中可以看得出来。马克思在论文中高度赞扬了伊壁鸠鲁的自由思想和无神论观点。并写道："那摈弃群氓的神灵的人，不是不诚实的，反之，那同意群氓关于神灵的意见的人才是不诚实的。"[1]在另一篇论文《星辰》里又指出：我认为，人之所以信神，是"在于人的无知和迷信"。

由此可以清楚地看出，马克思当时已是一位战斗的无神论者了，他与宗教是势不两立的。但就《博士论文》全文看，马克思当时基本上是站在黑格尔唯心主义的立场上，马克思是一位具有启蒙思想的战斗的无神论者。

马克思从启蒙无神论到科学无神论的转变

从 1841 年至 1844 年，是马克思开始由唯心主义向唯物主义世界观的转变，由革命民主主义向共产主义转变的时期。随着这个转变的初步完成，马克思在宗教观上也在历史唯物主义基础上初步提出了科学无神论的思想。

1841 年费尔巴哈《基督教的本质》一书的发表，对当时进行的宗教批判运动起了重要影响作用，这部著作在马克思由黑格尔唯心主义向唯物主义转变过程中起了重要的桥梁作用。促使马克思在世界观上发生转变的另一个重要因素，是由于马克思从 1842 年起直接投身到当时德国的政治斗争中去。1842 年 4 月，马克思开始为《莱茵报》撰稿，同年 10 月至次年 3 月，马克思任该报主编。在此期间，马克思接触到许多社会问题，诸如莱茵省议会关于林木盗窃问题的争论，关于摩塞尔农民状况的争论等，这些问题都与不同阶级的物质利益联系在一起。引起马克思对黑格尔唯心主义法哲学观点产生了怀疑，促使马克思不得不去研究经济问题，这也成为引导他逐步走上历史唯物主义方向的“最初动因”。马克思深深感到，只有深入研究物质利益问题，亦即经济问题，才能解决使他“苦恼的疑问”。而这一研究就将马克思从黑格尔的唯心主义引向历史唯物主义。

马克思思想转变的标志是 1844 年 3 月，与卢格合作出版的《德法年鉴》以及他本人这一年写的三部著作：《黑格尔法哲学批判》、《论犹太人问题》和《〈黑格尔法哲学批判〉导言》。从这些著作中看出马克思已由黑格尔的唯心主义初步转变为历史唯物主义，由革命的民主主义转向共产主义。随着这一思想的转变，他也在历史唯物主义思想基础上提出了科学无神论的思想。

比如，马克思1843年底至1844年初写的《〈黑格尔法哲学批判〉导言》在《德法年鉴》上发表表达了马克思新的世界观的许多重要思想，而且在马克思主义科学无神论思想发展历程上也具有划时代的意义，《导言》的第一部分专门论述并深刻揭露出宗教的实质问题。马克思指出："反宗教的批判的根据就是：人创造了宗教，而不是宗教创造了人。就是说，宗教是那些还没有获得自己或再度丧失了自己的人的自我意识和自我感觉。但人并不是抽象的栖息在世界以外的东西。人就是人的世界，就是国家、社会。国家、社会产生了宗教即颠倒了的世界观，因为它们本身就是颠倒了的世界"，还指出："宗教里的苦难既是现实的苦难的表现，又是对这种现实的苦难的抗议。宗教是被压迫生灵的叹息，是无情世界的感情，正像它是没有精神的制度的精神一样。宗教是人民的鸦片。"[2]这样，马克思就明确地说明了宗教的社会根源及宗教的本质。马克思认为，人们之所以要幻想一个自己受苦受难、一心一意为了拯救大众的救世主，正是因为他们自己在现实的苦难里感到孤立无援，无可奈何，这正好反映了人们对现实已经完全失掉了希望和信心，才来求助于一个幻想的救世主。从这种意义上说，这也是对现实苦难的一种抗议。当然，这种抗议只是消极的，不但不会引导他们起来向现实的苦难进行斗争，而且是要人们把目光转移到来世，这样一来宗教不是要人们摆脱现实的苦难，而在客观上还有利于维持现实的苦难，它不可能给人们带来什么实际的利益，无论今世和来世都不可能。宗教如同人们吸食鸦片以后所产生的幻觉一样，这种幻觉并不能解决人们的痛苦，给人们带来现实的欢乐和幸福。相反，宗教对人们只能起到欺骗和麻醉的作用，给人民以"幻想的幸福"，为人民身上的锁链装饰"虚幻的花朵"。马克思以犀利的笔锋揭穿了宗教对人民的这种欺骗作用。已经在历史唯物主义基础上提出了科学无神论思想，使他的宗教观进入了一个崭新的阶段。

马克思《1844年经济学—哲学手稿》（以下简称《手稿》）、《神圣家族》这两部著作的问世，标志着马克思思想转变的最终完成时期。他的历史唯物主义思想体系得到全面系统建立，他的科学无神论思想，科学的宗教观得到了科学的论证和阐述。

马克思在揭露宗教产生的根源时还把宗教异化与劳动异化联系起来，进一步揭露出宗教的本质及其产生的社会根源。马克思在《〈黑格尔法哲学批判〉导言》中已经指出："人的自我异化的神圣形象被揭穿以后，揭露非神圣形象中的自我异化，就成了为历史服务的哲学的迫切任务。"[3]在《手稿》中马克思分析了异化劳动的种种表现，其中最有意思的是他在分析劳动产品的异化和劳动本身的异化时，和宗教的异化联系在一起，使人们更加深刻地认识到宗教的社会根源。关于劳动产品的异化，马克思指出，劳动产品作为异己的东西，作为不依赖于劳动者的独立力量与劳动者相对立，劳动者创造的财富越多，与他们对立的异己的对象世界的力量越强大，而劳动者自己越贫穷。马克思联系到宗教的异化时指出："宗教方面的情况也是如此，人奉献给上帝的越多，他留给自身的就越少。"[4]马克思在《手稿》中还有一段精粹的话，讲到私有制社会关于神的观念之所以"很难从人民意识中排除"，就是因为劳动者一无所有，靠出卖劳动力为生，个人命运操作在别人手里，仿佛是一个"从属的存在物"、"靠别人的恩典为生"[5]。此外，马克思的科学无神论思想不仅与劳动异化、宗教的异化联系在一起，而且还与共产主义联系在一起。马克思指出，只有通过实行共产主义的改造才能实现人的解放。而人的真正解放，一是物质方面的解放，即消灭私有制、消灭剥削，使人从"经济的异化"中解放出来；二是精神方面的解放，即克服传统宗教对人的束缚，使人从"宗教的异化"中解放出来。这样，马克思的科学无神论的宗教观就与共产主义实现联系在一起了。

至此，马克思已经明确地解决并阐明了宗教产生的社会根源及克服宗教的正确途径问题。他的宗教观之所以科学，是因为他着眼于社会的现实，运用历史唯物主义基本观点从社会存在决定社会意识，揭示出宗教的本质及消灭的正确途径。

马克思科学宗教观的启示

马克思科学宗教观的形成可以告诉我们：首先，马克思科学无神论思想不是个人苦思冥想的结果，而是建立在历史唯物主义基础之上的，没有历史唯物主义就没有科学的无神论。马克思主义以前的无神论虽然也提出过一些合理的思想，但由于是建立在历史唯心主义的基础上的，因而不可能对宗教作出科学的阐释。只有马克思创立了辩证唯物主义和历史唯物主义，才第一次使无神论成为科学。

其次，马克思的科学无神论虽然是建立在历史唯物主义这一理论基础之上，但是，在促使马克思由唯心主义向唯物主义转变的过程中，在其历史唯物主义理论体系确立过程中，历史上一些无神论思想的优良传统和优秀思想起了重要作用。比如，古代的伊壁鸠鲁、卢克莱修等人的无神论思想，唯物主义哲学家费尔巴哈的无神论及马克思本人的无神论思想都起过重要的影响作用。马克思善于批判地继承历史上一切无神论思想的优良传统，特别是费尔巴哈的思想。费尔巴哈对黑格尔唯心主义的批判是与他对宗教的批判紧密联系在一起的，而马克思又是在批判费尔巴哈的宗教观，在逐步建立科学无神论思想的过程中，走上了历史唯物主义的道路，他的科学无神论或科学宗教观同历史唯物主义是一脉相承的。

再次，马克思科学宗教观的形成过程告诉我们，加强马克思主义理论的学习，尤其加强辩证唯物论，历史唯物论的学习，这是树立科学的无神论，抵制各种形形色色有神论和宗教迷信思想的坚实理论基础。马克思青少年时代尽管受到家庭、社会习俗和有神论的影响，还受到黑格尔宗教神学及唯心论的影响，但他认真攻读了大量的哲学著作，树立了辩证唯物论和历史唯物论的思想，自觉与黑格尔唯心论划清界限，与有神论划清界限；马克思还运用历史唯物主义这一思想武器深刻揭露宗教神学的本质及产生的社会根源。马克思这种善于学习，独立思考，明辨是非，在和有神论及宗教神学的斗争中树立了科学无神论思想和科学宗教观，为我们树立了光辉的榜样。

今天，认真学习并研究马克思科学宗教观的形成过程及科学宗教观的思想，对指导我们树立辩证唯物主义和历史唯物主义世界观，进一步揭批“法轮功”这一邪教组织及其危害更具有现实的指导意义。“法轮功”的信徒们除了受李洪志的蒙骗或出于健身这一原因外，一个重要的原因是不学习马克思主义理论，分不清唯物论和唯心论、科学与迷信的界限，把谬误当成永恒真理，把邪教当成法宝，当成“圣经”，有的至今执迷不悟。他们应当面向现实，面向即将跨入的知识经济社会，认真学点科技知识，学点唯物论，尤其是历史唯物论，尽快从“法轮功的异化”中解脱出来。

注释：

[1]　马克思：《博士论文》，人民出版社，1961年，第2页。
[2]　《马克思恩格斯选集》第1卷，第1—2页。
[3]　《马克思恩格斯选集》第1卷，第2页。
[4]　《马克思恩格斯全集》第42卷，第91页。
[5]　《马克思恩格斯全集》第42卷，第94页。

（摘自《学术界》2001年第3期）

论马克思的宗教观

汤夺先　张利洁

马克思是世界上最伟大的思想家之一，其一生中有许多关于宗教问题的观点和看法，我们不妨称之为马克思的宗教观。由马克思首先提出并逐渐发展最终形成体系的马克思主义宗教观，是马克思主义关于宗教与宗教问题的基本观点及处理宗教问题的纲领、政策的总和，是无产阶级政党在领导人民群众争取社会主义胜利和建设社会主义的过程中，正确认识和处理宗教问题的指南。[1]马克思主义宗教观，是与宗教观发展史上的两种类型的宗教观，即各种神学家的唯心主义宗教观，以及形而上学唯物主义的宗教观完全对立的，它的产生是宗教观史上的一场大革命，是宗教学方面的大飞跃，是惟一科学的宗教观。[2]作为马克思主义以及马克思主义宗教观的首倡者和重要的理论奠基者，马克思本人的宗教观无疑是其中一个重要的组成部分，也正是在马克思的奠基作用下，马克思主义宗教观才逐渐形成了体系，并最终成为无产阶级政党正确认识和处理宗教问题的基石。[3]当然，我们不能忽视其他马克思主义者在马克思主义宗教观形成和发展过程中的巨大作用，同样，我们也不能对马克思本人的宗教观视而不见，二者不可偏废。

一、马克思的宗教观的产生

马克思的宗教观并非无缘无故产生出来的，它的产生有着深刻的时代背景和理论源泉，它的发展也是有一个渐进过程的，这是任何一个研究马克思的宗教观的学者都不能忽视的。

首先，从时代背景方面看，虽然德国在18世纪末19世纪初是一个以基督教为精神支柱的国家，经济上落后、政治上四分五裂，比英、法两国晚一个世纪。[4]但马克思出生和生活的莱茵省却是当时接受法国启蒙思想最早的地区，并且其家庭又是相当开明的，这样，马克思不仅加入了新教，而且还受到了自由主义和启蒙思想的某些影响。这是马克思的宗教观得以产生的必要前提。

其次，中学时代的学习和经历是马克思宗教思想产生的重要准备阶段。在中学阶段，马克思曾对宗教进行过一定程度的思考。通过中学毕业时的两篇文章《论宗教问题作文：根据约翰福音第15章第1－14节论信徒和宗教的一致，这种一致的原因和实质，它的绝对必要及其影响》、《青年在择业时的考虑》表达出了他最初的宗教观。在前者中，他首先肯定了信徒与基督教有一致的必要性，但他反对宗教虔诚主义者对上帝应该绝对服从的解释。他认为，上帝只是最高的伦理实体，是人类善良、公正、智慧的象征。他把上帝看成了人类道德理想的化身，把宗教看成个人道德完善的手段和途径，把信仰宗教当成道德进步的巨大动力。[4]这是一种不同于当时德国境内的虔诚主义的认识。在后者中，他明确表达了一方面仍然把神作为道德的化身，希望它能够给人们指出高尚的道德目标；另一方面限制了神起作用的范围，认为神不能取代人的自由选择和判断的权利，人也不必轻信神的意志。这是一种对宗教信仰的积极理解，尽管“有人认为它是一种类似于自然神论和道德神论的观点”[1]。

再次，大学期间的学习与接受各种进步思想，使马克思的宗教观发生了新的飞跃，他逐渐完成了从怀疑宗教到批判宗教的转变，思想发展进入到启蒙思想的无神论阶段，并逐渐摆脱了宗教思想的束缚，这为他的宗教观转变为科学无神论奠定了基础，准备了条件。在大学学习期间，他不断吸收新思想，吸收康德和费希特的思想，并仔细研究黑格尔的著作，接受了黑格尔哲学的辩证方法。他参与青年黑格尔派的活动，积极与布鲁诺·鲍威尔交往使他产生了反对宗教、批判宗教的思想。在其《博士论文》的笔记（1839 年《关于伊壁鸠鲁哲学的笔记》）中，表明了哲学与宗教蒙昧主义不可调和的立场，并宣布了他的无神论原则；在其《博士论文·序言》中，他极力推崇哲学，推崇和维护自我意识，否定和反对神学，认为人的自我意识高于神性；在其《博士论文》正文中，他表达了这样一个目的，就是通过对自我意识的理性张扬来反对宗教[4]，肯定了伊壁鸠鲁反神学的唯物论思想，表达了他用人的自我意识的能动性反对神的至高无上的权威性的无神论思想；在《博士论文·附录》中，他反对一切关于上帝存在的证明，指出神是人的非理性的自我意识的产物，从而把神归结为人，同时指出了神的观念的产生不仅与人的观念有关，还与现实社会的丑恶与无理性有关。尽管这还不是纯粹的科学无神论思想，但马克思敢于直面现实社会，超越纯粹的思想批判无疑也是他宗教观转变的一个重要里程。

最后，积极参与到宗教批判的斗争中来，并批判地继承了费尔巴哈的人本宗教观，使马克思完成了从启蒙无神论到科学无神论的转变。[5]作为 19 世纪人本唯物主义宗教观的代表人物，费尔巴哈认为，人创造了宗教，而不是宗教创造了人。也就是说，上帝实际上是拟人的产物，不是上帝按照自己的形象创造了人，而是人按照自己的形象创造了上帝。费尔巴哈的这一观点对马克思的世界观转变产生了强烈的影响。[3]费尔巴哈还认为："在宗教思辨看来，上帝是第一性的，而人却是第二性的。它就是这样颠倒情物之天然秩序：第一性的正是人，而第二性的乃是人之成为自己对象的本质——上帝。"[5]而宗教异化观又是费尔巴哈宗教理论中最具特色的部分，他提出："上帝是人的本质的虚幻的反映。"也就是说，神灵是人的本质异化的结果，是一种人格化的超自然的存在。"上帝乃是纯粹的、绝对的、摆脱了一切自然界限的人格性：他原本就是属人的个体所仅仅应当是的、将要是的。所以，对上帝的信仰，就是人对他自己的本质之无限性及真理性的信仰。属神的本质就是属人的本质，并且，是处于其绝对的自由与无限性之中的主观地属人的本质。"[6](P.222)也就是说，上帝只是人们想象的结果，上帝的全知、全能和博爱，就是人类的本质——理性、意志和心的异化，它是人通过想象力把自己的本质异化为一个神圣对象的结果。马克思是有着较强的批判精神的，他认为："对宗教的批判是其他一切批判的前提。"[7](P.1)因此，他积极参加了19世纪30—40年代费尔巴哈的人本主义和无神论对宗教的批判运动。在这一过程中，他于1843年秋天写出了《论犹太人问题》，接着于1843年底至1844年初写出了《〈黑格尔法哲学批判〉导言》。有学者认为，这两部著作标志着马克思由唯心主义者转变为唯物主义者，由革命民主主义者转变为共产主义者。[3]可以认为，批判地继承和接受费尔巴哈的无神论思想，是马克思的宗教观最主要、最直接的理论来源。[8]马克思在继承费尔巴哈宗教观积极成分的同时，对它的消极部分进行了克服，并在费氏的基础上向前迈出了一步，突破了旧唯物主义，提出了宗教批判同无产阶级革命联系起来的重要思想，并提出历史任务不在于消除"彼岸世界的真理"即宗教幻想，更重要的是要确立"此岸世界"即现实世界的真理。当马克思彻底完成对费尔巴哈宗教异化理论的扬弃时，就标志着他的宗教观的形成。[8]这样，马克思彻底转变成一个真正的科学无神论者。

二、马克思的宗教观的内涵

马克思的宗教观不仅是整个马克思主义宗教观的重要内容，而且也是马克思主义的重要组成部分。马克思的宗教观主要由以下几个部分组成：

第一，马克思反对费尔巴哈把宗教的本质归结于人的本质，坚持认为要在宗教的每个发展阶段的现实物质世界中寻找宗教的本质。他认为："人的本质并非单个人所固有的抽象物。在其现实性上，它是一切社会关系的总和。""宗教感情本身是社会的产物，而他（指费尔巴哈）所分析的抽象的个人，实际上是属于一定的社会形式的。"[9](P.170)在这里，马克思揭示了人的社会属性。他指出："我们不是到犹太人的宗教里去寻找犹太人的秘密，而是到现实的犹太人里去寻找犹太教的秘密。"[7](P.1)这就是说，必须到现实社会中寻求宗教的本质。在《德意志意识形态》中，他进一步发展了这一观点，指出：不能从人的自我意识和人的本质中去寻求对宗教的解释，而应当从宗教的每一个发展阶段的物质世界上、从社会上人们的生产方式中去寻求宗教的本质，这样才能找到正确的答案。"在宗教中，人们把自己的经验世界变成一种只是在思想中的、想象中的本质，这个本质作为某种异物与人们对立着。这决不是又可以用其他概念、用'自我意识'以及诸如此类的胡言乱语来解释的，而是应该用一向存在的生产和交往的方式来解释的。……应该既不在'人的本质'中也不在上帝的宾词中去寻找这种本质，而只有到宗教的每个发展阶段的现成的物质世界中去寻找这种本质。"[10](P.170)由于他认识到了"宗教里的苦难既有现实苦难的表现，又是对这种现实苦难的抗议。宗教是被压迫生灵的叹息，是无情世界的感情，正像它是没有精神的制度的精神一样。宗教是人民的鸦片。”即宗教不仅是一种人为的社会意识形态，而且它还成为人类苦难的枷锁的这种人为性质，马克思发出了“宗教本身既无本质也无王国”的慨叹，提出必须进行宗教批判，打破锁链，摆脱幻想，用人自己的理性建立自己的现实性。[11]不能把对宗教的批判仅仅停留在思想理论的层面上，对天国的批判要变成对尘世的批判，对宗教的批判要变成对法的批判，对神学的批判要变成对政治的批判。[7](P.2)

第二，马克思对于“宗教是什么”有着自己清晰独到的认识，并且这种认识并非是僵化的，而是一直在发展着的，直至最终走向完善。学术界认为，宗教作为一种特殊的意识形态，是在异己的外部力量的压迫下产生并虚幻地反映这种力量的一种信仰和实践的体系，是以信仰超人间力量的社会意识形式为核心的观念、情感以及与之相适应的行为和组织与制度所构成的一种社会文化现象。[12](P.32)对于宗教是什么，马克思在其著作中不止一次地作过回答。马克思首先提出：“宗教是那些还没有获得自己或再度丧失了自己的人的自我意识和自我感觉。”[7](P.1)这是把宗教当成某些人的自我意识和自我感觉。对此，吕大吉先生解释为，宗教是那些尚没有掌握自己命运的人的自我意识，是他们的自我意识和自我感觉的异化。[13](P.66)“国家、社会产生了宗教即颠倒了的世界观，因为他们本身就是颠倒了的世界。宗教是这个世界的总的理论，是它的包罗万象的纲领，它的通俗逻辑，它的唯灵论的荣誉问题，它的热情，它的道德上的核准，它的庄严补充，它借以安慰和辩护的普遍根据。”[7](P.1)这段话一方面讲出了宗教的社会基础和社会功能，另一方面体现了宗教与现实世界的关系，它是现实世界的颠倒的关系的反映，是颠倒了的世界中人与人的本质、社会与社会力量之间的现实关系的精神体现。马克思认为，宗教作为“颠倒了的世界观”，其社会基础是“颠倒的世界”。它的功能就是为“颠倒了的世界”提供总的理论上的辩护、感情上的安慰和道德上的核准。[13](P.67)在《〈黑格尔法哲学批判〉导言》中，他进一步指出：“人并不是抽象地蛰居于世界以外的存在物。人就是人的世界，就是国家、社会。这个国家、这个社会产生了宗教，一种颠倒了的世界意识，因为它就是颠倒的世界。”马克思旗帜鲜明地提出了宗教世界意识是“颠倒的世界意识”的著名论断。在密切关注现实社会的基础上，马克思认识到剥削阶级利用宗教作为麻醉和控制人民群众的武器，使人民群众丧失认识世界和改造世界的能力，提出了“宗教是人民的鸦片”[7](P.2)这一重要的论断，交代了宗教的社会功能这一论断的提出也奠定了马克思主义宗教观的理论基础。这一论断被列宁称为“马克思主义在宗教问题上的全部世界观的基石”[14](P.375)。

第三，马克思对宗教产生的根源进行了深刻的阐述。宗教产生和存在的最深刻的真正根源不是人们的无知和愚昧，而是产生无知和愚昧的落后的社会物质生活条件，是人压迫人、人剥削人的不合理的社会制度。[2]马克思认为，要从客观存在的现存社会的阶级矛盾、阶级对立中去寻找宗教产生的根源，只有用革命的方法才能找到克服宗教的正确道路，若仅限于思辨式的揭露宗教世界的世俗基础，而不去改造世界是不行的。[3]在《关于费尔巴哈的提纲》中，他说：“费尔巴哈是从宗教上的自我异化，从世界被二重化为宗教的、想象的世界和现实的世界这一事实出发的。他致力于把宗教世界归结于它的世俗基础。……世俗的基础使自己和自己本身分离，并使自己转入云霄，成为一个独立王国，这一事实，只能用这个世俗基础的自我分裂和自我矛盾来说明。因此，对于世俗基础本身首先应当从它的矛盾中去理解，然后用排除这种矛盾的方法在实践中使之革命化。”[9]由此可知，马克思认为，宗教产生的根源只能在人本身中去寻找，必须以人构成的世俗世界的自我分裂和自我矛盾来说明，单靠纯粹的理论批判是不行的。也就是说，“批判的武器不能代替武器的批判，物质力量只能用物质力量来摧毁”[7](P.9)。只有进行对现实社会的批判，即进行无产阶级革命，推翻旧的剥削制度，才能从根本上铲除宗教得以产生和存在的社会根源。总之，是否坚持宗教产生的根源主要是社会根源，是分清马克思主义宗教观同形而上学唯物主义宗教观的第一个界限[2]，也是马克思主义宗教观与旧唯物主义宗教观的根本区别所在。

第四，马克思认为宗教是处于不断发展的过程中，它最终的命运难免要走上消亡，这是一种客观规律。宗教作为一种意识形态，它的发展肯定要受到经济基础的制约，它必定会随着经济基础的变化而变化。“非常明显，随着每一次社会制度的巨大历史变革，人们的观点和观念也会发生变革，这也就是说，人们的宗教观念也要发生变革。”[15]实际上，在人类社会中，宗教经历了由原始的自然宗教到人为宗教、由多神教到一神教、由部落宗教转变为民族宗教、国家宗教、世界宗教的发展过程。同样，当人与自然之间以及人与人之间的关系达到极明白而合理的时候，也就是人类可以完全把握自己的命运，成为真正的自由自在。[12](P.284)此时，宗教就会走向消亡。“宗教本身是没有内容的，它的根源不是在天上，而是在人间，随着以宗教为理论的被歪曲了的现实的消灭，宗教也将自行消灭。”[16](P.436)这是一个极其漫长的过程，不能用人为的强制力量来完成，只有等到共产主义社会时才有可能实现。马克思对于宗教的消亡有这样的预见：“只有当实际日常生活的关系，在人们面前表现为人与人之间和人与自然之间极明白而合理的关系的时候，现实世界的宗教反映才会消失。只有当社会生活过程即物质生产过程的形态，作为自由结合的人的产物，处于人的有意识有计划的控制之下的时候，它才会把自己的神秘的面纱揭掉。但是，这需要有一定的社会物质基础或一系列物质生存条件，而这些条件本身又是长期的、痛苦的历史发展的自然产物。”[9](P.356)也就是说，只有在人类社会物质和精神文明高度发达、人们精神状态极其饱满，不需要向虚幻的神灵寻求精神寄托时，宗教才会走向最终的尽头。

第五，马克思一直重视宗教的社会作用和社会功能。马克思认为的宗教的社会功能实质在一定程度上也可以说成是一种“整合性”功能，但这个“整合性”具有鲜明的阶级性。在马克思看来，宗教往往会变成统治阶级的意识形态，也正因为如此，它作为一种上层建筑，就会变成统治阶级的统治工具。宗教的“整合性”作用的发挥，一方面依赖于对人民施加肉体上和精神上的压力，另一方面又依赖于对人民的诱骗。[11]显然，这应该是宗教的一种消极性功能或者作用。有研究者提出，判断宗教社会作用的标准只能看它所维护的生产关系是否有利于生产力的发展，是否有利于巩固和发展先进的社会制度，是否有利于推动生产力的发展，是否有利于巩固和发展先进的社会制度，是否有利于推动人类精神文明的进步。[1]马克思在探讨“宗教是什么”时曾对宗教的作用以及社会功能进行过一定程度的探讨，“宗教是这个世界的总的理论，是它的包罗万象的纲领，它的通俗逻辑，它的唯灵论的荣誉问题，它的热情，它的道德上的核准，它的庄严补充，它借以安慰和辩护的普遍根据”[7](P.1)。也就是说，马克思认为宗教具有一种为“颠倒了的世界”提供总的理论上的辩护、感情上的安慰和道德上的核准的作用，充当了使颠倒的社会得到安慰和辩护的普遍根据。显然这是一种维护存在剥削、压迫的社会制度的作用，在马克思看来，它是一种消极的社会作用。另外，马克思提出宗教是苦难社会的灵光圈，是麻醉人民的鸦片，这是宗教对人民群众的欺骗和麻醉作用，显然也是消极的、应该摒弃的。尽管如此，我们也不能否认宗教曾经在历史上起过的积极作用，虽然这种作用是相对次要的，它曾在被压迫民族和被压迫阶级反抗外敌入侵和反动统治阶级的革命斗争中起过一定的积极作用。[1]

三、马克思的宗教观的现实意义

综上可知，上文论述的几个方面共同构成了马克思的宗教观的基本体系，也是马克思主义宗教观的一个重要启蒙和有机组成部分。正是在马克思的指引和奠基下，后来的马克思主义者才能一步一步地使马克思主义宗教观得以完善，从而也更加丰富和深化了马克思主义的内涵。马克思的宗教观是马克思在一百多年前对社会现实、对宗教问题深思熟虑的思想结晶，是马克思致力于解放全人类、为人类的解放而奉献毕生精力的思想和意志在宗教问题上的反映，也是马克思杰出的智慧和高超的社会洞察力的重要体现。虽然在某些方面还不够全面和具体，但它无论是对当时社会还是对现实社会，都发挥着重大的作用，具有重要的指导意义。

今天，在建设有中国特色的社会主义阶段，我们必须正确认识宗教以及宗教的社会作用，既不能将宗教看成是“反动的”，将其全盘否定，用行政命令去取消宗教，也不能在执行宗教信仰政策时对所有的宗教都任其发展，而是要积极引导宗教与社会主义社会相适应。[8]要认真学习和灵活运用马克思的宗教思想来指导现实生活中的宗教工作，尤其是在建设社会主义市场经济的今天，能否创造性地运用马克思的宗教思想来认识宗教与经济建设的关系，已经成为一个重要的问题，必须正确对待。而马克思早在一百多年前就已经为我们准备好了应对的方法。马克思指出：“事实上，通过分析来寻找宗教幻想的世俗核心，比反过来从当时的现实生活关系中引出他的天国形式更容易得多。后面这种方法是唯一的唯物主义的方法，因而也是唯一科学的方法。”[18](P.410)也就是说，马克思已经意识到了要深入到社会经济的形态中去分析宗教。显然，马克思坚持以历史唯物主义的观点，指导人们从社会经济生活的变化来考察宗教的发展变化的思想，对在市场经济条件下把握宗教的基本特点和发展趋势有一定的针对性。[8]我们既要认识到宗教在适应社会的过程中可以不断完善自身，不断得到发展，积极引导宗教和社会主义社会的发展相适应，还要善于把握宗教作为一种形态对经济基础的反作用，能够从宗教的发展变化中窥视出社会以及经济建设的发展变化；同样还应该看到宗教对社会政治文化以及道德建设等意识形态的影响作用，积极发挥宗教对稳定社会环境、协调人际关系、劝恶向善的某些作用，同时要限制它的一些消极作用。总之，通过正确理解和创造性运用马克思的以及马克思主义的宗教观，结合中国的具体国情，采取适合中国实际的宗教信仰自由政策这一辩证唯物主义的政策[16]，在新的历史时期我们党对马克思主义宗教理论的一个创新——宗教与社会主义社会相适应的理论的指导下，在最大范围内团结宗教界人士以及广大信教群众和不信教群众，带领他们积极投入到社会主义祖国的政治经济文化建设的伟大事业中去，使宗教在社会主义社会的发展中找到自己的位置，发挥自己特有的优势，最终成为推动社会主义物质文明和精神文明建设的积极因素。

参考文献：

[1] 刘仲康．马克思主义宗教观概述［J］．新疆社会经济，1998（4）．

[2] 许焕新，王训礼．马克思主义宗教观与唯心论、形而上学宗教观的对立［J］．济南大学学报，1997（4）．

[3] 卢生芹．论马克思主义宗教观的创立与发展［J］．河北省社会主义学院学报，2002（3）．

[4] 李士菊，郝瑞斌．学生时代马克思宗教思想的变化——从〈中学毕业论文〉到〈博士论文〉[J]．河北师范大学学报，2001（2）．
[5] 李仁质．从启蒙无神论到科学无神论的转变——马克思主义对人本宗教观的继承与批判[J]．求实，2003（10）．
[6] 费尔巴哈．费尔巴哈哲学著作选集（下）[M]．北京：商务印书馆，1984.
[7] 马克思，恩格斯．马克思恩格斯选集（1）[M]．北京：人民出版社，1994.
[8] 胡昂．马克思主义宗教观的理论来源及其指导意义[J]．安徽教育学院学报，2001（4）．
[9] 马克思，恩格斯．马克思恩格斯全集（3）[M]．北京：人民出版社，1973.
[10] 马克思，恩格斯．马克思恩格斯全集（1）[M]．北京：人民出版社，1975.
[11] 王礼平，黄伟．西美尔与马克思宗教社会观比较[J]．复旦大学学报，2002（1）．
[12] 时光，王岚．宗教学引论[M]．北京：中央民族大学出版社，1994.
[13] 吕大吉．宗教学通论新编（上）[M]．北京：中国社会科学出版社，1998.
[14] 列宁．列宁选集（2）[A]．张雪峰．谈马克思主义的宗教观[J]．湖南财经高等专科学报，2001（5）．
[15] 张雪峰．谈马克思主义的宗教观[J]．湖南财经高等专科学报，2001（5）．
[16] 马克思，恩格斯．马克思恩格斯全集（27）[M]．北京：人民出版社，1972.
[17] 马克思，恩格斯．马克思恩格斯全集（23）[M]．北京：人民出版社，1972.

（摘自《江南社会学院学报》2004 年第 3 期）

恩格斯的宗教观

罗衡林

无产阶级革命的伟大导师恩格斯和马克思一道创立了历史唯物主义的宗教观。在恩格斯的革命生涯中，很重视宗教问题的研究，从青年时期起就写下了一系列论述宗教问题的论著，形成了独立的宗教学说，构成了马克思主义体系的一个重要方面。为了更准确、深入地理解马克思主义宗教观，指导新时期研究宗教的工作，就非常有必要对恩格斯的宗教观作一专门的理论探讨。

一

恩格斯和普通人一样，并不是天生的无神论者，他的宗教观的形成经历了从信仰宗教到怀疑宗教到批判宗教、形成历史唯物主义宗教观这样一个认识过程。

在孩提至中学时代，恩格斯信仰宗教。他生长的德国是一个信奉基督教的封建专制国家，宗教信仰的长期传统从小就在他的心灵上打上了宗教的烙印。恩格斯 1820 年诞生于巴门市，其家族是当地的名门望族，祖父曾由当时统治莱茵省的法国人正式委任为市政府顾问，后来在普鲁士的统治下也担任过市政顾问官，并且是巴门合并教区的几个创立人之一。[1]恩格斯的父亲从 1825 年以后就一直担任学监和教会学校的校长，而且在 1835 年还担任革新教区的教会负责人，在家里竭力“对儿女施加严峻的宗教教育”[2]。可见，普鲁士的思想观点和普鲁士的宗教传统在这个家族中是根深蒂固的。恩格斯从小受的就是这种“彻头彻尾基督教的、普鲁士的家庭”[3]的教育。随后几年中在巴门市立学校里又进一步得到了宗教的熏陶，这所学校的大多数教师都是维护圣经教义的一些教条主义的忠实卫道士。恩格斯在16岁行坚信礼时写了一首诗，表达了他对当时信仰上帝的虔诚，他把自己对人间生活的依恋之情视为罪恶，向上帝忏悔，祈求上帝和基督拯救他的灵魂。

但自从恩格斯接触到反对封建反动势力的政治斗争和思想斗争以来，他开始陷入对宗教信仰的真实性的怀疑之中，并努力冲出。1839年他在写给友人格雷培的信中说：“当然，你可以像躺在暖床上那样舒舒服服地躺在你的信仰上面，一点也体会不到当我们这些人要断定上帝真的是上帝还是并非上帝时，所经历的是一种什么样的斗争。你也体会不到当第一次感到怀疑时旧信仰给人带来的负担（当人们对旧信仰必须决定赞成还是反对，必须决定取舍时就是一种负担）是多么沉重。”[4]此时恩格斯还没有从原则上战胜基督教的信仰，关于圣经中的上帝是否存在这个问题，后来恩格斯终于从进步哲学中找到了答案。这种哲学，当时已经为政治革命做好准备。它使人们认识到：当时的宗教思想是为容克们的阶级利益服务的，因而是和人民的政治利益和政治目的直接对立的，反对占统治地位的宗教这种意识形态方面的斗争，是反对封建阶级的政治斗争的一种形式，是为在德国实现资产阶级的变革开辟道路的。在德国，黑格尔的哲学影响很大。黑格尔死后，围绕施特劳斯的《耶稣传》引起了日益尖锐的论争，恩格斯被卷进了这场批判宗教信仰、反对封建专制制度的思想洪流之中。

青年时代的恩格斯积极热情地参加了青年黑格尔派的批判宗

教神学的斗争。在世界观上，他当时还是黑格尔哲学的信奉者，把它作为理性的象征和真理的化身而予以接受。在宗教观上，他把传统基督教崇奉的那个超自然上帝化为黑格尔哲学的绝对精神或自我意识，进而经过泛神论而走到理性主义的启蒙无神论。对宗教问题的思考，是恩格斯青年时代最为关心的课题，也是他摆脱传统观念的束缚，探索真理，建立新的世界观的起点。他把批判宗教的斗争当成历史的使命和时代的命令，为变革旧世界服务。大体上，在1840年左右，恩格斯还是作为青年黑格尔派的成员进行活动的，这一时期恩格斯的主要代表著作是《乌培河谷来信》、《基督教英雄叙事诗》等，从中可见恩格斯拔除宗教迷雾的特有精神。

在《乌培河谷来信》中，恩格斯令人信服地和清晰地描述了宗教上的神秘主义在乌培河谷如何渗透到生活中的各个领域，并扼杀人民生活中一切活泼和健康的东西，把工人阶级的悲惨生活与宗教虔诚主义对工人的精神毒害联系起来。这一点，在他1839年10月29日致友人的信中说得更加清楚："金融贵族靠牺牲贫民而享有免税特权，力求建立一成不变的专制统治；而达到这个目的的手段则是：政治机构的镇压，使大多数人民处于愚昧无知的状态，利用宗教……"[5]这说明恩格斯当时已敏锐地认识到传统宗教为统治阶级维护剥削制度的工具，对宗教与社会都采取了批判的态度。

当恩格斯于1841年在柏林大学听哲学家谢林讲授"启示哲学"时，他被激怒了。开始满怀战斗激情抨击谢林，先后写有《谢林论黑格尔》、《谢林——基督的哲学家》等著作。谢林受普鲁士反动势力的委托，把哲学变成宗教，改造为神的智慧，贬低了理性的权威而把它降为神的奴仆。恩格斯以讽刺的语言批判了谢林竭力修正黑格尔辩证法的企图，把理性和精神看成是历史的动力，批判了精神自由发展的最大障碍——基督教，从而使精神摆脱了宗教的监护，为人类开辟了一个新的时代：“基督教的一切基本原则以及过去一般称为宗教的一切，都在理性的无情批判下崩溃了；绝对观念要求成为新时代的奠基者。”[6]恩格斯把理性主义反对信仰主义、哲学反对宗教的理论批判，当成是实现社会变革的先导；但恩格斯对社会变革的性质的理解是“黑格尔式”的，因为他把这种变革说成是“绝对观念”的自我创造。

恩格斯的《基督教英雄叙事诗》是一部讽刺作品，是为反击普鲁士反动派对布·鲍威尔的政治迫害而写的。他形象地描绘了“自由人”（由鲍威尔兄弟、马克思、恩格斯、费尔巴哈、施蒂纳、科本等人组成的无神论集团）与由虔诚的宗教神学家组成的集团之间的激烈战斗。此时，他把青年黑格尔派批判宗教的运动与18世纪法国大革命的精神领袖和政治领袖们的目标和命运紧紧地联在一起，他本人则自命为反对基督教和基督教国家的斗士。

1841年至1847年，是恩格斯历史唯物主义宗教观的形成和完成时期。1841年费尔巴哈的《基督教的本质》一书发表，对恩格斯的思想起了解放作用，构成他从黑格尔唯心主义转向唯物主义的桥梁。从此他抛弃了青年黑格尔派把言词与行动混为一谈、把思想批判视为世界历史之动力的唯心史观，开始迈步走进革命实践之中。他开始为《莱茵报》写稿，批判普鲁士的专制制度和基督教。1842年他奉其父之命去英国经商，借机考察英国资本主义社会和工人运动。这对青年恩格斯世界观的演变发生了重大影响。他当时已注意到，在资本主义社会中，决定人们一切思想和行动的轴心，乃是人们的经济地位和物质利益。这种崭新的见解标志着恩格斯的唯物史观正在形成。恩格斯这一时期的著作都涉及宗教问题。1843年10—11月，他写了《大陆上社会改革运动的进展》，其中特别批评了法国共产主义者所谓“基督教就是共产主义”的公式。他坚持认为，社会主义是反对宗教偏见的，宗教与社会主义是截然对立的。

1843年恩格斯发表了《英国状况——评托马斯·卡莱尔的“过去与现在”》。他从对宗教之本质的分析出发，指出宗教决不能作为救世的良药，只有社会主义才能解决资本主义社会的危机和弊端。他认为，卡莱尔所控诉的精神的空虚、社会的腐败，其实正是宗教造成的。宗教的本质就在于把人本质和大自然的全部内容转化为彼岸之神的幻影。要反对道德上的伪善和谎言，只有依靠哲学和科学，而不能求助于宗教。只有通过无神论克服宗教，才能消除虚伪，使人成为一个有灵魂、有理性、有道德的人，掌握了自己命运的真正的人：“我们要把宗教夺去的内容——人的内容，不是什么神的内容——归还给人，所谓归还就是唤起他的自觉。我们消除一切自命为超自然和超人的事物，从而消除虚伪，因为人和大自然的事物妄想成为超人和超自然的野心就是一切虚伪和谎话的根源。正因为如此，我们才永远向宗教和宗教观念宣战，毫不顾及别人会给我们扣上什么无神论或者别的帽子。”[7]这种使人重新获得自己的人性，实现人的本质的社会，就是恩格斯当时所了解的社会主义。在这里，恩格斯得出了马克思在《黑格尔〈法哲学批判〉导言》中阐述的关于无神论和社会主义学说之关系的相同结论。

从1844年马克思、恩格斯首次合写《神圣家族》开始，到1847年合写《共产党宣言》，是马克思主义整个体系完善和完成的时期。由于恩格斯确立了历史唯物主义的世界观，并应用于宗教的分析，使得恩格斯的历史唯物主义宗教观也完成了。

在《神圣家族》一书中马克思、恩格斯看到了鲍威尔的宗教批判与其唯心主义哲学的矛盾，认为鲍的唯心主义哲学实质上具有“神学”的性质；唯心主义哲学不仅不能战胜宗教神学，而且可以转化为对宗教神学的论证，甚至其本身就是一种新的神学；鲍所崇拜的“普遍自我意识”，即是基督创世说的复活。由此得出结论：只有唯物主义哲学才在历史上一贯反对宗教神学，是真正的启蒙思想和无神论，并导致社会主义和共产主义理论。

1845年至1846年马克思、恩格斯合写了《德意志意识形态》，1847年又合写了《共产党宣言》，这两部著作的主题虽不是宗教问题，但它们对历史唯物主义基本原则作了经典性的表述，从而赋予了历史唯物主义宗教观以更准确的表现形态。马克思、恩格斯认为："道德、宗教、形而上学和其他意识形态，以及与它们相适应的意识形态便失去独立性的外观。它们没有历史，没有发展；那些发展着自己的物质生产和物质交往的人们，在改变自己的这个现实的同时也改变着自己的思维和思维的产物。不是意识决定生活，而是生活决定意识。"[8]意思是说，不要把宗教视为独立的存在，它是由社会的物质生产关系所决定的。随着他们的需要而产生，随着它们的变化而变化。马克思、恩格斯还认为"到目前为止的一切社会的历史都是阶级斗争的历史"[9]，宗教的变化和发展是受到阶级斗争制约的，阶级斗争的需要决定了宗教的存在，随着阶级对立和阶级斗争的完全消亡，宗教也会消亡。因此马克思、恩格斯代表共产党人宣告："共产主义革命是同传统的所有制关系实行最彻底的决裂；毫不奇怪，它在自己的发展进程中要同传统的观念实行最彻底的决裂。"[10]这段话从此成了马克思、恩格斯及其以后一代又一代共产党人对待宗教和其他一切传统观念的态度。

总而言之，恩格斯的历史唯物主义宗教观的形成是伴随着他共产主义世界观的形成而形成的。从此后他就是用这种宗教观进一步分析和认识宗教问题的。

二

恩格斯的宗教观形成后，写了许多有关宗教的论著，包括《德国农民战争》、《德国的革命与反革命》、《流亡者文献》、《反杜林论》、《自然辩证法》、《布鲁诺·鲍威尔和原始基督教》、《启示录》、《路德维希·费尔巴哈与德国古典哲学的终结》、《社会主义从空想到科学的发展·英文版序》、《论原始基督教的历史》。这些著作涉及历史唯物主义宗教观的各个主要方面，如宗教的本质，宗教发生、发展的规律，宗教消亡的条件和途径，对基督教历史的研究，宗教的社会功能，马克思主义政党对待宗教的态度，等等。恩格斯用历史唯物主义的原理、原则，对这些问题展开论述，构成其宗教观的基本理论。

首先，恩格斯对宗教的本质作了一个全面准确的规定。他认为："一切宗教都不过是支配着人们日常生活的外部力量在人们头脑中的幻想的反映，在这种反映中，人间的力量采取了超人间的力量的形式。"[11]这段话的意思是，宗教作为一种意识形态本质上是一种"幻想的反映"，宗教幻想的内容和对象乃是"支配着人们日常生活的外部力量"，从而把宗教崇拜的神圣对象还原为与人们日常生活有关的世俗力量。同时阐明了宗教观念在表现形式上的特殊性，人间力量表现为"超人间力量"的形式，以及人间力量之所以"超人间化"的原因（在于它支配着人的日常生活，是一种异己力量）。这段话的内容很丰富，所以以后的马克思主义宗教研究者将其视为宗教之本质的经典性规定。

其次，恩格斯用唯物史观论述了宗教的三种历史发展图式。

第一种图式：自然宗教→多神教→一神教。这是恩格斯在1876—1878年的《反杜林论》中提出来的，但不是他的新发现，

18世纪的休谟、霍尔巴赫，19世纪的费尔巴哈、孔德以及近代宗教学的奠基人麦克斯·缪勒、爱德华·泰勒先后都曾提过类似的观点。恩格斯的特殊之处是力图把唯物史观应用到这个图式中来。他主张用社会形态的变更决定宗教形式的变更这一唯物史观来重新解释“自然宗教→多神教→一神教”这一“陈旧论调”。早在1846年，恩格斯在致马克思的一封信中就说：“如果要想就自然宗教、多神教、一神教的陈旧论调说些什么，那就必须用这些宗教形式的现实发展来对比，为此首先必须研究这些宗教形式。”[12]以后他又多次提出这个图式。他说：“由于自然力被人格化，最初的神产生了，随着宗教的向前发展，这些神愈来愈有了超世界的形象，直到最后，由于智力发展中自然的抽象化过程——几乎可以说是蒸馏过程，在人们的头脑中，从或多或少有限的和互相限制的许多神中产生了一神教的唯一的神的观念。”[13]在《反杜林论》中，恩格斯对这种宗教进化论所作的唯物史观说明主要有两点：一是用异己力量对人们日常生活的“支配”作用，来说明宗教之所以产生和存在的根据，这同时也就意味着这种“支配”状况的演变决定着宗教形式的演变；二是主张被宗教幻想“超人间化”的异己力量，除了自然力量以外，还有社会力量，宗教崇拜的神既有自然属性，也有社会属性。一旦社会属性发生变化，神的神性形象和宗教形态也将随之变化。恩格斯的说明价值很大，但这个宗教进化论图式只是一种“假说”，并未得到宗教学界的一致承认，因为一百多年来的近代宗教学和宗教史学研究一再证明，各民族宗教演变的历史进程形式是多种多样的，很难归结为单一的图式。

第二种：“自发的宗教”→“人为的宗教”。这个说法是在1882年的《布鲁诺·鲍威尔和原始基督教》中提出来的：“事情很清楚，自发的宗教，如黑人对偶像的膜拜或雅利安人共有的原始宗教，在它产生的时候，并没有欺骗的成分，但在以后的发展中，很快地免不了有僧侣的欺诈。至于人为的宗教，虽然充满着虔诚的狂热，但在其创立的时候便少不了欺骗和伪造历史，而基督教，正如鲍威尔在批判新约时所指出的，也一开始就在这方面表现出了可观的成绩。”[14]这段话的原意只是就宗教是否有“欺骗的成分”问题，把历史上的宗教区分为原始时代的“自发宗教”和以后的“人为的宗教”，并没有把这种区分作为宗教历史发展的规律来阐明，但这个提法对于人们了解原始社会的宗教和阶级社会的宗教的一个方面特性是有益的。

第三种：部落宗教→民族宗教→世界宗教。这个宗教发展图式可以说是真正属于恩格斯的。恩格斯说：“古代一切宗教都是自发的部落宗教和后来的民族宗教，它们从各民族的社会和政治条件中产生，并和它们一起生长。宗教的这些基础一旦遭到破坏，沿袭的社会形式、继承的政治结构和民族独立一旦遭到毁灭，那末与之相适应的宗教自然也就崩溃。”[15]他还说：“这样在每一个民族中形成的神，都是民族的神，这些神的王国不越出它们所守护的民族领域，在这个界线以外，就由别的神无可争辩地统治了。只要这些民族存在，这些神也就继续活在人们的观念中；这些民族没落了，这些神也就随着灭亡。罗马世界帝国使得旧有的民族没落了……旧有的民族的神就灭亡了……罗马曾企图除本地的神以外还承认和供奉一切多少受崇敬的异族的神，这种企图清楚地表现了拿一种世界宗教来充实世界帝国的需要。但是一种新的世界宗教是不能这样用皇帝的敕令创造出来的。”[16]恩格斯的论述渗透着历史唯物主义精神：一切宗教都是从各民族的社会政治条件中产生，并随着这些条件的演变而演变。原始部落社会的宗教表现为自发的部落宗教。民族集团的神都是民族的保护神。神的存废决定于民族的盛衰，这样的宗教是民族宗教。随着世界性帝国的形成，便出现了取代民族宗教的世界宗教。恩格斯从宏观上对宗教形态的历史演变做了整体性的把握，内容深刻。尽管事实上许多民族的民族性宗教至今并未发展为世界性宗教，但现代世界上的三大世界宗教确是随着跨民族大国、世界性帝国的发展而形成的。可见恩格斯论说的英明之处。

再次，在论述宗教存在的根源和消亡的条件方面，恩格斯认为：生产资料私人占有制对社会成员的奴役是宗教反映的根源，同时，宗教的消亡，不仅必须实现生产资料的社会占有和有计划使用，而且只有在“谋事在人，成事也在人”[17]的时候才能实现。在这里恩格斯已经比较清楚地意识到，从私有制产生出来的支配力量并不是社会中唯一的异己力量，因而也不是宗教产生和存在的唯一根源。即使在消灭了资本主义，把私有制改造为社会所有制之后，如果社会还不能有计划地使用生产资料，消除经济关系中支配人们日常生活的异己力量，使人成为自己命运的主人，宗教反映的根源仍将存在。苏联70余年、中国40余年的社会主义实践一再证明，要实现社会对生产资料的有计划的使用，消除经济生活中的盲目性和异己力量，并不是消灭私有制之后自动实现。相反，人民并未因此成为经济关系和社会的主人，人的命运仍在很大程度上被各种异己力量支配。人民仍将“长期的、痛苦的”和各种异己力量作斗争，甚至在“痛苦”之余还会跑到宗教幻想的天国里去寻找精神上的安慰。那么在什么样的历史条件下，才有可能实现“谋事在人，成事也在人”？为什么这些条件未能实现的时候，宗教就不可能自行消亡？恩格斯生前并未作出非常具体准确的回答。

又次，在论述宗教的社会功能方面，恩格斯提出了“宗教外衣”这个新的概念。而且他发现宗教在历史上的作用并不完全是消极的，否定性的；在一定的历史条件下，也可以起到某种积极的、肯定性的作用。恩格斯分析了中世纪的异端运动，德国农民战争和早期资产阶级革命的情况，他发现，所有这些反对封建制度的运动都曾打过宗教的旗号，具有浓厚的宗教色彩。于是他得出结论：在当时那种宗教居于绝对统治地位的情况下，被压迫人民的一切反抗斗争都必须穿上一件“宗教的外衣”。他在论著中不止一次地提到过“宗教外衣”这个概念，如在《德国农民战争》中他说：“16世纪的所谓宗教战争也根本是为着十分明确的物质的阶级利益而进行的。这些战争，同稍后时期英国和法国的国内冲突一样，都是阶级斗争。如果说这许多次阶级斗争在当时是在宗教的标志下进行的，如果说各阶级的利益、需要和要求都还隐蔽在宗教外衣之下，那么这并没有改变事情的实质……”[18]在《社会主义从空想到科学的发展·英文版导言》中，他指出：“当时反对封建制度的每一种斗争，都必然要披上宗教的外衣，必然首先把矛头指向教会。”[19]在《路德维希·费尔巴哈和德国古典哲学的终结》中，他又说：“对于完全受宗教影响的群众的感情说来，要掀起巨大的风暴，就必须让群众的切身利益披上宗教的外衣出现。”[20]尽管宗教在反封建制度的革命中所起的作用，只是提供一件意识形态的“外衣”，而非宗教的实质内容，而且恩格斯认为宗教本质上是统治阶级的统治工具，但恩格斯毕竟对宗教的这种“外衣”作用是有所肯定的。恩格斯的“宗教外衣论”证明，运用马克思主义的历史唯物主义宗教观在解释宗教问题时可有更多的灵活性。历史唯物主义认为，历史上的一切事物都有一个发生、发展和消亡的过程。一种社会制度或社会秩序当其符合历史发展规律的时候，它就对社会发展、历史进步起积极作用；只有当它们在进一步的发展中成为一种阻碍社会进步的东西时，它们才是一种保守的因素，必须为某种新的制度和秩序所代替。我们把这种历史辩证法应用到宗教领域中来，承认统治阶级进步时期的宗教的进步作用；只有当宗教为反动、保守的统治阶级服务时，它的社会历史作用才是保守的、反动的。这种推论，虽然恩格斯的论著中没有直接而明白的论述，但是它确是合乎逻辑地包含在历史唯物主义的历史辩证法中。

以上所述为恩格斯宗教观的主要内容和特点。由于恩格斯本人是革命思想家，而不是专业的宗教学者，因而他对许多宗教问题的论述还不够。如：在论述宗教的本质时，他把“神”观念的定义直接当成了“宗教”的定义。在论述宗教问题上只看到其政治功能，而未看到宗教的文化功能；只限于论述宗教对政治、道德、哲学诸方面的消极影响，而对宗教在保存、培育、包容诸文化因素方面的积极作用，基本上没有涉及，等等。当然，这与19世纪宗教理论研究的状况有关，与恩格斯所处的时代有关。恩格斯作为革命思想家具有远见卓识，但他也不能超越历史条件的限制。恩格斯的宗教观也要受到历史实践的检验，没有绝对的真理。尽管恩格斯的宗教观在某些方面有局限性，但他的历史唯物主义宗教观无疑是历史上一切无神论中最彻底的无神论。这种宗教观的最大特点是以马克思主义的唯物史观作为其基本理论和基本方法。恩格斯的宗教观在全世界许多民族中至今仍影响巨大。历史唯物主义宗教观作为马克思主义的一个组成部分今天已成为社会主义国家的意识形态，指导国家的宗教工作。

注释：

[1]　海·格姆科夫等：《恩格斯传》，第10、11、26页，三联书店1975年版。

[2]　海·格姆科夫等：《恩格斯传》，第10、11、26页，三联书店1975年版。

[3]　《马克思恩格斯全集》第27卷，第21、66—67页。

[4]　海·格姆科夫等：《恩格斯传》，第10、11、26页，三联书店1975年版。

[5]　吕大吉：《西方宗教学说史》，第544、545、566—568页，中国社会科学出版社1994年版。

[6]　吕大吉：《西方宗教学说史》，第544、545、566—568页，中国社会科学出版社1994年版。

[7] 《马克思恩格斯全集》第1卷，第649页。
[8] 《马克思恩格斯全集》第3卷，第30页。
[9] 《马克思恩格斯选集》第1卷，第250、271—272页。
[10] 《马克思恩格斯选集》第1卷，第250、271—272页。
[11] 《马克思恩格斯选集》第3卷，第354、356、390页。
[12] 《马克思恩格斯全集》第27卷，第21、66—67页。
[13] 《马克思恩格斯选集》第4卷，第220、250—251、251页。
[14] 《马克思恩格斯全集》第19卷，第327—328、333页。
[15] 《马克思恩格斯全集》第19卷，第327—328、333页。
[16] 《马克思恩格斯选集》第4卷，第220、250—251、251页。
[17] 《马克思恩格斯选集》第3卷，第354、356、390页。
[18] 《马克思恩格斯全集》第7卷，第400页。
[19] 《马克思恩格斯选集》第3卷，第354、356、390页。
[20] 《马克思恩格斯选集》第4卷，第220、250—251、251页。

（摘自《求索》1996年第2期）

恩格斯晚年对早期基督教的研究

牛苏林

自从马克思和恩格斯创立了唯物史观之后，他们就运用这一学说去说明宗教问题。以历史唯物主义为理论基石的马克思主义宗教观的理论构成，主要包括宗教的本质、宗教的社会作用、宗教产生演变的历史规律、宗教的意识形态特质以及无产阶级政党对待宗教问题的基本策略，等等。在马克思恩格斯的论著中，他们对这些问题的论述，内容比较丰富，理论上也比较系统。相比之下，他们对历史宗教学的研究却相对薄弱。宗教史学已成为马克思主义宗教理论的一个“弱项”。恩格斯晚年已经十分清楚地意识到这一点。1890 年 8 月 5 日，他在致康·施米特的信中特别强调指出：“必须重新研究全部历史，必须详细研究各种社会形态存在的条件，然后设法从这些条件中找出相应的政治、私法、美学、哲学、宗教等等的观点。在这方面，到现在为止只做出了很少的一点成绩。”[1]

因此，为增强马克思主义宗教理论的“历史感”，改变宗教史学的研究空白，恩格斯晚年在一系列著作中，如《布鲁诺·鲍威尔和原始基督教》、《启示录》、《费尔巴哈论》、《〈社会主义从空想到科学的发展〉英文版导言》、《论原始基督教的历史》，等等，对宗教，特别是早期基督教历史起源进行了系统的研究，从而拓宽和丰富了马克思主义宗教理论的历史内涵，使马克思主义宗教学说具有了比较完备的理论形态。

一、德国的圣经批判和鲍威尔的原始基督教观

1882年4月13日，布鲁诺·鲍威尔在柏林逝世。恩格斯为此撰写了《布鲁诺·鲍威尔和原始基督教》这篇悼念文章，对鲍威尔的宗教研究，尤其是在早期基督教历史研究方面所作的贡献给予充分肯定。恩格斯认为，在鲍威尔的全部思想和学术活动中，最值得注意的是他对早期基督教历史所做的富有价值的研究。他的著作曾在无数德国知识分子中引起巨大的兴趣。但多年来，他几乎已被人们遗忘，只是偶尔作为“文坛怪人”还吸引着公众的注意。官方的神学家公然剽窃他的著作和研究成果，却一直默然不提他的名字。这对于曾经在德国思想界产生较大影响的鲍威尔来说显然是不公正的。恩格斯明确指出，与官方的神学家和历史学家相比，鲍威尔“比所有这些人更有价值，而且在一个我们社会主义者也关切的问题上，即在基督教历史起源问题上，他比所有这些人做了更多的工作”[2]。

为了说明鲍威尔研究早期基督教历史的思想背景，恩格斯首先对德国的圣经批判进行了历史的回顾。恩格斯指出，从中世纪的自由思想到18世纪的启蒙运动，普遍流行着这样一种观点，即认为一切宗教，包括基督教在内，都是骗子的捏造。但是，自从黑格尔向哲学提出了以理性说明历史发展的任务之后，上述观点便再也不能令人满意了。继黑格尔之后，德国的圣经批判按照两个方向发展：一个方向是杜宾根学派；另一个方向，只有一个代表人物，即布鲁诺·鲍威尔。

所谓“圣经批判”，就是超越传统“解经学”的重重限制而对《圣经》进行“不带先决条件”的考证研究。自从基督教在罗马帝国取得国教统治地位之后，《圣经》在欧洲文化和意识形态

领域中一直是最高权威。圣经词句在法庭中具有法律的效力。这种神圣权威在欧洲中世纪达到登峰造极的境地。马丁·路德的宗教改革运动，对天主教会进行了猛烈的冲击，却始终把《圣经》作为最神圣的权威来标榜，提出“以《圣经》的权威取代教会的权威”的口号。在德国，从虔诚派运动兴起后，这一口号更加突出。到了19世纪初叶，公开对《圣经》进行分析批判依然是极为罕见的事情。

1833年，德国诗人亨利希·海涅在《论德国宗教和哲学的历史》一书中指出，德国资产阶级革命是从对宗教的批判开始的，“因为在德国目前还需要消解宗教的势力。也就是说基督教和旧政权结成了不可分解的同盟。只要基督教对人民群众还发生影响，那么旧政权就不可能被打碎”[3]。海涅这一看法，道明了19世纪初德国资产阶级革命的出发点和斗争的意识形态特质。

当时的德国资产阶级，在英法资产阶级革命早已夺取政权多年之后，才刚刚从政治的冬眠状态苏醒过来。它虽然在哲学和文学领域赢得了充分的荣誉，却从来没有像英国资产阶级那样拥有雄厚的经济实力和像法国资产阶级那样敢用铁拳利刃进行战斗的政治激情。这既是它的光荣，也是它的不幸。由于这个特点，使它在社会革命道路上同英法形成了鲜明的对照：在英国，革命首先发轫于经济领域；在法国，反对封建主义的斗争则主要表现为政治革命。而德国资产阶级革命只能沿着一条“纯粹”意识形态的路线进行。换言之，革命的内容首先被赋予了意识形态的形式。当时的德国，在意识形态领域内有实践意义的，只有宗教和政治。政治既然是一个荆棘丛生的领域，所以主要斗争就转为反宗教的斗争。于是，意识形态领域内的第一次冲突便是以宗教为发端。

1835年，大卫·施特劳斯《耶稣传》的出版，揭开了“圣经批判”的序幕。这部长达1500页的辉煌巨著，以其对史料的详尽占有，使早期基督教的历史和神学教条，突然成为可以自由批判的对象，从而使一门新的学科——“从历史学和语言学的角度批判圣经”（恩格斯语）的学科出现了。施特劳斯强调，他这部书的宗旨是要以新的、更科学的基督教起源理论代替以往陈旧而不能自圆其说的神学教条。他指出：“人和一切属人的事情（宗教也不例外）都是历史地发展起来的。”[4]施特劳斯根据这种观点，在《耶稣传》中首次提出了“福音”神话的思想。他宣称，基督教是一种历史现象，耶稣是历史上的人而不是神；《圣经》中有关耶稣种种超自然神迹的描述，不具有历史的真实性，只不过是人为编撰的神话故事，是早期基督教团体无意识的产物。这样一来，就使从文艺复兴以来许多启蒙思想家对基督教的批判和否定，不再囿于哲学家的主观推理，而是历史学家详尽考证得来的实证结论。恩格斯认为，杜宾根学派在对《圣经》的批判研究方面，已经达到了一个神学派别可能达到的最高限度。恩格斯同时指出，这一派别一方面批判福音史中的矛盾和历史谬误，但另一方面又把《圣经》中许多神迹作为历史事实肯定下来，“这就非常清楚地显示出它的神学家学派的性质”[5]。尽管如此，就当时德国的情况来说，对《圣经》所进行的批判，无论是理论上的勇气还是批判本身所带来的社会影响，都是非常巨大的。尤其是在基督教国家，施特劳斯用哲学批判的方式评判基督教，使《圣经》的权威受到破坏，为德国的宗教批判和政治批判打开缺口，在思想理论上对德国资产阶级革命起到了先导的作用。

德国的圣经批判另一个发展方向是由鲍威尔开创的。与施特劳斯不同，鲍威尔对神学和福音史的批判，不仅怀疑神的存在，而且直接否定了福音故事的历史可靠性和耶稣其人的真实存在。在他看来，以往的宗教批判只是指出宗教观念的缺陷，是形式和方法的批判。而现在的批判则是应该证明任何宗教都是荒谬的，是内容的批判。因此，鲍威尔把主要精力放在否定宗教本身。恩格斯充分肯定了鲍威尔把德国圣经批判运动引向深入的历史功绩："按照施特劳斯含糊的神话论，人人都可以任意地把福音书的记述当作历史的记述，鲍威尔彻底揭露了这种理论的非科学性。既然福音书的全部内容，几乎绝对没有一件事情是历史事实，那就可以说明连耶稣基督在历史上是否实有其人也成问题，这样，鲍威尔就扫清了解决下述问题的基地：在基督教中形成了一种体系的那些观念和思想，是从那里来的，而且是怎样取得世界统治地位的。"[6]可见，鲍威尔不仅把圣经批判向更加彻底的方向推进，而且还进一步为解决基督教形成问题扫清了前进的路障。

鲍威尔对早期基督教历史的研究早在1836年他创办《思辨神学杂志》时就开始了。1838年，他在《启示的历史批判》一书的导言里，已经论及了基督教同犹太文化、希腊文化、罗马文化的关系，并明确指出对后三种文化的糅合与吸纳促成基督教教义的形成。1840年，鲍威尔出版了《约翰福音史批判》，1841年至1842年又出版了《对福音和约翰福音史批判》。鲍威尔这项研究工作前后进行了几十年没有间断，直到1874年发表的《斐洛、施特劳斯、勒南与原始基督教》及1877年发表的《基督与罗马帝国、基督教起源于罗马的希腊文化》还在做这项工作。因此，恩格斯认为鲍威尔倾注毕生心血于早期基督教问题的研究。

恩格斯认为，鲍威尔在早期基督教研究方面的主要功绩，不仅在于他对福音书和使徒书给予无情的批判，而且还在于他第一个认真研究了使基督教成为世界宗教的道路。恩格斯认为鲍威尔从两个方面厘清了早期基督教发生、发展的基本脉络：一方面是东西方思想的糅合，这些经过东西方文化相互渗透的观点和学说最初在社会底层的穷人中传播；另一方面是罗马帝国的扶持，基督教最终得到罗马官方的垂青。经过鲍威尔这样的研究，整个基督教的基本轮廓已经形成，"他基本上证明了基督教不是从外面、从犹太输入而强加给罗马世界的，它——至少就其成为世界宗教时的状况而言——是这个世界最道地的产物。”[7]

恩格斯在阐明鲍威尔研究早期基督教历史方面的功绩的同时，也尖锐地指出了鲍威尔的缺陷：其一，鲍威尔为了说明斐洛，尤其是塞涅卡对基督教形成的影响，为了确定新约作者抄袭斐洛和塞涅卡的学说，硬是把基督教产生的时间推迟了半个世纪。这种矫枉过正的做法反映出鲍威尔对历史事实的主观随意性；其二，鲍威尔把研究“福音史”的重点放在“思想与观念”的发展上，即寻找基督教的产生同希腊、罗马哲学思想发展的关系，至于基督教产生的社会历史背景，却全然不在他的视野之中；其三，鲍威尔认为基督教的诞生地不是加利利（在巴勒斯坦北部）和耶路撒冷，而是亚历山大里亚和罗马，恩格斯认为这是对历史事实的歪曲。

恩格斯最后总结道，关于基督教取得胜利和世界统治地位的原因，鲍威尔的研究提供了非常珍贵的材料。但是这位德国哲学家的唯心主义妨碍了他，“使他不能作明晰的观察和精确的说明。往往在紧要关头，不得不用空话来代替事实。所以，我们与其逐条研讨鲍威尔的见解，倒不如谈谈我们自己对这个问题的看法。这些看法的根据，不仅有鲍威尔的著作，而且还有自己的独立研究”[8]。

因此，对早期基督教历史的起源问题，恩格斯在分析了鲍威尔的成就与缺陷之后，运用历史唯物主义的原则，系统阐明了自己在这个问题上的独到见解。

二、基督教产生的社会条件和精神氛围

基督教诞生之际，地中海沿岸各国已处于罗马帝国统治下。

公元前30年，奥古斯都（公元前63年—公元14年）征服了希腊化世界的最后一个国家——埃及托勒密王朝之后，逐步突破了城邦体制狭小的范围，将地中海世界统一于严厉的法制体系和政治秩序之中，罗马帝国从此步入鼎盛时期。古罗马著名历史学家阿庇安在他的《罗马史》一书中生动地描述道："罗马帝国的疆域从日落处和西面海洋到高加索和幼发拉底河，通过埃及上大埃塞俄比亚和通过阿拉伯远达东面海洋，所以它的疆界东至太阳神上升的海洋，西至太阳神降临的海洋；同时他们统治了所有地中海岛屿以及海洋中的不列颠。"[9]罗马帝国之所以能够相当成功地统治不同民族，在很大程度上是因为它建立了统一的罗马法律和强有力的政治秩序。恩格斯指出："罗马的占领，在所有被征的国家，首先直接破坏了过去的政治秩序，其次也间接破坏了旧有的社会生活条件。"[10]这种破坏作用主要通过三种方法来实现：第一，以罗马公民与非公民之间的单间区别，代替了从前的等级划分（奴隶制度除外）；第二，在经济上以国家的名义对社会各阶层实行严厉的税收制度，这种以充实国库而日益烦苛的赋税，对旧有的社会性生活的破坏作用是非常巨大的；第三，在法律上到处都由罗马法官根据罗马法进行判决，从而使各民族、各地方的法律都被宣布无效，罗马法成为帝国规范社会秩序的惟一准则。在恩格斯看来，这三种手段对过去城邦和氏族公社传统的社会生活条件产生了荡平一切的作用。在奥古斯都之后200余年的帝政时代，罗马政权超越了狭隘的政治框架，创立了一个将地中海世界的不同民族合为一体的世界国家，克服了城邦意识的局限性，建立了一种在整个帝国范围内通用的法律和公民制度，即"万民法"。罗马统治者逐渐消除了罗马公民与拉丁公民、外邦公民之间的种族差别，淡化了狭隘的民族情结，在客观上逐步孕育出一种具有普遍意义的人类意识，即"世界主义"，而正是这种具有普遍意义的"世界主义"，为世界性的宗教——基督教的产生奠定了坚实的社会文化背景。

疆土统一和政治统一在帝国意识形态上也必然呼唤精神文化上的统一。罗马帝国对地中海沿岸各国、部落和民族的征服，不仅直接破坏了他们的物质生活方式，同时也破坏了他们传统的精神生活方式。“罗马帝国在消灭各民族政治和社会独特性的同时，也消灭了他们独特的宗教。”[11]根据这一思想，恩格斯进一步阐述了古代宗教的消亡和基督教产生的历史必然性。

古代社会的一切宗教都是自发的部落宗教和民族宗教，它们在各民族自身的社会和政治条件中产生和演变，一旦宗教存在的这些社会基础遭到破坏，长期沿袭的社会形式、政治结构和民族独立一旦遭到毁灭，与之相应的宗教必然趋于崩溃。原来各个民族只承认和供奉本民族的神，随着罗马帝国对地中海沿岸的征服，在帝国内形成了民族杂居的局面，不同民族的宗教同时并存，相互渗透、相互排斥成为一种普遍现象。在强大的帝国面前，人们不仅承认其他民族神的存在，而且认为那些强大的民族，他们的神也是强大的，也是值得崇拜的。于是人们不仅供奉本民族的神，而且还供奉其他民族的神。罗统治者把被征服的各民族神祇都置于罗马神庙之中，从属于罗马的大神，让各民族的宗教为巩固罗马帝国的统治服务。这种多元宗教共生并存的发展趋势，为世界宗教的产生提供了政治与信仰上的双重需要。

一种世界宗教的出现，除了充分的社会政治条件外，与其相适应的精神状态和社会心理气氛是不可或缺的。恩格斯进一步详尽分析了基督教产生的精神氛围和社会阶层思想情绪的普遍特征。

罗马的武力征服虽然使帝国的疆土得到扩展，但专制的统治又使帝国内部孕育的各种社会矛盾不断激化。不堪忍受专制统治的奴隶和被征服民族，掀起了连绵不断的起义和民族独立斗争。这些斗争虽然在一定程度上打击了罗马帝国的独裁统治，但是，帝国强大的军事镇压和政治专制所产生的荡平一切的作用，使所有的反抗斗争都归于失败。被征服民族不得不把愤怒和绝望埋在心里。与这种普遍无权地位和无力改善现状的绝望境地相适应，是普遍的意志消沉和精神颓废。从自由民到奴隶，包括那个时代的思想家也是如此。大部分人对自己的生活状况怀有强烈的愤怒，现状不堪忍受，没有任何出路，悲观绝望，甚至从最下流的肉体满足中寻求暂时的解脱。既然对物质上的解放感到绝望，就必然追寻精神上的慰藉来代替。而在当时能够提供这种精神慰藉的既不是斯多葛派，也不是伊壁鸠鲁派，这种慰藉是不能以哲学的形式出现的，因为哲学不能满足普通民众的精神需求，更何况这两个学派门徒放荡的生活方式，把他们的学说搞得声名狼藉。安慰不是要代替那失去了的哲学，而是要代替那失去了的宗教，在当时情况下，出路只能从宗教领域内寻找。

从当时罗马帝国传播的几种宗教来看，无论是东方盛行的宗教戒律还是犹太人的民族宗教，无论是希腊的“众神世界”还是罗马的万神殿，都不能成为被压迫生灵的普遍慰藉。东方宗教在仪式上的烦琐性，犹太教在观念上的狭隘性，使它们不可能在不同阶层和民族的内心中唤起信仰的共鸣。而古希腊罗马的“众神世界”，其神话遍布地中海沿岸，并对欧洲文明产生了深远的影响，但它的浪漫主义精神却不能满足广大被压迫生灵的宗教需要。在这种情况下，基督教出现了，它没有民族间相互排斥的仪式，没有古代宗教特有的烦琐祭祀，它在观念和仪式上毫无差别地对待一切民族，它认真思考了彼岸世界的报偿和惩罚，为人们构设了天国和地狱两种境界，找到了一条把受苦受难的人从苦难的尘世引入永恒天堂的出路。基督教正是在彼岸世界里，为人们渴求摆脱苦难世界获取内心得救，提供了人人易解的方式。因此，正是在人们抱怨时代堕落、物质贫困和道德沦亡的时候，正是在经济、政治、道德和信仰全面解体的境况下，“基督教拨动的琴弦，必然会在无数人的心胸中唤起共鸣”[12]。

三、原始基督教的特征和性质

恩格斯对早期基督教历史起源的研究，始终关注一个十分重要的问题，就是基督教的初期形态。在恩格斯看来，厘清这个问题，不仅有助于理解基督教世界化的过程和成因，而且对于把握原始基督教的性质，阐明早期基督教与“现代社会主义”的同异，都具有十分重要的意义。

原始基督教在教义上处于萌芽状态，尚不具备完备的理论形态，最初基督徒的阶级构成是以社会下层民众为主体；原始基督教的革命性质更多是以宗教的形式表现出来的，而不是一种近现代意义上带有政治性质的革命运动。这是恩格斯对基督教初期形态勾画出的一个基本轮廓。

恩格斯指出，原始基督教同尼西亚宗教会议时期的基督教有很大的不同。公元 325 年尼西亚宗教会议是第一次基督教会世界性主教会议。会议通过了一切基督教必须遵守圣父、圣子、圣灵“三位一体”的信条，制定了教会法规，加强了主教权力，为基督教的世界化发展提供了组织上和理论上的准备。尼西亚宗教会议是一个重要标志，在此之前的原始基督教，如《约翰启示录》所记载的，不但没有神圣的三位一体，而且也没有因信称义和原罪之说，更没有记述基督教的礼仪系统，至于洗礼和圣餐礼，启示录的作者同样一无所知。“由此我们可以看出，当时的还不曾有自我意识的基督教，同后来的尼西亚宗教会议上用教条固定下来的那种世界宗教，是有天渊之别的；二者如此不同，以致从后者很难认出前者。它既没有后世基督教的教义，也没有后世基督教的伦理。”[13]

尽管如此，恩格斯依然认识到，这种尚处在萌芽状态的基督教，已经孕育着之后成为世界宗教的可能性。根据《约翰启示录》的记载，基督在耶路撒冷被钉在十字架上而后复活，他作为为世界赎罪而献身的“羔羊”，各民族的信徒都因此在神面前获得解脱。原始基督教这种赎罪观念，蕴含着普遍的世界意义。恩格斯强调指出，从这里我们看到了早期基督教后来得以发展成世界宗教的那种根本观念。

原始基督教在广大信徒中传播着这样一种信念，即任何时代、任何人的罪恶，都可以通过一个中间人的一次伟大牺牲而永久赎掉。这样一来，古代宗教中的许多烦琐礼仪也就失去了普遍意义，而摆脱这些妨碍或禁止与异教徒交往的礼仪，则是世界宗教必备的重要条件。

关于原始基督教的性质，恩格斯认为，原始基督教蕴含着革命因素，这种革命性集中体现在它的信奉者“主要是来自属于人民最下层的‘受苦受难的人’”，在这个意义上，恩格斯也把早期基督教称为“奴隶和被压迫者的宗教”。除此之外，恩格斯并没有赋予原始基督教更多政治含义，更没有把它看作是近现代意义上带有政治性质的革命运动。在恩格斯看来，原始基督教首先是一种宗教，虽然它在教义、礼仪、组织方面尚不完备，但却已经具备了成为世界宗教的一切可能性和现实条件。它“代表着宗教发展的崭新阶段，即行将成为人类精神史中最革命因素之一的阶段”[14]。毫无疑问，原始基督教的“最革命因素”主要体现在宗教意义层面，而且往往是以宗教的方式表现出来。关于这一点，恩格斯在他不同的论著中都有明确一致的表述。在《反杜林论》中写道：“基督教只承认一切人的一种平等，即原罪的平等，这同它曾经作为奴隶和被压迫者的宗教的性质是完全适合的。”[15]很显然，原始基督教作为“被压迫者的宗教的性质”，在这里是同它主张的原罪平等教义直接联系的。“被压迫者的宗教”，是被压迫心灵对无情世界的一种叹息和抗议，这种叹息和抗议常常借助宗教的方式表现出来，一旦脱离了这种方式，也就无所谓“被压迫者的宗教”的存在。同样的思想在《论原始基督教的历史》一文中也有明晰的表述。恩格斯指出，原始基督教“最初是奴隶和被释放的奴隶、穷人和无权者、被罗马征服或驱散的人们的宗教”[16]。面对罗马帝国的强权统治，被压迫者对苦难世界的任何抗争都是徒劳的，出路只有一条，那就是彼岸世界的永恒天堂。

不仅如此，恩格斯还通过对原始基督教与“现代社会主义”的同异对比研究，进一步阐明了原始基督教与社会主义运动的实质性区别。

恩格斯认为，原始基督教的基本特征是，第一，成员大都是被罗马帝国征服的弱小民族的下层民众；第二，依然保持着浓厚的民族特色；第三，神学、礼仪、组织尚不系统；第四，具有强烈的反民族压迫和社会压迫的反抗意识；第五，常过集体宗教生活，注重虔诚、勤俭、和善、诚信，认为世人皆兄弟姐妹。

原始基督教的这些特点使它同现代社会主义运动有许多可比性：这两场伟大的运动都不是领袖和先知们创造，而是群众运动；这两场运动都是受苦的被压迫者的运动，他们的成员都被当权者剥夺了应有的权利，受到排挤和迫害；二者都坚信不久的将来会从奴役和贫困中解放出来，为自由解放斗争开辟前进的道路。恩格斯甚至还引用了法国历史学家勒南的话：“如果你想知道最初的基督教共同体是怎样的面貌，只要去看一看国际工人协会的当地支部就可以了。”

尽管二者有许多相近之处，但是本质上的区别也是非常明显的：基督教的幸福乐园是人们死后的彼岸世界，而社会主义运动追求的是现实的解放与幸福。正是在这一点上，集中表现出社会主义运动与早期基督教的原则区别。恩格斯写道：“基督教和工人的社会主义都宣传将来会解脱奴役和贫困；基督教是在死后的彼岸生活中，在天国寻求这种解脱，而社会主义则是在这个世界里，在社会改造中寻求这种解脱。”[17]

原始基督教作为特定时期“被压迫者的宗教”，由于它广泛的群众基础和信仰中所包含的某些具有革命因素的教义，在当时的历史条件必然表现出宗教意义上的革命性和反对罗马帝国强权统治的政治意义，它在教义上主张平等、鄙视富人、预言“千年王国”，体现了对统治者的憎恶和对理想社会的向往，这是宗教信仰所包含的革命因素的体现和流露。但是，这种“革命因素”把希望寄托在彼岸世界，具有明显的“空想”和“虚幻”色彩。这同社会主义争取现实解放斗争有着本质的不同，二者的世界观性质和社会职能有着实质性的差别。因此，那种把耶稣描写成革命领袖，把原始基督教描绘成是一种社会革命运动，把初期教会说成是具有共产主义性质的组织，是现代科学社会主义的“先驱”的观点（卡尔·考茨基在其1908年出版的《基督教之基础》一书中持有这种观点[18]），这种把宗教问题政治化的倾向，显然是不符合恩格斯关于原始基督教的基本看法的。

四、基督教世界化的成因

关于基督教取得胜利和世界统治地位的原因，是恩格斯晚年研究早期基督教历史起源的一个中心问题，恩格斯对这个问题的研究和回答，主要是从以下几个方面展开的：

1. 罗马帝国摧毁了传统的生活方式和信仰方式，为基督教的产生和世界化的发展奠定了社会历史基础罗马征服了地中海沿岸各国，摧毁了旧的政治秩序和社会生活条件，促使各民族宗教趋向于没落。“罗马帝国在消灭各民族政治和社会独特性的同时，也消灭了他们独特的宗教。古代一切宗教都是自发的部落宗教和后来的民族宗教，它们从各民族的社会和政治条件中产生，并和它们一起生长。

宗教的这些基础一旦遭到破坏，沿袭的社会形式、继承的政治结构和民族独立一旦遭受到毁灭，那末与之相适应的宗教自然也就崩溃。"[19]旧世界的解体和强大帝国的建立，打破了原有的城邦意识和狭隘的民族界限，在客观上孕育着一种“普世意识”的诞生，这就为基督教的产生和世界化的发展奠定了社会历史基础。所以恩格斯说，基督教是从“旧世界解体过程所解放出来的，基督教是唯一抵抗了这一解体过程（因为基督教本身就是它的必然产物）从而得以保存下来并不断成长起来的成分，而其他成分则只不过是短命蜉蝣而已”[20]。

2. 普遍的意志消沉和精神颓废的社会心理，为基督教的传播和发展提供了一种理想的宗教氛围罗马政权的荒淫残暴，横征暴敛，不但使广大奴隶处于痛苦不堪的状态，连城市平民亦处于日益穷困潦倒的境地。悲观绝望，消极厌世，意志消沉，精神颓废，成为弥漫那个时代的一种普遍的社会情绪，这就为基督教的传播和流行提供了一个极好的宗教氛围。与此同时，原始基督教的罪孽意识和赎罪观念，为那些渴求摆脱苦难世界而获得灵魂得救的人，提供了一个人人易解的信仰方式。

3. 原始基督教在信仰上的世界性特质，是它战胜犹太教和其他民族宗教、发展成为世界宗教的内在原因

这种世界性特质主要体现在：其一，基督教继承犹太教的一神论观念，却打破了犹太教狭隘的民族意识。基督教不分种族、不分民族、不分贵贱，倡导在上帝面前人人平等，这是人类信仰理念的重大突破，它打破了民族的狭隘性，消除上帝“选民”的民族界限，创造出一种具有普世意义的“世界神”的原型。其二，基督教倡导一种普世的平等思想，首次提出在宗教信仰上人人平等的原则。在这一原则之下，一贯高居于各民族之上的罗马

公民的特权被取消了，帝国内所有的民族，不论出身和种族，在宗教信仰上第一次取得平等权利。基督教所以能在罗马社会迅速传播和发展，一个十分重要的原因就是它“毫无差别地对待一切民族，它本身就成了第一个可行的世界宗教。犹太教及其新的万能的神，原也有成为世界宗教的趋势。但是以色列子女在信徒和行割礼的人中，依然保持着贵族身份。连基督教也必须先打破关于犹太人基督徒的优越地位的观念（这种观念在所谓约翰启示录中早已有了），才能变成真正的世界宗教”[21]。其三，基督教摈弃了古代宗教的糟粕，简化了宗教仪式，使人们的信仰方式日益走上规范化的道路。基督教由一神论取代多神崇拜，是人类思维超越有限存在对宇宙无限整体的抽象把握，是人类理性思维能力提高在宗教信仰对象上的一个重要标志。在宗教信仰方式上，基督教用耶稣的一次性赎罪结束了献祭时代，用内心祈祷代替了落后的巫术，使宗教活动趋向规范，从而使基督教在信仰方式上更具备普世的意义。

4. 广泛吸收和继承古典文化的思想养料，对基督教世界化的传播和发展，起了十分重要的作用一种新的世界宗教是不能用皇帝的敕令创造出来的。“新的世界宗教，即基督教，已经从普遍化了的东方神学、特别是犹太人神学和庸俗化了的希腊哲学、特别是斯多葛派哲学的混合中悄悄地产生了。”[22]恩格斯这一论断，不仅肯定了古代思想材料对基督教建立系统神学教义的重要意义，而且具体指明了基督教至少从三个方面吸收了古典文化的思想养料。其一，东方宗教。罗马帝国对世界的征服，使古代埃及、叙利亚及小亚细亚等地流行的宗教思想在罗马帝国时期开始传播。这些宗教在信仰理念上具有救世性质，注重宗教仪式，宣扬死后复活、升入天堂等观念。早期基督教教义的发展，从东方宗教中吸纳了许多相关的思想。《新约》中的许多故事，如圣灵降孕于贞女生下耶稣，耶稣种种神迹以及受难复活、灵魂不死等，实际上是东方宗教思想的翻版。甚至连基督教的节日（如圣诞、受难、复活和礼拜等）都是对地中海地区古老宗教习俗的因袭。其二，犹太教教义。基督教直接继承了犹太教的许多重要观念，如“一神论”、“救世主”、“先知”、“启示”、“摩西十戒”等，这些观念直接成为基督教教义的基本内容。此外，基督教还继承了犹太教的全部经典，将之作为《圣经》中的《旧约》部分，将安息日演变为“礼拜日”，将逾越节演变为“复活节”，并承袭了犹太教的教会组织形式及其祈祷、唱诗、读经、讲道等礼拜仪式。其三，古希腊哲学。基督教从古典文化中得益最多的是希腊哲学。基督教只有借助古典哲学，才能形成系统的神学教义，才能赢得罗马官方的承认。因为希腊哲学是古典文化的基础，它不仅在有教养的罗马人当中有着根深蒂固的影响，而且庸俗化的希腊哲学，特别是斯多葛派哲学，在罗马社会广泛流传。正如恩格斯所说：“斐洛的亚历山大里亚学派和希腊罗马庸俗哲学——柏拉图派的，特别是斯多葛派的——给予在君士坦丁时代成为国教的基督教以巨大影响。”[23]

5. 罗马政权的扶植，使基督教的世界化发展由可能变为现实

基督教在罗马帝国最终取得胜利，除罗马帝国的社会条件、宗教气氛和精神状态等相适应的社会条件外，帝国政权的政治需要，是基督教实现世界化的现实基础。罗马政权对待基督教的政策经历了从残酷镇压到大力扶持的过程。从公元2世纪起，罗马帝国不断为内忧外患所困扰，而当时的基督教已经遍布罗马世界，拥有大量的信仰群众。罗马政权最先采取高压政策，但经过200多年的残酷镇压，基督教不但没有被消灭，而且越来越强大。君士坦丁时期，罗马政权对基督教的政策由一味镇压转向积极扶持。当时罗马政权执政难题之一，就是如何建立与政体相适应的思想信仰上的统一。既然基督教的发展已经具备这样影响和

势力，那么在政策上积极扶持基督教的发展，使其成为帝国控制社会的精神支柱，就成为罗马统治者巩固政权的必然选择。正如恩格斯所说："这种企图清楚地表现了拿一种世界宗教来充实世界帝国的需要。"[24]

公元313年君士坦丁颁布了著名的《米兰敕令》，公开宣布基督教在罗马帝国的合法地位。公元325年君士坦丁大帝亲自召开约有300名主教参加的尼西亚宗教会议，为基督教制定了统一的信条和教会法规。公元341年和公元346年，罗马政权又先后发布敕令禁止一切异教崇拜和祭祀，并强行关闭所有异教神庙。公元375年罗马当局下令禁止向罗马神庙献祭，并宣布帝国皇帝从此不再充当神庙的"至高祭司"。这样一来，基督教作为罗马帝国国教的地位开始确立。公元392年，狄奥多西一世公布法律，禁止任何场所向异教神祇献祭，同时规定基督教为惟一合法的宗教。因此，这一年被史学界看作是基督教成为罗马帝国国教的开始。从此以后，基督教结束了几百年备受迫害的历史，获取罗马社会各阶层的广泛认同，并从一个犹太人的民族宗教发展成为影响深远的世界宗教。

注释：

[1] 《马克思恩格斯选集》第4卷，人民出版社1972年版，第475页。
[2] 《马克思恩格斯全集》第19卷，人民出版社1963年版，第327页。
[3] [德]亨利希·海涅：《论德国宗教和哲学的历史》，商务印书馆1974年版，第12页。
[4] [德]大卫·施特劳斯：《耶稣传》第1卷，商务印书馆1981年版，第13页。
[5] 《马克思恩格斯全集》第22卷，人民出版社1965年版，第531页。
[6] 《马克思恩格斯全集》第19卷，人民出版社1963年版，第328页。
[7] 《马克思恩格斯全集》第22卷，人民出版社1965年版，第532页。
[8] 《马克思恩格斯全集》第19卷，人民出版社1963年版，第331页。

[9] [古罗马]阿庇安:《罗马史》,商务印书馆 1997 年版,第 15 页。
[10] 《马克思恩格斯全集》第 19 卷,人民出版社 1963 年版,第 331 页。
[11] 《马克思恩格斯全集》第 19 卷,人民出版社 1963 年版,第 333 页。
[12] 《马克思恩格斯全集》第 19 卷,人民出版社 1963 年版,第 335 页。
[13] 《马克思恩格斯全集》第 22 卷,人民出版社 1965 年版,第 536 页。
[14] 《马克思恩格斯全集》第 22 卷,人民出版社 1965 年版,第 536 页。
[15] 《马克思恩格斯全集》第 20 卷,人民出版社 1971 年版,第 114 页。
[16] 《马克思恩格斯全集》第 22 卷,人民出版社 1965 年版,第 525 页。
[17] 《马克思恩格斯全集》第 22 卷,人民出版社 1965 年版,第 525 页。
[18] 参见[德]考茨基:《基督教之基础》,三联书店 1955 年版,第 327、466 页。
[19] 《马克思恩格斯全集》第 19 卷,人民出版社 1963 年版,第 333 页。
[20] 《马克思恩格斯全集》第 22 卷,人民出版社 1965 年版,第 530 页。
[21] 《马克思恩格斯全集》第 19 卷,人民出版社 1963 年版,第 334—335 页。
[22] 《马克思恩格斯全集》第 21 卷,人民出版社 1965 年版,第 349 页。
[23] 《马克思恩格斯全集》第 22 卷,人民出版社 1965 年版,第 532 页。
[24] 《马克思恩格斯全集》第 21 卷,人民出版社 1965 年版,第 349 页。

(摘自《马克思主义研究》2006 年第 7 期)

论列宁的宗教观

吕大吉

一、列宁时代宗教战线的斗争

列宁在领导俄国无产阶级进行革命并从事社会主义建设的过程中，把马克思主义整个科学体系发展到新的阶段；与此相应，列宁也继承和发展了马克思主义的科学宗教观。列宁有关宗教问题的著作和论述，与俄国无产阶级的解放斗争息息相关，具有鲜明的实践色彩和强烈的现实意义。他把理论上的原则性和政治策略上的灵活性巧妙地统一起来，为马克思主义政党处理和对待宗教问题制定了一整套既符合马克思主义宗教观基本原理、又适合现实斗争需要的战略和策略，从而把马克思主义宗教观推进到新地高度。

马克思主义历来把宗教信仰当成个人的私事，不对宗教问题大惊小怪，一般只是当宗教问题涉及阶级斗争的方向和历史发展的进程，从而具有严重的社会政治意义的时候，才会引起对宗教问题的关注。列宁之所以研究宗教问题，有着深刻的社会历史原因和催人上阵的现实需要。

列宁从事革命斗争的年代，正是帝国主义走向崩溃、无产阶级革命胜利进展的时代。这时，帝国主义国家的垄断资产阶级及其思想代表为了维护本阶级的反动统治，便更加卖力地支持和利用传统宗教和社会势力，把它们作为维护旧社会秩序的支柱和麻痹人民大众和无产阶级革命意志的工具，同时还加紧了对无神论者和自由思想者的迫害。统治阶级对于宗教的迫切需要立即反映到作为社会意识形态之总汇和一般世界观的哲学上。各种与宗教学有密切联系的“新式的”唯心主义哲学纷纷出笼，像流行性感冒一样迅速蔓延开来。它们各显神通，争妍竟丑，为宗教神学涂脂抹粉，为信仰主义鸣锣开道。

各种反动运动的思潮也逐渐渗透到国际工人运动之中，使一部分领导成员受到感染，助长了第二国际中的改良主义者修正主义思潮的泛滥。修正主义的理论代表是伯恩施坦、福尔列德、马克斯·阿列尔等人。考茨基开始时反对过他们，但到后来也同流合污，参加到他们的行列。伯恩施坦等人在哲学上宣扬新康德主义。在他们看来，马克思主义的社会主义学说与唯物主义哲学并没有必然的逻辑联系，似乎社会民主党人可以赞同马克思主义关于社会的学说，而不必拥护马克思主义的哲学世界观，特别是不一定要接受马克思主义的无神论宗教观。信仰宗教和神固然是一种错误认识，但是这种错误认识对无产阶级的斗争并没有什么危害和影响。这种观点流行一时，颇有影响，像考茨基、王德威尔德、奥·鲍威尔和第二国际的其他领袖们竟然公开宣布宗教对于工人阶级政党来说是私人的事情。这就是说，在宗教问题上保持中立，无须过问作为社会意识形态的宗教思想对党的事业的影响和党员的信仰和信念。王威尔德在其《社会主义的探讨》中说，任何事物都不妨碍一个基督教徒同时又是一个社会主义者：在天国的事务中是基督教徒，而在世俗事务中是社会主义者。

在哲学和宗教领域以及社会主义问题上的这些修正主义观点，引起了国际工人队伍中的思想混乱，并在俄国工人政党中找到了它的追随者，而且俄国社会和工人政党中的宗教思潮较之其他欧洲国家大有后来居上的趋势。其所以如此，除了国际影响之外，更主要的还是国内阶级斗争形势发生了新的变化。1905年的俄国民主主义革命遭到失败以后，反动势力强化了对革命人民的阶级专政。在政治上加强警察统治，正如列宁当时即已指出的那样："俄国资产阶级为了反革命的目的，需要复活宗教，唤起对宗教的需求，编造宗教，向人民灌输宗教或用新的方法在人民中间巩固宗教。"[1]这是为俄国的反动派从1905年的人民革命中所认识到的：

单靠棍棒和鞭子是不够的；棍棒终究要被折断。于是他们转而寻求一种最新式的思想棍棒或精神棍棒——即宗教。[2]反动资产阶级及其各派政治代表都加强了与教会黑帮势力的政治联盟，都在那里自觉地利用宗教这根"精神棍棒"。在国家杜马中，野蛮的地主和旧时警察的政治代表普利凯维奇实质上是主张为了使人民处于精神奴隶的地位，教会同黑帮势力必须建立最紧密的联盟。资产阶级代表们的说法则有所不同：十月党人感到"披着袈裟的官吏"降低了教会的威信，已经不中用了，过时了，甚至给统治阶级带来了危害。他们为此而攻击教权主义的极端措施和警察的监督。但这种"攻击"的实质是为了加强宗教对群众的影响，是为了用比较精巧、比较完善的愚民办法来代替某些过于粗暴、过于陈旧、过于腐朽而不能达到目的的办法。为了更好地愚弄群众，他们主张用"更文明、更新式、更灵活、更能在自治教区起作用的宗教"来代替"警察式的宗教"。卡拉乌洛付夫则主张"教会高于政治"，以此去掉过于愚蠢和粗暴的黑帮分子。他认为，只有这样行事，才能至少欺骗一部分落后工人，才更能欺骗小市民和农民，才能帮助革新后的教会完成使人民群众继续处于精神奴隶地位的"伟大的、神圣的"事业。[3]

立宪民主党的一些大作家出版了《路标》文集，对马克思主义和一切解放运动进行攻击，不仅"消灭"唯物主义哲学和无神论思想体系，而且企图"消灭"革命理论和社会主义学说。他们吹捧各种宗教神秘主义和唯灵论观点，把这些东西说成是俄国人民仿佛即已固有的宗教情绪的表现。在哲学上，他们鼓吹意识独立于社会存在和意志自由，并把这种独立的意识和自由的意志视为领悟“超人真理”的关键，而所谓“超人真理”实际是宗教的神。他们调和科学与宗教的对立，宣扬神秘的宗教和实证的科学各自管辖着完全不同的领域，二者之间没有任何对抗。有些资产阶级思想代表们则试图建立某种新的宗教。

新宗教的宣传者是“寻神派”。其代表人物是布尔加科夫、列尔佳耶夫、麦列日科夫斯基等人。他们认为俄国人天生就信仰宗教，只有宗教共同性才能拯救俄国。应当帮助人民找到这样的神，他为俄国人民所共有，给人民带来安慰，并为真、善、美的利益服务。在1905年革命失败后的反革命专政的重压和国际国内的宗教思潮的影响之下，俄国革命阵营内部出现了思想蜕化现象，悲观失望和消极颓废的情绪颇为流行。工人政党中一部分自命为“马克思主义者”的人感染了宗教神秘主义和唯心主义的流感病毒，接受并在工人政党内传播新康德主义、马赫主义之类唯心主义，甚至直接宣传变相的宗教和神秘主义。卢那察尔斯基、巴札耶夫、瓦连廷诺夫等人在哲学上用马赫主义代替辩证唯物主义和历史唯物主义，在宗教观上则抛弃马克思主义的科学无神论而代之以向宗教情调的“造神论”。“造神论”与“寻神派”有所不同，它认为实际上并无客观的存在，只不过为了社会主义的利益，必需“造”出一个“神”来作为人们共同崇拜的象征。造神派一方面把陈旧的宗教视为对彼岸世界的非非之想而予以否弃；另一方面却又把宗教作为一种永恒的现象而保留其存在的权利。他们主张创立某种合乎要求的新的宗教理想，以之来体现人本身“崇高性”、“高尚性”及其对尘世幸福生活的渴想。在造神派看来，宗教理应成为人类团结和联合起来的宗教道德理想，无产阶级似乎也需要一种属于“自己的”“马克思主义的”宗教。如果把宗教变成劳动和社会主义的崇拜，那么，社会主义理想就不仅为先进工人所理解，从而也会为半无产者、小资产者和农民所理解，从而激发他们建设并建成人间“天国”的狂热愿望。因此，他们宣称：社会主义就是宗教，人在本质上有着深厚的宗教气氛和宗教信仰，马克思主义哲学乃是变相的宗教哲学，真正的马克思主义就是人类“最后的伟大宗教”，马克思是新宗教的伟大先知，无产阶级是宗教的体现者，工人联盟则是新教会的奠基石。

国际工人运动和俄国工人政党中的修正主义、机会主义思潮在哲学上对辩证唯物主义与历史唯物主义、在宗教观上对马克思主义科学无神论的歪曲和背叛，远远超出了关于哲学和宗教的纯粹理论思辨的范畴，而是直接涉及马克思主义——共产主义理论体系本身和无产阶级政党的革命实践的若干根本问题。例如：社会主义思想体系是否必须以唯物主义世界观作为自己的哲学基础？如何理解宗教与唯心主义哲学的关系？社会主义与宗教的关系如何，是否可以调和？宗教的本质和社会作用是什么？宗教的阶级实质是什么？宗教是否可以为无产阶级和被压迫人民服务？马克思主义政党对待宗教应持什么态度？……这些从无产阶级革命斗争的实践中提出来的重大问题，必须用马克思主义的科学世界观予以回答，恢复真正的马克思主义宗教观，并根据它的基本原理来指导马克思主义政党处理宗教问题，这一历史任务是由普列汉诺夫和列宁来完成的。普列汉诺夫和列宁为了回击国际资产阶级和党内修正主义对马克思主义的挑战，对哲学和宗教问题进行了广泛而又深入的研究，写作了大量理论著作、继承和发展了马克思主义的哲学世界观和宗教观。关于普列汉诺夫的情况当另文专论，这里主要对列宁的有关理论和著作作概括的叙述和说明。

列宁对于俄国工人政党中在哲学和宗教问题上的修正主义思潮极为愤怒。1908 年 2 月 25 日，他在写给高尔基的一封信中对之进行了愤怒的谴责：

“现在《马克思主义哲学概论》已经出版。除了苏沃洛夫那篇文章（我正在看）之外，其余的我都看过了，每篇文章都使我气得简直要发疯。不，这不是马克思主义！我们的经验批判主义者、经验一元论者和经验符号论者都在往泥潭里爬。他们劝读者相信‘信仰’外部世界的真实性就是‘神秘主义’（巴札耶夫），他们把唯物主义同康德主义混淆得不成样子（巴札耶夫和波格丹诺夫），他们宣传不可知论的变种（经验批判主义）和唯心主义的变种（经验一元论），教给工人‘宗教无神论’和‘崇拜’人类最高潜在力（卢那察尔斯基），宣布恩格斯的辩证法学说为神秘主义（别尔曼），从法国某些‘实证论者’（主张‘符号认识论’的该死的不可知论者或形而上学者）的臭水沟里汲取东西（尤世凯维奇）！不，这太不像话了。”[4]

无论是在俄国的土地上，还是旅居欧洲，列宁总是一手触摸着俄国和世界革命的脉搏，一手把握着革命航船的舵盘。在他们这一时期的深邃的哲学理论和宗教研究中，跳动着反对各种修正主义、机会主义思潮的愤怒的音符和节奏，充满着捍卫马克思主义科学的世界观和宗教观的战斗激情。列宁有关宗教问题的论著很多。在十月革命胜利之前，除了写作《唯物主义和经验批判主义》（1908）这部博大精深的哲学著作，揭露和批判作为宗教神学之哲学基础的唯心主义，捍卫和发展辩证唯物主义以外，还写作了一系列专门论述宗教和无神论问题的著作。其中主要有：《社会主义和宗教》（1905）、《论工人政党对宗教的态度》（1909）、《各阶级和各政党对宗教的态度》（1909）、《论路标》（1909）、《给阿·马·高尔基》（1908，1913—11，1912—12）、《论拥护召回主义和造神的派别》（1909）。这些著作论述了宗教的本质、根源和社会作用，确定了工人政党对宗教的态度，揭露了寻神派和造神派的虚伪性和反动性。1908 年的《列甫·托尔斯泰是俄国革命的镜子》、1910年的《列·尼·托尔斯泰》和1911年的《列·尼·托尔斯泰和他的时代》等文则在分析托尔斯泰创作思想中的矛盾的同时，批判了他的宗教说教。

这一时期，列宁有关宗教问题的理论和著作，内容是很丰富的。逐一论述是困难的。下文只打算着重概述列宁这一时期的宗教理论中最有创造性的几个问题。

二、论宗教的本质、根源和社会作用

列宁有关宗教问题的论著中，对宗教的本质、根源和社会作用等马克思主义宗教的原理性问题，有大量论述。大体上，我们似乎可以说，列宁的这部分论述主要是具体阐述和发挥马克思、恩格斯的有关理论。限于篇幅，我们不拟对此详加叙述，而只打算着重分析和说明列宁在阐述和发挥马、恩有关理论时的新特点和新贡献。

那么，列宁这一部分理论有什么突出的特点呢？我们认为，这就是列宁分析和说明宗教的本质、根源和社会作用等问题时，处处贯彻和应用历史唯物主义关于阶级斗争的理论和阶级分析的方法。

在哲学上的各种修正主义思潮歪曲和背叛马克思主义、企图把宗教视为超阶级的东西塞进社会主义思想体系的时候，列宁坚决维护辩证唯物主义和历史唯物主义的世界观和无神论的宗教观。他认为，马克思主义就是唯物主义，与18世纪法国百科全书派和19世纪德国费尔巴哈一样，都是坚决反对宗教的。但马克思主义的唯物主义又与他们不同，它是辩证法的唯物主义，它把唯物主义推广而应用到历史和社会领域，应用到宗教领域，由于这种推广应用，才克服了旧唯物主义和旧无神论的历史局限性。使对社会历史的研究、对宗教的研究成为科学，使旧无神论发展为科学无神论。

马克思主义对唯物主义的新贡献主要是历史唯物主义，其基本原则是认为，生产力的发展决定生产关系和社会制度的发展，哲学、宗教、政治等社会意识是社会存在的反映，由社会的经济基础所决定。这些原理是马克思主义给予工人阶级认识世界和社会的伟大认识工具。

在论及历史唯物主义对于社会历史研究的指导意义的时候，列宁尤其强调阶级斗争理论和阶级分析方法的作用。在它看来，在阶级社会中各种社会意识作为经济基础的反映都具有阶级的特性。早在1901年，列宁在《怎样办?》一书中曾指出过："一般说来，在为阶级矛盾所分裂的社会中，任何时候也不能由非阶级的或超阶级的思想体系。"[5]社会上各种宗教、道德、政治和社会的理论，尽管常常打着非阶级或超阶级的旗号，但这却是假象，它们一般总是为特定阶级的利益服务的。列宁说，谁如果相信这些，就会使自己成为自欺欺人的牺牲品："马克思的天才就在于它最先从这里得出了全世界历史提示的结论，并且一贯地推行了这个结论。这一结论就是关于阶级斗争的学说。

当人们还不会从任何一种有关道德、宗教、政治和社会的言论、声明和诺言中揭示出这些或那些阶级的利益时，他们无论是过去或将来总是在政治上作受人欺骗和自己欺骗自己的愚蠢的牺牲品的。"[6]

列宁把阶级斗争理论和阶级分析方法作为研究错综复杂、充满矛盾的社会历史现象的方法，从中找出规律性的"指导性的线索"："马克思主义给我们提出了一条指导性的线索，使我们能在这种看来迷离混沌的状态中发现规律性。这条线索就是阶级斗争的理论。只有把某一社会或某几个社会的全体成员的意向的总和加以研究，才能对这些意向的结果作出科学的判断。其所以有各种矛盾的意向，是因为每个社会所分成的各阶级的生活状况和生活条件不同。”[7]

各个不同的历史时代在经济、政治、哲学、道德、宗教等领域，都有不同的学说、见解和表现形式，如果我们想要正确评价这些学说，认清它们的实质，“就必须牢牢把握住社会阶级划分的事实，阶级统治形式改变的事实，把它作为基本的指导线索，并用这个观点去分析一切社会问题，即经济、政治、精神和宗教等等问题”[8]。

在列宁分析宗教现象一切方面的论著中，无论是揭示宗教的本质，说明宗教在社会历史上的作用，分析宗教存在的根源，还是确定宗教教会的社会属性……列宁总是拨开一切超阶级的抽象人性论的迷雾，一针见血地揭穿它为特定阶级利益服务的阶级实质。当波格丹诺夫论及宗教的社会特性，用宗教信仰的社会性、群众性而把宗教说成是“社会地组织起来的经验”，用这种泛泛的空谈掩盖宗教的阶级实质的时候，列宁则提出：“无疑地，天主教也是社会地组织起来的经验，不过它反映的不是客观真理（为波格丹诺夫所否定而为自然科学所反映的客观真理），而是一定的社会阶级利用人民的愚昧无知。”[9]当波格丹诺夫说“神是那些激发和组织社会感情的观念的复合”的时候，列宁又斩钉截铁地指出：“这不对。这是抹杀观念的物质起源的波格丹诺夫的唯心主义。神首先是（在历史上和生活里）由人的受压抑状态、外部自然界和阶级压迫产生的那些观念的复合，是巩固这种受压抑状态和麻痹阶级斗争的那些观念的复合。”[10]

这就是说宗教观念、神的观念决不是什么超阶级的社会性东西，而是为压迫者阶级服务的阶级性观念。

在论及宗教存在的根源时，列宁反对那种单纯归结为人民愚昧无知的资产阶级文化主义观点，他认为在现代资本主义国家内，这种根源主要是社会的根源，即资本主义苦役制度的压迫和资本主义盲目破坏势力的统治，人民的穷困和愚昧，对神的恐惧，主要是社会内部阶级剥削和阶级压迫的产物和反映。

列宁在分析宗教的社会作用时，特别强调宗教对于不同阶级起的不同作用。马克思的名言："宗教是人民的鸦片。"这是马克思关于宗教的社会作用的总的说法。这句话本身本来具有明确的阶级特性，但列宁又应用阶级斗争的理论对这句话的阶级含义作了更进一步的发挥："对于工作一生而贫困一生的人，宗教教导他们在人间要顺从和忍耐，劝他们把希望寄托在天国的恩赐上。对于依靠他人劳动而过活的人，宗教教导他们要在人间行善，廉价地为他们的整个剥削生活辩护，廉价地售给他们享受天国幸福的门票。宗教是麻醉人民的鸦片。宗教是一种精神上的劣质酒，资本的奴隶饮了这种酒就毁伤了自己做人的形象，忘记要求稍微过一点人间应当过的生活。"[11]

列宁认为，宗教在阶级社会中的全部职能就是作为安慰被压迫者的"牧师的职能"："所有一切压迫阶级，为了维护自己的统治，都需要有两种社会职能：一种是刽子手的职能，另一种是牧师的职能。刽子手镇压被压迫者的反抗和暴动。牧师安慰被压迫者，给他们描绘一幅在保存阶级统治的条件下减少痛苦和牺牲的远景（这些话说起来就特别容易，因为不用担保'实现'这种远景……），从而使他们忍受这种统治，使他们放弃革命行动，打消革命热情，破坏他们的革命决心。"[12]

在列宁对宗教的社会本质和社会作用的分析中，处处渗透着阶级斗争的观点，启发被压迫人民的阶级意识，教育他们识破宗教的麻醉，焕发革命的热情，增强革命的决心，为争取摆脱精神奴役和政治压迫而斗争。列宁的有关论述，没有为超阶级的"人民宗教"，更没有为所谓"被压迫阶级的宗教"留下任何存在的余地，具体体现了马克思主义宗教理论的革命精神。

当然，我们也要注意到，列宁对宗教现象的各个方面所作的阶级分析，有些是针对当时的沙俄和欧洲的情况而言的，有其历史的具体性。真理是具体的，有条件的。脱离一个真理所反映的对象的具体条件和历史背景，把它应用到这些具体条件和历史背景之外，真理就不再是真理了。例如列宁在《论工人政党对宗教的态度》一文中论及教会的性质时有这样一段话："马克思主义始终认为现代所有的宗教和教会、各式各样的宗教团体，都是资产阶级反动派用来捍卫剥削制度、麻醉工人阶级的机构。"[13]

这显然是对当时俄国的宗教和教会的政治态度所下的判断。因为当时俄国的各派宗教和教会确实与资产阶级反动派结成了反对工人阶级的政治联盟。如果我们脱离历史的具体性，把一切时代的宗教和教会都视为反动派的机构，那就不能解释欧洲宗教改革时期的基督教新教及其教会组织在当时所起的历史作用，更不能说明社会主义国家中的教会的社会性质了。总之，对于宗教和教会组织的阶级属性和社会作用，我们应该把它们放到一定的历史条件下根据当时阶级斗争的形势和性质去作恰当的阶级分析。正如恩格斯所指出的，在特定的历史条件下，宗教可作为进步社会力量的意识形态外衣，教会也可作为他们的组织纽带而起到一定的积极作用。承认这一类历史事实与承认列宁对当时俄国宗教与教会所作的阶级分析，在精神实质上是完全一致的。

三、论哲学唯心主义与宗教的关系

为了捍卫马克思主义的纯洁性和唯物主义无神论的战斗传统，列宁尖锐地批判了任何企图用唯心主义时髦哲学来歪曲或替代辩证唯物主义的思潮。马克思主义当然不能把唯心主义哲学和宗教神学混为一谈，但也不能忽视它们之间的内在联系，忽视唯心主义哲学可以转化为宗教神学的理论基础并为信仰主义鸣锣开道的有害作用。列宁对唯心主义哲学与宗教神学的血缘关系进行了深入的考察，他反复指出：不管唯心主义哲学用的是何种最新的名词，但实质上仍不过是精巧的神学式“科学的僧侣主义”，是“通向公开的僧侣主义的前阶”。列宁对唯心主义哲学与宗教神学的血缘关系作了多方面的揭露：

第一、唯心主义反对唯物主义，为上帝创世说提供了理论上的证明。

唯物主义哲学是宗教观上的无神论的理论基础，无神论的宗教观则是唯物主义哲学的逻辑结论。历史上的无神论一般总是从承认物质世界的客观存在和自然界发展的客观规律性出发，进一步否认上帝对世界进程的干预，直接否定上帝本身的存在。而唯心主义哲学却反对唯物主义世界观，把精神性的东西说成是第一性的存在，而把物理自然界说成派生的东西。这就会从理论上导致到肯定上帝的存在，为上帝创世说提供了哲学上的论证。列宁在《唯物主义与经验批判主义》一书中曾具体剖析了波格丹诺夫唯心主义哲学的僧侣主义性质：

“凡是说物理自然界本身是派生的东西的哲学就是最纯粹的僧侣主义哲学。它的这种性质决不会因为波格丹诺夫本人极力否认一切宗教而有所改变。杜林也是一个无神论者，他甚至提议在他的‘共同社会的’制度里禁止宗教。尽管这样，恩格斯完全正确地指出，杜林的‘体系’如果没有宗教便不能自圆其说。波格丹诺夫也完全是这样，只不过有一个重大的差别：上面引的一段话不是偶然的自相矛盾，而是他的‘经验一元论’和他的全部‘代换说’的本质。如果自然界是派生的，那么不用说，它只能是由某种比自然界更巨大、更丰富、更广阔、更有力的东西派生出来的，只能是由某种存在着的东西派生出来的，因为要‘派生’自然界，就必须有一个不依赖于自然界而存在的东西。这就是说，有某种存在于自然界以外，并且能派出生自然界的东西。

用俄国话说，这种东西叫作神。使它更抽象、更模糊，同时（为了显得更真实）更接近于‘心理的东西’，如‘直接的复合’、无须证明的直接存在的东西。绝对观念、普遍精神、世界意志，心理的东西对物理的东西的‘普遍代换’，——这些都是同一个观念，只是表现形式不同而已。”[14]

哲学史的历史事实反复证明列宁的上述分析的确是客观的真理。柏拉图的理念、莱布尼兹的单子、贝克来的精神实体、黑格尔的绝对精神、叔本华的宇宙意志、人格主义的无限人格……事实上都是上帝的别名。在这个意义上，列宁认为：“唯心主义不过是信仰主义的一种精巧圆滑的形态。”[15]它的客观的阶级作用就是反对唯物主义和无神论，为宗教信仰主义服务。

第二、唯心主义哲学和宗教信仰主义有共同的认识根源。

揭示宗教信仰主义的认识根源以及在这个问题上与唯心主义的共同性，是列宁对马克思主义宗教理论的一个重要贡献。列宁在《谈谈辩证法问题》一文中对此作了具体的分析和说明：唯心主义哲学是经过人的无限复杂的认识的一个成分而通向僧侣主义的道路的。人的认识不是沿着直线进行的，而是无限地近似于一串圆圈，近似于螺旋的曲线。如果我们截取这一曲线中的任何一个片断，它都能片面地变成独立完整的直线，如果我们只见树木不见森林，这条“直线”就会把人们引入僧侣主义的泥潭。所以，直线性和片面性，死板和僵化，主观主义和主观盲目性就是唯心主义的认识论根源。僧侣主义的根源与此相同，它是生长在人类认识这棵活生生的树上的一朵不结果实的花。[16]产生唯心主义和宗教信仰主义的可能性，在人类认识的最基本的抽象中就存在了，就会导致唯心主义和宗教。列宁在《哲学笔记》中曾指出：原始的唯心主义认为“一般”（即观念和概念）是单个的存在物，看来是荒谬可笑的。可是现代的唯心主义以及神的观念不也完全与此相同，是把抽象的产物视为独立的实在吗！[17]事实上，宗教幻想就是一种极端的，使思想脱离实在的抽象。所谓存在于时间和空间之外的存在物（神），不过是宗教的虚构和病态的幻想。

列宁从认识论上揭示唯心主义和宗教的内在一致性，进一步发展了马克思主义宗教观关于宗教之本质及其根源的认识，对我们分析宗教神学问题有巨大的指导意义。如果要想克服宗教幻想，我们不仅要消除产生宗教的社会根源，而且还要注意克服产生宗教的认识论根源，要防止认识活动中的“直线性和片面性、死板和僵化、主观主义和主观盲目性”，等等。欧洲哲学史和宗教学说史上关于物质和精神相互关系的认识史就是一个极为明显的典型事例。由于有些哲学家把物质和精神作了“死板和僵化”的绝对对立，他们就始终不能说明精神现象的物质源泉，从而或者走上唯心主义，或者走上机械唯物主义。唯心主义把精神视为绝对自存的实体，而导致上帝存在和灵魂不死；机械唯物主义虽然肯定物质实体的客观存在，但因不懂得物质与精神的辩证关系，也不能正确地阐明精神现象的本质和根源，也会在不同程度上承认万能的上帝和不灭的灵魂。在其他重大的哲学问题上，都有与此类似的现象。如果我们要坚持唯物主义和无神论的战斗传统，就不仅要在自然观和本体论上反对唯心主义、坚持唯物主义，而且要在认识论上反对形而上学、坚持辩证法。由于列宁在反对哲学和宗教问题上的修正主义思潮的斗争中，旗帜鲜明地把哲学唯心主义、形而上学与宗教信仰主义密切联系起来，这就有力地捍卫了马克思主义的哲学基础，教导一切真正的马克思主义者和社会主义者必须在哲学世界观上坚持辩证唯物主义和历史唯物主义，在宗教问题上坚持科学无神论。列宁的这些光辉思想教育和培育了整整几代的共产党人和马克思主义者，使他们具有高度自觉的科学世界观，不容易遭受形形色色的唯心主义和宗教神学的侵蚀。

不过，我们在学习列宁这些论述的时候不应当忘记一个重要的事实：列宁研究宗教问题的年代，正是哲学修正主义思想贩卖唯心主义、兜售宗教福音的猖獗时期。客观存在的历史条件要求列宁更多地注意唯心主义哲学与宗教信仰主义之间互相渗透的血缘关系，以便使革命队伍明白而确定地与他们划清界限，在马克思主义旗帜下团结起来，步调一致地去迎接新的革命高潮的到来。在这种形势下，在理论上容不得半点含混和动摇。列宁的有关论述，无论在理论上，还是政治上都是正确而及时的。但是，如果抛开当时特定的历史条件，把列宁的观点绝对化，从唯心主义哲学与宗教在认识论根源上的一致性，进一步推论到二者的等同性，那就超过了真理的具体界限，从而使之变成谬误，这同样是犯了“直线性和片面性、死板和僵化”的认识论和方法论的错误。事实上，中外思想史上都曾有一些唯心主义思想家在当时的历史条件下反对过正统宗教，主张过某种变相的、特殊形式的无神论。休谟、康德的不可知论实质上是用某种怀疑主义形式否认宗教神学的合理性；19世纪德国的古典唯心主义哲学也是提倡理性主义的启蒙思想以反对传统宗教信仰主义和蒙昧主义。当然唯心主义世界观的影响使他们思想中无神论因素不可能得到正常顺利的发展，具有较多的神学不彻底性，这也是不容否认的事实。只要我们在宗教学说史的研究中，坚持辩证法和历史唯物主义，同时注意到并承认这两方面的事实并没有什么困难，而只会有助于我们克服宗教研究中的绝对化和简单化。

四、论宗教与社会主义的对立

马克思、恩格斯的革命活动是从参加青年黑格尔派的反宗教斗争开始的。他们在理论上从对宗教的批判转向对社会、政治、法和国家的批判，在政治上则从革命民主主义发展为科学社会主义。他们不止一次地宣布宗教是社会主义根本对立的思想体系，反对任何把宗教与社会主义结合起来的企图。由于马克思主义科学思想体系的胜利传播，至列宁时代，工人群众的阶级觉悟大为提高。他们轻蔑地抛弃了宗教偏见，把天堂让给僧侣和资产阶级伪善者去享受，而站在社会主义旗帜之下，为自己争取美好的人间生活。社会主义吸引科学来驱散宗教的迷雾，把工人团结起来，摆脱对死后生活的信仰，为实现社会主义社会而作真正的斗争。可是，第二国际的修正主义和俄国工人政党中的机会主义者——造神派，造“人民”神，编造社会主义的宗教。这是对马克思主义的公然背叛，是企图使科学社会主义倒退到信仰主义、退化为新式的宗教神学。如果听任这种机会主义思潮泛滥下去，社会主义就不复称其为科学，就不再对工人群众有真正的吸引力。更何况，即使造神派创造出某个为社会主义服务的“神”来，也是不能与拥有巨大社会力量的传统宗教和教会竞争的。无产阶级革命史的发展要求马克思主义接受这种挑战，历史的重任落在伟大列宁的肩上。

对于俄国造神派把社会主义与宗教哲学结合起来以取代马克思主义科学社会主义的思想和活动，列宁感到难以容忍的气愤，对他们进行了尖锐的斥责和深刻的批判。1908 年 4 月 16 日，列宁分别致信卢那察尔斯基和高尔基，写道：

“我跟那些鼓吹‘把科学社会主义同宗教结合起来’的人以及一切马赫主义者走的不是一条路（恐怕是永久的）。”[18]（《信安·瓦·卢那察尔斯基》）

“我不能，也不想通那些鼓吹把科学社会主义和宗教结合起来的人交谈。”[19]（《给阿·马·高尔基》）1913 年 12 月，列宁又致信高尔基，尖锐指出，所谓基督教社会主义是一种最坏的“社会主义”和对社会主义的“最坏的歪曲”[20]。

1909年夏，列宁在巴黎召开的布尔什维克党《无产者报》扩大编辑部会议上提出了党对造神论的态度问题，会议通过的有关决议说："目前在社会运动低落的气氛中，反革命资产阶级知识分子的宗教情绪高涨，使得这类问题具有了重大的社会意义；由于宗教情绪的这种高涨，现在个别社会民主党人企图把信教和造神说的宣传同社会民主主义联系起来，甚至企图使科学社会主义具有宗教信仰的性质。《无产者报》扩大编辑部会议有鉴于此，特声明如下：在卢那察尔斯基同志的文章中特别明显地鼓吹的这种思潮是完全背离马克思主义的基础的，就这种说教的实质而决不是就一个名词来说，这个思潮损害了革命的社会民主党在教育工人群众方面的工作；布尔什维克派和这种对科学社会主义的歪曲毫无共同之点。"[21]

这个决议说出了问题的实质。为什么造神论完全背离了马克思主义的基础，损害了对工人群众的教育呢？这是因为社会主义的胜利必须依靠工人阶级的自觉的革命斗争。只有依靠马克思主义科学世界观和科学社会主义对工人群众的教育，使他们认识到资本主义必然灭亡和社会主义必然胜利的历史发展规律，意识到工人阶级的伟大历史使命，才能启发这种自觉性，焕发他们的革命激情。可是造神论的说教却把工人阶级导引到醉生梦死的宗教幻梦中去，这就在理论上歪曲了科学社会主义，在实践上背离了无产阶级革命。

著名作家高尔基曾迷惑于造神论的说教，并企图使列宁与造神派达成妥协。他们认为神的观念中有着"善良和美好的东西"，神的观念"把个人同社会联系起来"，起着"激发和组织社会感情"的作用。列宁对此的回答是，这种观点实际上是高尔基把自己的"闪亮的小市民"的"天真的愿望"加进神的观念之中，完全不符合宗教在历史上和生活现实中所起的实际作用。他严肃地批评高尔基：

“您粉饰、美化了的教权派、普利什凯维奇分子、尼古拉二世和司徒卢威先生之流的观念，因为事实上神的观念会帮助他们奴役人民。您美化了神的观念，也就是美化了他们用来束缚落后的工人和农民的锁链。”[22]

“神的观念永远是奴隶状况（最坏的没有出路的奴隶状况）的观念，它一贯麻痹和削弱‘社会感情’，以死东西偷换活东西。神的观念从来也没有‘把个人同社会联系起来’，而是一贯用对压迫者的神圣性的信仰来束缚被压迫阶级。”[23]

列宁与高尔基在各自的领域中都是时代的巨人。他们互相敬重，有着深厚的友谊。但在事关马克思主义科学社会主义的基础和原则的问题上，列宁并没有给高尔基留下任何情面，更没有按照高尔基的意愿与造神派妥协，而是对之进行了深刻的批判。正是由于列宁在批判造神论思潮的斗争中揭露了宗教在社会历史和现实生活中的消极作用，论证了宗教与社会主义的根本对立，捍卫了马克思主义科学世界观和科学社会主义的纯洁性，这就保持了党在马克思主义原则基础上的思想统一，不仅教育了共产党人和工人阶级，而且也教育了步入歧途的造神论者，帮助他们回到马克思主义的革命大道。卢那察尔斯基认识了自己的错误，后来在宣传科学世界观方面作了许多有益的工作。

当代世界上，一些试图使宗教与社会主义结合起来、使马克思主义与宗教合二为一思潮仍不时流传于世，在这种情况下，重新学习列宁对造神论的批判和有关宗教与社会主义的关系的论述，是有现实意义的。

五、论马克思主义政党对待宗教的态度

在欧洲和俄国，基督教在历史上被奉为国教，拥有巨大的社

会影响，教会本身就是举足轻重的社会力量。无产阶级要变革社会，必然要触及宗教。作为无产阶级革命的导师和领袖，列宁十分强调马克思主义政党在革命斗争中对待宗教的态度和处理宗教问题的策略。只有有了正确的态度和策略，才能正确地处理与传统宗教、教会和信教群众的关系，比较顺利地越过革命航道上的礁石，团结广大信教群众，为实现无产阶级和被压迫人民的政治经济要求而斗争。在列宁有关宗教问题的理论和著作中，对策略问题的论述占很大的比重。列宁对于马克思主义的宗教观的创造性贡献之一，就在于他不仅在理论上继承和发展马克思和恩格斯的科学世界观和科学宗教观，而且还在于他把这些科学理论用来解决革命实践中提出来的宗教问题。列宁严格地按照辩证唯物主义和历史唯物主义的理论逻辑的必然性，为马克思主义政党制定了一整套系统完整的处理宗教问题的战略和策略、方针和政策。列宁说："马克思主义对待宗教的策略是十分严谨的，是经过马克思和恩格斯周密考虑的；在愚儒或无知的人看来是动摇的表现，其实都是从辩证唯物主义在中得出来的必然的结论。"[24]在列宁这部分论著中，党性与科学性，理论上的严肃性和策略上的灵活性有机结合、融为一体，处处闪耀着辩证法的光辉。主要内容大致有如下几点：

(1) 宗教，对于国家而言，是私人的事情，但对马克思主义政党而言，不是私人的事情。

由于第二国际修正主义思潮的影响，在列宁从事革命斗争的年代，所谓宗教对党而言是私人的事情，已经成为党内机会主义者的口头禅。为了反驳这种错误的论调，列宁考察了马克思主义政党确定对待和处理宗教问题的方针的历史过程，回顾了马克思、恩格斯反对宗教问题中"左"倾和右倾机会主义的斗争的历程。

列宁在《论工人政党对宗教的态度》中指出，社会民主党的整个世界观以马克思主义为基础。马克思主义的哲学基础是辩证唯物主义，它完全继承了法国18世纪和德国19世纪上半期的唯物主义的绝对无神论、坚决反对一切宗教的历史传统。恩格斯批判杜林没有坚持唯物主义、给宗教和宗教神学留下了后路，还责备费尔巴哈反对宗教不是为了消灭宗教而是为了革新宗教。但是，列宁同时指出，恩格斯也多次反对在工人政党的纲领里“向宗教宣战”，认之为“愚蠢的举动”和“无政府主义的空谈”。在恩格斯观点的影响下，德国社会民主党爱尔福特纲领把“宣布宗教是私人的事情”作为党的政治策略。

可是，这个策略现在竟受到歪曲而变成机会主义。有人把这一策略说成这样，似乎对于社会民主党而言，宗教是私人的事情。在19世纪90年代，恩格斯虽然没有同这种机会主义观点进行直接的争辩，但他认为必须解决反对这种观点，不过不是用辩论的方式而是采用正面叙述的方式。“当时恩格斯有意着重声明，社会民主党认为宗教对于国家而言是私人的事情，但是对于社会民主党本身，对于马克思主义，对于工人政党来说决不是私人的事情。”[25]通过这段历史的考察，列宁有力地证明：所谓宗教对工人政党而言是私人的事情的观点，乃是对马克思主义的歪曲，并因此而恢复了马克思主义在这个问题上的本来面貌。

其实，在此之前，即在1905年的《社会主义与宗教》一文中，列宁已对党的原则性立场作了明确的宣布：“应当宣布宗教是私人的事情。这句话通常是用来表示社会主义者对待宗教的态度。但是，这句话的意义必须正确地说明，以免引起任何误解，就国家而言，我们要求宗教是私人的事情，但就是我们自己的党而言，我们无论如何也不能认为宗教是私人的事情。”[26]

那么，所谓宗教对国家而言是私人的事情是什么意思呢？列宁对此作了详细而具体的说明。这就是：国家不应当同宗教发生关系，宗教团体不应当同国家政权发生联系。任何人都有充分自由信仰任何一种宗教、或者不承认任何宗教而作一个无神论者。在公民中间，完全不允许因为宗教信仰的差异而发生权利不一样的现象。在国家的正式文件里应当根本取消关于公民有什么宗教信仰的任何记载。决不应当把国家的钱补贴给国家教会和宗教团体，这些团体应当是完全自由的、与政权无关的志同道合的公民联合会。列宁认为，只有彻底实现这些要求，才能结束过去那种教会像农奴般的依赖于国家，而俄国公民又像农奴般的依赖于国家教会的现象，实现教会与国家的分离。[27]列宁的这些主张，把马克思、恩格斯关于“政教分离”，宗教对于国家而言是个人的私事的原则具体化了。在十月革命之前，它是俄国无产阶级反对沙皇警察农奴制专制制度的民主主义革命的组成部分；在十月革命胜利之后，则是苏维埃社会主义国家处理宗教问题的基本方针和基本政策。

那么，我们又当如何理解宗教对马克思主义政党而言决不是私人的事情呢？列宁在1905年所写的《社会主义和宗教》一文中对此也作了具体的说明。我们的党是觉悟的先进战士争取工人阶级解放的联盟。这样的联盟不能够、而且也不应该对信仰宗教这种不觉悟、无知和蒙昧的表现置之不理。我们建立社会民主党，也正是为了用马克思主义的科学社会主义来教育和组织无产阶级，反对任何通过宗教来愚弄工人的行为。[28]如果党任凭宗教迷雾愚弄工人阶级，对之不闻不问，其结果必然使党蜕化变质，丢弃了科学世界观的思想旗帜，不再成其为马克思主义政党和工人阶级的先锋队。

对于俄国的机会主义者把宗教偷换成党的私事的主张，列宁是严加斥责的。1909年写的《论工人政党对宗教的态度》写道：

“无产阶级政党应当成为思想上的领袖，领导反对一切中世纪制度的斗争，其中包括反对陈腐的、官方的宗教，反对任何革新宗教、重新建立或用另一种方式建立宗教的企图等等。如果说，德国社会民主党本身来说也是私人事情，如果说，恩格斯纠正这种机会主义所用的方式还比较缓和，那么俄国机会主义者仿效德国人的这种歪曲，就应当受到恩格斯严厉一百倍的斥责。"[29]

但是，列宁在反对把宗教偷换成对党而言是私人的事情的时候，又强调指出，党反对宗教迷雾的斗争乃是思想领域内的斗争，只能用纯粹的思想武器，而且仅仅是思想武器。具体地说，只能用我们的书刊，我们的言论，而不能诉诸任何剑拔弩张的强制手段。思想斗争对党而言不是私事，但却与任何强制手段没有共同之处。

(2) 同宗教作斗争，要服从无产阶级的革命斗争。

马克思和恩格斯曾多次指出，要把对宗教的批判转向对国家、政治和法的批判，通过消灭私有财产制度来消灭宗教存在的社会根源，通过消灭劳动异化来最终克服宗教异化。这就是说，无产阶级反对宗教迷雾的斗争要服从于争取社会主义的斗争。在列宁从事革命活动的年代，俄国无产阶级已经在马克思主义政党领导之下组织起来，与沙皇俄国的地主资产阶级进行决战。在两个阶级、两种制度的生死搏斗中，必须使全党和整个阶级大军有非常明确的斗争目标和革命对象，不为无关紧要的东西分散革命队伍的注意力，导入错误的轨道。在无产阶级的全部革命事业中，解决宗教问题到底应占多少比重，放在什么地位，就成了马克思主义政党必须解决的问题。列宁继承了马克思、恩格斯的上述有关思想，结合俄国革命的具体情况，作了更明确的阐述。列宁在这个问题的基本主张就是：我们决不能把宗教问题提到它不应有的首要地位。同宗教作斗争必须服从无产阶级的革命斗争。概括列宁的有关论述，主要理由有二：

第一，在策略上，不能让比较次要的宗教问题分散真正革命斗争的力量。

列宁在《社会主义和宗教》一文中把这一点说得很透彻。他说，我们永远宣传科学的世界观，我们必须跟某些"基督教徒"的不彻底性进行斗争。但是，这决不是说，我们必须把宗教问题提到它所不应有的首要地位；决不是说，为了对那些很快就会失去任何政治意义，很快就会被经济发展进程抛进垃圾箱里去的次要的意见或呓语，可以分散真正革命斗争的（经济斗争的和政治斗争的）力量。当时，无产阶级的敌人正在竭力煽起宗教仇恨，挑起宗教斗争，以此来破坏无产阶级革命事业。在这种斗争形势面前，更需要我们把宗教信仰上的意见分歧放到次要地位："各地的反动资产阶级早就打算、而我国资产阶级现在也开始打算煽起宗教仇视，把群众的注意力吸引到这方面来，使他们不注意在革命斗争中联合起来的全俄无产阶级目前实际解决的真正重要的和根本的经济问题和政治问题。这种企图分散无产阶级力量的反动政策，今天主要表现为黑帮对犹太人的屠杀，明天也许有人会想出某些更巧妙的新办法。我们无论如何要沉着地、持久地、耐心地宣传无产阶级的团结和科学的世界观，以此来抗击这种反动的政策，决不要燃起次要的意见分歧。"[30]古今历史上，阶级敌人用挑动宗教仇恨来分裂革命队伍，转移斗争目标的事例是屡见不鲜的。列宁的深刻分析，值得我们永远牢记。

第二，在战略上，同宗教的矛盾必须服从于无产阶级争取社会主义革命斗争。

列宁说，我们当然应当同宗教作斗争。这是整个唯物主义的起码原则，因而也是马克思主义的起码原则。但是，马克思主义不是停留在起码原则上的唯物主义。马克思主义的辩证唯物主义认为，我们还必须善于同宗教作斗争。为此就要善于用唯物主义观点来说明群众中的信仰和宗教的根源。同宗教作斗争不应该限于抽象的、思想上的宣传，不能把它归结为这样的宣传，而应该把这一斗争同消灭产生宗教的社会根源的阶级斗争实践联系起来。只有消除了宗教得以产生和赖以存在的社会根源，才有可能彻底消除宗教偏见。

列宁认为，在阶级社会中，宗教的社会根源是人剥削人的社会经济制度，宗教对人类的压迫只不过是社会内部经济压迫的产物和反映。在现代资本主义社会内，宗教的根源则是资本主义苦役制度的压迫和资本主义盲目破坏势力对人的统治。凡是不愿一直留在预备班的唯物主义者都应当首先而且特别注意这种根源。只要受资本主义苦役制度压迫，受资本主义盲目破坏势力摆布的群众自己还没有学会团结一致的、有组织地、有计划地、自觉地反对宗教的这种根源，反对任何形式的资本统治，那么，无论人们进行多么激烈的反宗教斗争，无论什么样的启蒙书籍，都不能使这些群众不相信宗教。当然，这并不是说，消除宗教愚昧的启蒙书籍是多余的，而只是说，马克思主义政党进行的这种斗争，应该服从党的基本任务：发展被剥削群众反对剥削阶级的斗争。

列宁有关马克思主义政党对待宗教问题的战略和策略的论述，严格地以科学的世界观和宗教观为理论基础，是从辩证唯物主义中得出来的必然结论。在战略上坚持了马克思主义与宗教在世界观上的对立，在策略上则把同宗教的斗争放在次要地位，既反对了在任何情况下都向宗教开战的无政府主义，也反对了鼓吹宗教是与马克思主义政党无关的私事的机会主义。这些理论经过半个多世纪革命实践的反复检验，仍然具有不可动摇的科学性。

(3) 团结信教的劳动群众，不要把群众间的宗教分野置于政治分野之上。

既然只有社会主义的胜利才能消除宗教的根源，只有被压迫阶级在政治上和经济上的彻底解放才能最后赢得从宗教偏见的解放，马克思主义政党的首要任务，应该是团结整个工人阶级和劳动群众为反对剥削压迫、实现社会主义而斗争。团结是革命胜利的前提和保证。为了实现团结就不能强调群众在宗教信仰上的分歧。推翻剥削制度，对于被压迫群众，不论他们信教与否，都是合乎其切身利益的根本大事。列宁认为，在马克思主义看来，被压迫阶级为创立人间天堂而进行的这种真正革命斗争的一致，要比无产者关于天堂的意见的一致更为重要。因此，马克思主义政党坚决反对那种强调群众间的宗教分野的主张，不允许用宗教信仰上的分歧来划分群众，从而破坏革命队伍在政治上的团结一致。列宁完全赞成恩格斯对无政府主义者反教权斗争的批判，因为他认为这种“左”的论调不过是无政府主义的空谈。其主要错误就在于他们不是把政治上的分野提到首位，而是把宗教的分野提到首位，使某些工人阶层和民主派忽视阶级斗争的迫切任务，而去重视资产阶级的虚伪表面的反教权主义运动。对于信教的工人和劳动群众，列宁主张我们不能因为他们有宗教偏见而厌恶他们，把他们推开，而要顽强地、机智地、耐心地利用政治斗争和经济斗争的每个行动去启发他们的阶级意识，使他们在共同斗争的基础上和有觉悟的无产阶级靠近。列宁举例说，在工人阶级的罢工斗争中，就不能把工人分成无神论者和基督教徒，在这种情况下，强调宗教信仰的分歧，搞什么无神论宣传，就显得是多余的和有害的了。这并不是像庸人那样考虑不要把落后工人吓跑，不要在选举中落选，而在政治上着眼，从实际推进阶级斗争出发。因为在现代资本主义社会环境中，阶级斗争能把信基督教的工人吸引到马克思主义政党和无神论这方面来，这比那种枯燥地宣传无神论，不明智地强调宗教分歧要有效一百倍。在1905年的五一劳动节前夕，列宁向工人阶级发出呼吁说：“凡是从事劳动的人，凡是用自己的劳动养活富翁和显贵的人，凡是为了得到微薄的工资而在过分繁重的工作中过活的人，凡是永远享受不到自己的劳动果实的人，凡是在现代文明的侈奢和豪华中过着牛马生活的人，都应当伸出手来为工人的解放和幸福而斗争。丢掉不同民族和不同宗教信仰的工人之间的相互仇视吧！这种仇视只能有利于靠无产阶级的无知和分散过活的掠夺者和暴君。犹太人和基督教，阿尔明尼亚人和鞑靼人，波兰人和俄国人，劳兰人和瑞典人，拉脱维亚人和德国人，——都应当在社会主义的旗帜下，并肩前进。”[31]不难想象，如果布尔什维克党不是按照列宁的这些教导来对待和处理宗教问题，而是按宗教的分野来划分群众和组织自己的革命队伍，那将会出现什么样的结果呢？那就必然会在被压迫阶级中燃起宗教仇恨，把社会主义革命变质为基督教徒与无神论者之间的一场混战，这就不可能有十月革命的胜利。

（4）宗教信仰自由。

宗教信仰自由，本质上是资产阶级在反封建斗争时期提出的一个民主主义口号。马克思、恩格斯在马克思主义理论基础上吸取了这个口号并充实了它的内容。在列宁时代，欧洲各国（除了俄国和土耳其以外）都逐步在政策上实现了信仰自由。封建专制主义的沙皇俄国却还保留着中世纪教权主义的可耻法律。东正教仍是居于统治地位的国家宗教，不信正教而信其他宗教的人受到法律上的歧视，没有宗教信仰的自由和平等权利。结束这种极不公道的状况，争取宗教自由是俄国革命的一项内容。早在1895年，列宁在社会民主党纲领草案的说明中就提出“宗教信仰自由，所有民族一律平等”的主张。1903年，列宁在《给农村贫民》一文中，一方面揭露了沙皇俄国宗教信仰不自由的可耻状况，另一方面又具体说明了社会民主党关于宗教信仰自由的内容：

“社会民主党人要求每人都有充分的信仰自由的权利。欧洲各国中只有俄国和土耳其，还保留着一些可耻的法律，来反对不信仰正教而信仰其它教的人，反对分裂教派，反对其他教派信徒，反对犹太人。这些法律不是直接禁止一种宗教，就是禁止传布这种宗教，或者是剥夺信这种宗教的人的某些权利。所有这些法律都是极不公道的，极强制的，极可耻的。每个人不仅应该有相信随便哪种宗教的完全自由，而且应该有传布随便哪种宗教和改信宗教的完全自由，谁也管不着。不应该有什么‘占统治阶级地位的’宗教和教会，一切宗教，一切教会，在法律上都应该是平等的，各种宗教的僧侣可以由信那种宗教的教徒来供养，国家不应该用公款来帮助任何一种宗教，来供养任何僧侣，不管他是正教的，分裂教派的，还是其他任何教派的。社会民主党人就是为了这些在进行斗争，在这些办法还没有无条件实现以前，人民就一直要因为信教问题而受到可耻的、警察的迫害，也免不了对某一种宗教实行同样可耻的、警察的袒护。"[32]

在1905年写的《社会主义和宗教》中，列宁又把“不承认任何宗教”，作一个“无神论者”作为“宗教信仰自由”的补充内容：

“任何人都有充分自由信仰任何宗教，或者不承认任何宗教，就是说，像通常任何一个社会主义者那样做一个无神论者。在公民中间，完全不允许因为宗教信仰而产生权利不一样的现象。"[33]

列宁关于宗教信仰自由的具体内容，比之于资产阶级国家法律的同类规定，要全面得多，真诚得多。在那里，所谓信仰自由不过只是信仰宗教的自由，不信仰任何宗教的无神论者一般是受歧视的。而且统治阶级与其所信宗教的历史联系，各种宗教和教派在信仰和权利上的平等，常常不过是一纸空文。事实上只有马克思主义政党由于它本身不信仰任何宗教，才真诚地一视同仁地对待各种宗教的信仰者。列宁关于宗教信仰自由的具体主张，在无产阶级进程中，成了动员和团结各民族和各种宗教信仰者争取民主和自由，反对宗教制度的武器，十月革命胜利后，则成了苏维埃社会主义国家处理宗教问题的基本政策。

宗教信仰自由政策与马克思主义对宗教的根本态度并不矛盾。如前所说，恩格斯和列宁都坚持主张：宗教对于国家而言是私人的事情。而宗教信仰自由，实质上无非是这个马克思主义原则的具体化、政策化而已。

十月革命前，列宁关于宗教问题的主要理论，大体上有如上述。他对宗教现象的各个方面所作的阶级分析，他关于宗教与唯物主义和社会主义的关系的理论，继承和发展了马克思主义的宗教理论，教育了俄国无产阶级，启发和提高了他们的阶级觉悟，为实现社会主义而斗争。列宁应用马克思主义的科学宗教观为党制定了一整套系统完整的处理宗教问题的路线方针，使党在领导无产阶级革命的事业中防止了宗教问题上的错误倾向，减少了不必要的争论，为革命的胜利提供了一定的条件。

六、十月革命胜利后，列宁有关宗教问题的理论和实践

十月革命胜利以后，布尔什维克党成了苏维埃国家的唯一的执政党。随着社会主义革命和社会主义建设的进展，宗教战线提出了新的问题和任务。如何把党关于宗教问题的基本理论和基本方针变为国家的法律和政策？如何进行科学世界观和无神论的教育，启发群众自觉地拨开宗教迷雾，培养共产主义一代新人，积极参加社会主义建设？成了布尔什维克党和苏维埃国家必须解决的课题。列宁在紧张而又繁忙的国务活动中，仍分出必要的时间和精力，致力于宗教理论问题的研究和解决实际宗教问题的实践。列宁写作和发表了《在全俄女工第一次代表大会上的演说》(1918)、《俄共（布）党纲草案》（1919)、《共青团的任务》(1920)、《论战斗唯物主义的意义》(1922)、《给伊·伊·斯克沃尔佐夫——斯切潘诺夫》（1922）等演说和论著，回答和解决了新时代提出的新任务。列宁这一时期在这方面的理论和实践，使马

克思主义的宗教理论具体地为党的纪律、国家的法律和人民对宗教的行为准则，为以后的其他社会主义国家在处理宗教问题时提供了多方面的经验教训。概括其主要内容，有以下三点：

第一，保持党在世界观上的纯洁性和共产党员的先进性，以党纲、党纪形式重申党对宗教的基本态度。

布尔什维克党作为执政党的地位使共产党员掌握了各级机构的领导权。但是，党不等于国家，国家职能部门也不能把党的机能融化，党作为无产阶级先锋队的先进性不仅不能削弱，而且只能增强。党和国家的这种既有区别又有联系的关系，表现为宗教政策上的二重化：布尔什维克党作为国家权力的执掌者要彻底实行宗教信仰自由和政教分离政策，但从党的性质说，一定要保持自身的纯洁性和先进性，不能允许共产党员背离马克思主义世界观而信仰宗教。1919 年 3 月，党的“八大”通过了列宁拟定的《俄共（布）党纲草案》。在党纲第 13 条里，列宁明确宣布共产党人的基本态度：

“俄共对宗教政策是不满足于已经颁布过教会同国家分离，学校同教会分离的法令，即不满足资产阶级民主制许诺过，但由于资本同宗教宣传又多种多样的实际联系，而在世界上任何地方也没有彻底实行过的措施。党力求完全摧毁剥削阶级同宗教宣传组织间的联系，同时使劳动群众实际上从宗教偏见中解放出来，并为此组织最广泛的科学教育和反宗教的宣传工作，同时必须注意避免伤害信教者的感情，因为这种伤害只会加剧宗教狂热。”[34]

在列宁看来，实行政教分离、信教自由，从性质上说，不属于共产主义革命的任务，而是资产阶级民主革命的任务。苏维埃国家执行这些政策使完成资产阶级民主制从未彻底完成的民主革命任务。共产党的任务和目的是，在当前是“完全摧毁剥削阶级和宗教宣传组织之间的联系”，防止剥削阶级利用宗教反对社会主义革命，最终目的则是“使劳动群众从实际上从宗教偏见中解放出来”。党纲的上述规定成了这一时期宗教工作的原则。

为了保持共产党员的先进性，以列宁为首的俄共中央在1921年发布了《关于违反党纲第13条和反宗教宣传的问题》的决议，对党员是否可以信教以及信教群众是否可以入党问题作了明确规定：除特殊情况外，党员一般不许信教。共产党员信仰宗教一般要开除出党。[35]

第二，规定和颁布一系列宗教政策。

从十月革命胜利后到1924年的6年中，列宁领导苏维埃国家制定了一系列宗教政策，保障公民的宗教信仰自由，改造旧式的教会组织，推行政教分离，把宗教生活和教会组织纳入苏维埃国家法制的正常轨道。

1918年1月，即十月革命胜利之后不到3个月，列宁修订和发布了苏维埃人民委员会《关于信仰自由、教会和宗教团体》的法令。明文规定各级政府和组织“禁止发布任何排斥或限制信仰自由，或以公民信仰为理由而规定任何优先权或特权的地方性法律或决议”；每个公民“都有权信奉或不信奉任何宗教。凡因宗教或不信奉某一宗教而剥夺权利的规定，一律废除”。为了保证使宗教信仰成为公民个人的私事，还宣布：“从一切身份证、国家证明书和任何公开的法律文件中取消一切有关说明公民信奉或不信奉宗教的规定。”[36]

1918年7月召开的全俄苏维埃第五次代表大会把信仰自由写进了《宪法》。宪法总纲第十三条规定：“为保障劳动者享有真正的信仰自由，实行教会同国家分离和学校同教会分离，并承认所有公民都有进行宗教宣传与反宗教宣传的自由。”[37]

为了使少数民族迅速从沙俄民族沙文主义的各种奴役（其中包括宗教歧视）下解放出来，党及时地表明了自己的立场。列宁与斯大林共同签发的《俄罗斯各族人民权利宣言》宣布：“废除任何民族的和民族宗教的一切特权和限制。"[38]又在《告俄罗斯和东方全体穆斯林劳动人民书》中宣布："今后，你们的信仰和习惯，你们的民族和文化机关都被宣布为自由的和不可侵犯的。"[39]

这些有关宗教信仰自由的政策规定是全面的、彻底的。以后年代，还不断发布新的补充规定，以期保证它的贯彻执行。

1918年的《法全》和《宪法》中有关宗教的另一重要内容是规定"教会同国家分离"，其中明文规定在国家机关不得举行任何宗教仪式，废除宗教宣誓，户籍管理、生死、结婚和离婚等事宜有民政机关办理，禁止在公私学校讲授宗教教义，取消了教会干预政务和社会生活的特权，保障了"教会同国家分立、学校同教会分立"原则的实现。

为了改造传统教会，消除它剥削奴役人民的职能，使之维持信教公民的联合会，列宁在1917年11月8日，也就是十月革命胜利后的第二天，即在当天召开的全俄工农代表苏维埃第二次代表大会通过的《土地法令》中宣布："一切土地，包括教会的土地，一律收归全民所有。"1918年1月的宗教法令又进一步宣布："凡在俄国属于教会和宗教团体的全部财产宣布为人民的财产。……专供祈祷用的建筑物和物品，根据地方或中央国家政权机关的特别规定，转交有关宗教团体无偿使用。""任何教会和宗教团体都无权占有财产，任何教会和宗教团体都不享有法人的权力。"[40]这些政策规定革新了教会同剥削制度的经济联系，限制了它干预政治和社会生活的活动余地，使教会有可能逐渐改造为信教公民结合起来的"完全自由的、与政权无关的志同道合的公民联合会"[41]。

十月革命后，列宁为党和国家制定的上述宗教政策，具体体现了恩格斯关于使宗教对于国家成为私人事情的原则，真正实现了资产阶级民主制也未能完全实现的宗教信仰自由。但是，这些政策的目的之一在于剥夺了传统教会的特权，教会是不会心甘情愿的接受下来的。教会组织不但不愿割断其与剥削阶级的传统联系，而且与反对苏维埃政权的敌人勾结起来，利用宗教在群众中的传统影响，为敌人发动了反革命内战服务。在一段时期内，与宗教教会势力的矛盾是相当尖锐的，各级行政部门在执行宗教政策中出现了不少“左”倾偏向。1918年列宁在全俄女工第一次代表大会上的演说中特别指出：“同宗教偏见做斗争，必须特别慎重；在这一斗争中伤害宗教感情，会带来许多害处。应当通过宣传教育进行斗争。斗争搞得过于激烈会引起群众愤恨；这样的斗争会加上群众在宗教问题上的分裂，而我们的力量在于团结。”[42]

根据列宁关于不要伤害宗教感情的一贯指示精神，1918年12月，司法人民委员部第八局发出《关于教会同国家分离问题的通告》，通告共17条，主要是纠正各级行政部门执行宗教政策出现的一些“左”倾倾向。如针对有些地方把祈祷用的物品改做旗帜之类的情况，《通告》指出：“所有这些行为首先是不合法的；其次，这些不适当的行为触犯到部分公民的宗教感情；此外，损坏和降低了物品的价值，而且常常毁掉艺术价值；利用这些东西做革命的标志旗帜等，也失去内在含义。”又如，某些地方借口特殊惩处而强制神职人员参加诸如清扫大街、集市场院和其他粗活等义务劳动，第八局《通告》认为这些是“完全错误的”，因为“任何宗教的神职人员穿着自己专门的服装出现在人数众多的广场和街道上，参加强制性的粗活，不仅会引起该宗教拥护者的愤怒，并从而为把这些神职人员描绘成某些为理想而殉道者制造了口实；此外，这些对劳动义务的曲解是同人民委员会今年12月10日的法令直接抵触的。”《通告》贯穿了列宁指示的基本精神，要按照国家法令实现宗教与国家的分离。因此，要求拆除公共场所的圣像，把它们转交宗教团体、博物馆或国库保管，同时，对那些打着宗教幌子宣传反对苏维埃政、参与反革命阴谋的神职人员，则给予打击，依法审处。

列宁为党和国家制定的各项宗教政策，是马克思主义宗教理论的具体化，但宗教政策的制定、实施和完善是一个过程。现实生活总是复杂的，往往超出固定的原则和原来的估计。政策的不完善，执行针对政策理解的不恰当，以及反动教会的反抗与破坏，都会在宗教领域造成新的波澜。道路是曲折的，偏向是难以避免的。但是，无论是成功的经验还是失败的教训，都将为无产阶级留下宝贵的借鉴。

第三，普及科学世界观和无神论教育，培养共产主义新人。

列宁在十月革命之前和革命胜利后，始终一贯地关注对工人阶级和人民群众进行科学世界观和无神论的宣传教育，因为群众一旦摆脱了宗教偏见的束缚，就会产生更高的社会主义自觉性和革命积极性。早在1902年的《政治鼓励和“阶级观点”》一文中列宁就指出：“教育在人民中愈普及，宗教的偏见就愈是被社会主义觉悟所代替，无产阶级胜利的日子就愈近，这个胜利将把一切被压迫阶级从现代社会的奴役下拯救出来。”[43]1905年的《社会主义和宗教》则把无神论宣传作为党的宣传工作之一，具体指示，要求出版有关的科学书籍，翻译大量传播法国18世纪的启蒙著作和无神论著作。[44]

但是，列宁当时已把所谓“打到宗教、无神论万岁”的口号斥为“一种肤浅的、资产阶级的、狭隘文化主义的观点”[45]。列宁认为，在革命年代，马克思主义的无神论宣传，主要内容应该是善于用历史唯物主义的观点来说明群众中的信仰和宗教的根源，把工人阶级和被压迫人民引导到消灭宗教之社会根源的社会主义革命实践中来。

十月革命虽然取得胜利，但传统宗教并未就此消失，旧社会的死尸是不能装进棺材，埋到地下的，它仍在人们中间腐烂发愁，败坏空气，毒化生活。要提高人民群众的觉悟，培养共产主义的一代新人，就不能低估传统宗教对人民的影响。1919 年 2 月 25 日，列宁在《俄共（布）党纲草案》中再一次提出了无神论教育问题："无产阶级专政应当坚持不懈地使劳动群众实际上从宗教偏见中解放出来，为此就要进行宣传和提高群众的觉悟，同时注意避免伤害信教者的感情，避免加剧宗教狂热。"[46]

1920 年 10 月，列宁在共青团全国代表大会上发表了《青年团的任务》的演说，演说主旨是教育和培养共产主义一代新人，其中特别强调学习一切优秀的文化和培养共产主义道德情操。列宁论述了共产主义道德的性质和特点及其与资产阶级道德的区别。列宁说，我们对资产阶级所宣传的道德的确是摈弃和否认的。因为这种道德是他们从上帝的意旨中引申出来的。地主和资产阶级所宣传的道德的确是假借上帝的名义说话，为的是要贯彻他们这些剥削者的利益。这是欺骗，是为了地主和资本家的利益来愚弄工农，禁锢工农的头脑。共产主义的道德是为无产阶级和劳动人民联合起来反对剥削阶级的阶级斗争服务的。"共产主义的全部道德就在于这种团结一致的纪律和反对剥削者的自觉的群众斗争。"[47]共产主义道德与宗教和上帝没有任何关系。列宁的教导启发我们，如果要培养共产主义道德，必须揭穿宗教道德的一切骗人的鬼话，自觉地参加反对剥削者、建设社会主义的群众斗争。

随着社会主义建设的发展，对人民群众进行科学世界观的教育，破除宗教偏见，提高社会主义自觉性的历史任务提到了党的工作日程之上。1922 年，《马克思主义旗帜下》杂志创刊，列宁抱病写作了《论战斗唯物主义的意义》，指示要把这个杂志办成一个继承和发扬唯物主义战斗传统的战斗无神论的机关刊物，并尖锐的批评了主管部门忽视无神论宣传的官僚主义："这个要成为战斗唯物主义机关刊物的杂志，首先应该是一个战斗的机关刊物，这就是说，不管一切现代‘僧侣主义的有学位的奴仆’是官方科学界的代表人物，还是以‘民主主义左派或有社会主义思想的’政论家自命的志愿兵‘都应坚决的加以揭露和追击’。其次，这个杂志应该是一个战斗的无神论的机关刊物。我们有些主观部门，至少有些国家机关是专门抓这个工作的。但是，这个工作做得非常软弱无力，非常不能令人满意。这大概是由我们道地的（虽然是苏维埃史的）官僚主义的一般条件所造成的，因此，为了协助有关国家机关进行这一工作，为了纠正和加强这一工作，这个以担当战斗唯物主义机关刊物为己任的杂志，就要不倦地进行无神论宣传和斗争，这一点是非常重要的。”[48]

列宁非常具体地指示全党，要实现恩格斯的遗嘱，把 18 世纪的战斗无神论文献翻译出来，广泛地传播到人民中去。杂志必须用许多篇幅进行无神论宣传，评价有关著作，特别重要的是利用那些有许多具体事实和对比，来说明现代资产阶级的阶级利益、阶级组织同宗教团体、宗教宣传组织之间的关系的书籍和小册子。列宁希望马克思主义者们要重视对那些被社会置于愚昧无知和囿于宗教偏见的千百万人民群众进行无神论教育，应该把各种无神论的宣传材料供给他们，把实际生活各个方面的事实告诉他们，用各种办法来影响他们，以引起他们的兴趣，唤醒他们的宗教迷梦，用种种办法从各方面使他们振作起来。“最重要的事情，也是我们那些貌似马克思主义而事实上却在歪曲马克思主义的共产党员万万忽视的事情，就是善于唤起最落后的群众自觉地对待宗教问题，自觉地批判宗教。”[49]这些明确具体的指示，充分说明列宁对无神论宣传教育工作的高度重视。

《论战斗唯物主义的意义》是列宁生前关于哲学于宗教问题的最后一篇重要著作，它被马克思主义理论工作者视为列宁的哲学遗嘱。列宁关于发扬唯物主义的战斗传统，不倦地宣传无神论的嘱咐是意味深长的，对于马克思主义理论工作者来说，如何联系现实生活的实际，理解和贯彻列宁的这些教导，仍是具有现实意义，有待解决的课题。

总结列宁在十月革命后关于宗教问题的理论著作和实践活动，对我们是深有教益的。列宁在领导苏联人民浴血奋战，捍卫新生的无产阶级政权，建设社会主义社会的过程中，把马克思主义的宗教理论具体化为苏维埃国家的法律和政策，一方面反对各种伤害信教者宗教感情的偏向，另一方面又坚持人民群众进行无神论教育。所有这些，都从理论上和实践上丰富了马克思主义科学宗教观的宝库，为我们在新的历史件下做好宗教工作和从事理论探索，留下了十分宝贵的思想遗产。

注释：

[1] 《列宁全集》第 16 卷第 33 页。

[2] 列宁在 1911 年所写的《我们的取消派》一文中写道："我们的一切反动派，特别是自由派的(路标派的)求助于宗教并不是偶然的，而是必然的。单靠棍棒和鞭子是不够的；棍棒终究要被折断。路标派帮助先进资产阶级搞到一种最新式的思想棍棒，精神棍棒"。(《列宁全集》第 17 卷，第 60 页)。

[3] 上述种种情况，见列宁于 1909 年 6 月所写的《各阶级和各政党对宗教和教会的态度》一文载于（《列宁全集》第 15 卷）。

[4] 《列宁全集》第 13 卷，第 249 页。

[5] 《列宁选集》第 2 版第 1 卷，第 256 页。

[6] 《列宁选集》第 2 版第 2 卷，第 445—446 页。

[7] 《列宁选集》第 2 版第 2 卷，第 586—587 页。

[8] 《列宁选集》第 2 版第 4 卷，第 47 页。

[9] 《列宁选集》第 2 版第 2 卷，第 235 页。

[10] 《列宁全集》第 35 卷，第 110 页。

[11] 《列宁全集》第 10 卷，第 62—63 页。

[12] 《列宁选集》第 2 版第 3 卷，第 565 页。

[13] 《列宁选集》第2版第2卷，第375页。
[14] 《列宁选集》第2版第2卷，第233—234页。
[15] 《列宁选集》第2版第2卷，第365页。
[16] 《列宁选集》第2版第2卷，第715页。
[17] 《列宁全集》第38卷，第420—421页。
[18] 《列宁全集》第34卷，第399页。
[19] 《列宁全集》第34卷，第400页。
[20] 《列宁全集》第35卷，第109页。
[21] 《〈无产者报〉扩大编辑部会议记录》党的出版社1934年俄文版，第174页。
[22] 《列宁全集》第35卷，第110页。
[23] 《列宁全集》第35卷，第111页。
[24] 《列宁选集》第2版第2卷，第377页。
[25] 《列宁选集》第2版第2卷，第377页。
[26] 《列宁全集》第10卷，第63页。
[27] 参见列宁：《社会主义与宗教》，《列宁全集》第10卷，第63—64页。
[28] 参见列宁：《社会主义与宗教》，《列宁全集》第10卷，第64页。
[29] 《列宁全集》第2版第2卷，第384页。
[30] 《列宁全集》第2版第10卷，第65—66页。
[31] 《列宁全集》第2版第8卷，第318页。
[32] 《列宁全集》第2版第6卷，第364—365页。
[33] 《列宁全集》第2版第10卷，第63页。
[34] 《列宁全集》第2版第3卷，第766页。
[35] 该决议中1—6条规定：

(1)任何担任教会神职工作的人。不管他的这种职务是多么重要，都不得入党，或成为预备党员。必须向现在仍担任神职的党员提出要求：立即同随便那种宗教的教会断绝关系，如果他不脱离这种关系，就将他们开除出党。

(2)那些中产阶级出身的知识分子，如果他们不完全赞成党纲第13条，不得接受入党。……

(3)有些正在要求入党或成为预备党员的人，由于经济和家庭生活条件而紧紧依附于那些尚未同教会断绝关系的周围人们(如农民和部分工人)，如果因为这种依附关系，他们在个别场合下发生动摇并被迫举行某种宗教仪式(如由于在农村难于或不可按其他方式结婚而在教堂举行婚礼)，以及同周围人民一切参加宗教性葬礼(家庭成员的)，那么，在他们提出相应的申请之后，可接受为预备党员或转为正式党员。

(4)担任要职或积极从事苏维埃或党的工作的党员，如违犯党纲中关于宗教关系的条文，同某种宗教信仰发生联系，一律开除出党。只有在个别情况下，考虑到党员觉悟不高，党员必须在那里生活和工作的环境落后，以及其担任职务本身的重要程度，可使之转为预备党员。

(5)在个别情况下，如有些信教者以自己的革命斗争或有利于革命的工作，在最危险的时刻以保卫革命的行动证明自己忠实于共产主义，作为例外，可允许他们入党。对于这些人要特别进行再教育，培养他们树立严整的、科学的马克思主义世界观，只有这种世界观才能根除宗教观念。

(6)关于党的纪律处分，转为预备党员或开除出党的全部决定，要在当地的机关刊物上发表，使周围的人都知道。在吸收周围的工人和农民参加党的基层组织的公开会议上，要提出这些问题，并且从原则上阐明我党对宗教与宗教会的观点。(《苏联宗教政策》第 41—42 页)

[36] 《苏联宗教政策》，第 16 页。

[37] 《苏联宗教政策》，第 23 页。

[38] 《苏联宗教政策》，第 10 页。

[39] 《苏联宗教政策》，第 12 页。

[40] 《苏联宗教政策》，第 17 页。

[41] 《列宁全集》第 2 版第 10 卷，第 63 页。

[42] 《列宁全集》第 2 版第 28 卷，第 163 页。

[43] 《列宁全集》第 2 版第 5 卷，第 305 页。

[44] 《列宁全集》第 2 版第 10 卷，第 65 页。

[45] 《列宁全集》第 2 版第 2 卷，第 378 页。

[46]《列宁全集》第2版第3卷，第746页。
[47]《列宁全集》第2版第4卷，第355页。
[48]《列宁全集》第2版第4卷，第604—605页。
[49]《列宁全集》第2版第4卷，第606页。

（摘自《宗教学研究》〈1985—1986〉）

二、中国共产党及领导人宗教观研究

新中国马克思主义宗教问题理论发展五十年

龚学增

中华人民共和国成立已经50年。在半个世纪的岁月里，中国的社会主义事业经过了曲折的历程，取得了令全世界瞩目的伟大成就。宗教工作也是这样。建国以来，党中央三代领导集体坚持将马克思主义基本原理同中国宗教方面的实际相结合，走出一条有中国特色的正确解决我国宗教问题的道路，积累了宝贵的历史经验，并形成了邓小平宗教问题理论，标志着马克思主义宗教问题理论在中国发展到了新阶段。理论来自实践，又指导实践。科学总结新中国50年马克思主义宗教问题理论的发展，对于推进21世纪中国宗教工作的实践具有重要意义。

一、建国后毛泽东宗教问题思想的发展

以毛泽东为主要代表的中国共产党人，根据马克思列宁主义的基本原理，把中国长期革命和建设实践中的一系列独创性经验作了理论概括，形成了适合中国情况的科学的指导思想，这就是毛泽东思想。毛泽东思想是马克思列宁主义在中国的运用和发展，是被实践证明了的关于中国革命和建设的正确的理论原则和经验，是中国共产党集体智慧的结晶，中国共产党的许多卓越领

导人对它的形成和发展都作出了重要贡献。毛泽东宗教问题思想作为毛泽东思想的一部分也体现着这一精神。为毛泽东宗教问题思想的形成和发展作出了重要贡献的首先是毛泽东，其次是周恩来、邓小平，还有李维汉同志。

早在新民主主义革命时期，毛泽东就出色地将马克思主义宗教问题理论运用于解决中国宗教问题的实践。他强调，反对神权和迷信的斗争要服从反封建的政治斗争和经济斗争，对宗教徒要作具体的阶级分析；在反帝反封建的基础上，共产党人和宗教徒可以而且应当建立政治上的同盟；要尊重和保护宗教信仰自由，彻底实现政教分离；以阶级、阶级斗争的观点明确指出封建剥削阶级把宗教作为进行统治的工具，帝国主义利用宗教作为他们侵略的工具。毛泽东的上述思想在建国前就充分体现在我们党的宗教政策之中。

中华人民共和国成立以后，党面临着在掌握国家政权以后，如何领导人民群众进行社会主义革命和建设的崭新而繁重的任务，能否处理好新的历史条件下的宗教问题已构成这一总任务的一部分。在这方面，以毛泽东、周恩来、邓小平以及李维汉等老一辈无产阶级革命家进一步将马克思主义宗教观与当代中国的宗教实际相结合，丰富和发展了马克思主义宗教观。毛泽东特别强调宗教信仰自由政策是一项长期要实行的政策，首次提出在宗教问题领域，要正确处理两类不同性质的矛盾，要求要用马克思主义立场、观点和方法研究宗教。周恩来指出，在社会主义社会里，宗教还会长期存在，我们不搞反宗教运动，要求宗教界在新社会要服务于人民，宗教活动要有益于社会；宗教制度的改革必须慎重而稳妥；肯定宗教在教义上有某些积极作用，对民族关系也可以起积极的推动作用。邓小平特别强调要重视少数民族的宗教问题，指出尊重少数民族的宗教信仰就能得到他们的信任。他十分重视争取、团结少数民族宗教的领袖人物对做好宗教工作的重要性。李维汉明确指出我国宗教具有群众性、民族性、国际性、长期性、复杂性的重要特点；指出社会主义制度建立以后，宗教上的矛盾主要是人民内部矛盾；对宗教信仰自由的涵义作了全面的阐述。综上所述，可以看出，毛泽东宗教问题思想涵盖了新民主主义革命和建国后的17年的特定历史时期。这期间，由于党的思想政治路线基本正确，失误较小，处理宗教问题的理论观点，大政方针也基本上是正确的，对马克思主义宗教观也有了进一步的丰富和发展。但是，毛泽东宗教问题思想的上述观点，没有能够很好地坚持。从1957年以后，由于政治上的“左”的错误逐渐增长，到60年代中期更进一步发展起来，这不仅对宗教工作产生了消极影响，同时也导致了对马克思主义宗教观的曲解。在以阶级斗争为纲的思想指导下，相当长一段时期把马克思主义宗教问题理论的丰富内容几乎仅归结为宗教是人民的鸦片，号召同宗教这一反动意识形态反复斗争，认为在社会主义时期，宗教仍然是剥削阶级利用的工具，宗教组织和宗教界人士在政治上将同党和政府之间长期存在着阶级斗争，把任何时候都要限制、削弱宗教作为社会主义时期的根本任务。所有这些不仅不符合马克思主义宗教观的基本精神，而且也抛弃了老一辈无产阶级革命家创造性地将马克思主义宗教观与中国宗教实际相结合而形成的关于社会主义时期宗教问题的正确思想。上述情况在文化大革命期间更是达到登峰造极的地步。直到党的十一届三中全会以后，我国进入了社会主义建设的新时期，中国特色的社会主义事业得以健康发展。伟大的实践产生了邓小平理论。相应地，在宗教问题领域，毛泽东宗教问题思想不仅得到了全面恢复，而且进一步发展到邓小平宗教问题理论阶级。

二、邓小平宗教问题理论的形成

党的十一届三中全会以后，我国进入了建设有中国特色的社会主义的新时期。在1978—1982年的拨乱反正时期，邓小平同志对宗教工作作出了重要指示。首先，他明确指出，建国30年来，各民族宗教界爱国人士有了很大的进步。1979年6月15日，中国人民政治协商会议第五届全国委员会第二次会议召开，邓小平同志在致开幕词时指出，“各民族的不同宗教的爱国人士有了很大的进步。”[1]代表党和国家明确否定了文化大革命对宗教界人士的不公正的待遇。这是对宗教界人士的正确估计，有助于调动他们的社会主义积极性。其次，邓小平强调全党要重视宗教工作。1979年9月1日，邓小平听取了第十四次全国统战工作会议的情况汇报。期间，邓小平插话说：“加强统战工作是必要的，好多年没有开会了，抓一下，对。现在你们提出更多的是民族资产阶级的问题，民族，宗教问题还没有议，这方面有很多问题……宗教工作也有很多政策问题。”[2]当时，党和国家正处于全面拨乱反正时期，宗教方面也有大量的拨乱反正工作，有很多政策问题，处理不好，同样会影响党的中心工作。针对第十四次统战工作会议还没有来得及把宗教问题专门提出来，邓小平同志提出要议一议宗教问题，强调了宗教工作的重要性。第三，强调不能用行政命令办法对待宗教，但宗教也不能搞狂热。1980年8月26日，邓小平在同十世班禅大师谈到西藏的发展时指出：“对于宗教，不能用行政命令办法，但宗教方面也不能搞狂热，否则同社会主义，同人民的利益相违背。”[3]这段话充分说明邓小平要求对宗教问题要采取唯物辩证的态度，告诫我们对宗教既不能左，也不能放任自流。第四，正确评价宗教人士在对外友好往来和文化交流中所作出的重要贡献。1980年4月，江苏省暨扬州市举行了欢迎唐代高僧鉴真大师像由日本回国巡展的活动。4月19日，邓小平在《人民日报》上发表了题为《一件具有深远意义的盛事》的文章，指出“在中日友好往来和文化交流的历史长河中，鉴真是一位作出了重大贡献，值得永远纪念的人物”。这就告诉我们，正确评价历史上宗教在文化方面的作用，重视并引导宗教人士开展国际友好往来和文化交流，是做好宗教工作的重要方面。邓小平同志关于宗教问题的言论并不算多，而且集中在粉碎四人帮以后的二三年内，正是全党处于拨乱反正时期，对于当时宗教问题领域中的拨乱反正起到了重要的指导作用。其后，按照邓小平同志的指示，党中央专门研究了宗教问题，并于1982年下发了19号文件，系统总结了建国以来党在宗教问题上的正反两方面的历史经验，阐明了党对社会主义时期宗教问题的基本观点和政策。

中共中央1982年19号文件是党关于社会主义时期宗教问题的纲领性文件。它阐明的基本观点和基本政策集中表明了中国共产党对马克思主义宗教观的继承和发展。这个文件重申了党以前提出的并被实践证明是正确的毛泽东思想科学的宗教问题的观点和政策，同时又提出了关于社会主义时期宗教问题的一系列新观点。主要有，第一，宗教是一种社会历史现象。文件提出，宗教是人类社会发展一定阶段的历史现象。宗教信仰，宗教感情，以及同这种信仰和感情相适应的宗教仪式和宗教组织，都是社会的历史的产物。宗教这种历史现象，有它发生，发展和消亡的过程。这就改变了以前把宗教仅仅看成是一种意识形态的观点。第二，全面阐述了宗教在社会主义条件下必然长期存在的根源。文件首先强调，在社会主义社会中，随着剥削制度和剥削阶级的消灭，宗教存在的阶级根源已经基本消失，也就是说，剥削阶级对宗教的利用和扶持已经不是宗教存在和发展的主要原因。社会主义时期宗教存在和发展的主要原因主要表现为：宗教信仰作为一部分人们的意识不会在社会制度发生根本变革后短期内彻底消除；社会主义的物质文明和精神文明建设的水平的提高，是一个长久的奋斗过程；某些严重的天灾人祸还会给人们带来种种困苦；一定范围的阶级斗争和复杂的国际环境对于宗教的发展还产生着一定的影响。第三，明确指出在社会主义时期，我国的宗教状况已经起了根本的变化，宗教问题上的矛盾已经主要是属于人民内部矛盾，处理好宗教方面的人民内部矛盾，已经成为宗教工作的主题。同时又指出，宗教问题还受到某些阶级斗争和国际复杂因素的影响。这就摒弃了长期以来在左的思想影响下，坚持以阶级斗争为纲来处理宗教问题的指导思想，准确地把握住社会主义条件下宗教问题与阶级斗争的关系。第四，要善于体察民族问题与宗教问题的区别和联系。文件强调，我国既是一个多民族的社会主义国家，又是一个有多种宗教的国家。在宗教和民族问题的关系问题上，各个民族和各个宗教有不同的情况。有些少数民族基本上全民信仰某一种宗教，如伊斯兰教和喇嘛教，那里的宗教问题和民族问题往往交织在一起；但在汉族中，佛教、道教、天主教和基督教则同民族问题基本没有联系。因此，要善于具体地分析各个民族和宗教的不同情况，正确处理好民族问题和宗教问题的区别和联系，要警惕和反对任何利用宗教狂热来分裂人民、破坏各民族之间团结的言论和行为。第五，处理好宗教问题主要反对左的倾向，又要防止和克服放任自流的倾向，要求对宗教工作的两种倾向问题采取唯物辩证的态度。第六，进一步强调坚持独立自主，自办教会的原则，反对境外宗教团体和个人干预我国宗教事务，特别提出抵制境外敌对势力利用宗教对我进行渗透的问题。第七，明确了处理我国社会主义时期一切宗教问题及贯彻执行宗教信仰自由政策的根本出发点和落脚点，是使全体信教和不信教的群众联合起来，把他们的意志和力量集中到建设现代化的社会主义强国这个共同的目标上来，并强调，任何背离这个基点的言论和行动，都是错误的，都应该受到党和人民的坚决抵制和反对。这就根本改变了在极左年代单纯把促进宗教消亡，甚至消灭宗教作为处理宗教问题的出发点和落脚点的错误观点。

邓小平同志关于宗教问题的论述与19号文件提出的一系列观点相结合，表明了邓小平宗教问题理论基本形成。它是以邓小平为核心的党中央第二代领导集体科学总结宗教工作经验教训的思想结晶。

三、党中央第三代领导集体对邓小平宗教问题理论的丰富和发展

进入20世纪90年代，面对国际形势的风云变幻，面对中国的改革开放进一步深入和扩大，以江泽民为核心的党中央第三代领导集体高举邓小平理论伟大旗帜，对新形势下的宗教问题进一步予以高度重视，对处理好我国社会主义初级阶段的宗教问题又提出了一些新观点，从而使我们党关于社会主义时期宗教问题的理论更加成熟，它同马克思主义宗教观一脉相承，又有重大创新和发展，标志着马克思主义宗教观在当代中国发展到了新阶段。这集中表现为以下几个观点。[4]

第一，关于宗教问题重要性的观点。对宗教问题，我们党是一贯予以重视的。改革开放以来，我国社会生活发生了重大变化，宗教领域也出现了一些新情况新问题。宗教总体上有了较快的发展，个别宗教发展更为迅速，宗教的社会影响明显增强；在充分肯定各大宗教在社会主义建设中日益发挥重要积极作用的前提下，也要看到社会上一些混乱无序的现象也反映到了宗教领域；境外某些宗教利用我扩大对外开放之机加大对我传教力度，

特别是境外敌对势力利用宗教对我国的政治渗透逐步加剧；宗教问题与民族问题相互交织引发的社会矛盾比较突出；在国际上民族、宗教纷争日益突出的影响下，一些分裂主义分子也利用宗教问题加剧进行破坏民族团结和祖国统一的罪恶活动。上述问题使党中央进一步高度重视宗教问题。1990 年 12 月 5 日，李鹏总理在全国宗教工作会议上第一次提出正确对待和处理宗教问题，是我国社会主义建设事业的一个重要的课题，也是建设有中国特色的社会主义的一个重要内容，对于维护社会稳定，增强民族团结，促进祖国统一和四化建设都有着不容忽视的重要意义。江泽民总书记也多次强调宗教问题是个大问题。1993 年 11 月 7 日，他在全国统战工作会议上又提出了“民族，宗教无小事”的著名论断。这都标志着党中央将宗教问题的重要性提到了一个新高度。

第二，关于全面正确地贯彻宗教信仰自由政策，保持这一政策的长期性稳定性的观点。针对历史的教训和实际工作中存在的片面理解宗教信仰自由政策的情况，江泽民总书记多次强调要全面正确地贯彻执行这一政策。即信教和不信教都有充分的自由，国家必须实行政教分离，独立办教的原则，信教的和不信教的要相互尊重。针对有些宗教界人士的担心，江泽民总书记同样代表国家几次重申必须保持这一政策的稳定性和连续性，指出，因为建国以来实践证明，这个政策符合宗教发展的规律，是正确的，贯彻这一政策是有利于民族的团结，国家和社会的稳定的，是有利于社会主义建设的。他还特别强调要给那些有声望的宗教界人士讲清楚，我们党的宗教政策是稳定的，宗教信仰自由政策是绝对不会改变的，这是我国宪法规定的。我们再也不能重犯文革十年那种历史性的错误。

第三，关于共产党员不能信仰宗教，不能参加宗教活动的观点。我们党宣布和实行宗教信仰自由政策，决不意味着共产党员可以自由信仰宗教。按照马克思主义宗教观，宗教对国家来说是私人的事情，但是，对无产阶级政党来说就不是私人的事情。就是说，宗教信仰自由是对国家的公民来说的，而对共产党员来说，就不能信仰宗教。因为共产党是由工人阶级最先进的分子组成的，是以同宗教世界观对立的辩证唯物主义和历史唯物主义的科学世界观，也就是彻底的无神论作为理论基础的。所以，党对于自己的成员信仰宗教这种不觉悟、无知和蒙昧的表现不能置之不理。近些年，江泽民总书记十分注意少数共产党员信仰宗教的问题。他强调，宗教世界观与马克思主义世界观是根本对立的，共产党员不但不能信仰宗教，而且必须向人民群众宣传无神论，宣传科学的世界观。我们应当学习并坚持历史唯物主义观点，要有宣传马克思主义无神论的勇气。对那些参与宗教活动的共产党员，要耐心进行教育，使他们逐步摆脱宗教的束缚。对那些利用宗教牟取私利，甚至支持、策划违法活动的党员，一定要按照党纪国法严肃处理。至于对群众进行无神论教育，要同对党员的要求区别开来，并同社会主义两个文明建设，同培养四有新人的具体实践结合起来。要善于用唯物主义观点说明宗教信仰的根源，下工夫提高人们的科学文化素质，防止简单从事而伤害信教群众的宗教感情，防止用行政命令的方法强迫人们不信仰宗教。

第四，关于要依法对宗教事务进行管理的观点。这是党中央第三代领导集体提出的重要观点。是适应依法治国做好宗教工作的重要保证。江泽民、李鹏、李瑞环等同志多次阐明了这个问题。他们指出，依法对宗教事务进行管理，并不违背宗教信仰自由政策，而是全面贯彻宗教信仰自由政策的需要，是维护安定团结和各族人民根本利益的需要。阐明了依法对宗教事务进行管理，是指政府对有关宗教的法律、法规和政策的贯彻实施进行行政管理和监督，根本目的是为了更好地保护正常的宗教活动和宗教界的合法权益，也有利于防止和制止不法分子利用宗教和宗教活动制造混乱，违法犯罪，有利于抵制境外敌对势力利用宗教进行渗透。这种管理决不意味着干预宗教团体自身的活动，更不是宗教政策收紧了。他们还强调，在依法对宗教事务进行管理的同时，要严防一切违反爱国爱教的宗旨、违反国家法律的行为，要严防境内外的分裂主义分子利用宗教进行政治渗透，搞分裂民族、分裂祖国的破坏活动。一旦出现这种违法活动，正如李瑞环同志所指出的，就要高举维护法律尊严、维护人民利益、维护民族团结、维护祖国统一的旗帜，及时、果断、坚决地依法打击和取缔。所以，政府有关部门要依法对宗教事务进行管理，这项工作必须加强，而绝不能削弱，更不能放弃管理。

第五，关于党同宗教界朋友政治上团结合作，思想信仰上互相尊重的观点。这是第三代党中央领导集体关于巩固和扩大党领导的各民族宗教界爱国统一战线观点的新发展，是江泽民总书记在1991年1月30日邀请各宗教团体领导人到中南海做客时的讲话中提出来的。他强调，我国各宗教团体的主要领导人，是在同我们党长期合作共事中经受了考验，可以完全信赖的朋友。在我国宗教界还有一大批同我们党真诚合作的朋友。爱国主义和建设有中国特色的社会主义，是我们党同宗教界合作的政治基础。有了这样的政治基础，党领导的爱国统一战线就会不断巩固和发展。李瑞环同志进一步阐明了这个观点的内在涵义。他说，实践证明，只有在政治上真诚团结合作，才能真正做到在信仰上互相尊重；而只有在信仰上互相尊重，才能有效巩固和加强政治上的团结合作。为了巩固和发展同各民族宗教界的爱国统一战线，就要努力做好团结教育宗教界人士的工作。特别要做好宗教界上层人士的工作，因为他们在信教群众中有相当的影响，做好他们的工作意义重大。同时，还要培养一支政治上热爱祖国，拥护共产党领导，走社会主义道路，而且具有一定的宗教学识，能联系信教群众的年轻的宗教教职人员队伍，因为这关系到我国宗教组织将来的面貌，也关系到我们党同宗教界长期合作的大问题，是具有战略意义的大问题。

第六，关于积极引导宗教与社会主义社会相适应的观点。我们党对马克思主义宗教观的发展如果简要加以概括，就是在马克思主义宗教观发展史上第一次明确提出在社会主义时期要积极引导宗教与社会主义社会相适应的科学论断，从宏观上正确解决了宗教与社会主义社会的相互关系这一根本问题。工人阶级掌握国家政权，建立了社会主义制度以后，继续长期存在的宗教与社会主义社会究竟建立怎样的关系，是一个全新的课题。从宗教方面，首先遇到的一个问题就是如何适应新的社会历史条件，特别是对宗教制度的民主改革抱什么态度。从社会主义方面来说，工人阶级政党掌握了国家政权，在对待宗教方面有了绝对的政治上的主动权，成为能否正确认识和处理宗教问题的主导方面。这个过程经历了十分曲折的路。实践证明，在社会主义条件下，立足消灭宗教的路子是走不通的，惟一正确的办法就是如何正确地积极引导宗教与社会主义社会相适应。改革开放以来，通过对我国宗教问题的认真研究，1993 年 11 月，江泽民总书记在全国统战工作会议上正式提出积极引导宗教与社会主义社会相适应的论断，并成为科学的规范的提法。之后，江泽民、李瑞环同志都具体阐述了这个问题，指出贯彻党的宗教信仰自由政策，依法对宗教事务进行管理，目的都是要引导宗教与社会主义社会相适应。如果宗教与社会主义社会不相适应，就会发生冲突。所谓相适应，就是说宗教必须遵守社会主义社会现阶段的国家法律、法规及方针政策。法律保障宗教信仰自由，但宗教必须在法律范围内活动，必须按照国家的方针政策办事，而不能同法律、法规及方针政策相冲突。这种适应，并不要求宗教信徒放弃有神论的思想和宗教信仰而是要求他们在政治上热爱祖国，拥护社会主义制度，拥护共产党的领导；同时，改革不适应社会主义的宗教制度和宗教教条，利用宗教教义，宗教教规和宗教道德中的某些积极因素为社会主义服务。1999 年 3 月，江泽民同志在同全国政协民族宗教界委员座谈时又进一步指出，积极引导宗教与社会主义社会相适应，主要包括两方面的涵义：一是信教群众要遵守社会主义国家的法律、法规和方针政策。法律保障宗教信仰自由，宗教必须在法律范围内活动；二是宗教活动要服从和服务于国家的最高利益和民族的整体利益，宗教界人士要爱国、进步，要为祖国统一、民族团结和社会发展多做贡献。我国宗教界有爱国的好传统，要积极发扬光大。宗教界人士和宗教团体要运用自己的影响，引导信教群众爱国守法，抑恶扬善，服务社会。[5]

四、积极引导宗教与社会主义社会相适应是对马克思主义宗教观创新的集中表现

积极引导宗教与社会主义社会相适应，是中国共产党对马克思主义宗教观创新的集中表现，这在我国已基本得到公认。但是，对之还要做进一步研究。首先，要深入研究积极引导宗教与社会主义社会相适应的依据。理论上的依据就在于宗教在庞大而复杂的人类社会结构中，基本上属于思想上层建筑的范畴。宗教虽然采取了超人间力量的神秘形式而更远离物质经济基础，但归根结底，必须服从服务于经济基础和政治上层建筑这一客观规律，依赖、适应于一定社会的经济制度和政治制度。历史的依据就在于各种宗教与不同的社会相适应，是社会历史发展的事实。宗教在原始社会产生后，便随着社会形态的变迁而改变着自己的性质和形式，这种性质和形式的改变正是适应社会发展需要的结果。现实的根据就在于社会主义社会的发展同样要求宗教与其相适应。如果不相适应，就会发生矛盾和冲突，既不利于社会，也

不利于宗教自身的进步。其次，要全面把握相适应的涵义。第一，相适应有高低层次之分。最基本的要求，就是宗教界和广大教徒必须遵守社会主义社会现阶段的国家法律、法规及方针政策。法律保障宗教信仰自由，宗教必须在法律范围内活动。高层次的要求，则意味着各宗教团体能比较自觉地将自身的发展和进步与有中国特色的社会主义事业的发展目标相一致。第二，相适应是相互的，但有主次之分。主要是指宗教要适应社会主义社会的发展和要求，而不是社会主义社会要顺从宗教。如果说社会主义社会也有适应宗教方面的话，最重要的就是党和政府，社会各界要科学对待宗教，要按宗教的客观规律办事，要制定并认真贯彻宗教信仰自由政策，防止和努力克服由于自身的失误而造成的与宗教方面关系的不协调，尽可能创造出适合宗教在社会主义社会健康发展的条件。第三，相适应是全面的。包括在政治，经济，思想文化等方面。但主要是要求宗教在社会政治上同社会主义社会相适应，宗教徒要爱国守法，并不要求他们放弃有神论和宗教信仰。再次，做到相适应，关键在于不断提高引导主体的素质。引导宗教与社会主义社会相适应的主体是党和政府。宗教能否同社会主义社会相适应，党和政府更应多承担责任。引导还需要抱着诚挚热心的积极态度。因此，对党和政府的各级领导干部来说，特别是宗教事务部门的干部更需要不断提高素质。基础是理论武装，除了要认真学习邓小平理论着眼于大局外，还要认真学习马克思主义宗教观，主要是当代中国的马克思主义宗教观——邓小平宗教问题理论，以进一步科学掌握宗教的客观规律。在此基础上还要热心帮助宗教界和广大信教群众在社会主义建设中找到自己的位置，发挥特有的优势，并正确对待和处理同宗教界的差异。

总之，建国50年来，中国共产党的科学宗教观在继承马克思主义宗教观的基础上，又有重大的发展和创新。随着中国特色社会主义事业即将进入21世纪，中国的宗教工作也必将进入又一个黄金时期，中国特色的马克思主义宗教问题理论也将会进一步得到丰富和新的发展。

注释：

［1］《邓小平文选》第2卷，第186页。
［2］《邓小平论统一战线》，第161页。
［3］《宗教工作通讯》1993年第3期，第2页。
［4］以下内容的文献依据参见《新时期宗教工作文献选编》，宗教文化出版社。
［5］参见《人民日报》1999年3月5日，第2版。

（摘自《中央民族大学学报》〈社会科学版〉1999年第5期）

毛泽东对马克思主义宗教理论的丰富和发展

牛苏林

毛泽东关于宗教问题的思想，是毛泽东思想体系的重要组成部分。在中国革命和建设的不同时期，以毛泽东为代表的中国共产党人，把马克思主义关于宗教问题的基本原理同中国社会实践相结合，开创了马克思主义宗教观中国化的发展方向走出了一条正确认识和解决宗教问题的道路，形成了一套完整的适合中国国情的宗教理论和宗教策略，从而丰富和发展了马克思主义宗教理论。

一、毛泽东论新民主主义革命时期的宗教问题

1919年“五四”运动以来，中国革命发展到新民主主义革命阶段，其主要标志就是中国工人阶级登上政治舞台和中国共产党成立，成为中国革命的领导者。在新民主主义革命时期，中国宗教问题成为新民主主义革命的组成部分。以毛泽东为代表的中国共产党人，根据中国革命的具体任务，从中国的宗教国情出发，把马克思主义宗教理论同中国新民主主义革命实践相结合，形成了中国共产党对宗教问题的一些重要的理论和政策。

(一) 封建神权是束缚中国人民的精神绳索。中国数千年封建君主利用神权维护其统治这一事实表明，宗教是封建专制制度

的神圣外衣，是长期束缚中国人民特别是广大农民的精神绳索。出于反封建的革命需要，出于在全国范围传播马克思主义历史观和宗教观的需要，早期共产党人对封建神权进行了深刻的批判。陈独秀指出，封建君主专制这种不合理的制度之所以存在，重要根源之一是由于人们“迷信君主是天的儿子，是神的替身，尊重他，崇拜他，以为他的本领与众不同”[1]。君主必须依靠神权的庇护才能“统一国土”、“号令全国”；君主专制制度必须依靠宗教有神论的支撑，才使其建立和存在成为天意在人间的合理化身。几千年来宗教为封建制度涂上一层神圣的光环，使人们望而生畏，不敢触动。因此，要打倒君权，求得政治上的解放，就必须打倒神权，使人们从宗教迷信的桎梏下解放出来。

马克思主义宗教观在中国的传播，李大钊是最早运用阶级观点分析宗教问题的早期共产党人。李大钊认为，宗教一方面是社会不平等关系的表现，另一方面又反过来加深和扩大这种不平等。宗教“把那皇帝、王公、侯伯、世爵这等特权阶级放在神权保护之下”[2]。而把被统治者置于任人宰割的地位。如果说原始宗教所表现的不平等主要是人对 自然界的无能为力，那么这种不平等在后来的发展中却加上了社会的、阶级的内容。而宗教又使这种不平等神圣化和合理化。因此，宗教在主张平等、博爱的外衣下，却行使着阶级压迫的职能。

真正把马克思主义宗教理论同中国革命的具体实践相结合是从毛泽东开始的，而这种相结合的切入点则是中国的农民问题。在毛泽东看来，农民是中国民主革命的主力军，是工人阶级最坚固最广大的同盟军。中国革命的胜利必须紧紧依靠农民，依靠工农联盟才能成功。早在土地革命时期，毛泽东便把宗教问题的分析同中国的农民状况相联系，正确论述了封建势力和神权的关系，主张把反对封建政权的斗争同反对封建神权的斗争紧密地结合起来。他在《湖南农民运动考察报告》一文中指出，“由阎罗天子、城隍庙王以至土地菩萨的阴间系统以及由玉皇上帝以至各种神怪的神仙系统”的构成的“神权”，它和“政权”、“族权”、“夫权”一起，是“代表了全部封建宗法的思想和制度，是束缚中国人民特别是农民的四条极大的绳索。”而长期以来束缚中国人民的精神枷锁现在却在轰轰烈烈的农民运动中被摧毁了、被打破了，随着“农民运动的发展而普遍”，神权动摇了，“在农民势力占统治地位的地方，信神的只有老年农民和妇女，青年和壮年农民都不信了。农民协会的青年和壮年农民当权，所以对于推翻神权，破除迷信，是各处都在进行中的”[3]。毛泽东高度赞扬了农民运动对神权的冲击，认为这是农民运动的革命壮举，“好得很”。同时，毛泽东还进一步揭示了神权的社会阶级根源，在他看来，中国农民在经济上受剥削和政治上无权的地位，使他们处于社会的最底层。由于他们不能掌握自己的命运，又找不到摆脱现实苦难的道路，便不得不乞求神灵的保佑。而封建势力却利用各种神灵为其统治服务，于是神权便成为封建势力统治农民的精神工具。中国农民只有首先争取经济独立和政治解放，才能找到摆脱宗教束缚的正确道路。因此，毛泽东明确指出：“目前我们对农民应该领导他们极力做政治斗争，期于彻底推翻地主权力。并随即开始经济斗争，期于根本解放贫农的土地及其他经济问题。”[4]

（二）同宗教斗争必须服从新民主主义革命的需要。列宁在《社会主义和宗教》、《论工人政党对宗教的态度》等文中指出，无产阶级政党应当宣传科学的世界观，同宗教作斗争，这是马克思主义的起码原则。“但是这绝不是说，应当把宗教问题提到它所不应有的首要地位，绝不是说，为了反对那些很快就会失去任何政治意义、很快就会被经济发展进程本身抛到垃圾箱里去的次要的意见或呓语，而分散真正革命斗争的、经济斗争的和政治斗争的力量。”[5]马克思主义不是停留在起码原则上的唯物主义，马克思主义更进一步。它认为必须善于同宗教作斗争，善于用唯物主义观点来说明群众中的信仰和宗教的根源。“同宗教作斗争不应该局限于抽象的思想宣传，不能把它归结为这样的宣传；而应该把这一斗争同目的在于消灭产生宗教的社会根源的阶级运动的具体实践联系起来。”[6]列宁这一重要的思想，在中国新民主主义革命时期，成为我党认识和对待宗教问题一个基本的理论依据。毛泽东在《湖南农民运动考察报告》一文中明确指出：中国共产党应该首先领导农民极力从事政治斗争和经济斗争，彻底推翻地主权力，根本解决农民的土地及其他经济问题，至于神权观念的破除，“乃是政治斗争和经济斗争胜利以后自然而然的结果”，不必“用过大的力量生硬地勉强地从事这些东西的破坏”。“菩萨是农民立起来的，到了一定时期农民会用他们自己的双手丢开这些菩萨，无须旁人过早地代庖丢菩萨。共产党对于这些东西的宣传政策应当是‘引而不发，跃如也’。菩萨要农民自己去丢，烈女祠、节孝坊要农民自己去摧毁，别人代庖是不对的。”[7]毛泽东这些论述包含了以下三个方面的重要思想：第一，神权植根于社会生活和剥削 制度，反对神权斗争，必须服从于推翻一切剥削制度的政治斗争和经济斗争的需要，把经济斗争和政治斗争放在第一位，党的宗教理论和宗教政策要服从革命斗争的全局；第二，宗教消亡是一个长期的历史过程，是政治、经济斗争“胜利以后自然而然的 结果”，不可人为的“用过大力量生硬地勉强地从事这些东西的破坏”，要“引而不发”；第三，对待群众的宗教信仰不能采取强制手段或行政命令去禁止，宗教信仰问题“别人代庖是不对的”。

（三）把宗教问题纳入统一战线的范畴。旧中国是一个半殖民地半封建的国家，资产阶级不可能领导中国革命到达胜利，唯一的道路是在工人阶级领导下经过新民主主义到社会主义。但是，当时中国工人阶级人数很少，面对的敌人又十分强大，单凭自己一个阶级的力量，是不能胜利的，必须在各种不同的情形下团结一切可能革命的阶级和阶层，特别是团结人数最多的农民阶级、城市小资产阶级以及其他中间阶级，组成革命的统一战线。这就决定了中国统一战线有广泛的社会基础和充分发展的条件，同时也决定了把宗教问题纳入统一战线范畴必然性和现实性。毛泽东在《新民主主义论》中提出："共产党员可以和某些唯心论者甚至宗教徒建立在政治行动上的反帝反封建的统一战线。"[8]明确把宗教问题纳入统一战线的范畴。把宗教问题 作为统一战线的一个重要的组成部分来处理，是毛泽东对马克思主义宗教理论的重大发展。统一战线是中国革命取得成功的三大法宝之一。面对反帝反封建这场艰巨的政治革命，我党只有团结包括宗教界爱国人士和广大信教群众在内的社会各阶级、各阶层，组成最广泛的统一战线，才能最大限度地团结一切可以团结的力量，组成庞大的同盟大军，去争取革命的胜利。要保持和发展同宗教界的政治联盟，就要善于把正确的宗教政策同不同时期的革命任务结合起来。在新民主主义革命时期，这种联盟的基础就是反帝反封建，有了这种共同的政治基础，把宗教纳入统一战线的范畴，同爱国宗教人士和信教群众的长期联盟，就有了可靠的政治基础和政策保证。

不仅如此，毛泽东还提出了一个十分重要的原则，这就是必须在联盟中划清政治上和世界观上的不同界限，在政治上还可以结成联盟，但在世界观上则不能建立同盟，他说："共产党员可以和某些唯心论者甚至宗教徒建立在政治行动上的反帝反封建的统一战线，但是决不能赞同他们的唯心论或宗教教义。"[9]这就是说，如果我们因为在政治上同宗教界联盟，而放弃马克思主义世界观和无神论，去赞同唯心论和宗教教义，就会丧失无产阶级的先进性和革命性。如果我们只因为信仰上的不同，把宗教界排斥在爱国统一战线之外，就会影响革命总目标的实现。这就要求把政治联盟的原则性同思想斗争的灵活性有机结合起来，避免犯“左”或“右”的错误，从而进一步发展了列宁提出的要善于同宗教作斗争的思想。

（四）尊重和保护宗教信仰自由。尊重和保护宗教信仰自由，是中国共产党对宗教问题的基本政策。这一政策是在反帝反封建的新民主主义革命进程中逐步形成和发展起来的。1923 年至 1927 年间，我党历次会议的决议案中都强调对宗教应持慎重的态度，为了团结各种爱国力量，革命活动应不分党派、宗教和阶级等等。1927 年，毛泽东在《湖南农民运动考察报告》一文中提出，农民的宗教信仰应该由农民自己解决，别人不应该“代庖”；共产党对待宗教的政策应该是：“引而不发，跃如也”。毛泽东这些认识已经包含了尊重和保护宗教信仰自由的基本精神，并明确指出这应该成为中国共产党对待宗教问题的基本政策。1927 年以后，我党走上了武装斗争的道路，在江西建立了中央苏区，并于 1931 年 11 月 7 日通过了《中华苏维埃宪法大纲》这个大纲首次以法律条文的形式保障了宗教信仰自由。该大纲第四条规定：“在苏维埃政权领域内的工人、农民、红军士兵及一切劳苦民众和他们的家属不分男女种族宗教，在苏维埃法律前一律平等。”第十三条规定：“中国苏维埃政权以保障工农劳苦民众有真正的信教自由的实际为目的。绝对实行政教分离的原则……”[10]可见，党的宗教信仰自由政策在苏区不仅以法律的形式得以确认，而且宗教信仰自由政策内容也得以不断的丰富、扩大。在两万五千里长征途中，红军严格执行民族政策和宗教政策，使这些政策在少数民族地区深得民心，保证了红军胜利实现了战略大转移，极大地推动了少数民族地区的革命斗争，同时也为后来我党进一步制定和完善宗教政策提供了许多宝贵的实际经验。1945 年 4 月，毛泽东在党的第七次全国代表大会上，发表了关于新民主主义革命的纲领性报告《论联合政府》，对宗教信仰自由政策作了更明确、更完整的阐述，把宗教信仰自由视为人民群众的基本权利，他指出："人民的言论、出版、集会、结社、思想、信仰和身体这几项自由，是最重要的自由。在中国境内，只有解放区是彻底地实现了。" 在谈到少数民族问题时，他明确指出："他们的语言、文字、风俗、习惯和宗教信仰，应被尊重。" 并且宣布："根据信教自由的原则，中国解放区容许各派宗教存在。不论是基督教、天主教、回教、佛教及其他宗教，只要教徒们遵守人民政府法律，人民政府就给予保护。信教的和不信教的各有他们的自由，不许加以强迫或歧视。"[11]至此，在新民主主义革命时期，中国共产党对宗教信仰自由的政策，在理论上和政 策上已经有比较成熟的认识，从而为正确认识和解决社会主义时期的宗教问题奠定了坚实的基础。

二、毛泽东论社会主义建设初期的宗教问题

中华人民共和国成立后，我国已进入社会主义时期，中国共产党成为全国范围内的执政党。我国的宗教国情亦随之出现新的变化。虽然宗教的信仰属性、神学属性没有变，但随着社会主义政治、经济与法律制度的根本变化，宗教的社会属性也出现了深刻的变化：1、社会主义制度建立后，我国政府取得了对宗教事务的领导权。这是一个最根本的变化，是与旧中国宗教的根本区别。2、国家实行政教分离的原则，实行宗教信仰自由政策。从根本上改变了阶级社会中统治阶级控制和利用宗教以巩固其统治地位的状况，使宗教从政治层面上由被控制、被利用的模式中解放出来，恢复了宗教自身的社会功能。宗教信仰成为公民个人的自由选择。3、我国是人民民主专政的社会主义国家，宗教信仰自由是基本人权的重要内容，各民族广大信教群众和爱国宗教界

人士真正成了国家的主人，在中国共产党的领导下实行多党合作的政治协商制度，包括宗教界人士在内的各阶层人士参加各级人大、政协会议，参政议政。宗教界不仅是团结教育的对象，而且也是参政议政的一支重要力量。4、社会主义制度建立后，剥削阶级作为一个阶级已经被消灭，宗教存在的阶级根源已经基本消失，也就是说，剥削阶级对宗教的利用和扶植已经不是宗教存在和发展的主要原因。5、宗教的内部结构发生了根本变化：第一，宗教团体坚持自传、自治、自养的“三自”方针我国教会彻底割断了在政治和经济上与帝国主义和外国教会的联系，成为新中国自办的宗教事业。第二，信教群众绝大多数是在旧社会受压迫、受剥削的劳动人民，在社会主义制度下才翻身当了国家的主人，他们是拥护社会主义、拥护党的领导的社会主义劳动者和爱国者。第三，宗教教职人员由于宗教组织内部废除了压迫剥削制度和封建特权而成为从事宗教事业的知识分子，他们绝大多数是爱国守法的。第四，宗教团体和宗教领袖人物，绝大多数是与中国共产党长期合作共事和久经考验的挚友，毫无疑问，他们领导的宗教团体和宗教文化事业就必然的成为社会主义建设的一个重要组成部分。

根据中国国情和宗教情况的变化，以毛泽东周恩来以及李维汉等老一辈无产阶级革命家，进一步将马克思主义宗教理论同中国的宗教实际相结合，丰富和发展了马克思主义的宗教理论。主要表现为以下几点：

（一）明确提出尊重和保护宗教信仰自由是我党对待宗教的一项长期的基本的政策，并在宪法中以法律的形式加以明确规定。1949年9月，起着临时宪法作用的《中国人民政治协商会议共同纲领》开宗明义规定：“中华人民共和国为新民主主义即人民民主主义国家。”在这个前提下，中华人民共和国的人民享有宗教信仰自由的权利，这项规定被列入总纲第五条。[12] 1951

年，毛泽东在接见《西藏致敬代表时的讲话》中指出："共产党对宗教采取保护政策，信教和不信教的，信这种教和信别种教的，一律加以保护，尊重其信仰。今天对宗教采取保护政策将来也仍然采取保护政策。"[13]同时，他还认为宗教信仰自由也应当包括"宣传有神论和宣传无神论的自由"[14]。这样，毛泽东在建国初期，根据中国的实际情况，将新民主主义革命时期提出的尊重和保护宗教信仰自由规定为我党的一项长期政策，并进一步规定了宗教信仰自由的基本含义和具体内容。

（二）政治上合作共存，信仰上相互尊重，是党和政府处理同宗教界人士之间相互关系的基本原则。进入社会主义以后，宗教信仰的神学属性虽然没有什么变化，但宗教界人士和广大教徒的政治立场、宗教组织的结构、政治面貌和社会性质，却有了新的变化。在经过 20 世纪 50 年代初经济制度上的民主改革和 50 年代末宗教制度的改革后，剥削阶级作为一个阶级已经消灭，宗教已经摆脱了统治阶级的控制和利用。广大信教群众已和其他劳动人民一样，成为国家的主人，我国各宗教组织已成为爱国宗教组织，成为党和政府联系广大信教群众的桥梁。在这种新的历史条件下，我党提出了处理同宗教界关系的一个重要原则，即"在政治上团结合作，在信仰上相互尊重"。周恩来指出："宗教信仰自由是近代国家所共同承认的原则。我们共产党人是无神论者，但是我们尊重有宗教信仰的人。"[15]1957 年 5 月，周恩来在全国人大民族工作会议上指出："我们认为，唯物论者同唯心论者，在政治上可以合作，可以共存，应该相互尊重"；"在中国存在有宗教信仰的人和没有宗教信仰的人，就是有神论者和无神论者。这两类人应该彼此相处的很好……不信仰宗教的人应当尊重信仰宗教的人，信仰宗教的人也应当尊重不信仰宗教的人。不信仰宗教的人和信仰宗教的人都可以合作。信仰不同宗教的人也可以合作。这对于我们民族大家庭的团结合作是有利的。"[16]在周恩来看来，我党同宗教界在政治上团结合作，在信仰上相互尊重，不仅有利于扩大和巩固党的统一战线，而且对于处理好少数民族地区的宗教问题乃至推动新中国的建设，都具有极为重要的意义。周恩来说："我们主张，在《共同纲领》的基础上，信教的、不信教的可以共存。我们要团结和照顾到各种社会力量，使大家各得其所，同心协力，建设新中国。只有这样，才能使社会稳定、稳步前进。"[17]建设新中国，促进社会稳定进步，是我党与宗教界的共同目标和共同利益。这既是政治上实现团结合作的基础，也是信仰上相互理解、相互尊重的基础。实践证明，只有在政治上团结合作，才能真正做到在信仰上相互尊重；而只有在信仰上相互尊重，才能有效巩固和加强政治上的团结合作。这两者相辅相成，缺一不可。

由上可见，我们党在处理与宗教界的关系问题上，从新民主主义革命时期的政治上相互联盟，世界观上划清界限，到建国初期的政治上团结合作，信仰上相互尊重，表明我们党对宗教问题的认识更加成熟完善，在实际工作中更加客观求实。毫无疑问，这同周恩来的理论贡献是分不开的。

（三）明确提出我国宗教具有群众性、民族性、国际性、长期性、复杂性的重要思想。1957 年李维汉同志把中国宗教状况的特点概括为"长期性"、"群众性"、"民族性"、"国际性"，并且分析了宗教问题的复杂性。他指出，在我国，"宗教的影响在一定范围内，既广且深，它影响到民族关系，有的还影响到国际关系，所以我们要做宗教问题的统战工作。有些人不懂得这一点，他们看不见宗教的群众性、民族性、国际性和它的长期性，他们只看见宗教是迷信、是鸦片烟。因此，他们不允许人们自由信仰，用行政手段禁止这种精神鸦片，甚至采取粗暴手段。他们不懂得，允许自由信仰，正是为了在政治上团结宗教教徒，争取宗教影响下的群众同广大人民一道，为了解放和发展生产力，为了在长期内逐渐消灭宗教的根源。"[18]

"宗教五性论"是我们党运用马克思主义观点，认识宗教特别是中国宗教的社会特性所作出的科学概括，是认识和处理社会主义时期宗教问题的出发点，也是制定对宗教问题必须坚持慎重、稳妥的正确方针和政策的客观依据。在马克思主义宗教观发展史上没有明确提出这样完整的思想，前苏联共产党在认识和处理社会主义时期的宗教问题过程中也没有提出这样的思想。可以说，"宗教五性论"是中国共产党对马克思主义宗教理论的充实和发展。这同李维汉创造性的理论贡献是分不开的。"宗教五性论"虽然是中国共产党人对中国宗教社会特征的概括，但它对于考察和认识世界三大宗教的基本特征，也是适用的，因此，"宗教五性论"对宗教基本特性的概括，在理论上也是具有普遍意义的。

（四）首次提出在宗教领域内要正确处理两类不同性质的矛盾。两类社会矛盾的学说，在马克思主义发展史上，是由毛泽东首先明确提出并作了系统阐述的。他运用这一理论及方法，正确有效地处理了大量的宗教问题。他明确指出，凡是利用宗教进行反共、反人民的反动势力，他们同人民群众的矛盾属于敌我矛盾，对这种宗教领域中的敌我矛盾必须采用专政的方法，予以坚决打击。只有这样，才能更好地团结广大信教群众，保证宗教活动的正常进行。至于宗教界爱国人士和信教群众，由于宗教信仰而引起的同其他劳动群众之间的矛盾，则属于人民内部矛盾。对于这种矛盾，只能采取民主的方法，按照宗教信仰自由的政策来处理。毛泽东在《关于正确处理人民内部矛盾的问题》一文中指出，宗教信仰，乃是一个世界观问题，而对待精神世界的问题，"我们不能用行政命令去消灭宗教，不能强制人们不信教。不能强制人们放弃唯心主义，也不能强制人们信仰马克思主义"。并且还明确指出："企图用行政命令的方法，用强制的方法解决思想问题，是非问题，不但没有效力，而且是有害的。”[19]毛泽东关于宗教领域两类不同性质矛盾的思想，在理论上丰富和发展了马克思主义宗教观，在实践上为我党正确认识和处理宗教问题指明了方向。

综上所述，可以看出，以毛泽东为首的中共第一代领导集体关于宗教问题的思想，涵盖了新民主主义革命和建国后17年的特定历史时期。这期间，由于党的思想政治路线基本正确，失误较小，处理宗教问题的理论观点、大政方针也基本上是正确的，对马克思主义宗教观也有了进一步的丰富和发展。但是，毛泽东关于宗教问题的上述思想，没有能够很好地坚持。从1957年以后，由于政治上的“左”的错误逐渐增长，到60年代中期更进一步的扩大，这不仅对宗教工作产生了消极影响，同时也导致了对马克思主义宗教观的曲解。在以阶级斗争为纲的思想指导下，相当长一段时期把马克思主义宗教观丰富内容仅仅归结为宗教是麻醉人民的鸦片，号召同宗教这一反动意识形态作反复斗争；认为在社会主义时期，宗教仍然是剥削阶级利用的工具；宗教组织和宗教界人士在政治上将同党和政府之间长期存在着阶级斗争；把任何时候都要限制、削弱宗教作为社会主义时期的根本任务。所有这些，不仅不符合马克思主义宗教观的基本精神，而且也抛弃了老一辈无产阶级革命家创造性地将马克思主义宗教观与中国宗教实际相结合而形成的关于社会主义时期宗教问题的正确思想。上述情况在“文化大革命”期间更是达到了登峰造极的地步。直到党的十一届三中全会以后，我国进入了社会主义建设的新时期，中国特色的社会主义事业得以健康发展。相应地，在宗教问题领域，毛泽东宗教思想不仅得到了全面恢复，而且进一步发展到一个新的理论阶段。

注释:

[1] 陈独秀:《偶像破坏论》,《独秀文存》第3卷,亚东图书馆,1922年,第224页。
[2] 李大钊:《现代史学的研究及于人生态度的影响》,《李大钊选集》,北京:人民出版社,1959年,第506页。
[3]《毛泽东选集》第1卷,北京:人民出版社,1991年,第31—32页。
[4]《毛泽东选集》第1卷,北京:人民出版社,1991年,第33页。
[5] 列宁:《社会主义和宗教》,《列宁全集》第12卷,北京:人民出版社,1987年,第35页。
[6] 列宁:《论工人政党对待宗教的态度》,《列宁全集》第17卷,北京:人民出版社,1987年,第391页。
[7]《毛泽东选集》第1卷,北京:人民出版社,1991年,第33页。
[8]《毛泽东选集》第2卷,北京:人民出版社,1991年,第707页。
[9]《毛泽东选集》第2卷,北京:人民出版社,1991年,第707页。
[10]《中共中央文件选集》第10册,北京:中共中央党校出版社,1991年,第645—647页。
[11]《毛泽东选集》第3卷,北京:人民出版社,1991年,第1070、1084、1092页。
[12]《建国以来重要文献选编》第1册,北京:中央文献出版社,1992年,第2页。
[13]《人民日报》1952年11月22日
[14]《毛泽东选集》第5卷,北京:人民出版社,1977年,第157页。
[15]《周恩来选集》下卷,北京:人民出版社,1980年,第155页。
[16]《周恩来统一战线文选》,北京:人民出版社,1984年,第387页。
[17]《周恩来统一战线文选》,北京:人民出版社,1984年,第186页。
[18] 李维汉《统一战线与民族问题》,北京:人民出版社,1982年,第368页。
[19]《毛泽东选集》第5卷,北京:人民出版社,1977年,第368页。

(摘自《西藏民族学院学报》〈哲学社会科学版〉2004年第9期)

试论毛泽东的宗教观及其特点

郭　林

在中国革命和建设历程中，如何正确认识和对待宗教及宗教问题，毛泽东有过许多精辟的论述与思想。他的基本立场、观点和方法仍然影响和指导着今天党的宗教工作。研究毛泽东的宗教观，对于全面认识具有中国特色的社会主义理论与政策，作好新时期的民族宗教工作是十分必要的。

一、科学态度和民主精神

马克思主义认为，宗教是人类社会发展一定阶段上的历史现象，有其发生、发展和消亡的必然规律。宗教又是一种社会意识形态，是现实世界在人们头脑中的虚幻的歪曲的反映。因而毛泽东说，宗教信仰是反映人们唯心主义世界观的“精神世界的问题”、“思想性质”的问题，是多样的复杂的，“佛教徒有佛教主义、基督徒有基督主义，农民有多神主义”[1]。共产党人对待宗教的基本态度正如列宁所说“应当同宗教作斗争”，但又“必须善于同宗教作斗争，为此要善于用唯物主义观点来说明群众信仰宗教的根源”[2]，要采取特别慎重的宗教政策。

毛泽东深刻领会马克思主义的基本理论，但又不拘泥于对马克思主义某个定义的了解，或对经典作家个别著名论断的引证，而是非常善于用马克思主义的立场、观点和方法说明中国此时此地的问题，找出适合中国国情的解决办法。尤其对于人民内部的思想认识问题，对于精神世界的问题，特别是涉及群众宗教信仰的问题，毛泽东历来强调的是民主的方法、说服的方法，而不是强制的压服的方法。他精辟地指出："不能用行政命令去消灭宗教，不能强制人们不信教。不能强制人们放弃唯心主义，也不能强制人们相信马克思主义。凡属于思想性质的问题，凡属于人民内部的争论问题，只能用民主的方法去解决，只能用讨论的方法。批评的方传，说服教育的方法去解决，而不能用强制的、压服的方法去解决。"[3]"用简单的方法去处理，不但不会收效，而且非常有害。"[4]周恩来也尖锐地指出："谁要企图人为地把宗教消灭，那是不可能的。"[5]人为的、行政命令的办法、强制的办法只能伤害信教者的感情，加剧宗教狂热，并不能达到使劳动群众从宗教的偏见中解放出来的目的。这是因为，宗教不同于其他上层建筑的特点在于，人们可以用暴力推翻某种反动的社会制度，但不能用暴力"消灭脑子里的敌人"。毛泽东说："我们反对群众脑子里的敌人，常常比反对日本帝国主义还要困难些。"[6]这不仅是由意识的滞后性决定的，而且在现实社会生活中，"只要人们还有一些不能从思想上解释和解决的问题，就难以避免会有宗教信仰现象"[7]。只有当人类社会的科学高度发达，物质基础或物质生活条件极大丰富，人们的认识水平极大提高时，宗教才会消亡。然而在人类社会的很长阶段里，这些条件远不能达到，因而宗教及其影响将会长期存在。因此，共产党人对待宗教信仰问题只能因势利导，积极创造促使宗教消亡的社会物质条件和认识条件。对此，毛泽东 1927 年考察湖南农民运动时就看到，"菩萨是农民立起来的，到了一定时期农民会用他们自己的双手丢开这些菩萨，无须旁人过早地代庖丢菩萨。共产党对于这些东西的宣传政策应当是'引而不发，跃如也'"[8]，别人代庖是不对的。在这里，毛泽东不仅揭示了人与神的关系，说明了宗教崇拜是个历史过程，有其产生与消亡的规律性，而且明确指出，共产党对宗教不能越俎代庖，只能引导与控制，等待群众自觉。毛泽东深入浅出的形象论述，对于当时党正确引导农民运动于政治斗争和经济斗争起了很大的作用。1964 年 5 月，毛泽东与拉美共产党客人谈话时再次表达了这一思想，他说，开始就叫群众去反对宗教那不行。群众觉悟是逐渐提高的，要群众丢掉宗教需要很长过程。由此说明共产党对宗教问题只能从长计议，不能简单急躁。毛泽东对宗教及宗教信仰问题在认识上的这种辩证唯物主义和历史唯物主义的科学态度，以及处理宗教问题的民主精神，既是马列主义原理的具体运用，也是毛泽东实践经验的总结，这成为他指导中国宗教工作的基本思想。

毛泽东宗教观的科学态度和民主精神，除了体现在认识论和方法论方面，还体现在他的社会观方面。毛泽东认为，信仰自由是基本人权之一。他说，“人民的言论、出版、集会、结社、思想、信仰和身体这几项自由，是最重要的自由”[9]，必须得到尊重，受到保护，因此，对宗教必须采取信仰自由的社会政策。随着中国革命的发展，毛泽东对宗教信仰自由的确切含义也作了日益完整的解释。

早在第二次国内革命战争时期，毛泽东任苏维埃中央政府主席时就领导苏区政府制定了苏维埃共和国公民不分男女、种族、宗教，在苏维埃法律面前一律平等的基本人权条例和明确的宗教信仰自由政策。这就是：“中华苏维埃政权以保障工农劳苦民众有真正的信教自由，”“一切苏维埃公民有反宗教宣传的自由，”[10]即是说，苏维埃公民有信教的自由也有不信教的自由。这里，需要指出的是，在确定了宗教信仰自由这一基本政策后，鉴于当时阶级斗争的形势和党的认识水平，苏区中央政府也指出，“一切宗教不能得到苏维埃国家的任何保护和供给费用”，宗教职业者，如教师、神父、和尚、道士等无选举权，并不得分配土地，即是说这些人不在苏维埃公民之例。显然，这时的宗教信仰自由不仅有一定的阶级限制，而且在“左”倾路线之下全党及毛泽东对如何正确处理苏维埃国家与宗教的关系也还存在着认识上的偏差和政策上的失误。这一方面对于促进土地革命，调动广大贫苦农民的革命积极性及反对帝国主义的精神侵略活动发挥了有益作用，另一方面也有阶级斗争扩大化之骤，损伤了苏区内宗教界的利益和积极性。长征开始以后，党对民族和宗教问题重要性的认识日益深刻。1936 年 5 月 25 日，毛泽东代表苏维埃人民共和国中央政府对回族人民的宣言中明确指出，苏维埃政府根据信仰自由的原则，保护清真寺，保护阿訇，担保回民信仰的绝对自由。这就是说，苏维埃人民政府对宗教及宗教职业者开始实行保护政策。这同样适用于其他宗教及宗教信仰者和宗教职业者。抗战时期，宗教信仰自由政策在各边区都得到进一步贯彻。宗教职业者同边区人民一样获得了选举权与被选举权，宗教团体得到恢复，宗教场所得到保障，边区政府不仅保护人民的宗教信仰，而且为宗教事业提供必要的经费。对外国教民，只要他们尊重中国主权与遵守政府法令，同样允许他们在边区进行实业文化与宗教的活动。这些政策和措施的实行，不仅加强了抗日民族统一战线，巩固了党领导的解放区，而且提高了共产党和边区的威望及影响。1945 年，毛泽东在《论联合政府》一文中再次明确说明：“根据信教自由的原则，中国解放区容许各派宗教存在，不论是基督教、天主教、回教、佛教及其他宗教，只要教徒们遵守人民政府法律，人民政府就给以保护，信教的和不信教的各有他们的自由，不许加以强迫或歧视。”[11] 新民主主义革命时期，这一政策在中国境内只有共产党领导下的解放区是真正实行了。新中国成立后，它仍然是党和政府的基本国策。1952 年 11 月，西藏和平解放之后，毛泽东通过西藏致敬团对西藏地方政府僧俗官员和全体藏族同胞进一步宣称："共产党对宗教采取保护政策，信教的或不信教的，信这种教和信别种教的，一律加以保护，尊重其信仰，今天对宗教采取保护政策，将来也仍然采取保护政策。"[12]这是毛泽东代表党中央不光对藏族，也是对其他全民信仰宗教的少数民族和其他宗教信仰者的宣称。这在建国初期，对于进一步稳定民族地区情绪，团结各族各界人士稳步推进民主改革是非常重要的。

在以上思想中，毛泽东不仅阐明了宗教信仰自由是人民基本的民主自由权，是中国共产党的长期政策，而且也非常清楚地指明了宗教信仰自由的基本原则界限和确切含义。这些原则界限就是"绝对实行政教分离的原则"，"教育与宗教绝对分离"的原则，以及"尊重中国主权与遵守政府法令"[13]的原则。这是因为在旧中国，当宗教势力与剥削制度结合在一块向劳动人民进行压迫时，神权与政权、族权、夫权一起成为"束缚中国人民特别是农民的四条极大的绳索"，这四种权力，"代表了全部封建宗法的思想和制度"[14]。因此，人民的政权，必须首先使宗教与政治相分离，取消宗教势力对国家政治生活的干预和宗教特权，使宗教对国家来说成为私人的事情。同时帝国主义也总是利用宗教对中国人民进行精神和文化侵略，其目的在于"造就服从它们的知识干部和愚弄广大的中国人民"[15]。对外国反动的教会势力，必须坚决反对，而对愿意尊重中国主权，遵守政府法令的外国宗教职业者，则可以许其"参加抗日工作或在边区进行实业文化与宗教的活动"[16]。这一原则，在新民主主义革命时期的解放区，有利于揭露披着宗教外衣的反动分子，也有利于巩固国际统一战线，扩大解放区的影响，新中国建立后，外国教职人员，则没有再留在中国传教的必要。

宗教信仰自由的确切含义，则包括公民有信仰宗教宣传有神论的自由，也有不信仰宗教、宣传无神论的自由；有信这种宗教的自由，也有信别种宗教的自由；过去信教现在不信教，过去不信教现在信教，都有自由，都受到法律的保护，在政治上都一律平等，并且相互间要尊重。

二、求同存异与统一战线

唯心主义的宗教意识与马克思主义的科学认识既然是截然不同的世界观，那么无神论者、马克思主义者怎样正确处理与宗教界的关系呢？毛泽东在这个问题上也有很精辟、独到的思想。他认为，虽然共产党员“绝不能赞同他们的唯心论和宗教教义”，但“可以和某些唯心论者甚至宗教徒建立在政治行动上的”[17]统一战线。民主革命时期是反帝反封建的统一战线，社会主义时期是社会主义爱国统一战线。这是因为，无神论者、马克思主义者与有神论者、唯心主义者不仅有建立统一战线的必要性，而且也有可能性。

再就可能性而言，毛泽东认为，宗教信仰不是划分人们政治立场的标准。因此要把人们的政治立场与宗教信仰相区分。他说，信宗教不等于不反对帝国主义、封建主义、官僚资本主义。政治立场正确与否，只能以“爱国与民主两个条件来鉴别”[18]。这是毛泽东及老一辈革命家总结我国革命斗争实践得出的科学结论。因为在中国革命过程中，许多宗教界人士和广大信教群众是同情、赞助革命事业的。例如基督教青年会，在大革命时期，抗日战争时期和解放战争时期，都曾掩护过共产党员和革命分子，并参加了抗日斗争和反对美蒋反动派、反对独裁内战的民主斗争，因而也受到国民党反动政权的迫害。在中国各解放区，各阶层的宗教界人士都能积极追随共产党的主张，参加民主政权建设，作出许多贡献。这些爱国的追求正义民主的宗教界人士不仅是人民大众的一员，而且是共产党的朋友。所以周恩来曾对宗教界朋友说：“我们的长期合作是有基础的。”社会主义时期，信教群众与不信教群众在思想信仰上的差别成为比较次要的，而在政治上经济上的根本利益则是一致的，这就是祖国富强，人民富裕，事业兴旺。所以，毛泽东说：一部分唯心主义者虽然不赞成马克思主义的世界观，但是“他们可以赞成社会主义的政治制度和经济制度”[19]，宗教界爱国人士也是这样。因此，共产党与宗教界完全可能求同存异，结成政治行动上的统一战线，合作共事。这个同就是反帝爱国，就是赞成社会主义制度。

毛泽东关于与宗教界求同存异的思想，不光指在政治、经济利益方面有同可求，他还很睿智地从宗教教义中探求共产党与宗教界在追求目标上的共同点。1955 年 3 月，毛泽东会见西藏宗教领袖班禅大师和达赖喇嘛时曾循循善诱的说：“我们再把眼光放大，要把中国、把世界搞好，佛教教义就有了这个思想。佛教的创始人释迦牟尼主张普度众生，是代表当时在印度受压迫的人讲话。为了免除众生的痛苦，他不当王子，出家创立佛教。因此，信佛教的人和我们共产党人合作，在为众生即人民群众解除压迫的痛苦这一点上是共同的。”[20]从这里我们看到，毛泽东站在唯物史观的高度，不仅非常赞赏佛教创始人为普度众生，即拯救受压迫人民于苦难的献身精神，从而肯定了佛教创立时的历史进步性和教义的积极方面，从而说明佛教与共产党合作的可能性。他的这种思维方式是很高明的，也是很特别的。这就很使人信服地说明了宗教界与共产党有合作之道，应该携起手来，而且也能够携起手来，在共同的基点上团结起来，寻求为人民群众谋求幸福的光明大道，以此引导和教育宗教界上层人士走社会主义道路。

毛泽东关于与宗教界建立统一战线的思想也有两个原则界限，这就是爱国与民主。爱国主要包括毛泽东和周恩来多次强调过的宗教界要与帝国主义划清界限。毛泽东指出，为防止帝国主义渗透，“各民主党派和宗教界要进行教育，不要上帝国主义的当，不要站在敌人方面”[21]。周恩来说：“我们的统一战线要扩大，其界限要看是否与帝国主义、封建主义和官僚资本主义割断联系”[22]，特别是与帝国主义联系较多的基督教和天主教。因为中国是一个独立自主的国家，宗教团体割断同帝国主义的联系是理所当然的。只有割断同帝国主义的联系，才能达到肃清帝国主义影响，维护独立自主权利，实现中国宗教团体自治、自养、自传的方针。民主主要是指宗教活动必须在宪法和法律的范围内进行，宗教团体不得干涉群众的信教自由。对于那些披着宗教外衣的反革命破坏活动，颠覆活动，不论其少数反动分子的信仰如何，必须予以彻底揭露与制裁，只有这样才能保障宗教信仰自由的真正实行，才能巩固和扩大社会主义爱国统一战线，实现宗教教义普度众生的教理宗旨。

三、群众观点与学术研究

如何对待宗教文化，毛泽东的观点也是非常鲜明的。他很欣赏释迦牟尼有比孔夫子还多的经典著述和学问。对从西土取来的这些宗教典籍，他认为是人类文化的瑰宝，不可不继承与研究。一方面是因为群众工作的需要。毛泽东说，“这是个群众问题，群众有那样多人信教，我们要做群众工作，我们却不懂得宗教，只红不专”[23]是做不好工作的；另一方面是研究人类历史的需要。他说，不批判神学就不能写好哲学史，也不能写好文学史或世界史。这无疑道出了宗教文化在人类文化史、思想史中的重要地位和久远影响。因此，他主张在全民信仰佛教的民族中要有几千人学经、懂经、成为佛学知识分子。主张办佛学院，两年不行，“得搞四年，专门拿两年研究佛学”，同时学些自然科学、社会科学，培养全面的宗教专门人才。他说：“光政治好，佛学上没有学问，还是不行的。”[24]既然佛教是这样，其他宗教文化也同样是这样。而且不仅全民信教的民族和有神论者要继承研究，马克思主义者也要研究。1961年1月，毛泽东曾说：“我赞成有些共产主义者研究各种教的经典，研究佛教、伊斯兰教、耶稣教等等的经典。”[25]1963年12月，他在一个文件上批语时，对至今影响着广大人口的世界三大宗教国内却没有一个由马克思主义者领导的研究机构、没有一本可看的这方面的刊物、用历史唯物主义观点写的文章也很少的状况颇为感叹。他赞赏任继愈讲佛学的几篇文章，但感到太少“已如凤毛麟角”，而“谈耶稣教、回教的没有见过”。他希望有更多的、质量更好的、站在马克思主义立场写的研究世界宗教的文章问世。他的这些看法与主张，不仅体现了毛泽东文化思想的包容性、开放性与宗教观的整体性，而且反映出他对广大信教群众及中国宗教事业的关心与爱护。在毛泽东的关怀下，中国的宗教研究机构和刊物相继建立与出版，虽然步履艰难，但经过改革开放的十年业已百花满园，迎来了与世界文化交流的春天。

毛泽东从做好群众工作的立场出发，抱着对人类历史负责的态度，主张对宗教文化进行研究的思想观点是非常有远见的，也是深刻的、明智的。这是一个伟大的马克思主义者的眼光，一位高明的政治家的风度和一位学者的深思。因为马克思主义者只有深入研究宗教这一客观存在，找出它产生、发展与消亡的规律，才能最终把人们从宗教的迷雾中解放出来，不研究群众信仰问题，不制定恰如其分的宗教政策，是必然会失误的。这不仅是策略问题，而是政策问题与战略问题。毛泽东宗教观的这一文化特点在经典作家中是独树一帜的。

纵观毛泽东的宗教观，我们看到，他坚持了马克思主义宗教理论的基本观点，又丰富和发展了马克思主义的宗教理论。毛泽东关于宗教信仰要与政治立场相区分的观点；关于不能用强制的办法，只有用民主方式解决宗教信仰问题的观点，关于不但现在而且将来都要尊重和保护宗教的观点，关于宗教团体要同帝国主义划清界限站在人民一边的观点，以及与宗教界求同存异建立统一战线和从群众观点出发，重视对宗教进行学术研究的观点，都具有鲜明的毛泽东气派和中国特点，这就是科学的态度、民主的精神、诱导的方法和团结的宗旨。这是毛泽东对社会主义条件下如何处理宗教问题作出的突出贡献。他的这些思想观点为形成具有中国特色的社会主义宗教理论奠定了坚实的基础。从建国到“文化大革命”以前，在以毛泽东为首的党中央领导下，党的宗教政策得到正确的贯彻执行，宗教工作取得了伟大成就。然而，毛泽东对中国阶级斗争形势估计失误后，特别是“文化大革命”的“左”倾狂潮，致使马克思列宁主义、毛泽东思想关于宗教问题的科学理论和方针政策及党的宗教工作遭到肆意践踏和否定，造成严重恶果。这是毛泽东始料不及和留下终身遗憾的。

注释：

［1］《毛泽东选集》第2卷，第687页，人民出版社，1991年6月版。
［2］《列宁全集》第15卷，第379页。
［3］《正确处理人民内部矛盾》，1957年2月27日。
［4］《正确处理人民内部矛盾》，1957年2月27日。
［5］《周恩来统一战线文选》，第185页。
［6］《毛泽东选集》第3卷，第1011页。
［7］《周恩来统一战线文选》，第182页。
［8］《毛泽东选集》第1卷，第33页。
［9］《毛泽东选集》第3卷，第1070页。
［10］《六大以来》(上)，第172页。
［11］《毛泽东选集》第3卷，第1092页。

［12］《人民日报》，1952年11月22日。
［13］《六大以来》(上)，第170页。
［14］《毛泽东选集》第1卷，第31页。
［15］《毛泽东选集》第2卷，第630页，人民出版社，1991年6月版。
［16］《陕甘宁边区施政纲领》，1981年5月，甘肃人民出版社。
［17］《毛泽东选集》第2卷，第707页，人民出版社，1991年6月版。
［18］《周恩来统一战线文选》，第185页。
［19］《在中国共产党全国宣传工作会议上的讲话》，1957年3月12日。
［20］《党的文献》1993年第1期，第76页。
［21］《毛泽东选集》第5卷，第68页。
［22］《周恩来统一战线文选》，第185页。
［23］《党的文献》1993年第1期，第78页。
［24］《党的文献》1993年第1期，第76页。
［25］《党的文献》1993年第1期，第78页。

（摘自《新疆社会经济》1994年第1期）

毛泽东宗教思想的若干特征

杜玉芳

毛泽东宗教思想作为马克思主义宗教思想的继承和发展，是毛泽东思想的重要组成部分。研究和宣传毛泽东宗教思想，对我们党科学、正确地制定民族宗教政策，解决当前存在的民族宗教问题，大有裨益。

一、服从和服务于中国革命和社会主义建设的实际，从政治角度去分析中国宗教，是毛泽东宗教思想的出发点

宗教工作应服从并服务于无产阶级的政治斗争，这是马克思主义宗教观的基本原则之一。毛泽东坚持了马克思主义的这一观点，并结合中国的文化、社会传统，服务和服从于中国革命和建设的需要，从政治角度对宗教加以分析，从而提出了具有中国特色的马克思主义宗教观。

第一，深刻分析了中国宗法性传统宗教，号召广大人民群众起来推翻神权。早在中国大革命时期，毛泽东就对中国宗法性传统宗教进行了深刻的分析。他在《湖南农民运动考察报告》中指出："由阎罗天子、城隍庙王以至土地菩萨的阴间系统以及由玉皇大帝以至各种神怪的神仙系统"所构成的"神权"，与"政

权”、“族权”和“夫权”一起，代表了全部封建宗法的思想和制度，是束缚中国人民特别是农民的四条绳索。[1](P31)中国宗法性传统宗教以天神、祖先的崇拜为核心，以江稷、日月、山川等自然崇拜为羽翼，以这之外的诸种神鬼崇拜为补充，从而构成相对稳定的宗庙制度和其他祭祀制度，成为维系家族体系和社会秩序的精神力量，成为不能把握自己命运的苦难的中国人民慰藉心灵的精神源泉。毛泽东看到，中国宗法性传统宗教的这种特点，表现了它与封建政权、封建势力的亲缘关系。他认为要反对封建政权，就必须反对封建神权，推翻封建神权。

第二，主张用阶级分析的方法对待宗教徒，正确区分宗教领域两类不同性质的矛盾。他在《寻乌调查》和《兴国调查》中将作为神道地主的宗教界人士和作为游民阶层的道士、和尚等作了明确的区分，指出他们对待革命的截然不同的态度。旧中国的教会大部分被外国所控制，据 1948 年统计，中国天主教 140 个教区中，外国主教就占了 110 人以上。121 个外国基督传教差会，美国差会约占一半。帝国主义列强控制中国教会，利用宗教对中国进行文化侵略，毛泽东对此进行了直接而深刻地揭露。他在《中国革命和中国共产党》一文中指出，帝国主义列强“对于麻醉中国人民的精神的一个方面也不放松，这就是他们的文化侵略政策。传教、办医院、办学校、办报纸和吸引留学生等，就是这个文化侵略政策的实施。其目的，在于造就服从于他们的知识干部和愚弄广大的中国人民。”[2](P629—630)毛泽东在分析和揭露了帝国主义对中国的文化侵略现象的基础上提出：“宗教中的反动势力……是我们的敌人。”[3](P22)即凡是利用宗教进行反共反人民的反革命活动的反动势力，他们同人民群众之间的矛盾属于敌我矛盾。对这类矛盾要采取斗争的方法求得解决；至于宗教界爱国人士和信教群众由于宗教信仰而引发的同其他劳动群众的矛盾，属于宗教领域内的人民内部矛盾，毛泽东主张用民主的方法，即用讨论、批评、说服教育的方法加以解决。

由于旧社会我国大部分教会，特别是基督教、天主教，受帝国主义和殖民主义的控制和影响，因此建国初期，毛泽东强调对这些从半殖民地半封建社会过来的宗教团体和宗教徒作具体的阶级分析，以便正确处理宗教领域里的不同矛盾。他指出，天主教、基督教要摆脱帝国主义和殖民主义的控制，实行独立自主办教会；坚决支持基督教、天主教开展的反帝爱国运动。使我国的基督教、天主教摆脱了帝国主义、殖民主义的控制，实行了“自传”、“自治”、“自养”的“三自”方针，走上了独立自主自办宗教的道路，基本肃清了帝国主义在宗教领域的影响。

新中国成立后，20世纪50年代，宗教领域进行了宗教制度改革运动。通过宗教制度的改革，对活佛、阿訇、和尚、喇嘛采取和平的方式进行了改造，佛教、道教、伊斯兰教废除了各教中的封建剥削制度。

第三，服务于政治需要，倡导重视宗教研究。毛泽东非常注重对宗教问题的研究。他之所以重视宗教研究工作，源于他的以下三点认识：一、搞好对宗教问题的研究有利于我们党加强对宗教工作的领导。毛泽东对当时宗教研究的状况不满意，他认为一些马克思主义者或共产党人对宗教研究重视不够，宗教知识贫乏，并对这种现象提出批评：“世界三大宗教（耶稣教、回教、佛教）至今影响着广大人口，我们却没有知识，国内没有一个由马克思主义者领导的研究机构，没有一本可看的这方面的刊物。”[4](P4—5)二、宗教问题的研究与党的群众路线密切相连。1961年1月23日，他同十世班禅谈话时说：“我赞成有些共产主义者研究各种宗教的经典，研究佛教、伊斯兰教等等的经典。因为这是个群众问题，群众有那么多人信教，我们要做群众工作，我们却不懂得宗教，只红不专。”[4][P4—5]三、宗教问题不仅仅是个人信仰问题，它在深层次上影响到人们以世界观为核心的整个

精神世界，影响着哲学、史学和文学等。他曾说："不批判神学就不能写好哲学史，也不能写好文学史和世界史。"[4](P5)

毛泽东倡导共产党人要注重宗教研究，自己也身体力行，他对儒教、佛教、基督教和伊斯兰教都有所涉猎。他涉猎诸教，尤重佛教，他读过代表中国几个佛教学派的经典如《金刚经》、《华严经》、《六祖坛经》等。毛泽东正是看到了宗教与政治的关系，才广泛接触诸教，并从中吸取智慧。

二、历史唯物主义和辩证法是毛泽东宗教思想的方法论

毛泽东分析宗教问题着眼于中国革命和建设，但却并不机械和片面，而是运用马克思主义的历史唯物主义的观点，辩证地分析看待宗教。表现在：

第一，毛泽东要求广大人民群众推翻神权，却并不主张人为地废除宗教。他明确指出："菩萨是农民立起来的，到了一定时候农民会用他们自己的双手丢开这些菩萨，无须旁人过早地代庖丢菩萨。共产党对于这些东西的宣传政策应当是：'引而不发，跃如也。'菩萨自己丢，烈女祠、节孝坊要农民自己去摧毁，别人代庖是不对的。"[1](P33)这充分说明，毛泽东运用历史唯物主义的观点，把宗教看成是与生产力的发展密切相连的一种社会历史现象。在这种科学认识的基础上，毛泽东进一步指出：动员广大人民群众革命，也应当考虑到这一认识的客观规律，即使在社会主义条件下，也"不能用行政命令去消灭宗教，不能强制人们不信教"[3](P368)。

第二，毛泽东辩证地看待宗教领域内两类不同性质的矛盾。他强调严格区分两类不同性质的矛盾，彻底地打击宗教领域的反

动势力，是为了更好地保护广大人民群众自由信教的权利。毛泽东在《团结起来，划清敌我界线》一文中明确指出：“各民主党派和宗教界要进行教育，不要上帝国主义的当，不要站在敌人方面。拿佛教来说，它同帝国主义联系较少，基本上同封建主义联系着。因为土地问题，反封建就反到了和尚，受打击的是主持、长老之类。这少数人打倒了，‘鲁智深’解放了。”[3](P68)

三、尊重和保护宗教信仰自由，是毛泽东宗教思想的核心

早在1945年毛泽东在《论联合政府》报告中就明确指出：宗教信仰自由是人民群众的一个基本权利，“根据信教自由的原则，中国解放区容许各派宗教存在。不论是基督教、天主教、回教、佛教及其他宗教，只要教徒遵守人民政府的法律，人民政府就给以保护。信教和不信教的各有他们的自由，不许加以强迫和歧视。”[12](P1092) 其实这在1931年通过的《中华苏维埃大纲》、1936年5月25日发布的《中华苏维埃中央政权对回族人民的宣言》、1940年4月7日经中央批准的《关于回族问题的提纲》和《关于抗战中蒙古民族问题提纲》以及1941年5月经中央政治局批准的《陕甘宁地区施政纲领》等，都明确了“宗教信仰自由”、“政教分离”的基本原则。

新中国成立前夕，1949年9月中国人民政治协商会议第一届全体会议通过的《中国人民政治协商会议共同纲领》的第一章第五条规定：“中华人民共和国公民有……宗教信仰……的自由权利。”其后于1954年9月第一届全国人民代表大会通过的我国第一部宪法第88条载明：“中华人民共和国公民有宗教信仰的自由。”社会主义制度确立后，毛泽东仍然正视社会主义条件下宗

教仍然存在的事实，从推进社会主义建设事业着眼，重申党的宗教信仰自由政策，并把它作为一项长期不变的基本政策确立下来。1952年，他在接见一个代表团时指出，共产党对宗教采取保护政策，信教的和不信教的，信这种教的和信那种教的，一律加以保护，尊重其信仰，今天对宗教采取保护政策，将来也仍然采取保护政策。

四、把宗教问题纳入中国革命统一战线的范畴，这是毛泽东宗教思想对马列主义的新贡献

毛泽东在宗教问题上的独特贡献，是他把宗教问题纳入了中国革命的统一战线范畴，提出争取、团结、教育宗教界爱国人士和广大信教群众，组成爱国统一战线。早在1940年，毛泽东在论及新民主主义文化时就提出了和宗教界人士建立统一战线的可行性问题。他说："共产党员可以和某些唯心论者甚至宗教徒建立在政治行动上的反帝反封建的统一战线。"[2](P707)毛泽东所提出的马克思主义者和宗教信徒建立的统一战线是政治上的联盟。这种联盟的基础是爱国，具体说来，在新民主主义革命时期是反帝反封建，在社会主义时期就是社会主义革命和建设。联盟的基础不是也不可能是世界观，而只是爱国。1951年，他在《中共中央政治局扩大会议决议要点》中指出："知识分子、工商业家、宗教家、民主党派、民主人士、必须在反帝反封建的基础上将他们团结起来，并加以教育。"[2](P37)毛泽东在1957年的一次讲话再次说明这一点，他说："一部分唯心主义者，他们可以赞成社会主义的政治制度和经济制度，但是不赞成马克思主义的世界观。宗教界的爱国人士也是这样。他们是有神论者，我们是无神论

者，我们不能强迫人接受马克思主义世界观。”[3](P405)毛泽东还特别强调共产党人在同宗教界的联盟中，只能建立政治上的而不是世界观上的联盟。毛泽东认为这是由于教徒是唯心主义的有神论者，要他们放弃唯心主义的有神论，他们也就不是宗教徒了；共产党人是马克思主义唯物主义的无神论者，放弃马克思主义的无神论，也就不是共产党人了。这就是说，我们不要求宗教信徒放弃信仰，只要求他们爱国；而共产党员则不能信仰任何宗教，但在宗教问题上又应当贯彻党的宗教信仰自由政策，团结教育广大信教群众一起投入到革命和建设事业中去。这样，就正确处理好了尊重信教群众的信仰和坚持党性原则的关系。

把宗教工作上升到统战的高度，这是毛泽东对马克思主义宗教思想的重大发展。统一战线是共产党战胜敌人的三大法宝之一。毛泽东所倡导的党同各民族宗教界的爱国政治联盟，把宗教界的爱国人士和广大的信教群众吸收进统一战线之内，最大限度地团结一切可以团结的力量，使宗教界的爱国人士能够行使参与国家管理的权利，在与新民主主义和社会主义相适应方面获得了共识，维护了民族的团结和社会的稳定，有利于我们的革命和建设。

毛泽东认为，实现与宗教界的统战必须注意以下几个问题：(1) 应当尊重少数民族的风俗和宗教习惯。(2) 应当尊重宗教信仰者应有的公民权利。公民宗教信仰的自由被载入宪法，信教公民与其他公民具有同样的基本权利。他说：“解放区内，除汉奸分子和反对人民利益而为人民所痛恨的反动分子外，一切公民不分阶级、男女、信仰都有选举权和被选举权。”

毛泽东对待西藏的社会改革问题上，就是从与宗教界的政治联盟角度去提出和平改革方案的，他说：“我们要用一切努力和适当办法，争取达赖及其上层集团的大多数，孤立少数坏分子，达到不流血地在多年内逐步地改革西藏经济政治的目的。”结果团结了西藏人民，维护了西藏的发展和稳定。

总之，毛泽东的宗教观以尊重宗教信仰自由为其核心，它结合中国革命和建设的需要，运用历史唯物主义的观点，对一系列重大的宗教问题进行认真和富有成果的研究和探索，发展了马克思主义的宗教思想。它对中国的宗教事业、民族的团结、社会的稳定以及社会主义革命和建设事业，都产生了积极影响，发挥了重大作用。

参考文献：

[1] 毛泽东选集：第1卷 [M]. 北京：人民出版社，1991.
[2] 毛泽东选集：第2卷 [M]. 北京：人民出版社，1991.
[3] 毛泽东选集：第5卷 [M]. 北京：人民出版社，1977.
[4] 龚育之等. 毛泽东的读书生活 [M]. 北京：三联书店，1986.

（摘自《理论学刊》2003 年第 1 期）

试论周恩来的宗教观

——纪念周总理诞辰100周年

冯今源

值此世纪伟人、人民的好总理周恩来同志诞辰100周年的日子里，身为中国当代宗教理论研究工作者，学习、总结周恩来同志的宗教观，是义不容辞的责任和义务。本文拟就周恩来宗教观形成的基础与历史地位作一初步探讨，以此表达对敬爱的周总理的无限景仰与怀念。

一、周恩来宗教观的理论基础

周恩来的宗教观不是凭空产生的，马克思主义宗教观，是周恩来宗教观最坚实的理论基础。

共产党人历来认为，马克思主义的辩证唯物论和历史唯物论是科学的世界观和方法论，是革命和建设事业唯一正确的指导思想。我们必须坚持真理，而真理的旗帜必须鲜明。这真理的旗帜就是马克思主义，就是辩证唯物论和历史唯物论。周恩来同志曾不止一次地在国际、国内讲坛上明确宣布："宗教思想是唯心主义的。唯心主义和唯物主义，不同就是不同，不必隐瞒。"[1]"我们共产党人是无神论者"[2]，信仰共产主义，不信仰任何宗教。同时周恩来认为，宗教在人类社会里是一种长期的、普遍的现象："在那样的封建社会里，不管农民家庭出身的也好，工人家庭出身的也好"，一下子让人家不信仰宗教"是不可能的。"[3]他明确指出："信仰宗教的人，不仅现在社会主义的国家里有，就是将来进入共产主义社会，是不是就完全没有了？现在还不能说得那么死……宗教是会长期存在的……只要人们还有一些不能从思想上解释和解决的问题，就难以避免会有宗教信仰现象。有的信仰具有宗教形式。有的信仰没有宗教形式。宗教界的朋友们不必担心宗教能不能存在。按照唯物论的观点，当社会还没有发展到使宗教赖以存在的条件完全消失的时候，宗教是会存在的。"[4]

周恩来同志的上述论述，涉及到马克思主义宗教观一系列最基本的理论。

第一，周恩来不是就宗教本身谈宗教，而是把它放到一定的社会、一定的历史条件下去考察。这正是马克思、恩格斯所一贯倡导的。"宗教本身既无本质也无王国"[5]，考察宗教现象必须以社会历史条件为基础。"人就是人的世界，就是国家、社会。国家、社会产生了宗教即颠倒了的世界观，因为它们本身就是颠倒了的世界。"[6]中国的封建社会，特别是周恩来所强调的19世纪末的中国农村，正是那种"颠倒了的世界"。在那个世界里，"由阎罗天子、城隍庙王以至土地菩萨的阴间系统以及玉皇大帝以至各种神怪的神仙系统"构成的"神权"，同政权、族权、夫权一起，代表了全部封建宗法的思想和制度，成为束缚中国人民特别是农民的四条极大的"绳索"。[7]这正是宗教赖以存在的社会根源。在那个"颠倒了的世界"，占统治地位的是封建地主阶级。马克思、恩格斯在《德意志意识形态》中曾经指出："统治阶级的思想在每一时代都是占统治地位的思想……，那些没有精神生产资料的人们的思想，一般地是受统治阶级支配的。"[8]19世纪末的中国封建社会，无论是农民还是工人，都不是支配物质生产资料和精神生产资料的阶级，因此，他们一般地也不得不接受统治阶级思想的支配，接受宗教神权思想的束缚。这是宗教在封建社会赖以存在的阶级根源。周恩来关于农民或工人家庭出身的人都有可能信仰宗教的观点，正是建立在马克思主义这种宗教理论基础之上的。

宗教信仰现象的存在，还有其认识论的根源。恩格斯曾经指出，灵魂不死的宗教观念在原始人那个发展阶段，是一种不可抗拒的命运，是由认识上的普遍局限性造成的。把“能解释的东西都称为自然的东西”，“解释不了的东西都归之于超自然的原因”[9]，这是宗教的认识论根源之一。周恩来关于信仰宗教是因为“人们还有一些不能从思想上解释和解决的问题”的观点，完全符合恩格斯的上述思想。

第二，周恩来还提出了宗教长期性的著名论断。这是迄今以来中国共产党领袖关于宗教长期性最明确的论述。这一论点的提出，同样基于马克思主义宗教观的理论基础。马克思曾明确指出：“政治解放的观点没有权力要求犹太人放弃犹太教，要求一切人放弃宗教。”“就在政治解放已经完成了的国家，宗教不仅存在，而且表现了生命力和力量，这就证明，宗教的存在和国家的完备并不矛盾。”[10]宗教的消亡是个漫长的历史过程。“只有当实际日常生活的关系，在人们面前表现为人与人之间和人与自然之间极明白而合理的关系的时候，现实世界的宗教反映才会消失。只有当社会生产过程即物质生产过程的形态，作为自由结合的人的产物，处于人的有意识有计划的控制之下的时候，它才会把自己的神秘的纱幕揭掉。但是，这需要有一定的社会物质基础或一系列物质生存条件，而这些条件本身又是长期的、痛苦的历史发展的自然物。”[11]在马克思主义这种宗教长期性理论基础上，周恩来提出了关于宗教在社会主义社会长期存在的精辟论述。他甚至认为，信仰宗教的人，不仅现在社会主义的国家里有，就是将来进入共产主义社会，也依然有可能存在。这是周恩来对马克思主义宗教观的继承和发展。他的这种宗教会长期存在的观点，为党的宗教信仰自由政策、中共中央1982年19号文件的形成，提供了重要的理论依据。

周恩来同志依据马克思主义宗教观的基本原理，提出“不搞反宗教运动”[12]的方针。

马克思主义创始人历来主张应该“把对天国的批判变成对尘世的批判，对宗教的批判变成对法的批判，对神学的批判变成对政治的批判”。[13]他们从对宗教的长期性规律的把握入手，提出宗教的产生、发展与消亡自有其客观规律性，并不依人的主观意志、感情好恶为转移。在《论犹太人问题》一文中，马克思对鲍威尔批判宗教、废除宗教的错误主张给予了严厉的批判；恩格斯在《反杜林论》中，对杜林关于无条件地禁止宗教存在而促使宗教消灭的荒谬主张，也作了义正辞严地驳斥。他们都是以实现人类彻底解放去促使宗教反映的最终消失，批判鲍威尔、杜林等人关于人为消灭宗教的错误主张。列宁也曾一再重申恩格斯对“比社会民主党人做得更‘左’或更‘革命’的人”的谴责：“认为他们大声疾呼向宗教宣战是一种愚蠢的举动”，“是无政府主义的空谈”。[14]他从宗教工作必须服从和服务于党的总任务、总目标出发，批判杜林关于“在社会主义社会中禁止宗教存在这一似乎是革命的主张”是“重蹈俾斯麦反教权派的覆辙”；指出“俾斯麦的这场斗争，只是巩固了天主教徒的战斗教权主义，只是危害了真正的文化事业，因为这样一来不是把政治上的分野提到首位，而是把宗教上的分野提到首位，使某些工人阶层和民主派忽视革命的阶级斗争的迫切任务而去重视最表面的、资产阶级虚伪的反教权主义运动。”[15]

周恩来关于“不搞反宗教运动”的方针，正是在上述马克思、恩格斯、列宁的理论基础上提出的。

二、周恩来宗教观的实践基础

从中国的实际出发，运用马克思主义的立场、观点、方法，实事求是地认识中国的宗教，处理中国的宗教事务，全面、正确地贯彻宗教信仰自由政策，是周恩来宗教观的精髓。中国革命与建设的具体实际，是周恩来宗教观得以形成的实践基础。

同毛泽东、邓小平等老一代无产阶级革命领袖一样，周恩来同志也是在中国的土壤上生长起来的巨大人物，是中华民族的优秀代表。在其一生的革命生涯中，他始终坚持站在马克思主义的原则立场上，实事求是地分析和处理革命和建设中遇到的一切问题，密切联系实际，密切联系群众，一切从中国的实际出发，从人民群众的根本利益出发，从党的基本路线和中心工作的政治全局出发，观察分析和解决问题。在宗教方面也同样如此。周恩来不是宗教学家，不可能对宗教进行全面、深入、系统的研究，提出一套完整的宗教理论体系。但是，作为一名伟大的马克思主义者，他成功地运用马克思主义的立场、观点、方法，实事求是地观察分析中国的宗教问题，深刻地把握中国宗教的特点，参与制定并积极宣传、贯彻落实党的宗教信仰自由政策，积极倡导宗教界朋友在反帝爱国、建设新中国的共同政治基础上与中国共产党的精诚合作，积极引导宗教走与社会主义社会相适应的金光大道。周恩来同志以其极富中国特色的宗教观，丰富和发展了马克思主义宗教观，成为毛泽东思想的重要组成部分，成为中国共产党统一战线理论中的重要篇章。

众所周知，中世纪的欧洲国家都是政教合一的。这种现象一直持续到20世纪初。正如列宁所说：“现代所有的宗教和教会、各式各样的宗教团体，都是资产阶级反动派用来捍卫剥削制度、麻醉工人阶级的机构。”[16]正是在那种特定的历史条件下，马克思提出：“对宗教的批判是其他一切批判的前提。”[17]

中国的宗教与欧洲却有所不同。

第一，周恩来同志指出：“中国不是政教合一的国家。在中国，宗教同政治一向是分开的，所以宗教问题不像欧洲政教合一的国家那样严重。”[18]

中国有多种宗教，但中国从来没有占统治地位的所谓“国教”。中国占统治地位的意识形态，自汉代至清代，始终是孔子所代表的儒家思想和封建宗法制度，不是任何一种宗教。最高统治者可以是某一宗教的信仰者，但那属于其个人的信仰，不代表国家的意志。封建宗法思想和制度中包括神权；但神权不仅不代表全部封建宗法思想和制度，而且始终小于皇权，受皇权的限制和支配。封建宗法制度决定政治体制，政治体制决定宗教体制。宗教依附于政治，依附于皇权，为皇权政治服务。寺院可以拥有土地等寺产，但不可无限度地增大。否则，皇帝如感到其统治受到威胁，下一纸诏书即可变寺产为皇产，因为“普天之下，莫非王土”；甚至还可以随时采取严厉的取缔宗教的措施。历史上“三武一宗灭佛”事件，就是证明。宗教必须向占统治地位的儒家思想靠拢，否则，即难以在中国的土地上立足。因此，中国的宗教问题确实如周恩来所指出的那样，向来“不像欧洲政教合一的国家那样严重”。

第二，中国宗教界素有爱国爱教、反侵略反压迫的革命传统。

周恩来在《关于基督教问题的四次谈话》中说：“但是应该指出，自五四运动以来，基督教里面有进步分子，在中国革命的过程中，他们是同情中国革命的。比如大革命时期，基督教青年会以及其他宗教团体中的进步民主人士，曾掩护过一些从事职工运动的革命分子和共产党员。在抗日战争时期，基督教青年会等宗教团体也起了很好的作用。在解放战争时期，也有很多基督教进步人士同情并参加了反蒋、反美斗争，反对独裁，反对内战，因而受到国民党反动政权的迫害。解放战争获得基本胜利以后，在北京召开的人民政治协商会议，宗教界的进步民主人士也有代表出席。"[19]他曾特别提到"在上海一直奋斗的宗教界人士吴耀宗先生"，称赞吴先生同无党派民主人士郭沫若、马寅初、李达、符定一等人一样，在抗战时期"受着国民党反动统治的压迫"，在国民党统治区"单枪匹马地和国民党反动派作斗争"，"领导着很大一批民主人士，联系着许多方面的人士在奋斗着"，是中国共产党"在国民党统治时期的民主运动中锻炼出来的朋友"[20]。

基督教如此，其他宗教也如此；近现代如此，古代也同样如此。正如马克思在《中国纪事》中所指出的，中国历史上的爱国革命运动常常"一开始就带着宗教色彩"。造成这种现象的原因很多。就一般而言，如恩格斯所说："当时任何社会运动和政治运动都不得不采取神学的形式，对于完全受宗教影响的群众的感情说来，要掀起巨大的风暴，就必须让群众的利益披上宗教的外衣出现。"[21]就中国的具体环境而言，到了近代，中国逐渐沦为一个半殖民地半封建的国家，宗教信仰者与整个中华民族一起，"是受外国侵略、欺凌和压迫的，所以人们首先产生的是一种民族的反抗侵略的爱国主义"[22]。在这样一种具体环境中，各种宗教的信仰者的主流思想，必然是反压迫、反侵略的，必然是民主的、爱国的。在革命高潮到来的时候，在面对外来侵略日益猖獗的时候，广大信教者及其知识分子会同全国人民一起，"可以由民族思想、爱国思想发展到争取民族解放和为人民的思想"[23]，投身到革命洪流、反对外来侵略的洪流之中。

从阶级分析的角度看，群众性是中国宗教的一个重要特点。宗教团体不同于政党，它不是哪一个阶级的政治组织，而是由思想信仰一致组成的集合体。在宗教团体中，固然有剥削阶级出身的人，但更大量的信教群众则是劳动人民及其知识分子。诚然，历代统治阶级曾利用宗教为其反动统治服务，某些宗教甚至还深受帝国主义的影响。例如："我们知道，天主教徒里边有不少是受了梵蒂冈影响的人，还有一些是带有反动意识吃洋饭的人。但是天主教有几百万教徒，这首先就是一个群众问题。我们不能把几百万信天主教的人都看作是吃洋饭的。如果这样说，一定会脱离群众，因为这里边有很多是劳动人民。"[24]又例如：帝国主义曾利用基督教对中国进行文化侵略，做过"许多坏事"，发生过"许多坏影响"；新中国成立后，基督教内仍然还有"甘心情愿做帝国主义走狗的"人。但是，这"并不是说宗教界的每一个人都做了帝国主义的工具"，都成了帝国主义的走狗。"反动分子是少数"[25]；以吴耀宗先生为代表的民主爱国力量，代表着中国基督教的主流和广大教徒的心愿。

第三，历史上的中国宗教具有多样性、包容性的特点，长期共存，相互影响，彼此合作而不互相攻击。周恩来说："我们从来不像有些国家那样在宗教问题上争执得那么厉害，甚至被帝国主义者挑拨引起战争。信仰各种宗教的人，本来是可以合作的。我国信佛教的最多，第二是信仰伊斯兰教的，第三是信天主教的，第四是信基督教的。我国信仰各种宗教的人，向来就是合作的。"[26]的确，处于相同社会地位的中国各种宗教和睦相处，一般并不像西方宗教那样过分强调信仰上的差异，因信仰划分敌友。除个别历史时期的个别地区外，就全国范围而言，基本上没有西方宗教史上那些残酷的宗教战争发生。

第四，中国宗教具有民族性和国际性的特点。周恩来于1956年5月30日接见巴基斯坦、印度尼西亚两个伊斯兰教代表团时说，中国差不多有一亿人信教，其中，"中国的少数民族大多信仰宗教，并且有不少的少数民族是整个民族信仰一种宗教的。回族、维吾尔族、乌孜别克族等都是整个民族信仰伊斯兰教。藏族全都信仰喇嘛教。这一点和你们的情况不同。你们信仰伊斯兰教，但你们民族中也有信仰基督教的，还有信仰印度教的。我国少数民族中信仰宗教的占很大比例。汉族当中也有很多人是信仰宗教的。”宗教在我国社会上有一定影响，“对全民族信仰一个宗教的少数民族来说，宗教对家庭关系、社会关系影响就更大些”[27]。在这次谈话中，周恩来还涉及到中国宗教的国际性特点。他欢迎巴基斯坦伊斯兰代表团、印度尼西亚伊斯兰教代表团来华访问、考察，“对我们提出批评，可以推动我们的工作”。“今后，我们和亚非伊斯兰教国家的来往将要更多。我们的邻居不仅有信仰伊斯兰教的国家，还有很多信仰佛教的国家，他们的代表团来我国访问，对于我们的工作也是一种推动，会推动信仰佛教的少数民族地区的工作发展”。他希望中外“伊斯兰教友之间今后多多来往，每年开斋节都应该彼此往来”[28]。在 1950 年 5 月《关于基督教问题的四次谈话》和 1951 年 1 月 20 日《在中共中央统战部举行的茶话会上的讲话》中，周恩来则谈到中国宗教国际性特点的另一方面：基督教、天主教接受帝国主义或梵蒂冈影响的问题，美帝国主义仍企图利用中国的宗教团体来进行破坏中华人民共和国的活动问题。

第五，周恩来认为，“宗教在教义上有某些积极作用，对民族关系也可以起推动作用。”[29]

这是一个非常重要的论断。这一论断是有大量事实作基础的。即以伊斯兰教为例，其教义中确有许多积极的内容，在人类进步史上起过积极的作用，在中国的民族关系史上起过很好的推动作用。伊斯兰教提倡学习文化，鼓励追求学问。公元 7 世纪以后，遵照先知穆罕默德“学问远在中国，当去求之”的“圣训”，一批又一批、一代又一代的阿拉伯、中亚、波斯的穆斯林，梯山航海，来到当时世界文化最发达的中国，孜孜不倦地刻苦攻读中国传统文化。至元代，“回回之人遍天下”，涌现出一大批精通中国传统文化的天文学家、历算学家、医学家、建筑学家、政治家、理财家、军事家、哲学家、地理学家、文学家、诗人、学者。在不断吸收其他民族成分的基础上，以伊斯兰教为纽带，东来的阿拉伯、中亚、波斯的各族穆斯林，凝聚成一个新的民族——回回民族，使我们中华民族大家庭又增加了一个新成员。到今天，回回民族遍布全国各地，拥有近千万人口，是中国分布范围最广、人口最多的少数民族之一。周恩来同志曾多次称赞回族，指出："回族所以这样多，就是因为他能把别的民族成分吸收进去，吸收了就壮大了。"这种"各民族自然融合起来走向繁荣"的民族同化，"本身就有推动进步的意义"[30]，它有力地推动了我国民族关系的健康发展，其中，伊斯兰教义的积极作用功不可没。此外，伊斯兰教主张孝敬父母，优待亲戚，怜恤孤儿，救济贫民，亲爱近邻、远邻和伴侣，款待旅客；主张命人行善、止人干歹、谦虚谨慎；主张男女平等，反对轻视妇女、虐杀女婴；主张"爱国是信仰（伊玛尼）的一部分"，反对叛变投敌、卖国求荣；主张和平，反对侵略；主张正义、坚持原则、大义灭亲，反对非义、丧失原则、对错误姑息迁就；主张清洁、讲究卫生、礼貌待人，反对不讲卫生、不讲文明；主张信仰自由、"宗教无强迫"，等等。凡此种种，都有益于人类文明和社会的进步，有益于民族关系的改善。千百年来，我国10个民族的穆斯林，历尽沧桑，艰苦奋斗，建设家园，保卫祖国，投身革命，日益壮大，在很大程度上取决于这些教义的熏陶和激励，取决于心中坚定的信仰。伊斯兰教是这样，其他如佛教、道教、基督教、天主教等也都是这样，其教义中都有一些积极的内容，起过积极的作用。如周恩来同志所说："基督教是十六世纪马丁·路德反抗罗马教皇的专制，实行宗教改革而建立的一个新教会，它在当时的社会上曾起了积极的作用。"[31]

这一论断是科学的，完全符合辩证唯物论和历史唯物论。

“中国的少数民族大多信仰宗教，并且有不少的少数民族是整个民族信仰一种宗教的。”宗教对这些民族的影响极大，宗教文化是这些民族传统文化的重要组成部分，甚至是一些民族的主流文化。如果我们承认世界上没有优等民族与劣等民族之分，如果我们承认所有的民族都是优秀的、勤劳的、智慧的，那么我们就不能不同时承认给这些民族以各方面巨大影响的宗教在教义方面确有积极作用。宗教是社会物质生活条件的一种曲折而特殊的反映，是人类社会发展到一定历史阶段生产力和生产关系矛盾的产物。化天下以宗教，崇道德以信仰，曾是人类文明进步的标志之一。历史告诉我们，每当社会价值观念伴随时代发生变迁时，就会与陷入危机的旧的伦理道德观念发生冲突，就会呼唤与传统价值观、传统伦理道德观既相联系又有区别的新学说，呼唤解决社会信仰危机与伦理危机的新宗教。佛教、道教、早期基督教、伊斯兰教、基督新教，都是应当时社会的需要而产生的。它们之所以能够凝聚广大信教者并迅速发展，在很大程度上得益于它们那些有积极作用的教义，得益于能为一般群众接受的宗教伦理道德的感召力。

三、周恩来处理中国宗教事务的具体主张

根据上述对中国宗教的整体认识与具体分析，周恩来提出处理中国宗教事务的一系列具体主张。

第一，“只把宗教信仰肯定为人民的思想问题，而不涉及政治问题”[32]。他说：“我们把宗教信仰问题常常看得太简单了，拿共产党员马列主义的认识来要求所有的人，要求所有人的人生观、世界观都一样，这是不可能的。思想认识是逐步改变的，而且思想认识问题是人民内部的问题。就宗教信仰来说，更是一个

长期的问题。我们只是希望，爱国的宗教界人士，热爱祖国，愿意为社会主义服务，也愿意努力学习。这样，他们思想上还有宗教信仰，这并不妨碍我们整个人民民主统一战线的扩大和团结，并不妨碍我们祖国的社会主义建设。”[33]这就为我们确立了实行政教分离和宗教问题属于人民内部矛盾问题的基本原则。

第二，信教者与不信教者政治利益与经济利益是根本一致的，享有同等的权利与义务。例如选举权问题，他说：“我们要做到真正的选举，不分性别，不搞种族歧视，不分宗教信仰，不论财富多寡和教育程度的高低，只要达到适当的年龄，没有其他特别原因，便可参加普遍的选举。”[34]

第三，实行宗教信仰自由政策。他说：“宗教信仰自由是近代国家所共同承认的原则。我们共产党人是无神论者，但是我们尊重有宗教信仰的人。”[35]他强调对于宗教信仰自由政策，必须“正确地执行”、“实实在在地执行”[36]；“对于各民族的宗教信仰和其他群众性的风俗习惯，人民政府和人民解放军坚持不干涉的原则。”[37]

第四，不搞反宗教运动，不到教堂里去作马列主义的宣传，不靠行政手段强迫人家不信仰宗教、人为地取消宗教、消灭宗教。他说：“中国的宗教徒有几千万，如果加上在家里信教而不到寺庙去的就更多，差不多有一亿了。所以，怎么能够取消宗教呢?”[38]“谁要企图人为地把宗教消灭，那是不可能的。”[39]“在唯物论与唯心论、无神论与有神论……等问题上，不能急性地强迫人家同意你的意见。不然的话，表面上好像同意了，实际上并没有解决问题。”[40]

第五，在政治上合作共存，在信仰上相互尊重。他对宗教界朋友语重心长地说：“我们认为，唯物论者同唯心论者，在政治上可以合作，可以共存，应该相互尊重。我们之间有合作之道。这是我们衷心希望的。”“我们的宗教信仰是自由的。在中国存在有宗教信仰的人和没有宗教信仰的人，就是有神论者和无神论者。这两类人应该彼此相处得很好……不信仰宗教的人应当尊重信仰宗教的人，信仰宗教的人也应当尊重不信仰宗教的人。不信仰宗教的人和信仰宗教的人都可以合作。信仰不同宗教的人也可以合作。这对我们民族大家庭的团结互助合作是有利的。”他特别强调对少数民族的宗教信仰、风俗习惯要给予尊重。他说：“要互相帮助，就要互相尊重……汉族首先应该尊重少数民族的宗教信仰。”[41]“风俗习惯也同样应该受到尊重。如果不尊重，就很容易刺激感情。比如我们对回族和新疆的各个信仰伊斯兰教的民族不吃猪肉的风俗习惯就要尊重。”[42]

第六，要实事求是地帮助宗教界克服困难，在改革中涉及宗教问题时必须特别慎重。新中国成立初期，教会学校在与外国断绝关系后，经费上有很大困难。周总理指示各级政府，对教会学校“应该照顾”[43]，帮他们渡过难关。1956年，少数民族地区实行民主改革。周恩来及时召集在京的民族上层人士，向他们宣传民主改革的意义、性质、目的、方式和具体政策。他强调说：“对藏区的寺庙应该采取更慎重的态度。我们从来都是主张尊重兄弟民族的宗教信仰自由的。在改革中牵扯到寺庙的耕地等问题，必须慎重对待……如果寺庙的经费发生困难，政府可予以救济。”[44]关于宗教改革问题，在50年代他明确指出：“对于少数民族的宗教，我们现在也还不能提出改革的口号，以免引起人家的反感。对伊斯兰教，对喇嘛教，都应该尊重。假如少数民族中有积极分子提出要改革，应该好言相劝，劝他们不要着急。这个问题现在还不能提，慢些改比快些改要妥当得多。”[45]“对于反映在文化方面的风俗习惯，不要随便加以修改……人家的风俗习惯是建立在自己的生活条件的基础上的。风俗习惯的改革，要依靠民族经济基础本身的发展，不要乱改。”[46]他强调处理民族、宗教问题必须谨慎，切忌因工作不当激化矛盾，影响社会的稳定。他说：“我们在工作中要处处谨慎，否则小事情会变成大事情，局部性问题会变为全局性问题，即刻就会闯出乱子来。”[47]周恩来同志特别重视帮助宗教界办好宗教院校、培养宗教事业接班人问题。当时他认为，我国伊斯兰教“高级的经学院办得也还少了些。为宗教服务的人员还不够，还要扩大。我们已经请了埃及的教师来讲课，埃及是伊斯兰教研究经学的权威地方。今后我们的事业发展了，别的国家愿意和我们交换教师、学生，我们也愿意考虑。我们对于信仰佛教的民族也要帮助。最重要的地方是西藏，那里是喇嘛教。”[48]

第七，积极引导宗教割断同帝国主义的联系，独立自主，自办教会，健全自己，还宗教的本来面目，为新中国服务。他说，中国的宗教团体“要把民族反帝的决心坚持下去，割断同帝国主义的联系，让宗教还它个宗教的本来面目”。“宗教界本身要团结……要开展一个民族自觉运动，以增强我们的合作。也就是说，我们要通过反对帝国主义、封建主义和官僚资本主义，清算并且断绝同它们的旧关系，以巩固我们的统一战线。”“宗教团体本身要独立自主，自力更生，要建立自治、自养、自传的教会。这样，基督教会就变成中国的基督教会了。”“基督教最大的问题，是它同帝国主义的关系。中国基督教会要成为中国自己的基督教会，必须肃清其内部的帝国主义的影响和力量，依照三自（自治、自养、自传）的精神，提高民族自觉，恢复宗教团体的本来面目，使自己健全起来。”“帝国主义利用宗教团体的问题，我们要做这样的解释：分清主观与客观，客观上是存在了的；分清少数与多数，事实上反动分子是极少数。宗教界内部要通过自我批评，把自己的工作与组织进行检讨和整理。这是个原则性的工作。我们搞清楚这些原则，把这件工作做好了，帝国主义就不能再利用宗教团体了。这也就是宗教界的自卫。”[49]“中国的宗教应该由中国人来办。”[50]基于这种原则立场，他提出：“我们不再请外国传教士来”；“不应该再向外国募捐。我们要有自己办教的准备。现在中国是一个独立自主的国家，我们不向别人低头，不依赖别人。但是，我们也不盲目排外……对每一笔外款，要加以辨别，如果是有附带条件的援助，就不能接受。”[51]

第八，全党都要重视宗教问题，做好宗教界的统战工作。周恩来认为，以政治为标准，联合宗教界的爱国民主人士，有利于扩大与巩固党的统一战线，是统战工作的重要内容。他说：“我们主张，在《共同纲领》的基础上，信教的、不信教的可以共存。我们要团结和照顾到各种社会力量，使大家各得其所，同心协力，建设新中国。只有这样，才能使社会安定，稳步前进。”[52]统战工作不仅仅是做几个上层代表人物的工作，也不仅仅是统战部门的事，而是全党的一项长期重要任务。“统战政策是要全党贯彻的，尤其是党组更应注意。首先是政府中党组，其次是人民团体中党组。希望同志们正确认识这个问题，要使全党同志了解，团结、带动非党群众同我们党一起前进，是统一战线的基本任务，任何部门的工作都不能与统战工作相脱离。”[53]

第九，宗教工作要着眼于广大信教群众。他认为，宗教信仰问题是复杂性问题，“并不那么简单”。“既然宗教信仰是长期的，又有那么多信教的群众，我们就要做工作。”“应该做好宗教工作，正确地执行宗教信仰自由政策，进一步团结一切爱国的宗教徒。”[54]“中国基督教徒有将近一百万人”，“对基督教，一方面不能无原则地团结，另一方面不要脱离广大群众。这是政策问题，不是策略问题。大家认识要一致，要团结多数，争取中间分子，打击极少数反动分子，但也不能过急。要不疲倦地工作下去。只有懒惰的人才感到束手无措或推卸责任。基督教客观上是被帝国主义利用的，也有不少天真的人曾被利用过。这就要我们有意识地做好工作，具体地帮助他们提高认识，分清是非，解决问题，共同前进。”[55]“对于天主教徒也要做工作。”“不能否认天主教在中国劳动人民中以及资产阶级中还有一部分影响，它有几百万的群众，需要教育，也能教育。”[56]

第十，关键在于引导各族信教群众走民族繁荣、经济改革的现代化道路。他认为，“最根本的问题是帮助少数民族发展生产，改善生活”[57]，发展经济，实现真正的民族平等。他谆谆教导民族宗教界人士说：“我们这个多民族的大家庭要建设成为一个强大的社会主义国家，必须在民族繁荣的基础上前进。”“现在应该担心的不是宗教能不能存在，而是民族能不能繁荣。民族繁荣是我们各民族的共同事业，对此不能有任何轻视。只有改革才能使民族繁荣。经济改革是各民族必须走的路。走这条路才能工业化、现代化。工业化、现代化了，经济生活才能富裕，民族才能繁荣，各族人民才能幸福。”[58]

第十一，宗教要在国家宪法、法律和政策允许的范围内活动。他说：“今天的中国是一个新民主主义的国家，并不是一个基督教国家。所以，传教是要受到若干限制的。”“宗教界的朋友们也应该遵守约束，不到街上去传教。这可以说是政府同宗教界之间的一个协议，一种默契。”[59]

第十二，“不能拿一个政策来解决所有的问题”，要照顾到各地区、各民族的特点。“如维吾尔族人，觉得共产党好，有的要求加入共产党，但他的宗教信仰一时又不愿放弃，我们便可以允许他加入，在政治上鼓励他进步，在思想上帮助他改造，否则会影响他前进。照顾少数民族地区的特点，并不是失掉立场。对少数民族，首先要在政治上使他们求得解放，然后在经济上和文化上再帮助他们发展，稳步前进。”[60]

第十三，要深入研究宗教。毛泽东主席历来重视对宗教的研究。1961 年 1 月 23 日，在同班禅大师谈话时，他明确提出：“我赞成有些共产主义者研究各种宗教的经典，研究佛教、伊斯兰教、耶稣教等等的经典。因为这是个群众问题，群众有那样多人信教，我们要做群众工作，我们却不懂得宗教，只红不专。”

1963年12月30日，他在一个文件上写下一段重要批语，对于“国内没有一个由马克思主义者领导的研究机构，没有一本可看的这方面的刊物”，对于至今影响着广大人口的世界三大宗教“我们却没有知识”等现象，表示不满。周恩来完全赞同毛主席的这些意见，并立即遵照上述批示精神着手筹建世界宗教研究所。他以其惯有的作风，不仅亲自领导筹建了我国历史上第一个以马克思主义为指导思想的宗教研究机构，而且明确指出，我们不仅要研究各种宗教的历史、理论、现状，而且要深入地研究各种宗教的教理、教派、教义，要真正地懂得宗教。周总理的这些指示，迄今仍是我所科研人员努力的方向。

周恩来的宗教观在马克思主义发展史上，具有重要的历史地位：它是对马克思主义宗教观的忠实继承和创造性发展，是毛泽东思想和中国共产党统一战线理论的重要组成部分，为我党改革开放新时期宗教政策与理论的进一步完善提供了坚实的基础。今天，在纪念周总理诞辰100周年之际，认真学习和领会周恩来宗教观的精神实质，对于我们更加自觉地以马克思主义、毛泽东思想、邓小平理论为旗帜，实事求是地认识社会主义初级阶段的中国宗教，坚持“政治上团结合作，信仰上互相尊重”的原则，落实江总书记有关宗教问题“三句话”精神，把宗教研究工作、宗教工作做好，使全体信教群众自觉投身于建设祖国的伟大事业中，将有中国特色的社会主义现代化建设事业全面推向21世纪，有重大而深远的意义。

注释：

[1] 《关于基督教问题的四次谈话》，载《周恩来统一战线文选》，人民出版社，1984年版，第181页。

[2] 《在亚非会议全体会议上的发言》，载《周恩来选集》下卷，人民出版

社，1980年版，第155页。
[3] 《学习毛泽东》，载《周恩来选集》上卷，人民出版社，1980年版，第332页。
[4] 《周恩来选集》下卷，第267页。
[5] 《马克思恩格斯全集》第3卷，人民出版社，1971年版，第170页。
[6] 《马克思恩格斯全集》第1卷，人民出版社，1972年版，第1页。
[7] 《毛泽东选集》第1卷，第31页。
[8] 《马克思恩格斯全集》第3卷，第52页。
[9] 《马克思恩格斯选集》第3卷，第541页。
[10] 《马克思恩格斯全集》第1卷，第425页。
[11] 《马克思恩格斯全集》第23卷，第96—97页。
[12] 《周恩来统一战线文选》，第181—182页。
[13] 《马克思恩格斯选集》第1卷，第2页。
[14] 《论工人政党对宗教的态度》，《列宁选集》第2卷，第376页。
[15] 《论工人政党对宗教的态度》，《列宁选集》第2卷，第375—385页。
[16] 《列宁选集》第2卷，第375页。
[17] 《马克思恩格斯选集》第1卷，第1页。
[18] 《周恩来统一战线文选》，第180页。
[19] 《周恩来统一战线文选》，第181页。
[20] 《周恩来统一战线文选》，第125、126、133页。
[21] 《马克思恩格斯选集》第4卷，第251页。
[22] 《周恩来选集》下卷，第63页。
[23] 《周恩来选集》下卷，第63页。
[24] 《周恩来统一战线文选》，第201—202页。
[25] 《周恩来统一战线文选》，第180、181、185页。
[26] 《周恩来选集》下卷，第270页。
[27] 《周恩来统一战线文选》，第309页。
[28] 《周恩来统一战线文选》，第308—312页。
[29] 《周恩来统一战线文选》，第308页。
[30] 《周恩来选集》下卷，第256页。
[31] 《周恩来统一战线文选》，第180页。

[32] 《周恩来统一战线文选》，第 383 页。
[33] 《周恩来统一战线文选》，第 445 页。
[34] 《周恩来统一战线文选》，第 141 页。
[35] 《周恩来选集》下卷，第 155 页。
[36] 《周恩来统一战线文选》，第 429、309 页。
[37] 《周恩来选集》下卷，第 40 页。
[38] 《周恩来统一战线文选》，第 309 页。
[39] 《周恩来统一战线文选》，第 185 页。
[40] 《周恩来选集》下卷，第 20 页。
[41] 《周恩来统一战线文选》，第 309 页。
[42] 《周恩来选集》下卷，第 270 页。
[43] 《周恩来选集》下卷，第 20 页。
[44] 《周恩来统一战线文选》，第 325—326 页。
[45] 《周恩来统一战线文选》，第 192 页。
[46] 《周恩来统一战线文选》，第 388 页。
[47] 《周恩来统一战线文选》，第 191 页。
[48] 《周恩来统一战线文选》，第 310 页。
[49] 《周恩来统一战线文选》，第 180—187 页。
[50] 《周恩来统一战线文选》，第 174 页。
[51] 《周恩来统一战线文选》，第 180—187 页。
[52] 《周恩来统一战线文选》，第 186 页。
[53] 《周恩来统一战线文选》，第 201 页。
[54] 《周恩来统一战线文选》，第 429 页。
[55] 《周恩来统一战线文选》，第 187 页。
[56] 《周恩来统一战线文选》，第 202 页。
[57] 《周恩来统一战线文选》，第 309 页。
[58] 《周恩来统一战线文选》，第 384 页。
[59] 《周恩来统一战线文选》，第 181—182 页。
[60] 《周恩来统一战线文选》，第 164 页。

（摘自《世界宗教研究》1998 年第 1 期）

周恩来同志对我国少数民族宗教政策的理论贡献

陈立旭

我国既是一个多民族的国家，又是一个多宗教的国家。周恩来同志在详细考察这一情况后，得出如下结论：中国的少数民族大都信仰宗教；在少数民族群众中信教的人占很大比例；有不少的少数民族是整个民族信仰一种宗教。因此，民族问题与宗教问题有密切关系。面对这一客观实际情况，周恩来同志在论述民族问题时必然要涉及到宗教问题。认真执行少数民族宗教政策是周恩来同志所一贯坚持的，在坚持执行这一政策的过程中，周恩来同志又有独到的理论建树。这些理论建树主要有如下几个方面：

一、存在宗教信仰是必然的长期的

周恩来同志说："宗教是会长期存在的，至于将来发展如何，要看将来的情况。但是，只要人们还有一些不能从思想上解释和解决的问题，就难以避免会有宗教信仰现象。有的信仰具有宗教形式，有的信仰没有宗教形式。宗教界的朋友们不必担心宗教能不能存在。按照唯物论的观点，当社会还没有发展到使宗教赖以存在的条件完全消失的时候，宗教就会存在的。现在应该担心的不是宗教能不能存在，而是民族能不能繁荣。"（《在青岛民族工

作座谈会上的讲话》)

周恩来同志这段话阐述了宗教信仰存在的必然性和长期性。所谓宗教信仰存在的必然性，就是说，人们不能从思想上解释和解决的问题的存在是必然的。在人类改造自然和改造社会的过程中，会遇到许多未认识或未能全面认识到的事物的本质，会有许多尚未把握的事物发展规律，当人们对这些尚未认识的事物及其发展规律陷入迷惘和虚幻的思想状态时，就形成了存在宗教信仰的思想基础。因此，只要世界上还有不能认识和解决的问题，就很难避免有宗教信仰现象。所谓宗教信仰存的长期性，就是说在人类改造自然和改造社会的能力还没有达到很高程度的情况下，对事物及其发展规律的迷惘认识和歪曲理解就不会消失。因而宗教信仰的思想基础就会仍然存在。此外，还有几千年来世界各大宗教建立的相对独立的思想体系和传播方式，以及来自社会阶级和社会意识的影响，这些就是宗教信仰得以长期存在的条件。因此，我们决不能把宗教问题看得太简单了，“拿共产党员马列主义的认识来要求所有的人，要求所有的人的人生观、世界观都一样，这是不可能的”(1962 年 4 月 18 日《政协三届全国委员会第三次会议上的讲话》)。只有认识到宗教信仰的必然性和长期性这两个特点，才能正确理解和对待少数民族的信教问题。

二、信教问题是人民群众的思想信仰问题

周恩来同志认为，宗教信仰问题是人民群众的思想信仰问题。“思想方面的变化，不会像政治制度的改革那样发展。思想变化的过程是最慢的，信仰宗教的人，不仅现在社会主义的国家里有，就是将来进入共产主义社会，是不是就完全没有了？现在还不能说得那么死。现在我们只把宗教信仰肯定为人民思想信仰

问题，而不涉及政治问题。”（《在青岛民族工作座谈会上的讲话》）

周恩来同志的这段话阐明了宗教信仰问题的性质是人民群众的思想信仰问题。认识这一性质就可以划清两个界限：第一，宗教信仰问题是人民群众内部的问题，而不是阶级矛盾或敌我矛盾问题。第二，宗教信仰问题是思想问题而不是什么反社会主义制度问题或有意煽动破坏社会秩序的问题。既然宗教问题是人民群众内部的问题，我们就不能采取简单粗暴或强迫命令的方法去对待，而必须耐心地做好宣传唯物论的工作，努力改造产生宗教信仰问题的社会条件，启发群众的思想觉悟。要达到上述目的，只能采取人民群众自己教育自己的方法，而不应当有任何强迫命令。既然宗教问题是思想问题，就不能幻想在短时期内使人们的思想有根本的改变，而必须经过长期而耐心的教育引导，以求得信教的人真正从思想上有所转变。认识到宗教信仰是人民群众内部的思想信仰问题，就会进一步体会到，我们采取尊重宗教信仰自由政策的实质是尊重人民群众，而不尊重宗教信仰自由，甚至用强迫命令的方式让信教群众放弃宗教信仰，则是超越大多数人民群众现有觉悟水平，违背群众意愿的行为，这种行为是不符合共产党的根本宗旨的，实践中肯定会碰壁。

三、信教的人与不信教的人、信仰不同宗教的人，都可以合作

周恩来同志说：“我们的宗教信仰是自由的。在中国存在有宗教信仰的人和没有宗教信仰的人，就是有神论者和无神论者。这两类人应该彼此相处得很好。我们从来不像有些国家那样在宗教问题上争执得那么厉害，甚至被帝国主义挑拨引起战争。信仰

各种宗教的人本来是可以合作的。我们信仰佛教的最多，第二是信伊斯兰教的，第三是信天主教的，第四是信基督教的。我国信仰各种宗教的人，向来就是合作的。不信仰宗教的人应当尊重信仰宗教的人，信仰宗教的人也应当尊重不信仰宗教的人。不信仰宗教的人和信仰宗教的人都可以合作。信仰各种宗教的人也可以合作。这对我们民族大家庭的团结互助合作是有利的。”（《在青岛民族工作座谈会上的讲话》）

周恩来同志在这里提出了信教的人和不信教的人、信仰不同宗教的人都可以互相合作的思想。在社会主义条件下，仍会有一部分群众信仰宗教。应该以怎样的态度对待这些信仰宗教的人呢？应该采取合作的态度。第一，在社会主义条件下，信教和不信教的人、信仰不同宗教的人，有着互相合作的牢固基础。在共同的社会主义社会制度下生活，为着一个共同的近期和远期社会发展目标而努力，人与人之间有平等的关系，这些就是信教和不信教的、信仰不同宗教的人们之间合作的牢固基础。第二，信教和不信教、信仰不同宗教的人们之间有互相合作的可能。这些人们之间的关系是人民群众的内部关系。在社会主义条件下，不同的思想信仰并不能在不同群众之间划一条相互敌对的界限。即使是在共同的社会主义制度下，群众中存在不同的甚至相差悬殊的思想观念、道德水准也是必然的。群众之间虽然有思想观念、道德水准等方面的差异，但他们之间可以合作共处的方面毕竟是相当多的。群众之间每月每日都存在的生产生活联系就是明显的例证。即使信教和不信教的、信仰不同宗教的群众之间在思想观念、道德水准上有明显差异，但也有共同的方面。例如，许多宗教中就吸收了人民群众在几千年生活历史中形成的义理人情、礼仪道德。这些是不信教的人也能接受的，也在遵循的。不信教的群众所创造的一些科学知识，制定的法律，形成的社会道德，也可以为信教的人所接受。第三，信教和不信教的、信仰不同宗教的群众之间可以合作的领域是广泛的。例如，共同办某种社会福利事业，共同兴办卫生事业，共同进行某项研究，共同进行生产劳动，等等。在我们这个多民族和多宗教的国家里。按照周恩来同志的主张办事，加强信教和不信教群众、信仰不同宗教的群众之间的合作，可以加强不同民族、不同信仰的群众之间的联系，巩固民族团结。

四、对宗教信仰应当执行不干涉原则

周恩来同志在考察了宗教的性质、特点和正确处理信教和不信教群众之间关系等问题的基础上，提出了对各民族的宗教信仰不干涉原则。1950 年，他在藏族干部研究班的报告中就指出："关于宗教信仰，是自由的，不可加以干涉，要尊重别人的信仰。在经济文化发展后，自然会想通的，而不是强迫改变的。"1955 年 4 月，他在亚非全体会议上的补充发言中，阐述了我国宗教信仰自由的原则，提出了无宗教信仰的人尊重有宗教信仰的人，有宗教信仰的人也尊重无宗教信仰的人的口号。1957 年，他又指出："人的思想有各种各样，只要他不妨碍政治生活，不妨碍经济生产，我们就不要干涉。"（《在青岛民族工作座谈会上的讲话》）

周恩来同志提出的不干涉宗教信仰的原则是十分正确的。总的来说，我们党和国家对宗教信仰是不干涉的。我们执行宗教信仰自由的方针，即既有信教的自由，也有不信教的自由；既有信此一宗教或教派的自由，也有信彼一宗教或教派的自由；有过去不信教现在信教的自由，也有过去信教现在不信教的自由；有宗教信仰自由，也有宣传无神论的自由。我们认为信教与不信教完全是我国公民的个人私事。但是，正如周恩来同志所指明的，我们执行不干涉宗教信仰的原则有两个前提：第一，宗教活动不能妨碍政治生活；第二，宗教活动不能妨碍经济生产。坚持这两个前提是必要的。如果宗教活动有损于社会主义制度，违背国家法律，干扰正常行政活动，妨碍民族团结，破坏祖国统一，就超越了宗教信仰自由政策的界限，损害了全国人民的利益。对这种宗教活动，我们是要反对的。我们反对这类宗教活动，也是为了维护包括宗教信奉者在内的全国各族人民的根本利益。如果宗教活动干扰人们正常的生产或经营活动，破坏生态平衡，危害人的身心健康，也超越了宗教信仰自由政策的界限。对这类宗教活动，我们也要加以反对。我们反对这类宗教活动，是为了维护国家正常的经济活动，维护并提高人民的生活水平。由此可见，我们奉行的不干涉宗教信仰的原则的内容是全面的，一方面，我们坚持宗教信仰自由，另一方面这种宗教信仰自由又是有限度的，正如任何自由都不是绝对的，而是有条件的、相对的道理一样。

五、"三个分离"原则

为了既执行宗教信仰自由原则，又正确划分政策界限，周恩来同志在1965年7月提出了"三个分离"的原则。他说："第一，政教要分离，宗教不能影响政治。……第二，宗教和教育要分离。第三，宗教和民族风俗习惯要分开。"（《在新疆维吾尔自治区干部会议上的讲话》）这"三个分离"是把握宗教信仰自由原则界限的正确措施。

政教分离，不允许宗教干预政治生活，不允许宗教渗透到政权机关中去。这样既能防止由宗教纠纷引起政治纠纷，妨碍民族关系，又能保证地方同中央保持政治一致，保障国家政令统一。宗教和教育分离，宗教不得干预教育，传教活动不能妨碍国民教育，宗教思想不能渗透到教育中去。这样既能保证国民教育的独立性，保证稳步提高教育水平，又能防止由不同宗教或教派争夺传教对象而引起的宗教纠纷。宗教和民族风俗习惯分开，在考虑、处理宗教问题时，不能把二者混淆起来，注意不要伤害民族感情。这样能分清特定事物或事情的性质，分别不同情况采取不同措施，加以妥善解决，防止把矛盾扩大、激化和复杂化。

周恩来同志有关民族宗教政策的论述虽然话说得不多，但非常精辟、深刻。他提出的有关原则，至今仍是我们党制定、执行民族宗教政策的理论依据和发展现行民族宗教政策的正确指导。

（摘自《实事求是》1996年第2期）

邓小平理论与中国社会主义初级阶段的宗教问题

——为纪念中共十一届三中全会20周年而作

龚学增

1998年12月8日，是中共十一届三中全会20周年。20年来，中国特色的社会主义事业取得了前所未有的成就。伟大的实践产生了邓小平理论，使当代中国的马克思主义发展到了新阶段。中共十五大高高举起了邓小平理论的旗帜，并强调要将邓小平理论同我国社会主义初级阶段的国情相结合，把建设有中国特色的社会主义事业全面推向21世纪。正确认识和处理好我国社会主义初级阶段的宗教问题，是建设有中国特色的社会主义事业的组成部分，同样要将邓小平理论及其重要组成部分的当代中国的马克思主义宗教观同我国现阶段的宗教国情结合起来，才能顺利推进世纪之交的宗教工作实践。

一

科学理论是正确实践的指南。正确认识和处理中国社会主义初级阶段的宗教问题必须坚持邓小平理论的指导。这种指导大体上分为两个层次。一是邓小平理论基本思想的指导，如解放思想、实事求是，以及关于社会主义本质、中国社会主义发展道路、发展阶段、根本任务、发展动力、外部条件、政治保证、战略步骤、党的领导、祖国统一等方面的论述，着眼于社会主义事业的全局，自然也完全适用于作为局部的对宗教问题的认识和处理。二是如邓小平理论中的宗教观。它既服从于邓小平理论的基本思想，又是这一基本思想在宗教问题领域中的展开和具体化，对正确处理好宗教问题更具有特殊的直接的指导意义。邓小平理论中的宗教观，并不仅仅是邓小平个人关于宗教问题的思想，而是有其特定的涵义。对其涵义的揭示和表述应该遵循中共十五大的精神。十五大确认，邓小平理论的主要创立者是邓小平，同时又是党和人民实践经验和集体智慧的结晶，它集中体现在十一届三中全会以来邓小平的著作以及党和国家的重要文献之中。邓小平理论中的宗教观，其基本内容首先也反映在邓小平对宗教问题的论述之中。其次，则主要反映在党的十一届三中全会以来，党和国家关于宗教问题的重要文献之中，还有近年来以江泽民为核心的党中央第三代领导集体关于宗教问题的最新论述。第三，还要指出，十一届三中全会以来，许多运用马克思主义立场、观点、方法研究宗教问题的理论工作者对邓小平理论中的宗教观也作出了应有的贡献。可以说，邓小平理论中的宗教观就是当代中国的马克思主义宗教观，是马克思主义宗教观在中国发展的新阶段。

（一）邓小平个人提出的关于宗教问题的若干科学论断。

第一，尊重少数民族的宗教信仰，就能得到他们的信任。早在建国初期，邓小平主持中共中央西南局工作期间，就十分重视少数民族的宗教问题。由于宗教在少数民族中影响更为深远，尊重少数民族的宗教信仰和风俗习惯，慎重地处理好少数民族的宗教问题，就具有更为特殊的意义。1950 年 7 月 21 日，他在欢迎赴西南地区的中央民族访问团的大会上，谈到中国人民解放军进军解放西藏的时候就指出："我们进去以后，首先宣布了共同纲领的民族政策，同时我们军队的优良作风也在一些具体问题上体现出来，例如执行三大纪律八项注意，尊重藏民的风俗习惯、宗教信仰，不住喇嘛寺等，这样就赢得了藏族同胞的信任。"[1]按照党中央的指示，在组织中国人民解放军进军西藏的过程中，他领导西南局提出了和平解放西藏的十条政策。其中就包括西藏现行各种政治制度维持原状，概不变更，达赖活佛的地位及职权不予变更，各级官员照常供职；实行宗教自由，保护喇嘛寺庙，尊重西藏人民的宗教信仰和风俗习惯的内容。正是依靠正确的政策其中包括宗教政策和执行宗教政策的模范行动，中国人民解放军在进藏过程中，不仅得到了藏族人民的信任，也得到了一部分爱国宗教人士的信任和支持。

第二，充分肯定建国以来，各民族宗教界爱国人士有了很大进步。1979年6月15日，邓小平在全国政协五届二次会议开幕词中，在分析建国以来我国阶级状况发生根本变化时，指出"各民族的不同宗教的爱国人士有了很大的进步。"[2]代表党和国家明确否定了"文化大革命"对宗教界人士的不公正待遇，正确估计了宗教界的状况。

第三，提出在新时期应当重视宗教工作。1979年9月1日，邓小平听取了第十四次全国统战工作会议的情况汇报。其间，邓小平插话说："民族、宗教问题还没有议，这方面有很多问题"，"宗教工作也有很多政策问题。"[3]强调了宗教工作的重要性。

第四，强调不能用行政命令办法对待宗教，但宗教也不能搞狂热。1980年8月26日，邓小平约见重新当选为全国人大常委会副委员长和全国政协副主席的班禅额尔德尼·确吉坚赞到自己家里叙谈。他肯定班禅大师是我们国家一个最好的爱国者，在与班禅谈论宗教和西藏发展的问题时，邓小平说："对于宗教，不能用行政命令办法；但宗教方面也不能搞狂热，否则同社会主义、同人民的利益相违背。”[4]班禅大师同意邓小平的意见，说宗教的弘扬是要顺应社会的发展而不断地改革和增加新的内容。这段话充分说明邓小平要求对宗教问题要采取唯物辩证的态度，既不能“左”，也不能放任自流。

第五，指出宗教人士在对外友好往来和文化交流中能作出重要贡献。1980 年 4 月，江苏省暨扬州市举行了欢迎唐代高僧鉴真大师像由日本回国巡展的活动。4 月 19 日，邓小平在《人民日报》上发表了题为“一件具有深远意义的盛事”的文章，指出“在中日人民友好往来和文化交流的历史长河中，鉴真是一位作出了重大贡献，值得永远纪念的人物。”邓小平对鉴真大师的评价给我们重要的启迪，就是要正确评价历史上宗教在文化方面的作用，重视并引导好宗教界开展国际友好往来和文化交流是做好宗教工作的重要方面。

邓小平上述关于宗教问题的言论并不算多，而且主要集中在 1979—1980 年，当时正是中共十一届三中全会开过不久的拨乱反正时期，对于当时宗教领域中的拨乱反正起到了十分重要的指导作用。

（二）邓小平理论的基本思想指引了中国共产党科学地认识和处理社会主义初级阶段的宗教问题，进一步丰富和发展了马克思主义宗教观。

除了邓小平个人有关宗教问题的一些具体论述外，更重要的是，在“文化大革命”结束以后，中国面临向何处去的重大历史关头，邓小平提出的在党内重新确立起的解放思想、实事求是的思想路线，促使中国共产党完成了宗教问题领域中的拨乱反正，并形成了关于社会主义时期宗教问题的科学理论体系。

解放思想、实事求是是邓小平理论的精髓。在 70 年代末的刚刚开始的拨乱反正时期，邓小平针对“文化大革命”期间存留下来的“左”的种种思想僵化的表现，提出不迷信书本，不迷信权威，实践是检验真理的唯一标准，要完整准确地理解毛泽东思想，科学评价毛泽东同志，带头冲破了“两个凡是”的思想禁锢，从而开拓了马克思主义的新境界。在解放思想、实事求是的思想路线指引下，在对待马克思主义宗教观的问题上，中国共产党同样是继承了马克思、恩格斯、列宁科学的理论观点的同时，又开拓了马克思主义宗教观的新境界。1982 年中共中央 19 号文件可以说是邓小平理论体系中涉及宗教方面的思想结晶，也可以说标志着中国共产党在认识和处理社会主义时期宗教问题方面的理论和政策已经成熟。中共中央 19 号文件印发至今已 16 年，16 年的实践，充分证明了它所阐发的基本观点和基本政策是科学的、正确的，表现出十分旺盛的生命力。16 年来，在邓小平理论指引下，随着建设有中国特色的社会主义事业的顺利推进，中国共产党对社会主义时期的宗教问题又提出了新观点、新论断，进一步丰富和发展了 19 号文件中的思想，形成了中国特色的社会主义时期宗教问题的理论，构成了邓小平理论的一部分，是当代中国的马克思主义宗教观。

我们说中国共产党关于社会主义时期宗教问题的理论是当代中国的马克思主义宗教观，就是因为它没有教条主义地、以僵化的态度对待马克思主义宗教观，而是既坚持其基本原理，又运用历史唯物主义科学地评价了马克思、恩格斯、列宁的宗教观，尤其是将他们的基本理论观点和提出的对待宗教的战略策略原则成功地运用于社会主义时期处理宗教问题的实践。

从中国共产党对马克思主义宗教观理论上的创新来看，首先，对什么是宗教作出了新的界定。恩格斯从辩证唯物主义认识论的高度深刻地揭示了宗教意识形态的本质，但并未给宗教下一个完整的定义。中共中央 19 号文件一开始就将宗教界定为是与对超自然力量的信仰相适应的社会历史现象，将宗教看成是本质与现象的结合物，就明确了宗教不仅仅是一种意识形态，它还是一种拥有亿万信徒及其活动、组织作为其外在表现的社会体系。这不仅从理论上更科学地界定了宗教，而且从现实意义上说，更有助于正确地分析宗教的社会作用。其次，全面阐明了宗教在社会主义时期继续长期存在和发展的根源。第三，明确提出在社会主义时期，我国的宗教状况已发生了根本变化，宗教问题上的矛盾主要是人民内部矛盾，不能再以阶级斗争为纲处理宗教问题。但是，在社会主义时期，宗教仍具有“五性”的社会特征，宗教问题还是长期复杂的。第四，在社会主义时期，正确认识和处理宗教问题是建设有中国特色社会主义事业的一个重要内容，其根本的出发点和落脚点，就是使全体信教和不信教的群众联合起来，把他们的意志和力量集中到建设有中国特色社会主义事业这一共同目标上来。

从对待宗教政策上的创新来看，首先，中国共产党将对宗教界的工作纳入到了统一战线的范围，特别在社会主义建设的新时期，提出了政治上团结合作，思想信仰上互相尊重作为处理同宗教界爱国人士相互关系的原则。其次，明确提出适应依法治国的要求，在强调要全面正确地贯彻执行宗教信仰自由政策的同时，特别要依法对宗教事务进行管理。第三，在绝大多数群众信教的少数民族地区，要善于体察民族问题与宗教问题的区别和联系，并正确加以处理。第四，在处理涉及宗教方面的矛盾时，要坚持维护人民利益，维护法律尊严，维护民族团结，维护祖国统一的原则。第五，中国的宗教事务必须坚持独立自主、自办教会的原则，反对境外宗教团体和个人干预我国宗教事务，特别是要抵制境外敌对势力利用宗教对我国进行政治渗透。

十一届三中全会以来中国共产党对马克思主义宗教观的创新和发展如果简要地加以概括，就是在马克思主义宗教观发展史上首次明确提出在社会主义时期要积极引导宗教与社会主义社会相适应的科学论断。这个论断实际上涉及到的是宗教与社会主义的相互关系问题，包容了上述的具体内容。从历史上看，工人阶级政党在掌握国家政权以后，无论是苏联还是我国，在处理宗教与社会主义的相互关系问题上也经历了一个漫长的曲折过程。特别是曾有一段时间对宗教采取削弱、打击甚至消灭的办法，违背了宗教自身发展的客观规律，留下了深刻的教训。在社会主义现代化建设的新时期，由于我国的宗教状况已发生了根本的变化，宗教界和广大信教群众在经济及社会政治方面已发挥出总体上有利于社会主义社会的作用，因此，宗教基本上是可以同社会主义社会相适应的。正是基于这样的认识，有必要确立宗教与社会主义社会的新型关系。经过宗教工作实践经验的总结及理论上的研究，1993 年 11 月 7 日，江泽民总书记在全国统战工作会议上代表党中央明确指出："在宗教问题上我也想强调三句话：一是全面、正确地贯彻执行党的宗教政策，二是依法加强对宗教事务的管理，三是积极引导宗教与社会主义社会相适应。"[5]这可以说是目前为止对宗教与社会主义社会相互关系的最科学最规范的表述。[6]

（三）作为邓小平理论一部分的当代中国的马克思主义宗教观也包含了理论工作者和其他人士的贡献。

在中共中央 1982 年 19 号文件形成以前的拨乱反正时期，许多坚持马克思主义立场、观点和方法的理论工作者和其他人士，就已经在深入思考如何科学地对待马克思主义宗教观，如何正确总结宗教工作的经验教训问题。他们一方面冲破"文化大革命"期间造成的对马克思主义宗教观理论体系的教条化和歪曲的理解，另一方面又抵制了企图取消马克思主义宗教观的指导作用的倾向。消除了长时期认为马克思主义宗教观一言以蔽之就是宗教是人民的鸦片的十分片面的认识，恢复了马克思主义宗教观作为包含着十分丰富内容的体系的本来面目。中共中央 19 号文件下发后，进一步推动了理论工作者对马克思主义宗教观的研究。在如何为宗教下一个科学的定义，如何正确认识社会主义条件下宗教得以存在和发展的根源，如何科学评价宗教在社会主义时期的功能和社会作用等基本理论问题上，既坚持马克思主义宗教观的基本原理，又正确地与社会主义时期中国宗教的实际相结合，形成了不少发展马克思主义宗教观的理论成果。特别是改革开放以来，在建设有中国特色的社会主义事业的健康发展中，许多理论工作者响应党中央的号召，进一步深入研究宗教与社会主义的相互关系。他们坚持一切从实际出发，实事求是的原则，作了大量调查研究，掌握了十分丰富而又生动的第一手材料，同时又加以马克思主义的分析，有说服力地论证了我国的宗教状况较之解放以前已发生了根本变化，宗教从基本的方面不但不是社会主义事业的异己力量，而且是积极的推动力量。因此，在社会主义时期，只要党和政府关于宗教问题的路线、方针、政策正确，而且保持连续性和稳定性，宗教方面只要爱国守法，宗教与社会主义社会就能相适应、相协调。正确认识和处理好社会主义时期的宗教问题，主要是做好这个工作，主要是调动宗教方面的社会主义积极性，而不是立足尽快削弱，甚至消灭宗教。当然，对宗教与社会主义的关系如何用科学的语言来概括，统战、民族、宗教事务部门以及理论界也进行了探索和讨论。后来，党和政府提出“积极引导宗教与社会主义社会相适应”的论断，在表述上更为科学、准确。这一科学论断的形成应该说也是吸收了理论界的一些研究成果的。

二

作为邓小平理论一部分的当代中国的马克思主义宗教观，必须结合到、落实到我国社会主义初级阶段的宗教国情这个基础上来，必须研究宗教方面的新情况新问题，才能进一步保持其旺盛的生命力，才能更有效地推进国家的宗教工作进入新世纪。

社会主义初级阶段理论在邓小平理论中占有重要的地位，就是因为它是建设有中国特色社会主义全部理论和实践的实际根据、国情根据。正是以此为根据，中国共产党才纠正了超越国情发展阶段的“左”的错误，才制定了十一届三中全会以来党的基本路线和各项方针政策。党的十五大报告在新的基础上从九个方面对社会主义初级阶段的内容作了新的阐发。坚持社会主义初级阶段理论，联系我国的宗教问题，就需要深化对宗教五性的认识，科学地分析世纪之交的宗教状况和发展趋势。

中国社会主义初级阶段的宗教国情仍然集中表现为宗教的长期性、群众性、民族性、国际性和复杂性。这一判断，早在建国初期，中国共产党在总结少数民族工作的经验时就提出来了。宗教五性论的提出，针对的就是宗教工作中由于忽视宗教国情所犯的急躁冒进的错误。1954年10月，中共中央批转的《关于过去几年内党在少数民族中进行工作的主要经验总结》中就指出，我们对少数民族的宗教必须采取十分谨慎和认真尊重的态度的根据就是因为宗教具有五性。若干地方的若干同志，就是因为不了解少数民族宗教的长期性、民族性、国际性，因而发生了急躁冒进的错误。他们认为只要经过几次有力的反宗教宣传，宗教就可以大大削弱了，甚至有些同志认为土地改革是消灭宗教的好机会。这样做，不仅没有消灭或削弱宗教，反而使当地少数民族感觉到宗教情感受到压抑，因而更加巩固了宗教信仰。文件强调，共产党人虽然是唯物主义者、无神论者，但是，决不意味着可以用行政命令的手段去使劳动群众也不信仰宗教。主要是依靠政治、经济、文化教育事业的发展和社会改革的实践，自然地、间接地、迂回曲折地去逐步削弱宗教影响，任何简单急躁的做法都是错误的。这可以说是当时中国共产党将马克思主义宗教观同新中国的宗教国情相结合形成的具有创新意义的重要思想。以后，在宗教工作方面，党和政府尽管多次重申宗教五性思想，但由于党和国家工作的全局在一段时间犯了忽视国情，超越阶段的

“左”的错误，宗教工作自然也不能幸免。直到1982年中共中央19号文件，才又重申了宗教五性论，我们对宗教国情才重新有了比较清醒的认识。从1954年中国共产党提出宗教五性论，至今已近45年，中国进入社会主义初级阶段也已40余年，宗教五性的特征至今仍然十分鲜明。这就需要我们以社会主义初级阶段的理论为指导，进一步认真地研究和准确把握当前我国的宗教国情，深化对宗教五性的认识。

宗教存在和发展的长期性，是宗教五性论的基础。其他四性，大体上既表现出我国主要宗教的不同特点，又和长期性紧密相连。在我国社会主义时期，特别是它的初级阶段，宗教长期性的基本依据，就是因为社会上还广泛而深刻地存在着宗教的各种根源。其具体表现就是我国社会主义初级阶段的经济社会发展还很落后，民主法制建设还不健全，精神文明建设的任务还很繁重，而且这些情况在我国各个地区又十分不平衡。这就表明，在社会主义时期，人与自然的关系，人与人之间的关系还远未完全合理，社会上仍然存在着支配着人们日常生活的外部自然力量和社会力量。但是，社会主义时期宗教的长期性又不是静止不变的，而是表现为一种动态的曲折发展过程。这一过程总的来说取决于两个方面。一方面是取决于社会主义物质文明和精神文明是否协调发展。协调发展，必然会逐步削弱支配人们日常生活的外部的自然力量和社会力量，从而使一部分宗教徒的宗教观念、感情趋于理性化，甚至趋于淡化；发展不协调，特别是不正常，必然又会强化现实社会中盲目的异己力量，自然也会导致宗教徒宗教观念和感情的强化，甚至会进一步扩大宗教的影响。另一方面也取决于党和政府、社会各界能否以科学的理论和正确的政策、态度来对待宗教。理论科学、政策正确而且具有连续性和稳定性，社会各界对宗教抱有尊重的态度，宗教与社会的总体发展就会比较适应和协调，宗教的长期性存在则会比较平稳，不会因宗教方面引发的社会矛盾导致社会的不稳定。反之，则会出现相反的结果。上述情况，已为前苏联、东欧各国及我国处理宗教问题的正反两方面的历史经验所证明。

我国进入社会主义初级阶段尚不到50年，指望在如此短暂的时期解决宗教存在和发展的根源问题是不现实的。因此，与其对宗教长期性估计不足而产生急躁情绪和蛮干行为，不如将其看得更长久一些更符合宗教发展的规律，更有利于正确处理好现实的宗教问题。我国目前正处于建立社会主义市场经济体制的过程中，改革开放正进一步深入的扩大。在这样的社会转型时期，经济、政治、思想文化领域中的矛盾表现得很突出，而且呈现出前所未有的新特点。另外，复杂多变的国际形势，包括民族、宗教方面的新情况也必然会对我国产生影响。上述情况必然会影响到世纪之交中国宗教五性方面的状况及今后的发展趋势。

世纪之交中国宗教的状况大致可归纳为以下几个方面：

（一）宗教总体上有了较快的发展，个别宗教发展更为迅速，宗教的社会影响明显增强。

宗教的发展，首先表现为建国近50年，宗教徒的人数并没有减少，还有增加。尽管中国的宗教徒在全国人口的比例只占约十分之一，但绝对数决不可以忽视。一些宗教，如伊斯兰教、藏传佛教、南传上座部佛教，历史上就为约20个少数民族几乎全民信仰。由于这些少数民族人口的自然增长，信教群众的数目也随之增长。如我国的穆斯林总人口现已增至1800万人，信仰藏传佛教的群众约750万人，南传上座部佛教信众近200万人。有的宗教，如天主教，尽管由于体制严密性的限制，信徒的发展也是稳中有升，已达400多万人。汉地佛教、道教除了正式皈依者增加以外，善男信女的大量增加而导致其香火愈盛。最为引人注目的是基督教，近20年来发展更快，教徒已由建国初的70余万，增至1000万人以上。宗教群众性的强化，不仅在处于比较落后状态的广大农牧区，边疆偏僻地区，而且表现在城镇，包括许多大中城市不少文化素质较高的群体方面；不仅表现在生活贫困的人群之中，而且表现在富裕起来的人的群体之中。其次，宗教的社会影响继续不断扩大。宗教社会影响的扩大一方面来自宗教本身在现行法律、政策允许的范围内不断发展自己。总体上来说，国家落实宗教政策，使合法宗教活动恢复的工作已基本结束。中国各主要宗教均已进入正常的发展时期，但都希望并努力使自己的实力进一步增强，要求开放并新建新修更多的活动场所，各类宗教活动日益频繁。另一方面，社会各界在日益宽松的社会环境中对宗教也表现出浓厚的兴趣，在很大程度上改变了传统上对宗教单纯的负面的看法，尽管很多人不信宗教，但对宗教已不再像以往那样采取歧视或敌视的态度，甚至抱有好感，认为宗教对当今中国社会不仅无害，反而有益。宗教社会影响的不断扩大在目前的一个显著标志就是宗教文化热的形成。将宗教不仅看成是一种意识形态，一种社会历史现象，而且看成是一种文化现象，可以说是社会各界，尤其是理论文化界对宗教看法的重大突破。现在，可以说宗教书刊越来越多，表现宗教内容的文艺作品日益增加。新闻媒介中宗教方面的信息量也相当可观，旅游文化中的宗教成分日益浓厚。这其中，尤以佛教文化和基督教文化在社会各界中的影响更为突出。

（二）各大宗教努力适应中国特色的社会主义事业，在两个文明建设中发挥着重要的积极作用。

首先，在政治上，绝大多数宗教组织，绝大多数教职人员是热爱祖国，遵守法律，拥护共产党和社会主义制度，维护民族团结和祖国统一的，是积极协助党和政府贯彻执行宗教信仰自由政策的。宗教界的这一基本立场，在广大宗教徒当中起到了良好的政治上的凝聚作用。其次，在经济建设方面，广大信教群众和不信教群众一样本来就是社会主义建设的主力军，他们直接在生产第一线，为国家创造着财富。在宗教界，以自办自养为目的的经济活动在一定程度上减轻了信教群众的负担，有助于克服宗教单纯靠施舍及政府救济的缺陷，有助于社会经济的发展。第三，在社会主义精神文明建设方面，宗教界以对某些教义、道德规范所作的有利于社会主义的新解释，以其特定的道德说教方式，对教徒进行行善止恶的道德要求，恪守社会公德，有助于维护社会秩序的稳定和良好的社会风气。宗教界对宗教文化的学术研究，对优秀宗教文化的弘扬，对文物的保护等，都有助于社会主义文化事业的发展。第四，在开展国际友好往来，维护世界和平事业的发展方面，宗教同样也起到了良好的作用。上述可以证明，近20年是宗教与我国社会主义社会关系最为协调的时期，宗教界总体上已成为推进中国特色社会主义事业的一支重要力量。

（三）在建立社会主义市场经济体制的社会转型时期，社会上一些混乱无序的现象也反映到了宗教领域。

由计划经济转向社会主义市场经济，必然导致社会组织结构的消解和重建，传统的人际关系、价值观念需要做大的调整。在市场经济条件下，经济利益成为人们主要追求的目标。但是，市场经济下市场竞争、生产与交换的偶然性和变动性很大，致使经济生活的盲目性很大。市场经济这只“看不见的手”已成为新的社会条件下的异己力量。经济生活的剧烈变动，社会主义法制建设的尚不健全，精神文明建设力量的欠缺，使社会各界许多人为了追逐自身利益而各行其是，社会生活的各种矛盾日益突出，这些都反映到了宗教领域。

在宗教方面，某些地区、某些宗教的寺庙发展失控，滥建寺庙、乱收僧尼、私办经文学校的现象突出；少数宗教教职人员干预基层行政、司法、国民教育的事情时有发生；一些地方的寺庙甚至在一定程度上恢复了宗教封建特权和剥削，这种现象在藏传佛教和西北、新疆的伊斯兰教中表现比较明显。在佛道教方面，一些寺观游离于佛协、道协之外自行其是，一些寺观内部管理混乱，滥传戒、滥收皈依弟子的现象时有发生。一些寺庙随着经济实力的逐步增强，贪污腐化现象也时有发生。另外，在伊斯兰教、基督教内部教派纷争现象近些年也日益明显。这些都在很大程度上损害了宗教自身的形象。除五大宗教以外，一些地区的民间宗教也日益活跃。在佛、道教影响较大的广大农村，乱建乱修小庙现象也十分突出。

除了宗教自身存在某些无序现象以外，近些年，一些非宗教单位也在利用宗教，搞所谓“宗教搭台、经济唱戏”。在一些干部的纵容、支持下，乱建寺庙、建露天大佛，一度成风，至今尚未得到彻底治理。这种情况不仅干扰、损害了合法的宗教活动，而且导致宗教事务的管理处于混乱状态。它使非法建立的非宗教活动场所出现了一些违法行为，比如安置“僧道”人员、乱举行开光仪式、乱设功德箱、设香火、收取布施，借机敛财。更值得注意的是非宗教活动场所既不受宗教事务部门的行政管理，又游离于宗教团体以外，致使封建迷信活动掺杂其中，甚至会裹挟邪教和反动会道门活动。此外，搞所谓“宗教搭台、经济唱戏”还为境外敌对势力利用宗教进行渗透提供了可乘之机。特别是搞所谓中外合资建宗教景点、露天大佛，负面影响会更大。

（四）境外某些宗教加大对我传教力度，特别是境外敌对势力利用宗教对我国的政治渗透逐步加剧。

随着我国对外开放的逐步扩大，宗教方面的国际交流越来越频繁。从目前状况看，一方面正常的促进我国宗教界与国外宗教界的友好往来是发展的主流，这不仅有利于我国宗教的正常发展，而且对于推进国家的外交工作也起到了积极作用。另一方面，对外开放越扩大，境外宗教对我传教的力度也必然加大，特别是境外敌对势力利用宗教对我的政治渗透更为加强。这些情况可以说是建国以来空前的。他们在我国周边地区设立广播电台进行空中传教；利用各种渠道向我国境内偷运宗教宣传品；利用来华旅游、探亲、经商、讲学等机会进行传教活动；在我国出国打工、留学人员中传教布道；直接、间接提供经费修建教堂寺庙；插手干涉我国宗教事务、培植地下势力，同我国爱国宗教组织争夺信教群众，对抗中国政府；支持宗教界极少数民族分裂主义分子搞分裂祖国、破坏民族团结的活动，等等。境外敌对势力渗透的活动，主要表现在天主教、基督教和伊斯兰教、藏传佛教方面。

（五）宗教问题与民族问题相互交织引发的社会矛盾比较突出。

特别是在大多数群众都信仰宗教的少数民族地区，面临着与汉族发达地区经济社会发展差距的进一步扩大，引起少数民族的群众、干部、知识分子的心理不平衡和失落感；在改革开放的条件下，各民族之间进一步扩大交流，不可避免地会出现利益、文化、宗教、风俗习惯方面的碰撞。某些宗教的民族性又出现强化的趋向。如近些年伊斯兰教由于受到来自社会某些方面的伤害而引发的信仰伊斯兰教的少数民族的强烈反应。从1989年的《性风俗》事件，到1993年《脑筋急转弯》事件，再到猪年话猪引发的一连串的事端，导致广大穆斯林的强烈抗议活动，充分证明在社会主义初级阶段，宗教与民族的关系仍然十分密切。特别还要看到，一些民族宗教界中还有极少数敌视社会主义、破坏民族团结和祖国统一的人。他们以宗教领袖或教职人员的身份，打着维护民族利益的旗号，从事反动的政治活动，更增加了民族问题与宗教问题密切交织的程度。

（六）邪教、迷信活动以及伪科学真巫术现象干扰着合法宗教的发展。

社会转型时期引发的社会的某些动荡，也促使历史的沉渣泛起。近些年，邪教、迷信活动的泛滥，伪科学真巫术现象的流行不少也打起了宗教的旗号，严重干扰着合法宗教的发展。

总之，世纪之交中国宗教现状是在正常发展的主流前提下，也包含着相当程度的混乱现象。这种状况还会持续一段时间。这就充分说明社会主义初级阶段的宗教状况仍然是十分复杂的。但从进一步发展的趋势看，我国宗教将会转入平稳而正常的发展时期，宗教方面的消极因素将会进一步得到扼制。

中国宗教的发展趋势大体上可以作出以下几点预测：

（一）宗教总体发展的大起大落现象在未来若干年内将不会出现。

进入21世纪，中国特色的社会主义事业将会进一步健康发展，经济发展会更快，社会会更加稳定。党和国家的宗教信仰自由政策将长期保持连续性和稳定性。可以说，在未来若干年内，中国社会将不会出现大的动荡，更不会出现对正常宗教发展的类似极“左”年代对宗教政治上的压制。由于极“左”年代对宗教的压制导致的80年代中国宗教发展的反弹现象已经成为历史。

（二）宗教的发展还会继续下去，但会进一步有序化、世俗化并努力向高层次发展。

对宗教发展的长期性要有足够的思想准备。这是因为，在我国社会主义初级阶段，是不可能彻底消除宗教存在和发展的社会根源、自然根源、认识根源和心理根源的。现在，需要进一步研究在社会主义市场经济条件下，促使宗教进一步发展的各种因素。如市场经济的不稳定和盲目性的一面对一部分人的生活的影响；政治环境的进一步宽松必然导致人们思想信仰的多元选择；社会转型时期经济、政治、思想领域各种矛盾的突出会增加许多人精神上的困惑；对外开放的进一步扩大引起的中外文化、宗教的频繁接触及碰撞，等等。

未来中国宗教发展中，世俗化的倾向将会进一步加强。这在经济发展比较快的地区更突出一些。所谓世俗化，即非神圣化。表现在社会方面，即社会生活的各个领域逐步摆脱宗教的控制和影响，表现在宗教方面，即传统宗教不断调节自身，以适应现实社会的发展。例如，改革开放以来，我国市场经济发展较快的地区，尤其是沿海发达地区的许多信教群众商品经济意识进一步强化，在他们的日常生活中，更多地关注在市场经济大潮中如何发财致富，参加宗教活动的次数有所减少，对神的虔诚信仰程度有所降低。宗教界经济活动的规模逐渐加大，许多寺观教堂兴办各种实业，不少宗教人士成了懂经济的能人，这不仅用于解决自养，许多寺庙甚至已积蓄了相当强的经济实力。在市场经济大潮的影响下，不少中青年教职人员更多地关注自己的世俗利益，积蓄钱财，享受现代化的世俗生活、娱乐活动，信仰上的虔诚和修持上的严格均有所减弱。新皈依宗教的人，特别是一些年轻的出家人，功利主义的目的比较突出。

另外，宗教努力向高层次方向发展的趋势也将日益明显。中国各种宗教总体上来说是处于低层次的。这种低层次的状况从根本上说是两千多年封建社会造成的，我们国家至今依然十分落后造成的。中国各宗教的教徒绝大多数生活在农村及边远落后的地区，文化素质和宗教方面的素质很低，对其所信仰的宗教往往知其然而不知其所以然，盲目性很大。不少宗教的教职人员自身素质也比较低。这种低层次的状况使某些宗教往往满足于大量地吸收教徒，而忽略不断提高教徒的宗教素质。这就造成了相当多的教徒和一些教职人员对进入宗教的诸如抽签、占卜、驱鬼治病等迷信活动和打着宗教旗号的邪教活动认识不清甚至有所纵容，从而给自身的健康发展也带来了混乱。近些年来，在积极倡导引导宗教与社会主义社会相适应的社会条件下，党和国家领导人十分关心我国的宗教如何进一步向高层次发展。宗教界的一些领袖人物和教职人员也积极作出了种种努力。如反对迷信活动和邪教对宗教的影响，提高宗教的文化品位，发挥宗教文化及道德教化的功能。这方面，佛教界的赵朴初会长、基督教界的丁光训主教可以说是具有代表性的宗教领袖人物。赵朴初领导的中国佛教协会在弘扬“人间佛教”的事业中除在政治上发挥爱国爱教的积极作用外，特别注重佛教界内部自身的建设，先在提高教职人员的素质上下功夫，同时特别注重佛教道德及文化中的积极因素的发挥。丁光训主教近年也多次强调要引导各宗教发掘深埋于其自身的伦理道德内容。他强调，“只有一个伦理道德占据高位的宗教，才能从它自身的理论上适应社会主义社会”，如果“我们中国的各种宗教都变成伦理道德内容很丰富的宗教，这样我们的宗教质量就提高了，宗教徒的素质就提高了”。他还结合基督教的一些情况，指出一个宗教讲赶鬼治病，讲人生了病，不要吃药，要做祷告，这就是一个很落后的宗教，很原始的宗教。一个轻视道德，甚至高喊道德无用的宗教，迟早是要被淘汰的。当然，中国宗教向高层次发展的进程从根本上说是决定于中国社会现代化的总进程，没有社会的现代化，就不可能带来国民素质其中包括信教群众素质的提高及宗教整体上的高层次化。这一进程将是长期的。

由于今后我国两个文明建设进一步趋于协调发展，特别是社会主义精神文明建设力度的加大，再加上政府有关部门，特别是统战、民族、宗教事务部门采取一系列得力的措施以及宗教界的积极配合，宗教方面的无序现象将会大大减少。宗教健康、正常发展的局面会逐步形成。

（三）抵制境外敌对势力利用宗教对我渗透的工作依然艰巨。

进入新世纪，随着我国对外开放进一步扩大，境外宗教对我传教力度会更为增强，境外敌对势力利用宗教对我进行西化、分化的战略不会改变。境外宗教的政治渗透，对基督教来说主要还是通过经济上的资助和宗教上的密切交往动摇基督教界“三自”的信心，同时，加剧基督教内部的教派矛盾、冲突，破坏中国基督教的大团结。对天主教来说，由于目前中梵关系正常化的条件尚未具备，梵蒂冈以宗教事务为名干涉我国教会管理的内部事务，扶植对抗我国政府的天主教地下势力的势头未见减弱。对伊斯兰教来说，主要是新疆境内外民族分裂主义分子在有些伊斯兰国家的支持下，在泛伊斯兰主义和伊斯兰原教旨主义思潮的影响下，将会继续打着伊斯兰教的旗号进行分裂祖国的罪恶活动。达赖集团也将继续在西方敌对势力及其他势力的支持下与我争夺西藏佛教寺庙的领导权，培植藏传佛教界中的分裂势力。一些新的宗教和教派乃至邪教仍有可能进入中国大陆。

境外宗教对我渗透及对我国宗教内部的干预将在宗教领域中的人权问题上有所加强。西方国家主要是美国将会继续在这个问题上做文章，并对我国施加政治压力。另外，现代电脑科学技术在宗教领域中的应用，电子网络的形成进一步加快各种宗教传教的速度、广度和深度。国际互联网除了在促进各宗教之间以及宗教内部各教派的联系和交往的同时，也会产生不少负面的效应，如政治上宗教上敌视我国的信息会更加畅通无阻，甚至邪教也可以上网流行，都会对我国宗教的正常发展带来不利的影响。

当然，在看到上述情况的同时，也要看到我们自身的工作也在加强。除了认识上更高度重视外，也积累了不少抵制境外敌对势力利用宗教渗透斗争的经验，同时将会采取更为得力的措施。因此，尽管这方面的斗争仍然十分艰巨，但是主动权将会进一步为我所掌握。

注释：

[1] 《邓小平文选》第1卷，第162页。
[2] 《邓小平文选》第2卷，第186页。
[3] 《邓小平论统一战线》，第161页，中共中央文献出版社。
[4] 《中国统一战线》，1998年第3期，第12页。
[5] 《新时期宗教工作文献选编》，第253页，宗教文化出版社。
[6] 该部分的详细论述，可参见1994年第4期《世界宗教研究》上作者的文章。

（摘自《世界宗教研究》1998年第4期）

邓小平论宗教的特点及对马克思主义宗教理论的贡献

陈秋月

宗教既是一个充满纷繁复杂的世界性社会现象，又是一种具有悠久历史的文化现象，它是远离社会经济基础而独自存在的特殊上层建筑。在阶级社会里它一直扮演着为统治者利益服务的侍者角色。马克思主义经典作家从指导无产阶级革命，推翻一切不合理的剥削制度，达到全人类最后解放的历史使命出发，对宗教进行了彻底的批判，创立了马克思主义宗教观。“一切宗教都不过是支配着人们日常生活的外部力量在人们头脑中幻想的反映，在这种反映中，人间的力量采取了超人间的力量的形式。”[1]“宗教里的苦难既是现实苦难的表现，又是对这种现实苦难的抗议。宗教是被压迫生灵的叹息，是无情世界的感情，宗教是人民的鸦片。”[2]无产阶级政党“应当善于同宗教作斗争，善于用唯物主义观点来说明”[3]；“不能强制人们不信教，不能用行政命令去消灭宗教”；“菩萨是农民立起来的，到了一定时期农民会用他们自己的双手丢开这些菩萨，无须旁人过早地代庖丢菩萨”[4]。毋庸讳言，关于宗教现象的发生、发展及消亡的基本规律，无产阶级政党与宗教的相互关系，彻底的宗教信仰自由等方面论述上，马克思主义经典作家们已经提供了完整的答案，为我们指明了工作方向。然而，对于如何处理社会主义国家与宗教实体的关系问题，无产阶级革命导师并没有留下符合实际的科学理论。即使像斯大林、毛泽东在社会主义革命实践中对此进行了积极探索，取得了一些初步成果，但因受“左”的错误意识形态影响干扰而功亏一篑，前苏联时代和我国“文革”时期，虽然国家宪法明文规定实行宗教信仰自由政策，但实践中限制甚至消灭宗教，这与执政党在思想深处一直将宗教视同“祸害”，看成是社会发展的主要障碍，最终把宗教推到社会主义国家的对立面上密不可分。“宗教是人民的鸦片”这句列宁的名言始终被一些社会主义国家的执政党奉为马克思主义宗教观的全部内容。

真正使宗教与社会主义国家的相互关系得到妥善处理的，是邓小平同志。他在中国社会主义建设和改革开放的实践中，经过长期艰苦探索最终解决了困扰当代社会主义运动的难题，他关于宗教问题的论述和以此为基准制定的历史文献，是指导我们开展宗教工作的宝贵财富。应当看到，邓小平同志对宗教问题的论述完全不同于马克思主义经典作家，他更多的是从具体实践中发现问题、研究问题、解决问题。其论述特征是言简意赅、实事求是，有强烈的实践指导意义。

一、关于民族工作与宗教工作的关系

民族是包括一定的经济关系和一定的思想关系的综合形态；宗教只是作为特定民族社会生活的一部分，是从属民族而存在的。马克思主义经典作家没有对民族工作与宗教工作的关系作相关研究，周恩来同志最早注意到了这个问题。在谈到藏区宗教工作时，他说：“对藏区的寺庙应该采取更慎重的态度，我们从来都是主张尊重兄弟民族的宗教信仰自由的，在改革中牵扯到寺庙的耕地等问题，必须慎重对待。如果寺庙的经费发生困难，政府可予以救济。”[5]但他没有对这个问题作深入思考，得出科学的结论。建国初，邓小平在主持西南地区军政工作时，较深刻地研究了民族工作与宗教工作的关系，发现了二者之间的内在联系。他十分清楚汉民族与其他少数民族的历史关系，认为在实践中宗教与少数民族问题密不可分。“在中国的历史上，少数民族与汉族的隔阂是很深的……少数民族要经过一个长时期，通过事实，才能解除历史上大汉族主义造成的他们同汉族的隔阂”，“所有这些事情……要大多数人赞成，特别是上层分子赞成，……因为在少数民族地区，由于历史的、政治的、经济的特点，上层分子作用特别大，进步力量在那里面很少，影响很小”[6]。在这里，邓小平所谓的上层分子是些什么人呢？我们知道，在政教合一的少数民族地区，达赖、班禅、活佛、各级喇嘛、土司、头人就是上层分子。如达赖喇嘛既是西藏地方噶夏政府的首脑，又是藏传佛教的教主；但在世俗社会中，其扮演得更多的角色是宗教领袖。邓小平同志所说的争取上层分子的赞成，在很大程度上就是通过做宗教工作，把中国共产党奉行的宗教信仰自由，尊重各少数民族宗教信仰的政策向达赖、班禅、活佛和大小喇嘛讲清楚，解除其思想上的疑虑，把不同信仰的分歧搁置一边，求同存异，齐心协力推动各少数民族民主改革事业，促进汉民族与各少数民族的共同发展。这项符合实际的方针政策的实施结果是极大地加快了西南地区的民族问题的解决。“过去藏汉两族隔阂很深，但是我们进军西南……尊重藏民的风俗习惯、宗教信仰，不住喇嘛寺，这样就赢得了藏族同胞的信任。这是实行正确政策的结果。”[7]西南地区的这段工作经历，是邓小平成功处理民族工作与宗教工作相互关系的最早实践。

二、关于宗教与社会主义国家的关系

马克思、恩格斯由于时代的局限性，没有经历过消灭了剥削制度的社会主义社会，而列宁经历的时间太短，他们都不可能对社会主义时期的宗教与国家的关系作出合乎逻辑的、科学的预见。因此在实践中，直接导致了宗教与社会主义国家的关系一直不很和谐。在前苏联建国的70多年中，原苏共中央奉行的对宗教的政策可以说是基本上失败的，即使在某一历史时期（二战）对宗教采取过比较宽容的政策，但这无法改变其总的趋势。1929年，前苏联政府颁布实施了共68条的“宗教法令”，其中甚至规定：教会没有法人权利，也不准向其教徒提供物质帮助；宗教活动被严格控制在固定场所，等等。社会主义阵营里的另外一个激进国家阿尔巴尼亚干脆公开决定灭教，1967年它向世界宣布已成为第一个无宗教国家。尽管其他前东欧社会主义国家执政党实施了相对的宗教信仰自由政策，较好地处理宗教与社会主义国家的关系，但并没有从根本上改变宗教与社会主义国家的紧张状态。

邓小平同志作为中国共产党的第二代领导集体的核心，对当代国际共产主义运动中的宗教与社会主义国家的关系问题进行了深入研究，完整地提出了有关方针政策，形成了有中国特色的马克思主义宗教理论。1980年在接见班禅时，他指出：“对于宗教，不能以行政命令的办法，但宗教方面也不能搞狂热，否则同社会主义、同人民的利益相违背。”第一次明白无误地指出了社会主义时期的宗教与国家的关系应当遵循的原则：宗教方面不能违背宪法法律的规定，搞宗教狂热，人为地发展宗教势力；政府对宗教也不能采取行政命令措施，限制或消灭宗教。既然对宗教不能采取行政命令，那么怎样对待一个拥有庞大社会力量的宗教实体呢？1982年，在他的领导下，中共中央制定了《关于我国社会主义时期宗教问题的基本观点和基本政策》，全面而透彻地回答了怎样对待社会主义时期的宗教与国家关系的方针政策，科学地阐明了宗教信仰自由政策的内涵，提出了依法处理宗教问题，使宗教与社会主义制度相适应相协调；共产党对社会主义时期的宗教的态度既不是限制、消灭宗教，也不是利用其来为国家服务，只能是“调动一切积极因素，团结一切可以团结的力量，同心同德，群策群力，维护和发展安定团结的政治局面，为把我国建设成为现代化的社会主义强国而奋斗”[8]，“在社会主义条件下，解决宗教问题的唯一正确的根本途径是……经济、文化和科学技术事业的逐步发展，通过社会主义物质文明和精神文明的逐步发展，逐步地消除宗教得以存在的社会根源和认识根源”[9]。

在现阶段研究解决宗教问题的目的不是限制或消灭宗教实体，而是要逐步消除宗教现象得以存在的社会根源和认识根源，为宗教现象的逐步消亡创造必要条件。这就是邓小平对马克思列宁主义宗教理论最伟大的贡献。

三、关于宗教界的基本评价

宗教的世界观是典型的唯心主义，这与社会主义国家所坚持的马克思主义意识形态相冲突，由此引出了对社会主义时期宗教界的基本面貌应持什么看法，这成为每一个社会主义国家执政党必须回答的问题。以斯大林为首的原苏联共产党没有认真对待这个问题，始终不能正视东正教的变化，依然视其为“永远是反动的力量”，“宗教过去是，现在仍旧是属于反动的思想体系”，“宗教有害于共产主义的建设事业……共产主义教育的首要任务是与宗教进行思想斗争”[10]。这样的思维方式不可避免地必然导致实践中的错误。

我国在上个世纪50—60年代曾经也进行过有益的探索，时任中共中央统战部部长的李维汉提出：“解放12年来，……宗教界的情况起了根本变化。”获得了周恩来的认同，但却没有得到全党的首肯而形成共识，随着极“左”思潮的泛滥，这些可贵的思想反而成为李维汉被打倒的依据。

党的十一届三中全会后，邓小平同志领导全党对各项事业进行了拨乱反正。在统战工作领域，他率先充分肯定了我国宗教界已经发生的变化。1979 年 6 月，全国政协会议召开，在致词中他强调“各民族的不同宗教的爱国人士有了很大的进步”，他们作为“其他爱国人士也能够利用自己的专长和社会关系，在现代化建设事业和祖国统一大业中做出自己的贡献”[11]。这是新中国建立以来，中共中央最高领导人对我国宗教界基本面貌的第一次正式表态，这个评价直接促成了党对宗教工作的拨乱反正，具有特别重要的意义。1982 年中共中央制定的《关于我国社会主义时期宗教问题的基本观点和基本政策》，更是开宗明义地强调“经过社会经济制度的深刻改造和宗教制度的重大改革，我国宗教的状况已经起了根本变化，宗教问题上的矛盾已经主要是属于人民内部矛盾”[12]。如此客观公正地评价宗教界已经发生的变化，是世界其他社会主义国家未曾有的，体现了邓小平大无畏的革命气概和实事求是的马克思主义作风，我们完全有理由把它视为对马克思主义宗教理论宝库的极大丰富和发展。

注释：

[1] 马克思，恩格斯．马克思恩格斯选集：第 3 卷[M]．人民出版社，1972．P354。

[2] 马克思，恩格斯．马克思恩格斯选集：第 1 卷[M]．人民出版社，1972．P2．

[3] 列宁．列宁全集：第 15 卷[M]．人民出版社，1972．P379．

[4] 毛泽东．毛泽东选集：第 1 卷[M]．人民出版社，1978．P33．

[5] 民族宗教手册[Z]．教育出版社，1987．P19，52，58．

[6] 邓小平．邓小平文选：第 1 卷[M]．人民出版社，1979．P162．

[7] 邓小平统一战线思想研究[Z]．成都出版社，1991．P299，43．

[8] 邓小平．邓小平文选：第2卷[M]．人民出版社，1979.P173.
[9] 新时期统一战线文献汇编[Z]．人民出版社，1981.P209，205.
[10] 宗教论文选集[Z]．南京大学出版社，1995.P235—236.
[11] 邓小平统一战线思想研究[Z]．成都出版社，1991.P299，43.
[12] 新时期统一战线文献汇编[Z]．人民出版社，1981.P209，205.

（摘自《贵州大学学报〈社会科学版〉》2004年第6期）

试析中国共产党第三代领导集体的宗教理论

何启林

党的十三届四中全会以来，特别是1990年全国宗教工作会议以来，以江泽民同志为核心的党的第三代领导集体，根据冷战结束后国际格局的一系列变化和民族宗教问题日益突出的新形势，结合我国改革开放和现代化建议的实践，在处理和解决我国宗教问题的实践中，提出了一系列指导我国宗教工作的理论观点、政策和工作准则，逐步形成了内容丰富、思想深刻、特色鲜明、体系完整、适应时代需要的宗教理论。本文试就这一理论的主要内容作一探讨。

（一）关于宗教和宗教问题的基本观点。全面正确地贯彻党的宗教信仰自由政策，依法管理宗教事务，积极引导宗教与社会主义社会相适应。宗教作为特殊而又复杂的社会历史现象，有其发生、发展和消亡的客观规律，马克思早已阐明宗教既是社会意识形态，又是一种社会组织和社会力量，它的产生和存在的历史比阶级、国家等社会现象更长久。从古至今在人类历史的长河中，宗教一直不同程度地影响和控制着人们的精神世界和世俗生活。尽管社会主义已经消灭了剥削制度，但宗教赖以存在的条件还没有消失。为此，江泽民同志在2001年全国宗教工作会议上强调说："科学分析宗教问题，深刻认识宗教问题的特殊性和复杂性，正确把握宗教的活动规律，是我们做好宗教工作的前提。"

他认为宗教问题从来就不是孤立存在的，宗教是同政治、经济、文化、民族等方面历史和现实的矛盾相交错，具有特殊复杂性。要立足于我国社会主义初级阶段的基本国情，充分认识宗教存在的长期性，以及在复杂的国际形势下宗教问题所具有的特殊复杂性，我们必须正确认识社会主义条件下宗教存在的长期性，既不能用行政的力量去消灭宗教，也不能用行政的力量去发展宗教，而是要积极引导宗教与社会主义社会相适应，立足长远，着眼当前，坚持不懈地做好宗教工作。

（二）关于宗教问题重要性的思想。宗教问题是一个“大问题”，“做好宗教工作，具有重大意义。”中共中央［1991］6号文件《关于进一步做好宗教工作若干问题的通知》指出，正确对待和处理宗教问题，是我国社会主义建设事业中的一个重要课题，是建设有中国特色社会主义的一个重要内容。在1993年的全国统战工作会议上，江总书记提出了著名的“民族宗教无小事”论断，指出宗教问题关系到我们国家的安定团结，关系到民族团结、祖国统一，关系到我们整个社会主义物质文明和精神文明建设，也关系到渗透与反渗透，和平演变与反和平演变的斗争。也就是说，宗教工作如果做得好，可以促进社会主义建设，如果做不好，就会被阶级敌人和国际反动势力所利用。因此，做好宗教工作，具有重大意义。2001年12月12日召开的全国宗教工作会议上提出“宗教工作是党和国家工作中的重要组成部分，在党和国家事业发展的大局中有重要的地位。”江泽民同志指出：“在当前国内外形势下，党对宗教工作的领导，政府对宗教工作的管理，只能加强不能削弱，做好宗教工作，关系到加强党同人民群众的血肉联系，关系到推进两个文明建设，关系到加强民族团结，保持社会稳定，维持国家安全和祖国统一，关系到我国的对外关系。要求全党同志必须从保证党和国家长治久安，促进改革发展稳定大局的政治高度观察和处理宗教问题，充分认识宗教工作的重要性，增强责任感和紧迫感。”这就把宗教问题在社会主义建设中的重要性提升到新的高度。

（三）关于宗教信仰自由的思想。中国共产党第三代领导集体始终坚持宗教信仰自由原则，在实际工作中采取积极措施保障各族群众宗教信仰自由的权利，使我国早已确立的宗教信仰自由的政策得到全面正确的贯彻落实。江泽民同志在2001年全国宗教工作会议上指出：“要全面正确地贯彻宗教信仰自由政策。”他认为宗教信仰自由是我们党一项长期的基本政策，是宪法赋予公民的一项基本权利，是我们党维护人民利益，尊重和保护人权的重要体现，也是最大限度团结人民群众的需要。我们实行宗教信仰自由政策的根本出发点和落脚点，就是要大力加强广大信教和不信教群众的团结，把他们的力量凝聚到建设有中国特色社会主义这个共同目标上来，全面正确地贯彻宗教信仰自由政策，一方面要尊重每个公民信仰宗教的自由和不信仰宗教的自由；另一方面要坚持权利与义务的统一。宗教必须在宪法和法律规定的范围内活动，宗教活动不得妨碍社会秩序、工作秩序和生活秩序。这样，就完整准确地揭示了我国宗教信仰自由政策的内涵，表明我国的宗教信仰自由政策与国际社会公认的原则既相一致，又具有鲜明的中国特色。

（四）关于依法管理宗教事务的思想。实行改革开放以来，境外敌对势力一直不断地对我国进行渗透和破坏活动，民族分裂主义分子也利用宗教破坏祖国统一和民族团结，而且，境内外敌对势力相勾结，利用宗教进行分裂祖国的活动，已经影响到一些地方的社会稳定；一些已被废除的宗教封建特权和压迫制度也死灰复燃，因宗教问题而引发的社会矛盾时有发生。针对国内外形势的变化、发展和宗教方面出现的新情况，党中央、国务院在1991年制定下发了《关于进一步做好宗教工作若干问题的通知》，要求继续认真贯彻党的宗教信仰自由政策，同时，第一次提出要依法对宗教事务进行管理，明确了依法管理的内容和目的。1993年，在全国统战工作会议上，江泽民同志再次强调要依法加强对宗教事务的管理。2001年12月12日，江泽民同志在全国宗教工作会议上指出："要依法管理宗教事务，这是我们实行依法治国的必然要求。"他认为依法进行管理，就是要切实保障宗教信仰自由，保证宗教活动的有序进行，保护宗教团体的合法权益。我国实行政教分离的原则，任何宗教都没有超越宪法和法律的特权，都不能干预国家行政、司法和教育等国家职能的实施。宗教方面涉及国家利益和社会公共利益的事项和活动，必须纳入依法管理的范围。不能以宗教信仰自由和政教分离为借口，放弃或摆脱国家对宗教事务的管理；绝不允许恢复已废除的宗教封建特权和宗教压迫剥削制度；绝不允许利用宗教反对党的领导和社会主义制度，破坏国家统一和国内外各民族之间的团结；绝不允许利用宗教损害国家和社会的利益，妨碍其他公民的合法权利。依法管理宗教事务的要旨是："保护合法，制止非法，抵御渗透，打击犯罪。"全面准确地阐述了中国共产党第三代领导集体依法管理宗教事务的内涵，表明我国对宗教事务的管理走上了法制化、规范化的轨道，其意义十分深远。

（五）关于引导宗教与社会主义相适应的思想。1993年江泽民同志在全国统战工作会议上，提出积极引导宗教与社会主义社会相适应的思想。他指出："贯彻宗教信仰自由也好，依法加强对宗教事务的管理也好，目的都是为了引导宗教与社会主义社会相适应。"2001年的全国宗教工作会议上江泽民同志再次强调："要积极引导宗教与社会主义社会相适应。这是我们党从社会主义初级阶段这一基本国情出发，总结新中国成立以来宗教工作成功经验作出的科学论断，是我国宗教发展的正确方向。"我们积极引导宗教与社会主义社会相适应，不是要求广大宗教界人士和信教群众放弃宗教信仰，而是要求他们热爱祖国，拥护社会主义制度，拥护共产党的领导，遵守国家的法律、法规和方针政策；要求他们从事的宗教活动要服从和服务于国家的最高利益和民族的整体利益；支持他们努力对宗教教义作出符合社会进步要求的阐释；支持他们与各族人民一道反对一切利用宗教进行危害社会主义祖国和人民利益的非法活动，为民族团结、社会发展和祖国统一多做贡献。

（六）关于坚持独立自主自办教会，抵御境外势力利用宗教进行渗透的思想。我国天主教、基督教实行独立自主自办教会和“三自”（自治、自养、自传）的方针，不受外国势力的支配和干预，这是我们总结长期历史经验得出的基本结论。江泽民同志在2001年的全国宗教工作会议上指出：“要坚持独立自主自办的原则，坚决抵御境外势力利用宗教进行渗透。”他强调：“坚持独立自主的宗教原则，是基于我国曾长期遭受帝国主义侵略与掠夺，有的宗教被帝国主义控制和利用的历史事实，是我国信教群众作出的自主选择，为我国社会各界所欢迎，并得到世界许多国家宗教组织和人士的理解和支持。”这些论述表明了我们坚持独立自主自办教会的方针，是几百年来历史经验的深刻总结，是使我国宗教与社会主义相适应的根本途径。

同时，江泽民同志还强调：“要继续鼓励和支持宗教在独立自主，平等友好，互相尊重的基础上开展对外交流，增进与各国人民和宗教界的相互了解和友谊，为维持世界和平作出积极贡献。”要求我们有针对性地加强对外宣传工作，把宗教政策和宗教信仰自由的实际情况介绍给各国人民及宗教界，以增进了解，减少误会，争取国际舆论，维护我国的国际形象。

（七）关于支持宗教团体加强自身建设，培养新一代爱国宗教人士的思想。中国共产党第三代中央领导集体在处理宗教问题时，一贯支持宗教团体加强自身建设，十分关心培养新一代爱国宗教人士。江泽民、李瑞环多次在讲话中强调各级党委和政府要支持宗教团体加强自身建设。因为“宗教团体是党和政府联系、团结、教育宗教界人士和信教群众的桥梁。”充分发挥爱国宗教团体的作用，是贯彻执行好党的宗教政策，使宗教活动正常化的重要保证。要充分发挥爱国宗教组织的桥梁作用，必须推动爱国宗教团体搞好自身建设，我们“要指导、帮助和支持宗教团体结合各宗教的特点，加强思想、组织、制度等方面的建设。”江泽民同志不仅阐述了第三代领导集体支持宗教团体加强自身建设的态度、原因及宗教团体加强自身建设的重点内容，而且为宗教团体的自身建设提出了具体要求。

中国共产党第三代领导集体把培养新一代爱国宗教人士和宗教团体自身建设结合起来，非常关心培养新一代宗教界爱国人士的工作，并把它作为一项重要的战略任务。江泽民同志指出“宗教人士的政治倾向，言行品德，宗教修养，对信教群众有着重要影响”。他认为要处理好我国的宗教问题，使宗教尽可能与社会主义社会相适应，没有一大批政治上热爱祖国，接受党的领导，拥护社会主义制度的宗教人士是不可能的。因此，努力培养新一代爱国宗教人士，是全面贯彻党的宗教自由政策的需要，是依法加强对宗教事务的管理，开展正常宗教活动的需要，是引导宗教与社会主义社会相适应的需要，是继续巩固和扩大党的爱国宗教统一战线的需要。

（八）关于在宗教工作中必须坚持“四个维护”的思想。“四个维护”即维护法律尊严，维护人民利益，维护民族团结，维护祖国统一。这是新时期中国共产党第三代领导集体在解决宗教问题过程中关于正确处理民族、宗教方面矛盾的新提法，也是所有宗教团体、宗教界人士都必须遵循的行为准则。1993年，在解决西部地区发生的宗教教派纷争时中央提出，必须高举两面旗帜，即高举维护人民利益的旗帜，高举维护法律尊严的旗帜，使一场群众械斗很快平息下去。1995年，中央处理十世班禅转世问题时，在坚持高举两面旗帜的基础上又提出要坚持“四个维护”，从而圆满完成了十一世班禅的转世、认定、坐床。此后，“四个维护”便成为处理宗教方面突发性事端的基本原则，也成为制止和平息一些民族分裂主义分子掀起突发性事件的有力武器。经过多年的实践证明，“四个维护”既保护了爱国宗教界的合法地位和正当权益，又为我们识别和处理有关宗教问题提供了鉴别标准，具有深刻而丰富的内涵和重大的现实意义。

（九）关于加强党对宗教工作领导的思想。宗教工作是党和政府工作大局中的重要组成部分，自1989年以来，在中央多次召开的统战工作会议和宗教民族工作会议上都涉及到宗教问题，而且，中央召开专门研究宗教问题的会议就达5次之多，这在共和国的历史上是罕见的。在2001年的全国宗教工作会议上江泽民同志指出：“在当前国内外形势下，党对宗教工作的领导，政府对宗教事务的管理，只能加强不能削弱。”他强调“加强党对宗教工作的领导，是做好新世纪初宗教工作的根本保证，各级党委和政府要高度重视宗教工作，宗教工作最根本的是做信教群众的工作，是要团结和教育信教群众为祖国富强和民族振兴积极贡献力量。”认为要做好宗教工作，就必须要按照三个代表的要求大力加强基层党组织建设。江泽民同志的这些论述，为我党加强对宗教工作的领导指明了方向，增强了各级党委和政府管理宗教事务的责任感。

（十）关于巩固和扩大党同宗教界爱国统一战线的思想。党同各民族爱国宗教界的统一战线是新时期统一战线的重要组成部分。早在1991年江泽民同志就明确提出了以“政治上团结合作，信仰上互相尊重”作为处理党和国家同宗教界人士之间关系的原则，在2001年的宗教工作会议上江泽民进一步强调：“要在爱国主义和社会主义旗帜下，继续巩固和发展党同宗教界的爱国统一战线。要经常听取宗教界人士的意见和建设，凡涉及宗教界方面的重大问题，要同他们充分协商。”由此可以看出，我党的第三代领导集体非常重视巩固和发展党同宗教界的爱国统一战线，不仅指出了建立统一战线的政治基础，而且提出了我们处理同宗教界的统一战线关系的原则、方法和形式，这一切都进一步调动了宗教界人士的爱国热情和进行社会主义建设的积极性，对维护民族团结、社会稳定和祖国统一等起到了积极的作用，使广大宗教界人士和信教群众积极投身现代化建设，使党同宗教界的爱国统一战线得到了日益巩固和发展。

综上所述，中国共产党第三代领导集体的宗教理论之所以产生和发展，根本原因在于我国宗教工作随着改革开放的不断深入和社会主义市场经济的建立以及国际形势的变化，面临着许多新问题，出现了许多新情况，要求我们党从理论上给予说明和指导。也正因为如此，中国共产党第三代领导集体的宗教理论才表现出鲜明的时代性。中国共产党第三代领导集体是我国跨世纪宗教工作的领导和决策中枢，其理论探索的着眼点是解决我国宗教工作面临的各种实际问题，重在实效，力求“管用”。宗教理论来源于实践，又直接应用于实践，服务于实践，而且以实践为目的。这一理论为我国解决跨世纪宗教工作中的实际问题提供了方法和客观的思路，并体现在具体的战略、政策和措施中，推动着实践的不断发展，又具有突出的实践性特点。通过十几年的探索和积累，中国共产党第三代领导集体对我国新时期宗教和宗教工作的基本情况和发展规律已有了全面而深刻的认识，对处理和解决新时期宗教问题的方针、原则、方法有了完整的归纳和总结，从总体上对我国宗教工作起着宏观的指导作用，而且对我国宗教工作的每一个重要方面都有论述和涉及，其宗教理论成为新世纪我国宗教工作的指导思想，体系更加科学与完整。

参考文献：

[1]　邓小平. 新时期统一战线理论学习纲要[M]. 北京：华文出版社. 1998.

[2]　党政干部统一战线知识读本[M]. 北京：华文出版社. 1999.

[3]　全国统战工作会议精神学习回答[M]. 北京：华文出版社. 2001.

（摘自《青海民族学院学报》〈社会科学版〉2002年第9期）

江泽民对马克思主义宗教观的理论创新

何虎生　吴伟锋

在刚刚结束的党的十六大政治报告中，江泽民把党的宗教工作列为十三届四中全会以来党领导中国人民在建设有中国特色社会主义事业中所取得的主要成就和经验之一，并适时地阐明了党在现阶段宗教工作的总方针。党的宗教工作之所以取得如此大的成绩，积累了如此丰富的经验，提出了如此明确的方针和政策，其中很大程度上得益于江泽民对马克思主义宗教观的理论创新。"创新是一个民族进步的灵魂，是一个国家兴旺发达的不竭动力，也是一个政党永葆生机的源泉。……实践基础上的理论创新是社会发展和变革的先导。"[1]十三届四中全会以来，江泽民以马克思主义不断创新的理论勇气，从建设有中国特色社会主义的实践出发，在总结国内外处理宗教问题的经验教训的基础上，提出了一系列关于中国宗教工作的新思想、新观点，形成了指导中国宗教工作的新的理论成果。

一、立足于党和国家事业发展的大局，要求全党"高度重视宗教工作"

宗教问题具有长期性、复杂性、群众性、民族性、国际性等特点。做好宗教攻作，关系到加强党同人民群众的血肉联系，关系到推进社会主义物质文明和精神文明建设，关系到加强民族团结、保持社会稳定、维护国家安全和祖国统一，关系到中国的对外关系。正因如此，江泽民多次要求全党“高度重视宗教工作”。这是十三年来党的宗教工作取得巨大成就，积累丰富经验的根本保证，也是江泽民对马克思主义宗教观的一个伟大理论创新。

（一）正确处理宗教问题，是建设有中国特色社会主义的一个重要内容，宗教工们是党和国家工作的重要组成部分，在党和国家事业发展的大局中占有重要的地位。中国老一辈无产阶级革命家毛泽东、邓小平等都十分重视宗教工作。十三届四中全会以来，以江泽民为核心的第三代领导集体把宗教工作放到党和国家发展的大局中去考虑、去落实，一再强调其重要性。1990 年 12 月江泽民在全国宗教工作会议上，特别强调宗教工作的重要性，指出：“宗教问题是个大问题。因为它关系到我们整个国家的安定团结，关系到民族的团结、祖国的统一，关系到我们整个社会主义物质文明和精神文明的建设，也关系到渗透与反渗透、和平演变与反和平演变的斗争。就是说，宗教工作如果做得好，可以对促进社会主义建设起好作用；如果做得不好，就会被国内外敌对势力所利用。因此，做好宗教工作具有重大的意义。”[2]这就把党的宗教工作放到建设有中国特色社会主义的高度去认识、去考虑，提高了全党对宗教工作的认识。1993 年 11 月，江泽民在全国统战工作会议上强调：“民族、宗教无小事。全党都要……高度重视民族工作和宗教工作，对当前存在问题的潜在危险性，要十分警觉，切不可掉以轻心。”[3]这一论断，是对国内外宗教工作经验教训的深刻总结，是对全党同志的重要告诫。在世纪之交召开的第 19 次全国统战工作会议上，江泽民根据国内外的历史和现实状况，根据世界上连绵不断的战乱和冲突大都与民族宗教问题有关的客观事实，明确提出了“没有民族问题、宗教问题的正确解决，就没有国家的团结、稳定和统一”[4]的重要论断，这对全党同志进一步认识党的宗教工作的重要战略地位，具有振聋发聩的作用。在2001年12月召开的全国宗教工作会议上，江泽民再次强调："对宗教问题在当今世界政治社会生活中的影响，决不可低估。无论是做好国内各项工作，还是开展对外工作，都要求我们密切关注宗教问题。""全党同志必须从保证党和国家长治久安，促进改革发展稳定大局的政治高度观察和处理宗教问题，充分认识做好宗教工作的重要性，增强责任感和紧迫感。"[5]明确提出了宗教工作是党和国家工作的重要组成部分，在党和国家工作中占有重要地位，这充分表明了江泽民对宗教工作的重视。

（二）要全面正确地贯彻执行党的宗教信仰自由政策，并保持这一政策的稳定性和连续性。在十六大政治报告中江泽民把"全面贯彻党的宗教信仰自由政策"[6]作为坚持和完善社会主义民主制度的一项基本内容。宗教信仰自由是中国共产党的一贯主张和政策。但在"文化大革命"中遭到了严重破坏，粉碎"四人帮"后，党的宗教信仰自由政策得到恢复。十三届四中全会以来，江泽民进一步完善和发展了这一政策。江泽民认为："宗教信仰自由是我们党一项长期的基本政策，是宪法赋予公民的一项基本权利。尊重和保护公民的信仰自由权利，是我们党维护人民利益、尊重和保护人权的重要体现，也是最大限度团结人民群众的需要。"[7]江泽民全面阐明了宗教信仰自由政策的内涵，指出，一方面，"既有信教的自由，也有不信教的自由；既有信这一种教或某一教派的自由，也有信那一种教或另一教派的自由。不信教的要尊重信教的，信教的也要尊重不信教的。"[8]另一方面，"要求坚持权利与义务的统一。宗教必须在宪法和法律规定的权利与义务范围内活动，宗教活动不得妨碍社会秩序、工作秩序和生活秩序。"[9]江泽民强调："我们实行宗教信仰自由政策根本出发点和落脚点，就是要大力加强广大信教和不信教的群众的团结，把他们的力量凝聚到建设有中国特色社会主义这个共同目标上来。”[10]江泽民代表党和国家几次重申，这一政策会保持稳定性和连续性。他说：“我们党的宗教信仰自由政策一定会保持稳定性和连续性，是绝对不能改变的。这是因为，四十年实践中正反两方面的经验证明：这个政策是正确的，只要正确贯彻这一政策，就有利于民族团结、国家和社会稳定，有利于社会主义建设，否则，就会产生多方面负效应。”[11]他还强调，要给那些有声望的宗教界人士讲清楚，我们党的宗教政策是稳定的，宗教信仰自由政策是绝对不会改变的。在这里，江泽民把党的宗教信仰自由作为一个必然长期坚持的政策公诸于世，表明中国共产党虽然是无神论者，同时又承认宗教和宗教信仰存在的历史合法性，给宗教界和信教群众吃了定心丸，有利于团结包括宗教界和信教群众在内的人民共同建设有中国特色的社会主义事业，完成中华民族的伟大复兴。

（三）“要把宗教工作列入各级党委、政府的议事日程。”[12]当前，全党的中心任务是集中力量发展社会主义经济。为什么要高度重视宗教工作呢？江泽民认为：“因为宗教工作做好了，有利于促进我们国家的稳定，促进我们的社会主义建设。”[13]他要求“各级党委和政府都要高度重视宗教工作，把它列入议事日程，及时发现问题，把问题解决在萌芽状态”。[14]但是，宗教问题从来都不是孤立存在的，它总是同政治、经济、文化、民族等方面历史和现实的矛盾相交错，具有特殊复杂性。因此，他又要求：“要协调各个方面力量，共同做好宗教工作。……宗教工作既是宗教部门的事，但又不单单是宗教一个部门的工作。各地、各部门都要互通情况，密切协作，相互配合，共同做好宗教工作。”[15]在这里，江泽民把宗教工作作为党和政府的一项重要职责，这就解决了如何加强党对宗教工作领导的一个关键问题，把各级党委和政府高度重视宗教问题，认真贯彻党的宗教政策，切实做好宗教工作落到了实处。

江泽民站在党和国家事业发展大局的战略高度，要求全党“高度重视宗教工作”，这就把宗教工作从新中国建立以来作为部门的、局部的工作转变为全党的、全局的工作，提高了宗教工作的地位；江泽民一再强调党的宗教信仰自由政策的稳定性、连续性，消除了信教群众的顾虑，有利于团结广大信教群众，共同建设有中国特色的社会主义事业；江泽民要求把宗教工作列入党和政府的一项重要职责，这就把宗教工作落到了实处。这些都是对中国共产党宗教工作在实践基础上的经验总结和理论升华，是对马克思主义宗教观的一次发展与创新，对于不断开创党和国家宗教工作的新局面具有极为重要的意义。

二、把宗教工作纳入依法治国方略之中，明确要求“依法管理宗教事务”

在十六大政治报告中江泽民把“依法管理宗教事务”[16]作为坚持和完善社会主义民主制度的重要内容，把宗教工作纳入了依法治国的方略之中。

依法治国是江泽民治国方略的重要组成部分，当然也包括依法管理宗教事务。江泽民指出：“政府对有关宗教的法律、法规和政策的贯彻实施进行行政管理和监督。”[17]依法管理宗教事务的要旨，是“保护合法，制止非法，抵制渗透，打击犯罪”[18]。江泽民就依法管理宗教事务进行过全面的论述，具体来说，就是依法保护公民的宗教信仰自由权利，保护正常的宗教活动，保护宗教团体的合法利益；依法制止各种不属于宗教范畴的非法活动，取缔非法组织；依法抵制境外敌对势力利用宗教进行渗透；依法打击打着宗教旗号进行的分裂活动和犯罪活动等。这是马克思主义宗教观在中国的新发展，是对中国社会主义建设中出现的宗教问题的新解释和新解决。

(一)“依法管理宗教事务是我们实行依法治国方略的必然要求。”[19]江泽民一再强调依法治国在建设有中国特色社会主义事业中的重要性，十五大报告指出：“依法治国是党领导人民治理国家的基本方略，是发展社会主义市场经济的客观需要，是社会文明进步的主要标志，是国家长治久安的重要保障。”[20]依法治国当然也包括依法管理宗教事务。长期以来，中国对宗教事务的管理都是依靠单纯的条例和政策，有很大的随意性。依法管理宗教事务就要求政府管理宗教事务必须按宪法的有关法律、法规及规范性文件进行，政府宗教事务部门必须依法行政和依法管理，宗教必须在法律、法规和政策的范围内活动。这就解决了宗教信仰自由的政策的两个方面的问题，一是信教的自由得到了保障，二是信教的自由必须在法律、法规和政策等的允许下进行，并且不得干预其他不信教群众的自由。在依法治国的进程中，宗教工作应该从单纯依靠行政政策做指导，逐步转到法制轨道上来，从制度上和法律上保证党的宗教政策的贯彻和实施，保证人民的宗教信仰自由的真正落实。

(二)依法管理宗教事务是中国共产党总结国际国内处理宗教问题的经验教训所得出的重要结论。在国际和国内，在处理宗教事务中都有较深刻的教训。以苏联为例，十月革命后，苏联先后制定了一系列宗教法规，基本上做到了依法对宗教事务的管理。但戈尔巴乔夫执政后，着手制定新的《关于信仰自由和宗教组织法》。新法删除了宪法第52条规定的“进行无神论宣传的权利”，删除了“禁止在学校讲授任何宗教的教义”的规定，放宽了宗教组织登记以及宗教组织拥有财产的范围等等，这就从法律方面放松了对宗教事务的管理。[21]当国内矛盾重重，国内外敌对势力利用宗教进行政治渗透时，这些宽松的法令便形同一纸空文，根本无法实施对宗教事务的有效管理，从而为宗教政治势力的发展大开方便之门。东欧其他国家的巨变也有类似的情形。在中国，在相当长一段时间内，党和政府主要运用行政政策而不是法律手段来管理宗教，这容易出现因执行人员理解上的差异而导致主观随意性，也容易出现因领导人或领导人意志的改变而改变，难以保证政策贯彻的稳定性和连续性。从而造成宗教界和信教群众的合法权益得不到保障，利用宗教进行的各种违法犯罪活动得不到有效的打击，造成了宗教工作的被动。“依法管理宗教事务”就可以使宗教工作有法可依，有法必依，依法维护宗教工作的严肃性，使党的宗教信仰自由政策得到真正落实。

（三）依法管理宗教事务，能够解决中国宗教工作中存在的问题。随着党的宗教政策的完善和发展，中国宗教工作取得了可喜的成绩。同时，在新形势下，也出现了许多新问题，江泽民将这些问题概括为：“一些地方滥建、扩建寺观教堂，频繁进行大型宗教活动，信教群众的宗教负担加重，有的地区竟达到年纯收入的百分之二十。利用宗教干涉行政、司法、教育、婚姻和群众生产、生活的现象时有发生，有的地方甚至恢复了早已被废除的宗教特权和压迫剥削制度。有的地方教派纷争，发生流血事件。特别值得注意的是，国外敌对势力加紧利用宗教进行渗透活动，扶植地下势力，建立非法组织，同爱国宗教团体争夺寺观教堂的领导权。此外，有的地方还存在侵犯公民宗教信仰自由权利和宗教团体合法利益的现象。”[22]以上这些问题，在今后相当长的时期内都会存在，有的还会更加突出，只有依靠法制，建立健全宗教领域内的法律法规制度，依法管理宗教事务，才能将这些问题控制在有限的范围内，不使其扩大发展，并逐步加以消除，保证社会的稳定和国家的团结统一。

（四）依法管理宗教事务，使中国对宗教事务的管理逐步走向了法制化、制度化的轨道。为依法加强对宗教事务的管理，中国中央政府和地方政府颁布了一系列的法律和法规。1994 年 1

月31日，国务院正式颁布了《中华人民共和国境内外国人宗教活动管理规定》和《宗教活动场所管理条例》，这是新中国成立以来除宪法外，第一次以法律、法规的形式，公之于众的政府对宗教进行管理的专门性条例，标志着中国向宗教立法迈出了重要一步。此后，国家宗教事务局陆续制定了一些部门规章，主要有《宗教活动场所登记办法》（1994年4月13日）、《宗教活动场所年度检查办法》（1996年7月29日）、《宗教院校聘用外籍专业人员办法》（1998年11月29日）、《中华人民共和国境内外国人宗教活动管理规定实施细则》（2000年9月26日）等。同时，部分省、市、自治区也制定并颁布了地方性宗教法规。这些都标志着中国对宗教事务的管理逐步走向法制化、规范化的轨道，这也是十三届四中全会以来中国宗教工作健康、稳定发展的根本保证。江泽民“依法管理宗教事务”的重要思想，是继承马列主义、毛泽东思想、邓小平理论中有关宗教信仰自由、政教分离的宗教观的基本内核，结合中国和国际当前的实际，所作出的科学论断，它有利于“保护正常的宗教活动和宗教界的合法权益，也有利于防止和制止不法分子利用宗教和宗教活动制造混乱、违法犯罪，有利于抵制境外敌对势力利用宗教进行渗透”。[23]这是党的宗教信仰自由政策在法律上的体现，也是中国依法治国进程的一大成果。这就从法律上规定了信教和不信教者有同等的权力，解决了信教群众也是建设有中国特色社会主义的重要力量的一个关键问题，是对马克思主义宗教观的一次理论创新。

三、在总结新中国宗教工作成功经验的基础上，全面阐述了“积极引导宗教与社会主义社会相适应”的理论

早在新中国成立初期，毛泽东在接见西藏致敬团时重申：“共产党对宗教采取保护政策，信教的和不信教的，信这种教的和信别的教的，一律加以保护，尊重其宗教信仰，今天对宗教采取保护政策，将来也仍然采取保护政策。”[24]宗教信仰自由政策得到广大宗教界人士和信教群众的拥护，他们积极参加社会主义革命和建设，为“宗教与社会主义社会相适应”创造了前提。改革开放以来，以邓小平为主要代表的中国共产党人，对宗教与社会主义社会的关系进行了积极探索，使广大信教群众在思想上、心理上将持守宗教信仰与拥护社会主义较好地协调起来，为“宗教与社会主义社会相适应”奠定了基础。十三届四中全会以来，江泽民把宗教与社会主义社会相适应理论不断推向前进，全面阐述了“宗教与社会主义社会相适应”的理论，在十六大政治报告中江泽民又对这一理论作了新的阐述，并把其列入坚持和完善社会主义民主制度的基本内容。

（一）第一次阐述了“宗教与社会主义社会相适应”的基本内涵。宗教在社会主义社会存在是一客观事实，但如何解释这一内涵，前人没有结论。1991 年中共中央、国务院制定下发的《关于进一步做好宗教工作若干问题的通知》（中发 1991 年 6 号文件）指出：“动员全党、各级政府和社会各方面进一步重视、关心和做好宗教工作，使宗教与社会主义社会相适应。”这是“相适应”理论的第一次正式提出。1993 年，江泽民同志在全国统战工作会议上，把积极引导宗教与社会主义社会相适应纳入到

著名的“三句话”之中。江泽民在1999年3月同全国政协九届二次会议的民族、宗教界委员座谈时阐述了宗教与社会主义社会相适应的含义，在2000年12月4日的全国第19次统战工作会议上他又加以重申，2001年12月10日，他在全国宗教工作会议上进一步作了全面概括：“包括信教群众在内的广大人民群众的根本利益的一致性，我国各宗教自身的改革和进步，是宗教与社会主义社会相适应的两个基础。积极引导宗教与社会主义社会相适应，不是要求宗教界和信教群众放弃宗教信仰，而是要求他们热爱祖国，拥护社会主义制度，拥护共产党的领导，遵守国家的法律、法规和方针政策；要求他们从事的宗教活动要服从和服务于国家的最高利益和民族的整体利益；支持他们努力对宗教教义作出符合社会进步要求的阐释；支持他们与各族人民一道反对一切利用宗教进行危害社会主义祖国和人民利益的非法活动，为民族团结、社会发展和祖国统一多做贡献。”[25]这就把引导宗教与社会主义社会相适应作为一项长期的、战略性目标确定下来，指明了正确处理我国社会主义历史条件下宗教问题的大方向。

（二）论证了中国宗教与社会主义社会相适应的必要性和可能性。社会主义社会是当代中国的客观现实，在当代中国存在宗教也是客观事实，宗教适应社会现实是宗教存在和发展的必然规律。江泽民指出：“综观我国和世界的宗教历史，可以发现一个共同的规律，就是宗教要适应其所处的社会和时代才能存在和延续，十六世纪基督教发生的马丁·路德宗教改革就是一个例子。我国是社会主义国家，我国宗教是在社会主义条件下存在和活动的，必须与社会主义社会相适应。这既是社会主义社会对我国宗教的客观要求，也是我国各宗教自身存在的客观要求。”[26]中国宗教与社会主义社会相适应不仅是必要的，而且是可能的：（1）我们党和宗教界之间有着共同的政治基础。这个政治基础就是“广大宗教信徒是拥护社会主义制度的，同全国人民在根本利益上是一致的。”[27]新中国成立后，中国各宗教通过开展反帝爱国运动和宗教制度的民主改革，政治上发生了根本的变化。宗教界的爱国人士和广大信教群众拥护党的领导，拥护社会主义制度，成为爱国统一战线的重要组成部分。在社会主义条件下，广大爱国的宗教界人士和信教群众与不信教群众在根本利益上是一致的，可以团结一致，共同致力于建设中国特色的社会主义。(2) 宗教本身含有为社会主义服务的积极因素。如在宗教教义方面，佛教提倡建立“庄严国土、利乐有情”；基督教提出“爱国爱教”，“荣神益人”；伊斯兰教宣传“爱国是伊玛尼（信仰）的一部分”，等等。在宗教道德方面，要求乐善好施、敬老爱幼、惩恶扬善、和睦邻里等。这些积极因素都可以为社会主义服务，正是基于此，江泽民提出要“利用宗教教义、宗教教规和宗教道德中的某些积极因素为社会主义服务”。[28] (3) 中国宗教也迈出了与社会主义社会相适应的步伐。江泽民指出：“我国过去进行的宗教制度改革，在天主教、基督教方面革掉帝国主义操纵和控制，实行独立自主、自办教会，在佛教和伊斯兰教方面革掉封建剥削和压迫制度，是完全必要和正确的，使我国宗教界迈出了与社会主义社会相适应的重要一步。”[29]近年来，为适应社会主义建设的新形势、新任务，中国宗教界努力实践“宗教与社会主义社会相适应”的要求。如“基督教界开展了神学思想建设，藏传佛教界开展了寺庙爱国主义教育，天主教界开展了民主办教，伊斯兰教界开展‘解经’工作，佛教、道教界在这方面也进行了积极探索”[30]。这是中国共产党人第一次对这一问题进行全面论证，在理论上解决了在中国宗教将长期存在并能与社会主义社会相适应，这一困扰人们思想的难题。

（三）指明了“积极引导宗教与社会主义社会相适应”应该遵循的原则。宗教与社会主义社会相适应只解决了一个宗教和社会主义的关系问题，还需要解决宗教如何与社会主义相适应、如何为社会主义服务的问题。江泽民指出：“党的各项工作，都要坚持、体现和贯彻‘三个代表’的要求。”[31]宗教工作作为党和国家工作的重要组成部分，当然也要坚持、体现和贯彻“三个代表”的要求。因而，要“引导宗教与社会主义社会相适应”，就应该做到：(1) 着眼于先进生产力的发展要求。引导宗教界根据国家经济发展的要求，积极、稳妥、慎重地进行宗教内部事务的调适，逐步改革那些与生产力发展要求不相适应的旧的宗教传统和礼仪，使宗教逐渐成为社会主义上层建筑中促进生产力发展的积极因素。(2) 着眼于先进文化的前进方向。引导有学识、有远见的宗教界人士不断提高自己的思想道德素质和科学文化素质，积极主动地进行先进宗教文化的研究和建构；引导信教群众本着不偷、不淫、不贪、忍耐等道德自律去自觉参与社会主义道德实践，以自身的善行去谋求人与人、人与社会、人与自然的安宁与和平，谋求形成一个健康的经济与社会生活规范。(3) 着眼于中国最广大信教群众的根本利益（信教群众的根本利益与中国最广大人民的根本利益是一致的）。引导广大信教群众本着爱国、爱教的思想原则，与不信教群众团结一致，共同参与社会主义改革开放的伟大实践，在社会不断发展进步的基础上，使信教群众不断获得切实的经济、政治、文化利益。在这里江泽民既解决了宗教如何与社会主义相适应，如何为社会主义服务的问题，又解决了人们对宗教的偏见，对于团结爱国宗教界和信教群众有重大的意义。

江泽民关于“积极引导宗教与社会主义社会相适应”的提出，从理论上丰富和发展了马克思主义宗教观，对建立有中国特色社会主义的宗教理论具有重要意义。从实践上说，它对于端正干部的政策思想，加强和改善党对宗教的工作，使之适应改革开放和现代化建设的新形势，对于我们紧密团结信教群众，共同致力于建设有中国特色社会主义的伟大事业，不断开创宗教工作的新局面，具有重大而深远的意义。

四、把信教群众视为社会主义建设的积极力量，进一步巩固和发展中国共产党同宗教界的爱国统一战线

正确看待和对待信教群众，服从和服务于无产阶级革命的总任务，本来是马克思主义宗教观的一个重要战略和策略。但许多人还是习惯于把有神论和无神论的区别等同于政治上的对立，把信教群众视为“异己力量”。有的人甚至认为“信教群众是民族分裂主义的基础”。因而，实际工作中对宗教采取简单粗暴手段的情况时有发生。江泽民明确指出：“我们党代表最广大人民群众的根本利益，当然也包括广大信教群众的合法利益。”[32]“我国信仰各种宗教的群众有一亿多，他们也是建设有中国特色社会主义的积极力量。我们必须团结、教育和引导这部分群众，把他们在生产和工作中的积极性、创造性充分调动起来，以利依靠和团结全体人民共同推进社会主义物质文明和精神文明建设。”[33]这就肯定了信教群众的政治地位。

宗教界人士和宗教团体，是党和政府联系、团结、教育广大信教群众的桥梁，是带领信教群众爱国守法，维护社会稳定和民族团结，共同致力于建设有中国特色社会主义的骨干力量，更是积极引导宗教与社会主义社会相适应，创立与我国社会主义社会相适应的中国化神学体系的依靠力量和带头力量。江泽民十分重视巩固和发展我们党同宗教界的爱国统一战线，强调要在爱国主义和社会主义的旗帜下，进一步巩固和发展我们党同宗教界的爱国统一战线。

（一）按照“政治上团结合作、思想上互相尊重”的原则处

理中国共产党同宗教界朋友之间的关系。宗教界人士同广大信教群众有着密切联系，对信教群众的精神生活有着不可忽视的重要影响。江泽民指出："宗教界人士的政治倾向、言行、品德、宗教修养，对信教群众有着重要的影响。"[34]政治上团结合作，思想上相互尊重，是中国共产党处理同宗教界人士关系的一项重要原则。1991年1月30日，江泽民邀请中国各宗教团体领导人到中南海做客时首次提出了这一原则，他指出："我国各宗教团体的主要领导人，是在同我们党长期合作共事中经受了考验，可以完全信赖的朋友。在我国宗教界还有一大批同我们党真诚合作的朋友。……概括来说，我们党处理同宗教界朋友之间的关系的原则是政治上团结合作、思想上互相尊重。这一点是永远不会变的。"[35]这一原则是对党的统一战线理论的新发展，得到了宗教界人士和广大信教群众的衷心拥护。2001年12月，江泽民在全国宗教工作会议上进一步指出："尊重信教群众的信仰，是把我国一亿多信教群众紧密团结在党和政府的周围的前提。如果对他们的信仰不尊重、不理解，甚至采取错误的做法，广大信教群众就不会靠拢我们，就会与党和政府离心离德。我们共产党人坚持马克思主义的无神论，但不能简单地把无神论与有神论的差异等同于政治上的对立，无神论者与有神论者思想信仰虽然不同，但在如爱国、维护祖国统一、拥护社会主义等涉及政治立场和政治方向的原则问题上是可以一致的。因此，必须坚持政治上团结合作、思想上互相尊重。"[36]实践证明，只有在政治上真诚团结合作，才能真正做到信仰上相互尊重；而只有在信仰上相互尊重，才能有效巩固和加强政治上的团结合作，这是中国共产党统一战线理论在新的历史条件下，在宗教工作中的新发展。

（二）支持宗教团体加强自身建设。在中国，宗教团体对信教群众有着重要的作用，是党联系信教群众的桥梁。江泽民指出："宗教团体是党和政府联络、团结、教育宗教界人士和信教群众的桥梁。……要指导、帮助和支持宗教团体结合各宗教的特点，加强思想、组织、制度等方面的建设。”[37]在思想建设方面，要结合各宗教的特点，指导宗教团体加强对教职人员和信教群众的爱国主义、社会主义教育，独立自主自办教会原则的教育和政策、法制的教育；在组织建设方面，要帮助宗教团体加强全国和地方宗教团体的领导班子和工作班子建设，积极物色和培养后备力量，稳妥解决新老交替的问题；在制度建设方面，要支持和推动宗教团体建立和健全各项规章制度，搞好自我管理。支持宗教团体加强自身建设，就是党在新时期统一战线在宗教界巩固自己的阵地，是党对宗教工作的重要内容，也是贯彻执行党的宗教政策的极其重要的前提条件。

（三）努力培养新一代爱国爱教教职人员。培养新一代爱国爱教的教职人员是中国宗教事业的发展和保证宗教与社会主义事业相适应方向的需要。江泽民强调：“我们必须下力气培养一支拥护党的领导、拥护社会主义制度、有学识的年轻的爱国爱教教职人员队伍。”[38]因为，“培养一支政治上热爱祖国，拥护共产党领导，走社会主义道路，而且具有一定的宗教学知识，能联系信教群众的年轻的宗教教职人员队伍，关系到我国宗教组织的将来面貌，也关系到我们党同宗教界长期合作的大问题，具有战略意义”[39]。他希望，各级爱国宗教团体把这件事认真抓起来，各级党委统战部门和政府宗教部门要帮助和支持把这件事办好。江泽民在这里解决了两个问题，一是解决了中国宗教界人士年龄断层，人才青黄不接的局面。二是解决了中国宗教与社会主义相适应的方向问题，新的宗教人才必须是爱教和爱国相结合，必须是与社会主义社会相适应，为社会主义服务的。

十三届四中全会以来，江泽民根据国内外宗教问题的新形势，结合中国改革开放和现代化建设的新实践，对宗教工作作出了一系列新的重要论述、决策和部署，丰富和发展了马克思主义宗教观，是中国共产党对马克思主义宗教理论的重大贡献。

江泽民开拓了马克思主义宗教观的新境界。他既继承了马克思主义、毛泽东思想和邓小平理论中关于宗教问题之基本理论和基本政策，结合当前中国宗教的实际，总结中国和外国宗教方面的经验教训，在继承马克思主义宗教观的基础上，又有了新的突破，开拓了马克思主义宗教观的新境界。

江泽民把对当代中国宗教问题的认识提高到了一个新的科学水平。宗教问题是社会主义建设事业中必须面对的社会问题。江泽民结合中国的实际，既坚持了马克思主义宗教观的基本原理，又运用于中国的实际，抓住了如何看待宗教在社会主义国家将长期存在这一现实，党和政府采取什么样政策这一根本问题，深刻地揭示了社会主义宗教问题的本质，把对社会主义宗教问题的认识提高到了一个新的科学水平。

江泽民形成了关于当代中国宗教问题的科学体系。江泽民关于宗教问题的认识，贯穿了马列主义、毛泽东思想、邓小平理论中有关宗教问题的基本观点，总结了中国和国外宗教工作的实践，贯穿解放思想、实事求是、开拓创新与时俱进的思想路线，围绕“全面贯彻党的宗教信仰自由政策，依法管理宗教事务，积极引导宗教与社会主义社会相适应，坚持独立自主的原则”[40]等社会主义时期宗教的一系列根本问题，第一次系统地阐述了在建设有中国特色社会主义伟大事业中，关于当代中国宗教的一系列基本问题，形成了比较完备的科学体系，是对马克思主义宗教观的一次伟大的理论创新。

注释：

[1] 江泽民：《全面建设小康社会，开创中国特色社会主义事业新局面——在中国共产党第十六次全国代表大会上的报告》(2002 年 11 月 8 日)，人民出版社，2002 年 11 月版，第 12 页。

[2] 江泽民：《一定要做好宗教工作》，载《新时期宗教工作文献选编》，宗教文化出版社，1995 年版，第 199 页。
[3] 江泽民：《高度重视民族工作和宗教工作》，载《新时期宗教工作文献选编》，宗教文化出版社 1995 年版，第 250 页。
[4] 江泽民：《2000 年 12 月 4 日在全国统战工作会议上的讲话》。转引自《新世纪的曙光》，载《中国宗教》，2001 年第 1 期。
[5] 江泽民：《在全国宗教工作会议上的讲话》，载《人民日报》，2001 年 12 月 13 日。
[6] 江泽民：《全面建设小康社会，开创中国特色社会主义事业新局面——在中国共产党第十六次全国代表大会上的报告》(2002 年 11 月 8 日)，人民出版社，2002 年 11 月版，第 33 页。
[7，9，10] 江泽民：《在全国宗教工作会议上的讲话》，载《人民日报》，2001 年 12 月 13 日。
[8] 江泽民：《必须树立马克思主义的民族观和宗教观》，载《新时期宗教工作文献选编》，宗教文化出版社，1995 年版，第 184 页。
[11] 江泽民：《保持党的宗教政策的稳定性和连续性》，载《新时期宗教工作文献选编》，宗教文化出版，1995 年版，第 210 页。
[12，13，14，15] 江泽民：《一定要做好宗教工作》，载《新时期宗教工作文献选编》，宗教文化出版社，1995 年版，第 201、201、201、203—204 页。
[16] 江泽民：《全面建设小康社会，开创中国特色社会主义事业新局面——在中国共产党第十六次全国代表大会上的报告》(2002 年 11 月 8 日)，人民出版社，2002 年 11 月版，第 33 页。
[17] 江泽民：《保持党的宗教政策的稳定性和连续性》，载《新时期宗教工作文献选编》，宗教文化出版，1995 年版，第 211 页。
[18，19] 江泽民：《在全国宗教工作会议上的讲话》，载《人民日报》，2001 年 12 月 13 日。
[20] 江泽民：《高举邓小平理论伟大旗帜，把建设有中国特色社会主义事业全面推向二十一世纪》(1997 年 9 月 12 日)，载《十五大以来重要文献选编》上册，人民出版社，2000 年 6 月版，第 31 页。
[21] 龚学增：《民族问题与宗教问题》，中共中央党校出版社 1994 年版，

第200页。
[22] 江泽民:《高度重视民族工作和宗教工作》,载《新时期宗教工作文献选编》,宗教文化出版社,1995年版,第250页。
[23] 江泽民:《保持党的宗教政策的稳定性和连续性》,载《新时期宗教工作文献选编》,宗教文化出版社,1995年版,第211页。
[24] 《当代中国的宗教工作》(上),当代中国出版社,1999年1月版,第79页。
[25,26] 江泽民:《在全国宗教工作会议上的讲话》,载《人民日报》,2001年12月13日。
[27] 江泽民:《高度重视民族工作和宗教工作》,载《新时期宗教工作文献选编》,宗教文化出版社,1995年版,第255页。
[28,29] 江泽民:《高度重视民族工作和宗教工作》,载《新时期宗教工作文献选编》,宗教文化出版社,1995年版,第255页。
[30] 叶小文:《社会主义与宗教的历史新篇》,载《中国宗教》2002年第1期。
[31] 江泽民:《论"三个代表"》,中央文献出版社,2001年8月版,第16页。
[32] 江泽民:《在全国宗教工作会议上的讲话》(2001年12月10日),载《江泽民论有中国特色社会主义(专题摘编),中央文献出版社,2002年8月版,第374页。
[33] 《紧密团结信教群众,共同致力于建设有中国特色社会主义的伟大事业》,载《人民日报》2001年12月13日。
[34] 江泽民:《在全国宗教工作会议上的讲话》,载《人民日报》,2001年12月13日。
[35] 江泽民:《保持党的宗教政策的稳定性和连续性》,载《新时期宗教工作文献选编》,宗教文化出版1995年版,第209—210页。
[36,37] 江泽民:《在全国宗教工作会议上的讲话》,载《人民日报》,2001年12月13日。
[38] 江泽民:《一定要做好宗教工作》,载《新时期宗教工作文献选编》,宗教文化出版社1995年版,第203页。
[39] 江泽民:《保持党的宗教政策的稳定性和连续性》,载《新时期宗教工

作文献选编》，宗教文化出版社 1995 年版，第 212 页。
[40] 江泽民：《全面建设小康社会，开创中国特色社会主义事业新局面——在中国共产党第十六次全国代表大会上的报告》(2002 年 11 月 8 日)，人民出版社，2002 年 11 月版，第 33 页。

（摘自《世界宗教研究》2003 年第 6 期）

当代中国的马克思主义宗教观

何虎生

马克思主义具有与时俱进的理论品质，作为其重要组成部分的马克思主义宗教理论，必然也会随着时间、空间和条件的改变而不断丰富、发展和创新。中共第三代领导集体的宗教观既是对马克思主义宗教理论的历史性继承，更是对其在新的历史条件下的创造性发展，是马克思主义宗教理论在当代中国发展的新的里程碑。

一、全面阐述了宗教与社会主义社会的关系、如何正确对待信教群众、依法管理宗教等一系列理论问题，开拓了马克思主义宗教理论的新境界。

长期以来，我们在建设社会主义事业中，对宗教与社会主义社会的关系、信教群众的政治地位、如何管理宗教等一系列涉及社会主义社会宗教和宗教问题的基本理论阐述得很不够，在实践中也缺少明确的理论指导，中共第三代领导集体的宗教观对此进行了阐述和回答。

（一）在总结新中国宗教工作成功经验的基础上，全面阐述了“积极引导宗教与社会主义社会相适应”的理论。宗教与社会主义社会的关系问题，是个历史性难题，马克思主义经典作家没有给出现成的答案，其他社会主义国家也缺乏成功的实践经验，宗教与社会主义社会的关系常常陷入两难的境地。20 世纪 90 年代，以江泽民为核心的中共第三代中央领导集体提出了“积极引导宗教与社会主义社会相适应”的新的处理社会主义社会与宗教关系的理论。江泽民指出：“要积极引导宗教与社会主义社会相适应。这是我们党从社会主义初级阶段这一基本国情出发，总结新中国成立以来宗教工作的成功经验作出的科学论断，是我国宗教发展的正确方向。”[1]这就从根本上回答了宗教在社会主义社会的地位问题，肯定了宗教在社会主义社会的生存权，为社会主义时期宗教的健康发展提供了正确的方向，也为其他社会主义国家处理好与宗教的关系提供了一个成功的范例。

（二）明确了信教群众在建设中国特色社会主义事业中的地位，强调了团结信教群众，进一步巩固和发展中国共产党同宗教界的爱国统一战线。一段时期以来，我们有些人对信仰宗教的群众，不可否认地存在着某些偏见，不利于团结全国各族人民一心一意投身于建设中国特色的社会主义事业。江泽民明确指出：“我们党代表最广大人民群众的根本利益，当然也包括广大信教群众的合法利益。”[2]“我国信仰各种宗教的群众有一亿多，他们也是建设有中国特色社会主义的积极力量。我们必须团结、教育和引导这部分群众，把他们在生产和工作中的积极性、创造性充分调动起来，以利依靠和团结全体人民共同推进社会主义物质文明和精神文明建设。”[1]这就明确肯定了信教群众在我国享有和其他公民一样的平等的政治地位，都是社会主义事业的建设者，任何人不得因信仰的不同而对其加以歧视和给予不公正的政治待遇。宗教界人士同广大信教群众有着密切联系，对信教群众的精神生活有着不可忽视的重要影响，江泽民指出：要按照“政治上团结合作、思想信仰上互相尊重”的原则处理中国共产党同宗教界朋友的关系。他说：“我国各宗教团体的主要领导人，是在同我们党长期合作共事中经受了考验，可以完全信赖的朋友。在我国宗教界还有一大批同我们党真诚合作的朋友……概括来说，我们处理同宗教界朋友之间的关系的原则是政治上团结合作、思想信仰上互相尊重。这一点是永远不会变的。”[3]这一原则是中国共产党统一战线理论在新的历史条件下，在宗教工作中的新发展，为处理信教与不信教和信仰不同宗教的群众之间的关系树立了一个准则，开拓了宗教工作的新视野，既团结了信教群众，又发挥了宗教界上层人士在党和政府与信教群众之间的桥梁作用，扩大和巩固了新时期的爱国统一战线。

（三）在总结新中国建立以来对宗教管理的正反两方面经验教训的基础上，明确提出宗教工作要纳入依法治国的方略之中，要求“依法管理宗教事务”。如何管理宗教事务，也是社会主义国家面临的难题。宗教问题既是个精神领域的问题，也是一个社会问题，更是一个政治问题，对此如何进行妥善管理，积极引导，关系到国家的长治久安和社会文明程度的提高。江泽民指出：“依法管理宗教事务，是我们实行依法治国方略的必然要求。”[2]长期以来，我国对宗教事务的管理都是单纯的条例和政策性的，有一定的随意性。政府管理宗教的法律依据不足，信教群众的信仰自由得不到充分保证，双方都无法可依，都不是很满意。依法管理宗教事务就要求政府管理宗教事务必须按宪法和有关法律、法规及规范性文件进行，宗教必须在法律、法规和政策允许的范围内活动。这样，就从法律层面解决了如何对待宗教问题，使宗教信仰自由政策和对宗教的管理有法可依，有了可操作性，也使依法治国在管理宗教事务上得到了体现。

中共第三代领导集体宗教观全面阐述了宗教与社会主义社会相适应的理论，提出了团结信教群众和宗教界上层人士的新的原则，解决了宗教与社会主义社会相适应的法律难题，扩大和巩固了新时期的爱国统一战线，进而开拓了马克思主义宗教理论的新境界。

二、对社会主义社会宗教的特点、当代中国宗教工作的基本

状况和地位有了新的认识，把中国共产党人对宗教和宗教问题的认识提高到了一个新的科学水平。

宗教和宗教问题是中国共产党人在社会主义建设事业中必须面对和解决的社会问题。中共第三代领导集体宗教观抓住了如何看待宗教在社会主义国家将长期存在的客观现实，党和政府应采取什么政策这一根本问题，深刻地揭示了社会主义国家宗教问题的本质，阐明了当代中国宗教的基本状况、宗教工作在党和政府工作中的地位等一系列理论和政策。

（一）从马克思主义宗教理论的基本观点出发，对社会主义时期宗教的一系列重大问题有了新的认识。关于宗教在社会主义社会存在和发展的自然根源、社会根源和认识根源，江泽民指出："宗教的存在有着深刻的社会历史根源，将会长期存在并发生作用。"[1] "社会主义制度的建立，有利于消除宗教存在的阶级根源，但宗教存在的其他社会根源和自然根源、认识根源的消失，则需要经历一个极为漫长的历史时期。"[4]关于宗教的社会作用，江泽民指出："我国宗教的社会作用仍然具有两重性，既有积极的一面，也有消极的一面，还会受到一定范围内存在的阶级斗争和国际上一些复杂因素的影响。""社会主义社会为发挥宗教的积极因素、抑制消极因素创造了有利条件。"[2]关于宗教的消亡及途径，他指出："宗教走向最终消亡可能比阶级、国家的消亡还要久远。"[5] "我们解决宗教问题的根本途径只能是发展社会主义的物质文明和精神文明，逐步消除宗教赖以存在的根源。也就是说，必须把经济建设搞上去，必须提高人们的科学文化素质。经济建设搞不上去，人的科学文化素质提不高，就宗教论宗教是解决不了问题的。"[3]这就对马克思主义有关宗教的基本观点进行了在社会主义条件下的新的阐释，得出了既符合马克思主义基本原理，又符合中国社会主义建设实际的新的认识，消除了人们在社会主义社会宗教和宗教问题上的认识和理论误区。

（二）在对宗教本质进行马克思主义理论思考后，对社会主义社会事实上存在的宗教的本质有了新的认识，实现了认识论上的质的和历史性的飞跃。江泽民指出：“要引导宗教与社会主义社会相适应……改革不适应社会主义的宗教制度和宗教教条，利用宗教教义、宗教教规和宗教道德中的某些积极因素为社会主义服务。”[3]这样就克服了过去对宗教认识上全面否定，认为其是“人民的精神鸦片”的单纯认识，实现了对宗教由事实认识到价值认识的历史性飞跃。新中国建立后，中国共产党提出了著名的宗教“五性”论，改革开放以来，中国共产党在坚持“五性”论的基础上进一步指出，宗教是一种复杂的社会历史现象，有其自身发生、发展和消亡的过程。这两者都是关于“宗教是什么”的事实性认识，尚属于确认“自在世界”。中共第三代领导集体宗教观则达到了关于“宗教该怎么样”的价值认识，属于“为我世界”，或可操作性世界，即纳入了人们的自觉实践范围，实现了由事实认识与价值认识相统一的飞跃，这是马克思主义关于宗教认识的一个重大突破。

（三）对当代中国宗教的基本状况和宗教工作的基本形势有了新的明确的判断，得出新的科学认识。当代中国的宗教状况发生了根本的变化。江泽民指出：“由于社会主义制度的建立、改革开放的深入和社会主义市场经济的发展，我国宗教存在的阶级根源已经基本消失，宗教存在的自然根源、社会根源和认识根源也发生了很大变化。社会主义社会为发挥宗教的积极因素、抑制消极因素创造了有利条件。新中国成立后，我国各宗教通过开展反帝爱国运动和宗教制度的民主改革，政治上发生了根本的变化。宗教界的爱国人士和广大信教群众拥护党的领导，拥护社会主义制度，成为爱国统一战线的重要组成部分。他们坚持爱国爱教、团结进步，党同宗教界团结合作的政治基础不断巩固。”[2]正是我国宗教方面发生的积极变化，才为中国共产党“积极引导宗教与社会主义社会相适应”提供了政治基础。宗教工作总的形势是好的，成绩是显著的，但也存在一些问题，有的还相当严峻。江泽民指出：“我们的民族工作、宗教工作中还存在一些问题，有的还相当严峻……在宗教工作方面，一些地方滥建、扩建寺观教堂，频繁进行大型宗教活动，信教群众的宗教负担加重，有的地区竟达到年纯收入的百分之二十。利用宗教干涉行政、司法、教育、婚姻和群众生产、生活的现象时有发生，有的地方甚至恢复了早已被废除的宗教封建特权和压迫剥削制度。有的地方教派纷争，发生流血事件。特别值得注意的是，国外敌对势力加紧利用宗教进行渗透活动，扶植地下势力，建立非法组织，同爱国宗教团体争夺寺观教堂的领导权。此外，有的地方也还存在侵犯公民宗教信仰自由权利和宗教团体合法权益的现象。”[3]正是鉴于宗教方面存在的一些问题，我们才把宗教工作纳入法制轨道，提出“依法加强对宗教事务的管理”。这种对宗教现实的认识有利于党和政府政策的制定，既解决了保证公民宗教信仰自由的问题，又解决了政府依法管理宗教事务的问题，是对实践的客观的真实的反映，是从感性认识到理性认识的巨大飞跃。

（四）从党和国家事业发展的大局去认识宗教工作的重要性，要求全党“高度重视宗教工作”。宗教工作是党和国家工作中的重要组成部分。江泽民强调：“宗教工作是党和国家工作的重要组成部分，在党和国家事业发展的大局中有着重要的地位。”[1]李鹏指出：“宗教问题涉及社会生活的许多方面，宗教工作是全党的工作。”[6]这就把宗教工作从新中国建立以来作为部门的、局部的工作转变为全党的、全局的工作，从而提高了对宗教工作重要地位的认识。做好宗教工作，是建设中国特色社会主义的重要内容。李鹏认为：“正确对待和处理宗教问题，是我国社会主义建设事业中的一个重要的课题，也是建设有中国特色社会主义的一个重要内容。”[6]1991 年 1 月，江泽民邀请我国各宗教团体领导人到中南海做客时指出："正确对待和处理宗教问题，是建设有中国特色的社会主义的一个重要内容。"[3]这就把宗教工作放到建设中国特色社会主义的高度去认识，去考虑，去落实。把宗教工作放到了事关国家团结、稳定和统一的高度去认识。江泽民指出："宗教问题是个大问题。因为它关系到我们整个国家的安定团结，关系到民族的团结、祖国的统一，关系到我们整个社会主义物质文明和精神文明的建设，也关系到渗透与反渗透、和平演变与反和平演变的斗争。就是说，宗教工作如果做得好，可以对促进社会主义建设起好作用；如果做得不好，就会被国内外敌对势力所利用。因此，做好宗教工作具有重大的意义。"[3]2000 年 12 月在第 19 次全国统战工作会议上，江泽民明确提出了"没有民族问题、宗教问题的正确解决，就没有国家的团结、稳定和统一"[7]的重要论断，把宗教问题提高到了直接与国家的团结、稳定和统一息息相关的高度。从如此高度认识宗教工作，在中国共产党的历史上是前所未有的。

中共第三代领导集体宗教观对社会主义社会存在的宗教的本质，社会主义社会宗教的一系列基本问题、基本状况、基本政策，与其在党和政府工作中的地位有了全新的认识和阐释，把对宗教和宗教问题的认识提高到了一个新的科学水平。

三、从世界政治、经济、文化格局的新变动来观察和思考宗教问题，对世界宗教问题，做出了新的科学判断。

宗教问题是一个世界性的敏感问题。江泽民指出："要了解当今世界必须了解宗教，对宗教问题在当今世界政治社会生活中的影响，绝不能低估。"[1]"许多国家和地区的民族、宗教矛盾激化，由此引发的武装冲突和局部战争此起彼伏。1990 年以来，世界上发生的武装冲突百分之八十起因于民族、宗教矛盾和领土争端。"[8]江泽民正是立足于宗教问题至今影响着世界政治、经济和文化发展的趋势这个角度，来观察和思考宗教问题的。

（一）注意宗教在国际政治新格局中的重大影响，防止宗教成为国际霸权主义干涉别国内政，进行侵略扩张的工具。20世纪80年代末90年代初，冷战结束，两极格局被打破，世界出现多极化的发展趋势，曾一度被两极格局所掩盖的民族、宗教问题纷纷突出起来。正如江泽民所说："随着持续半个世纪的两极格局的瓦解，一些国家和地区的民族分裂势力和宗教极端势力获得了前所未有的活动空间，他们打着民族和宗教'复兴'的旗号走上政治舞台。"[8]"不少国家和地区的民族矛盾、领土争端和宗教纷争突出起来，甚至酿成流血冲突和局部战争。"[9]另一方面，以美国为首的西方国家利用民族、宗教问题推行霸权主义，干涉别国内政，更加剧了这些矛盾。因此，江泽民指出："西方一些国家，把民族、宗教问题作为推行霸权主义和强权政治、干涉他国内政的借口，不断插手和利用民族、宗教纠纷，纵容和支持民族分裂势力和宗教极端势力，更加剧了民族、宗教问题的复杂性。"[8]正是鉴于以上宗教问题，江泽民要求全党要高度重视宗教工作，防止西方一些别有用心的国家利用所谓的宗教问题干涉中国内政，提出"民族、宗教无小事"的著名论断。

（二）注意经济全球化形势下，宗教问题的新变化，防止由于南北经济发展差距扩大化可能导致的宗教极端分子利用宗教进行活动的可能。20世纪90年代以来，世界经济发展的一个明显趋势，就是经济全球化进程加快。全球化是实力的竞争，发达国家在统一的国际市场中，在资源、资金、信息、人才等主要生产要素方面占有优势，在经济全球化中占主导方面，这就使各国各地区在全球发展中的地位和水平进一步出现差异。广大发展中国家面临许多新的挑战，发展更趋艰难，南北差距进一步扩大。江泽民指出："南北贫富差距日益扩大，部分发展中国家的经济发展停滞，贫困化现象加剧，也给民族分裂势力和宗教极端势力的滋长膨胀提供了条件。”[8]在这里，江泽民把宗教问题纳入国际经济发展的新环境中进行观察和思考，加深了我们对世界宗教问题的理解。

（三）注意在信息化的背景下，在加强文化交往过程中，防止国外宗教势力的渗透。宗教是一种人类历史文化现象，宗教文化是人类文化的一部分，它渗透于社会的不同领域。因而，江泽民指出：“宗教文化来源于世俗文化，是对世俗文化的吸取、积累和加工。建筑、绘画、雕塑、音乐、文学、哲学、医学等文化艺术中，不少都与宗教相关或有一定的宗教形式，因此宗教中积累的文化资源是传统文化的重要组成部分。”[4]从宗教文化发展史看，不同地域、不同民族的宗教文化，既相互开放吸引，又相互排斥斗争。20世纪90年代以来，世界多种文化相互激荡。作为世界文化重要组成部分的宗教文化，也是如此。鉴于这种情况，我们党和政府主张：开展宗教方面的国际友好交往，抵制境外敌对势力的渗透。江泽民指出：“要继续鼓励和支持宗教界在独立自主、平等友好、互相尊重的基础上开展对外交往，增进与各国人民及宗教界的相互了解和友谊，为维护世界和平作出积极贡献。”[1]又指出：“国内外敌对势力一直把利用宗教进行政治渗透作为他们对我国推行和平演变战略的一个重要手段。这实质上是政治问题。我国各爱国宗教团体应当教育自己的教职人员和信教群众，经常保持警惕，自觉地抵制这种渗透。”[3]既开展宗教方面的对外友好交往，又抵制宗教渗透，就解决了在世界各种思想文化相互激荡的条件下，如何做好宗教工作，如何保持我国宗教独立自主自办、健康发展的难题，也是唯物辩证法在处理宗教问题上的运用。

（四）中共第三代领导集体宗教观针对世界上宗教发展的新的问题及其日趋复杂的态势，对世界宗教问题作出了新的科学判断。江泽民指出：“观察世界的宗教问题，必须把握住其三个主要特点。第一个特点是：宗教的存在有着深刻的社会历史根源，将会长期存在并发生作用；第二个特点是：宗教与一定社会的经济、政治、文化问题交织在一起，对社会的发展和稳定产生重大影响；第三个特点是：宗教常常与现实的国际斗争和冲突相交织，是国际关系和世界政治中的一个重要因素。”[1]这是对世界宗教问题的主要特点的科学分析，也是对世界宗教问题作出的新的科学判断，是我们了解世界宗教问题，解决宗教争端的起点。

江泽民从世界政治、经济、文化格局的新变动出发，阐明了宗教在这一变动中的变化，并可能引发和已经引发的新变动，对世界宗教问题进行了客观的分析，并得出了新的科学判断。

四、对社会主义社会的宗教和宗教问题从基础层次、核心层次、目标层次等多方面展开论述，形成了关于当代中国宗教问题的科学体系。

中共第三代领导集体宗教观围绕“全面贯彻党的宗教信仰自由政策，依法管理宗教事务，积极引导宗教与社会主义社会相适应，坚持独立自主自办的原则”[10]等社会主义时期处理宗教问题的一系列指导方针，初步系统地回答了如何正确认识和处理我国社会主义条件下的宗教问题这一重大现实问题，形成了比较完备的科学体系。这一体系由四个相关联的层次构成。

（一）基础层次是关于宗教和宗教问题的基本论点。主要包括：（1）宗教有其产生、发展和消亡的过程，宗教走向消亡可能比阶级、国家的消亡还要久远。社会主义社会宗教将长期存在，不能用行政力量去消灭宗教，也不能用行政力量去发展宗教。（2）我国宗教的社会作用仍然具有两重性，既有积极的一面，也有消极的一面，还会受到一定范围内存在的阶级斗争和国际上一些复杂因素的影响。我国宗教方面的矛盾主要是人民内部矛盾，但在一定条件下也可能出现对抗性问题，要严格区分、妥善处理两类不同性质的矛盾。

（二）核心层次是团结信教群众，巩固和发展党同宗教界的统一战线，共同致力于建设有中国特色社会主义的伟大事业。主要包括：(1) 要宣传无神论，但不能简单地把有神论和无神论的区别等同于政治上的对立。对宗教界人士要坚持政治上团结合作，信仰上互相尊重。(2) 爱国宗教团体是党和政府联系信教群众的桥梁，要支持他们加强自身建设，自主开展活动，充分发挥作用。(3) 爱国宗教界人士是团结信教群众、维护社会稳定的重要力量。要有计划、有组织地培养爱国宗教教职人员队伍。信教群众是建设有中国特色社会主义的积极力量，要团结和教育信教群众为祖国富强和民族振兴积极贡献力量。

（三）主体层次是政策和法制保障，即全面正确地贯彻党的宗教信仰自由政策和依法管理宗教事务。主要包括：(1) 宗教信仰自由受宪法保护，公民有信仰宗教的自由，也有不信仰宗教的自由。(2) 国家依法对宗教事务进行管理，保护正常的宗教活动和宗教界的合法权益，制止和打击利用宗教进行的违法犯罪活动。(3) 坚持独立自主自办的原则，在平等的基础上开展宗教对外友好交往，抵御境外敌对势力利用宗教进行渗透，不允许境外任何宗教组织、团体和个人干预我国宗教事务。

（四）目标层次是积极引导宗教与社会主义社会相适应。主要包括：(1) 积极引导宗教与社会主义社会相适应。宗教界人士和信教群众要树立公民意识，把爱国与爱教结合起来，在法律、法规和政策允许的范围内活动。(2) 所有宗教团体和宗教界人士都必须维护法律尊严，维护人民利益，维护民族团结，维护国家统一。

这样，中共第三代领导集体宗教观既包括认识我国宗教问题的基本思想，又包括解决我国宗教问题的基本理论和基本政策方面的思想，还包括我国宗教工作的基本原则、方针和目标方面的思想，是一个新的完整的理论体系。它起始于宗教问题的地位和作用，立足于宗教问题的长远解决，着眼于当前改革、发展和稳定的大局，归结于积极引导宗教与社会主义社会相适应。四个相关联的层次及其展开的十大方面就形成了正确认识和处理我国社会主义社会宗教问题的理论政策体系——中共第三代领导集体宗教观。

总之，中共第三代领导集体宗教观是马克思主义宗教理论在当代中国的实际运用和发展，是马克思主义宗教理论与当代中国宗教实际相结合的新成果，是马克思主义宗教理论在当代中国发展的新的里程碑，是当代中国的马克思主义宗教观。

注释：

[1] 江泽民：《在全国宗教工作会议上的讲话》，载《人民日报》，2001年12月13日。

[2] 江泽民：《在全国宗教工作会议上的讲话》（2001年12月10日），载《江泽民论有中国特色社会主义》（专题摘编），中央文献出版社，2002年版，第374、375、372页。

[3] 江泽民：《保持党的宗教政策的稳定性和连续性》，载《新时期宗教工作文献选编》，宗教文化出版，1995年版，第209—210、200、254—255、249—250、210、199、250、211—212页。

[4] 叶小文：《社会主义与宗教的历史新篇》，载《中国宗教》，2002年第1期。

[5] 叶小文：《社会主义的宗教论》，载《红旗文稿》，2003年第1期。

[6] 李鹏：《进一步重视、关心和做好宗教工作》，载《新时期宗教工作文献选编》，宗教文化出版社，1995年版，第196、190页。

[7] 江泽民：《在全国统战工作会议上的讲话》（2000年12月4日），载《中国宗教》，2001年版，第1期。

[8] 江泽民：《在中央军委扩大会议上的讲话》（2000年12月11日），载《江泽民论有中国特色社会主义》（专题摘编），中央文献出版社，

2002 年版，第 520、521、521、521 页。
[9] 江泽民：《加快改革开放和现代化建设步伐，夺取有中国特色社会主义事业的更大胜利》（1992 年 10 月 12 日），载《十四大以来重要文献选编》（上册），人民出版社，1996 年版，第 35 页。
[10] 江泽民：《全面建设小康社会，开创中国特色社会主义事业新局面——在中国共产党第十六次全国代表大会上的报告》（2002 年 11 月 8 日），人民出版社，2002 年版，第 33 页。

（摘自《中央民族大学学报》〈哲学社会科学版〉2004 年第 3 期）

论中国化马克思主义宗教观

方立天

一、中国化马克思主义宗教观的界说和形成

一般而言，宗教观的内容主要包含三个方面：一是宗教本质观，即关于宗教的内在联系及其性质的观点；二是宗教价值观，即关于宗教的社会功能、作用和意义的观点；三是宗教历史观，即关于宗教的起源、演化及其规律的观点。19世纪中叶，马克思、恩格斯运用历史唯物主义的原理和方法，阐述了宗教的本质、根源、作用和演化规律，形成了马克思主义宗教观。后来列宁又进一步论述了宗教的社会根源和社会作用，以及无产阶级政党对待宗教的态度，普列汉诺夫等人也对宗教有所论述，丰富了马克思主义宗教观。中国共产党的三代领导集体和以胡锦涛同志为总书记的党中央在领导中国革命、建设和改革的实践过程中，对宗教提出了一系列重要观点，代表了马克思主义宗教观发展的最新成果、最新阶段。鉴于这些观点是结合中国国情和宗教教情提出的与时俱进的创新观点，是马克思主义宗教观中国化的产物，我们姑且称之为“中国化马克思主义宗教观”。

中国化马克思主义宗教观的概念与内涵的形成，是有其客观根据的。

（一）宗教既有共性，也有个性。如基督教讲上帝创造世界、

主宰世界，讲灵魂不灭，而早期佛教则是反对梵天（上帝）创造世界、主宰世界的，也有否定灵魂不灭论的倾向。又如，西方宗教一般强调人与神的对立、悬隔，而佛教则认为人与佛平等，人人都有佛性，都可成佛，道教也主张人可通过修炼成为神仙。由于东西方宗教义理特质的差别，难免导致人们对宗教的判断、论断的不同。这就要求人们在确立对宗教的根本观点时，要全面综合东西方宗教的特质，以揭示出宗教的普遍的本质、价值与演变规律。

（二）宗教在不同地区、不同国家的情况，是有很大差别的。不同国家宗教与政治的关系不同、宗教在社会生活中的地位不同，信教者与不信教者，以及信仰不同宗教者之间的关系不同，人们对宗教的功能、作用的看法也就会有所不同。

（三）宗教是不断演化的。宗教在不同历史时期，会由于社会制度和社会关系的变化而随之发生相应的变化，也会由于自身在发展过程中出现问题、矛盾而发生变化。随着社会制度的巨大历史变革，人们的宗教观念也要发生变革。宗教的演化，宗教观念的变革，要求马克思主义宗教观也要与时俱进。

中国化马克思主义宗教观经历了一个初步形成、曲折发展、不断充实和益臻完善的过程，大体上可以划分为三个阶段。

中国化马克思主义宗教观初步形成于新民主主义革命阶段。大革命时期，毛泽东在《湖南农民运动考察报告》中，提出了反神权的斗争要服从反封建的思想；抗日战争时期，毛泽东在《新民主主义论》中，提出了共产党人和宗教信徒建立反帝反封建的统一战线的重要主张。中国共产党还从建立抗日民族统一战线的实际出发，制定了国统区、沦陷区和各抗日根据地等不同地区的宗教政策。以毛泽东为首的中国共产党人开创了把马克思主义宗教观与中国宗教的具体实际相结合的道路。

新中国成立至50年代后期是中国化马克思主义宗教观的全

面形成时期，50年代后期至“文化大革命”结束是中国化马克思主义被扭曲、冲击的时期。新中国成立后，中国共产党作为执政党肩负着建设社会主义社会的历史使命，其中也包括如何处理全国宗教问题的艰巨任务。毛泽东、周恩来等人都亲自领导宗教工作，分别就佛教、基督教以及一般宗教问题发表了重要讲话，反复重申尊重和保护宗教信仰自由是中国共产党对宗教的基本政策，提出在宗教领域要正确处理两类不同性质矛盾的重要原则，同时还结合中国宗教的实际，就宗教的本质、作用、产生和存在根源、历史演变以及中国宗教的特点等问题，阐发了深刻而独到的见解。此外，1954年中共中央在《关于过去几年内党在少数民族中进行工作的主要经验总结》中提出的“宗教五性论”，即中国宗教的长期性、民族性、群众性、复杂性和国际性的论说，是中国宗教工作实践经验的总结，也构成中国化马克思主义宗教观的重要内容。令人遗憾的是，1957年后，反右派斗争的扩大化，波及了宗教界。在1966—1976年的“文化大革命”中，宗教更被视为“四旧”而被破除，宗教问题的正确理论和宗教工作的正确路线遭到了肆意践踏。

改革开放以来的二十多年，是中国化马克思主义宗教观由拨乱反正、正本清源到空前丰富、更趋完善的时期。针对“文化大革命”对党的宗教政策的破坏，以邓小平为核心的中国共产党第二代领导集体专门研究了宗教问题，并于1982年3月形成了《关于我国社会主义时期宗教问题的基本观点和基本政策》(通称中央19号文件)。该文件全面系统地总结了建国以来宗教问题上的正反两个方面的历史经验和教训，阐明了宗教的性质、内涵、根源；中国宗教的现状、趋势；宗教问题与民族问题的关联；坚持独立自主原则与抵制境外敌对势力利用宗教进行渗透；处理宗教问题要反对和防止的倾向，以及处理一切宗教问题与贯彻执行宗教政策的根本出发点和落脚点等一系列的基本观点。这是一个纲领性的文献，是集中体现党的中国化马克思主义宗教观成熟的标志性文献。

中国共产党第三代领导集体也非常重视宗教工作。江泽民强调“宗教问题是个大问题”[1]，“民族、宗教无小事”[2]。1991 年 2 月，中共中央、国务院颁发了《关于进一步做好宗教工作若干问题的通知》(通称中央 6 号文件)，全面地阐明了改革开放形势下做好宗教工作的政策。中共中央、国务院还相继召开一系列全国性的宗教工作会议，根据国内外的复杂形势和中国宗教的现状、特点，着重探索如何处理宗教与社会主义的关系，如何引导宗教与社会主义社会相适应的问题，并在总结新中国宗教工作成功经验的基础上，全面地阐述了“积极引导宗教与社会主义社会相适应”的命题，为中国宗教适应社会主义社会的协调发展开辟了广阔的道路。

以胡锦涛同志为总书记的党中央同样高度重视宗教工作，对宗教问题作出了一系列的批示，尤其是 2004 年 9 月下旬发表的《中共中央关于加强党的执政能力建设的决定》和 11 月 30 日国务院颁布的《宗教事务条例》，极大地提高了政府依法管理宗教事务的能力，推进了宗教工作的新进展。

从以上对中国化马克思主义宗教观形成的简要叙述中，我们初步可以看到其基本内涵约有四个方面：在马克思主义宗教本质观、宗教价值观和宗教历史观三方面都提出了一些新观点、新思想，至于“积极引导宗教与社会主义社会相适应”论断即宗教适应观，更是在当代宗教与社会主义社会关系理论上的崭新创造。以下分别就这四个方面的内容做一简要的论述。

二、中国化马克思主义宗教本质观

马克思主义宗教本质观的典型表述是恩格斯的一段话："一切宗教都不过是支配着人们日常生活的外部力量在人们头脑中的幻想的反映，在这种反映中，人间的力量采取了超人间的力量的形式。"[3]这是说，宗教是人们头脑中对超人间力量（神灵）的幻想的反映，宗教的本质是对神灵的幻想、笃信和崇拜。

毛泽东继承马克思主义宗教本质观，一再强调宗教是属于"人民内部的思想问题"、"精神世界的问题"[4]、"思想性质的问题"[5]。周恩来也说："我们只把宗教信仰肯定为人民的思想信仰问题。"[6]也就是说，宗教就其本质而言，是一种人民群众的思想信仰。更值得我们重视的是，毛泽东关于宗教是文化的观点。1947 年 10 月，毛泽东在转战陕北途中，来到葭县（今佳县）南河底村，该村村边山上有一名胜古迹白云观，毛泽东想上山一游。身边工作人员李银桥对此大惑不解，说那不过是些封建迷信，没什么好看的。毛泽东纠正说："片面，片面！那是文化，懂吗？那是名胜古迹，是历史文化遗产。"[7]1953 年 2 月 7 日，毛泽东在全国政协一届四次会议上说："我们这个民族，从来就是接受外国的优良文化的。我们的唐三藏法师，万里长征，比后代困难得多，去西方印度取经。"[8]毛泽东把道教、佛教都视为文化，甚至是优良文化。毛泽东关于宗教是文化的观点，是中国化马克思主义宗教本质观的集中体现。

中共中央《关于我国社会主义时期宗教问题的基本观点和基本政策》开宗明义指出："宗教是人类社会发展一定阶段的历史现象，有它发生、发展和消亡的过程。宗教信仰，宗教感情，以及同这种信仰和感情相适应的宗教仪式和宗教组织，都是社会的历史的产物。"[9]这一关于宗教的定义式的表述包含了丰富的内容：强调宗教是一种社会历史现象，而不仅仅是意识形态现象；强调宗教有其演化的客观规律，是不以人们的主观意志为转移的；强调宗教现象是由多种要素构成的，而信仰是其中的第一要素，也可说是核心要素。

马克思和列宁都说宗教是人民的鸦片，我们认为这里所说的鸦片，是指具有一种镇定、麻醉、止痛作用的药物，而与毒品有别。1950年，当有同志提出列宁在1909年讲过宗教是鸦片时，周恩来解释说，"这是革命时期的口号。现在我们有了政权，可以不必强调宗教就是鸦片了。"[10]事实上，中国共产党关于宗教问题的文件里从来没有提过"鸦片说"，更不是以宗教"鸦片说"作为制定党的宗教方针政策的全部理论根据。

中共中央《关于我国社会主义时期宗教问题的基本观点和基本政策》还强调，要区分正常的宗教活动与不属于宗教范围的迷信活动，指出迷信活动是危害国家利益和人民生命财产的[11]。强调宗教不同于迷信，这就有利于保障宗教信仰自由政策的实行。

如前所述，宗教五性论是中国共产党宗教观的重要内容。群众性，是指中国宗教有一亿左右信徒。长期性，指中国宗教将长期存在。民族性，是说中国少数民族大多信仰宗教，且有不少的少数民族整个民族信仰一种宗教。由于佛教、基督教、伊斯兰教是世界性的宗教，在国际上有众多的信徒，从而使中国宗教问题具有国际性。宗教不是孤立存在的，由于国内外形势的复杂因素，又使之具有复杂性。五性后来又被简约为三性，即宗教的群众性、长期性和复杂性。五性或三性，在表述上有的是指宗教，有的是指宗教性质，也有的是指宗教的社会特性，有的则是指宗教工作，还有的是指宗教问题。笔者认为，上述五性或三性，并非指宗教的本性、本质而言，而是从宗教工作出发，对中国宗教社会现象所做的分析，似可以称作中国宗教社会现象的五性论或三性论。我们认为，既把握宗教的普遍本质，又把握中国宗教社会现象的特点，是做好中国宗教工作的前提。五性论或三性论是中国宗教工作的根本指导思想。

毛泽东等中国共产党领导人，都肯定宗教是一种思想信仰，是精神世界的问题，是文化，同时也都鲜明地指出宗教是一种有神论，是唯心主义。由此，似乎可以说，视宗教本质为有神论的信仰文化，是中国化马克思主义宗教本质观的核心观点。

三、中国化马克思主义宗教价值观

这里讲的宗教价值并非指“神圣价值”，而是指宗教的功能、作用意义上的价值。宗教的功能、作用，可以从不同角度考察，如侧重于社会角度，有政治、经济、教育、道德、文化等功能、作用；若侧重于个人角度，则有信仰、认识、调适、慰藉等功能、作用。

马克思主义者对宗教的功能、作用，一般都持两重性的观点，认为宗教既有积极的一面，也有消极的一面。马克思、恩格斯和列宁根据当时的历史背景，认为宗教在历史上主要是发挥了统治阶级的意识形态的作用，强调应当消除基督教与社会压迫剥削制度的联系。

中国马克思主义者同样正视宗教的消极性，并竭力减弱宗教的消极作用，同时也重视联合、团结宗教界，发挥宗教作用的积极一面，以期推进革命、建设和改革事业的不断向前发展。

中国共产党创造性地提出了宗教信仰与政治立场有别的原则。毛泽东、周恩来、邓小平和江泽民都认为，不能简单地把无神论与有神论的差异等同于政治上的对立，强调要把人民群众的思想信仰与政治立场分开；认为人民群众思想信仰的差异，并不影响彼此在经济上根本利益的一致，不影响在爱国、维护祖国统一、拥护社会主义等涉及政治立场和政治方向的原则问题上的一致。毛泽东在1940年初发表的《新民主主义论》中，一方面强调共产党员决不能赞同唯心论或宗教教义，一方面又主张“共产党员可以和某些唯心论者甚至宗教徒建立在政治行动上的反帝反封建的统一战线。”[12]周恩来在1950年5月《关于基督教问题的四次谈话》中说，基督教是16世纪实行宗教改革而建立的一个新教会，它在当时的社会上确曾起了积极作用。但是近百年来基督教传入中国是同帝国主义对中国的侵略联系着的，因此中国人民对基督教的印象很坏，曾有过大规模的非基督教运动。“但是应该指出，自五四运动以来，基督教里面有进步分子，在中国革命的过程中，他们是同情中国革命的。”[13]中国共产党人对宗教信仰与政治立场关系的这种界说，为宗教界在中国革命、建设和改革事业中，充分发挥正面作用提供了理论根据和思想基础，具有重大的理论意义和实践意义。

中国共产党领导人肯定宗教文化的功能，重视发挥宗教文化的积极作用，是中国化马克思主义宗教价值观的重要内涵之一。上述毛泽东对佛教文化、道教文化的肯定即是一个突出的例子。周恩来也肯定宗教文化中好的一面，他说：“在文化上，帝国主义有许多侵略机构，如学校、医院及教堂等，……这些文化机构有坏的一面，但还有好的一面，例如协和医院，我们的人生了病还去那里就医。”[14]邓小平也十分重视宗教文化价值。他在亲自撰写的《一件具有深远意义的盛事》（1980年4月19日）中说：“在日本政府支持下，日本文化界和佛教界人士，把国宝鉴真像郑重地送来中国供故乡人民瞻仰。这是一件具有深远意义的盛事。它必将鼓舞人们发扬鉴真及其日本弟子荣睿、普照的献身精神，为中日两国人民世代友好事业作不懈努力。”[15]这就高度评价了宗教文化对增强国与国之间人民的友谊，维护国家周边地区和平的积极作用。多年来，中国佛教的佛牙、佛指骨舍利等圣物也曾分别被护送到缅甸、泰国和斯里兰卡等国家，或港、台地区供奉，同样对增进中国与这些国家的传统友谊，内地与港台地区的同胞情谊，产生了巨大的良好的社会效应。

尤为值得注意的是，中国共产党领导人本着实事求是的科学态度，对宗教教义中某些合理因素给予的积极肯定，为全面、准确评价宗教的功能、作用提供了新的理论视野。毛泽东一生在学术上对佛教颇有兴趣，对佛教教义和一些佛典有他自已的独到见解。他在和达赖喇嘛的谈话中说："佛教的创始人释迦牟尼是代表当时在印度受压迫的人讲话的。他主张普度众生，为了免除众生的痛苦，他不当王子，创立了佛教。因此，你们信佛教的人和我们共产党人合作，在为众生（即人民群众）解除受压迫的痛苦这一点上是有共同之处的。"[16]毛泽东明确地肯定了佛教教义的解脱主义思想和中国共产党消灭压迫制度、解除人民痛苦的宗旨有其共同的地方。毛泽东在1959年10月22日同班禅大师谈话时说，佛经是有区别的："有上层的佛经，也有劳动人民的佛经，如唐朝时六祖（慧能）的佛经《法宝坛经》就是劳动人民的。"[17]指出有的佛经表达了劳动人民的愿望、思想。周恩来也明确肯定宗教教义的某些积极作用，他说："宗教在教义上有某些积极作用，对民族关系也可以起推动作用。"[18]江泽民更是直接地表达了"利用宗教教义、宗教教规和宗教道德中的某些积极因素为社会主义服务"[19]的思想。由于在社会主义社会，经过宗教制度的民主改革，在中国共产党领导下宗教不再是反动统治阶级用来压迫人民的工具，而且宗教教义的某些方面与中国共产党的思想有一定的共同之处，宗教教规和宗教道德中的去恶从善等内容又有利于社会主义精神文明的建设，因此，发掘宗教中的积极因素为建设社会主义社会服务，是顺应时代潮流，适应社会需要，符合人民利益和有利历史发展的。

肯定宗教教义的某些积极因素，并不等于模糊和取消无神论与有神论、唯物主义与唯心主义的差异。但是“在现阶段，信教群众与不信教群众在思想信仰上的这种差异，是比较次要的差异”[20]，历史表明，片面强调这种差异而忽视和抹杀信教群众和不信教群众在政治上、经济上根本利益的一致，只能加深信教群众和不信教群众之间的隔阂、对立，甚至刺激和加剧宗教狂热，给社会主义事业带来严重的后果。中共中央对信教群众与不信教群众在思想信仰上的差异的恰当定位，为发挥信教群众的积极作用提供了思想认识的保障。

可以说，尽力挖掘和发扬宗教某些内在的积极因素为中国革命、建设和改革事业服务，进而推进社会主义社会向前发展，是中国马克思主义宗教价值观的精髓。

四、中国化马克思主义宗教历史观

马克思、恩格斯和列宁都高度重视对宗教消极方面的批判，但同时也不主张人为地消灭宗教，认为宗教所赖以存在的物质基础将是长期存在的。他们强调消灭生产资料的私人所有制是宗教消亡的前提，后来又从人与人、人与社会、人与自然的关系的视角，强调只有谋事和成事都在人的时候，在宗教中反映出来的外部的超人间的异己力量才会消失，宗教也才会随之消亡。

中国共产党人依据马克思主义的历史唯物主义原理，结合中国宗教的具体实际，阐发了宗教存在的长期性、宗教产生与存在的根源以及宗教的消亡等问题。

强调宗教存在的长期性，是中国化马克思主义宗教历史观的基本内容。毛泽东在《同藏族人士的谈话》（1956 年 2 月 12 日）

中说："人们的宗教感情是不能伤害的，稍微伤害一点也不好。除非他自己不信教，别人强迫他不信教是很危险的。这件事不可随便对待。就是到了共产主义也还会有信仰宗教的。"[21]周恩来也反复阐述宗教长期存在的道理。上世纪50年代初，有人以为宗教徒分到土地就不再信教了，他针对当时这种幼稚的看法说："问题并不那么简单。别说分了地的农民，就是进入了社会主义社会，也还有信教的。"[22]"信仰宗教的人，不仅现在社会主义的国家里有，就是将来进入共产主义社会，是不是就完全没有了？现在还不能说得那么死。"[23]又说："宗教界的朋友们不必担心宗教能不能存在。按照唯物论的观点，当社会还没有发展到使宗教赖以存在的条件完全消失的时候，宗教是会存在的。"[24]江泽民也从宗教存在和发展的客观规律的理论高度论述宗教的长期性："我们共产党人是唯物主义者，不信仰宗教，但尊重宗教存在和发展的客观规律。宗教作为一种社会现象，具有漫长的历史，在社会主义社会也要长期存在。宗教走向最终消亡也必然是一个漫长的历史过程，可能比阶级和国家的消亡还要久远。"[25]宗教存在长期性的观点，对于扭转宗教工作上"左"的倾向，指导宗教工作正常、健康的开展，具有重要的现实意义。

关于宗教产生和存在的根源，一般通常是从自然、社会、历史和认识等方面进行全面分析，而周恩来则孤明独发，敏锐地抓住和揭示了宗教信仰形成的根本原因，他说："只要人们还有一些不能从思想上解释和解决的问题，就难以避免会有宗教信仰现象。有的信仰具有宗教形式，有的信仰没有宗教形式。"[26]这是从社会学、心理学和认识论的角度对宗教信仰根源的深刻揭示，具有重要的宗教学理论意义，非常值得我们深入思考和高度重视。

江泽民对中国宗教存在的根源的分析和论述是这样的："由于社会主义制度的建立、改革开放的深入和社会主义市场经济的发展，我国宗教存在的阶级根源已经基本消失，宗教存在的自然根源、社会根源和认识根源也发生了很大变化。……但是，由于我国生产力发展水平还不高，科学技术还不发达，人们的思想道德素质和科学文化素质也还不高，加上国际环境的影响，我国宗教存在的根源仍将长期存在。"[27]江泽民以中国宗教根源的长期存在进而强调中国宗教存在的长期性观点。

与宗教存在的长期性观点相一致，中国共产党领导人也关注宗教的自然消亡问题，强调不应人为地消灭宗教。毛泽东说："宗教的消灭，只有在人类消灭了阶级并大大发展了控制自然和社会的能力的时候，才有可能。"[28]这里讲的"消灭"，实是自身消灭，逐渐消亡，意思是说宗教消亡是未来的事，是它自身灭亡，并非是什么人把它消灭。毛泽东反对人为地取消或破坏宗教，他说："只要人民还相信宗教，宗教就不应当也不可能人为地去加以取消或破坏。"[29]还说："企图用行政命令的方法，用强制的方法解决思想问题，是非问题，不但没有效力，而且是有害的。我们不能用行政命令去消灭宗教，不能强制人们不信教。"[30]周恩来也明确地说："谁要企图人为地把宗教消灭，那是不可能的。……如果我们不想要的东西就认为它不会存在，那是不符合客观实际的。""[31]消灭民族，消灭宗教，就是消灭人民了，就成了消灭自己了。"[32]中国共产党反对人为地消灭宗教的立场和观点是何等鲜明、坚定。

既然宗教的消亡是一个漫长的历史过程，那么，解决宗教问题的途径是什么呢？中共中央在《关于我国社会主义时期宗教问题的基本观点和基本政策》中明确指出："解决宗教问题的唯一正确的根本途径，只能在保障宗教信仰自由的前提下，通过社会主义的经济、文化和科学技术事业的逐步发展，通过社会主义物质文明和精神文明的逐步发展，逐步地消除宗教得以存在的社会根源和认识根源。"[33]无疑这对于避免人为地消灭宗教的做法是有积极指导意义的。

五、中国化马克思主义宗教适应观

“宗教适应观”是“积极引导宗教与社会主义社会相适应”论断的简称，严格来说是“引导宗教适应观”，为行文方便，简称“宗教适应观”。马克思、恩格斯重视考察宗教现象，进而揭示了宗教与私有制的联系。列宁由于过早逝世，无从考察苏俄社会主义社会建设时期的宗教问题。在无产阶级建立政权以后，执政党在社会主义社会历史阶段，如何看待宗教的作用，处理宗教的问题，防止宗教的消极作用，调动宗教界的积极性，就成为中国共产党必须面对、探讨、解决的历史性任务。

毛泽东、周恩来等人善于从革命大局来观察宗教问题，他们把人们的思想信仰与政治立场分开，提出团结宗教信仰者，组成爱国统一战线的主张。统一战线的成功实践，不仅是中国共产党第一代领导集体在宗教问题上的重大创新，而且为逐步形成宗教与社会主义社会相适应理论提供了成功的历史借鉴。正是循着思想信仰与政治立场分开的理路，毛泽东在中华人民共和国成立数年后就说：“一部分唯心主义者，他们可以赞成社会主义的政治制度和经济制度，但是不赞成马克思主义的世界观。宗教界的爱国人士也是这样。”[34]这里讲的赞成社会主义制度，实是宗教与社会主义社会相适应的政治基础。毛泽东又说：“过去为了结束帝国主义、封建主义和官僚资本主义的统治，为了人民民主革命的胜利，我们就实行了调动一切积极因素的方针。现在为了进行社会主义革命，建设社会主义国家，同样也实行这个方针。”[35]调动一切积极因素是中国共产党的一个重要思想，它不仅为统一战线理论提供思想基础，也为宗教与社会主义社会相适应理论提供了思想支撑。

对宗教与社会主义关系的问题，周恩来说："不管是无神论者，还是有神论者，不管是唯物论者，还是唯心论者，大家一样地能够拥护社会主义制度。"[36]他还向宗教界提出"怎样服务于中国人民"，怎样"使宗教活动有益于新民主主义社会"[37]的问题，这可以说是中国共产党人关于引导宗教与社会主义社会相适应观点的最初雏形。周恩来还进一步阐述了国家与宗教的关系，说："我们要造成这样一种习惯：不信教的尊重信教的，信教的尊重不信教的，和睦相处，团结一致。"[38]为了互相尊重彼此的不同信仰，"我们不搞反宗教运动。我们所遵守的约束是不到教堂里去作马列主义的宣传，而宗教界的朋友们也应该遵守约束，不到街上去传教。这可以说是政府同宗教界之间的一个协议，一种默契。"[39]1980 年 8 月 26 日，邓小平在与十世班禅谈话时说："对于宗教，不能用行政命令的办法；但宗教方面也不能搞狂热，否则同社会主义，同人民的利益相违背。"[40]邓小平的这一论断深刻地揭示出社会主义与宗教两者之间关系的关键问题。这就是，一方面，社会主义国家如果用政治力量压制宗教，不仅对宗教造成危害，而且也必将给社会主义事业带来危害；另一方面，宗教如果超越国家的法律和政策，搞狂热，不仅对社会主义有害，同广大人民的利益相违背，而且对宗教自身的合法生存和良性发展也是极为不利的。为了避免以上情况的发生，最佳的选择，就是从政府和宗教两方面努力保持宗教与社会主义社会相适应。

中国共产党第三代领导集体进一步提出了"积极引导宗教同社会主义社会相适应"的理论。1990 年，《中共中央关于加强统一战线工作的通知》指出："要引导爱国宗教团体和人士把爱教和爱国结合起来，把宗教活动纳入宪法和法律的范围，同社会主义制度相适应。"[41]这可以说是最早提出的引导宗教与社会主义相适应的说法。随后，1991年《关于进一步做好宗教工作若干问题的通知》指出：“动员全党、各级政府和社会各方面进一步重视、关心和做好宗教工作，使宗教同社会主义社会相适应。”[42]1991年1月30日，江泽民在《保持党的宗教政策的稳定性和连续性》中说：“正确对待和处理宗教问题，是建设有中国特色的社会主义的一个重要内容。”[43]1993年11月7日，江泽民在《高度重视民族工作和宗教工作》中说：“在宗教问题上我也想强调三句话：一是全面、正确地贯彻执行党的宗教政策，二是依法加强对宗教事务的管理，三是积极引导宗教与社会主义社会相适应。”[44]这关于宗教问题的著名的“三句话”，是党关于宗教问题的基本方针，其中明确、规范地提出“积极引导宗教与社会主义社会相适应”的方针。2001年12月10日，江泽民《在全国宗教工作会议上的讲话》中论述新世纪初宗教工作的基本任务时，在上述“三句话”后，加了一句“坚持独立自主自办的原则”[45]。2002年11月8日，江泽民在中共十六大的报告中又重申“全面贯彻党的宗教信仰自由政策，依法管理宗教事务，积极引导宗教与社会主义社会相适应，坚持独立自主自办的原则”[46]。这即是关于宗教问题的著名的“四句话”。江泽民还说：“贯彻党的宗教信仰自由政策也好，依法加强对宗教事务的管理也好，目的都是要引导宗教与社会主义社会相适应。”[47]“三句话”中前二句话是方法，第三句是目的，也可以说，“四句话”中前二句和后一句是方法，第三句是目的。“三句话”或“四句话”都是一个整体，而“积极引导宗教与社会主义社会相适应”是其核心命题。

江泽民全面地阐明了“积极引导宗教与社会主义社会相适应”的理论。他反复强调了“适应”的含义：“这种适应，并不要求宗教信徒放弃有神论的思想和宗教信仰，而是要求他们在政治上热爱祖国，拥护社会主义制度，拥护共产党的领导；同时，改革不适应社会主义的宗教制度和宗教教条，利用宗教教义、宗教教规和宗教道德中的某些积极因素为社会主义服务。”[48]又说：“我们倡导的我国宗教应与社会主义社会相适应，包括两方面的含义：一是宗教界人士和信教群众要遵守国家的法律、法规和方针政策；二是宗教活动要服从和服务于国家的最高利益和民族的整体利益，宗教界人士要努力挖掘和发扬宗教中的积极因素，为祖国统一、民族团结和社会发展多做贡献。”[49]这两段话的要义有：一是“适应”的定位，是指政治上的适应，非思想信仰上的适应，也就是有差别的适应，不是无差别的适应。这种求政治上之同，存思想信仰上之异的适应，也就是“政治上团结合作，思想信仰上互相尊重”[50]原则的体现。二是“适应”的含义，有两个方面，也是党和政府对宗教界的两个要求。三是“适应”的主动或被动，内在或外在的问题。这里所谓的适应是要求宗教界主动适应，内在地适应，也就是要发扬中国宗教的优良传统，努力挖掘和发扬宗教中的积极因素，为社会主义社会服务。此外，江泽民还继承1982年“中央19号文件”的观点，说：“在社会主义条件下，信教和不信教以及信仰不同宗教的群众，他们在这种信仰上的差异是比较次要的差异，他们在政治上、经济上的根本利益是相同的。”[51]由此也可以做出推论：中国宗教与社会主义社会相适应方面是主要的，不相适应方面是次要的。

关于宗教适应社会主义社会的必要性，江泽民说：“综观我国和世界的宗教历史，可以发现一个共同的规律，就是宗教都要适应其所处的社会和时代才能存在和延续，16世纪基督教发生的马丁·路德宗教改革就是一个例子。我国是社会主义国家，我国宗教是在社会主义条件下存在和活动的，必须与社会主义社会相适应，这既是社会主义社会对我国宗教的客观要求，也是我国宗教自身存在的客观要求。”[52]这是从历史唯物主义原理的高度对宗教适应社会主义社会的应然性和客观必然性的阐明。

关于宗教适应社会主义社会的可能性，江泽民说："一方面，从我们党和政府来说，要坚定不移地贯彻执行尊重和保护公民宗教信仰自由的权利、保护正常的宗教活动、保护宗教界的合法权益这样一些长期不变的基本政策；另一方面，从宗教界来说，要坚定不移地拥护中国共产党的领导，拥护社会主义，坚持独立自主自办教会的原则，坚持在宪法、法律、法规和政策规定的范围内开展宗教活动。"[53]这两个方面，既是中国共产党与宗教界的爱国统一战线的政治基础，也是宗教与社会主义社会相适应的政治基础。

为了使宗教与社会主义社会相适应，中国共产党和政府又是如何对宗教加以积极引导的呢？对此江泽民也有详尽的论述。他说："要求他们（按：指宗教界）热爱祖国，拥护社会主义制度，拥护共产党的领导，遵守国家的法律、法规和方针政策；要求他们从事的宗教活动要服从和服务于国家的最高利益和民族的整体利益；支持他们努力对宗教教义作出符合社会进步要求的阐释；支持他们与各族人民一道反对一切利用宗教进行危害社会主义祖国和人民利益的非法活动，为民族团结、社会发展和祖国统一多做贡献。要鼓励和支持宗教界继续发扬爱国爱教、团结进步、服务社会的优良传统，在积极与社会主义社会相适应方面不断迈出新的步伐。"[54]这里所讲的对宗教界的"两个要求"和"三个支持"，体现了积极引导的思路、内涵和目的，同时也为中国宗教指明了前进的方向。

中国共产党的第三代领导集体还提出了宗教界应当遵守的行为准则。1995年11月10日，在班禅额尔德尼转世灵童寻访领导小组第三次会议上，李瑞环提出了宗教界必须遵循的"四个维护，四不允许"的基本行为准则，即"都应当维护法律尊严，维护人民利益，维护民族团结，维护祖国统一；都绝不允许违反国家法律，损害人民利益，制造民族分裂，破坏祖国统一。"[55]这是党和政府对宗教界的政治要求，其目的是确保党与宗教界的爱国统一战线和宗教与社会主义社会相适应的政治基础，不致损坏、动摇。

要做好宗教与社会主义社会相适应的引导工作，从根本上说，是将宗教纳入法制的轨道。这有两个方面的规范，一方面是政府宗教工作部门必须按照宪法、法律做好宗教工作，一方面是宗教界必须在宪法、法律许可范围内活动。江泽民反复强调的全面贯彻执行党的宗教政策、依法管理宗教事务和坚持独立自主自办的原则，就是将宗教纳入法制轨道的基本内容和基本方法，也是依法引导宗教与社会主义社会相适应的基本原则和基本途径，对于宗教与社会主义社会相适应具有决定性的意义。

宗教与社会主义社会相适应的理论，其实质就是，社会主义社会时期党和政府如何规范宗教与法制、宗教与社会的关系问题。中国共产党第三代领导集体正是从社会主义初级阶段这一基本国情出发，总结新中国成立以来宗教工作的成功经验，做出积极引导宗教与社会主义社会相适应的科学论断，为党和政府找到了正确处理宗教问题的最佳途径，为中国宗教指明了正确方向。“积极引导宗教与社会主义社会相适应”的宗教适应观，是中国化马克思主义宗教观的最集中体现，也是中国共产党对马克思主义宗教观的最重大贡献。

中国共产党第十六次代表大会以来，以胡锦涛同志为总书记的党中央也一直高度重视宗教工作。《中共中央关于加强党的执政能力建设的决定》就宗教工作问题提出：“全面做好党的宗教工作，贯彻党的宗教信仰自由政策，依法管理宗教事务，坚持独立自主的原则，积极引导宗教与社会主义社会相适应。”重申中国共产党的宗教工作的基本方针。该《决定》还把提高构建社会主义和谐社会的能力作为加强党的执政能力建设的一个重要方面，突出强调要“适应我国社会的深刻变化，把和谐社会建设摆在重要位置”。这是中国共产党对中国特色社会主义事业认识的进一步深化和发展，表明中国特色社会主义事业的总体布局，由经济、政治、文化的三位一体，扩展为经济、政治、文化、社会的四位一体。宗教是重要的社会现象，宗教徒是社会中的特殊群体，如何提升党和政府与宗教界的和谐关系，如何维护宗教徒与非宗教徒的和谐相处，如何保持不同宗教徒之间的和谐共存，是建设和谐社会的极其重要方面。《决定》还就如何建设和谐社会提出了“增强全社会的创造活力”、“妥善协调各方面的利益关系，正确处理人民内部矛盾”、“加强社会建设和管理，推进社会管理体制创新”、“健全工作机制，维护社会稳定”和“坚持党的群众路线，加强和改进新形势下的群众工作”的方针，这就对宗教部门依法管理宗教事务的能力提出了更高的要求，为宗教工作进一步提出了新任务、新要求，指明了新方向、新方法，开辟了新视野、新境界，同时也是对“积极引导宗教与社会主义社会相适应”思想的重大发展。近来国务院还颁布了的《宗教事务条例》，这是中国的一部宗教方面的综合性行政法规。它的颁布，对规范宗教事务管理，保障公民的宗教信仰自由权利，维护宗教和睦与社会和谐，都具有重要意义。

六、中国化马克思主义宗教观的重大意义

中国化马克思主义宗教观的内涵是深刻而丰富的，就其创新性观点而言，可初步归结为以下十个要点：1. 宗教是一种社会历史现象的观点，改变了那种仅把宗教定位为一种意识形态的观点；中国宗教社会现象具有“五性”或“三性”的观点；2. 宗教是人民内部思想信仰的观点，宗教是文化的观点；3. 宗教产生和存在的最深层根源，在于人们有不能解释和不能解决的思想

问题的观点；4. 宗教长期性的观点，宗教消亡在阶级和国家之后的观点；5. 把思想信仰与政治立场分开的观点；6. 信教群众与不信教群众在信仰上的差异是比较次要的差异的观点，思想信仰上互相尊重的观点；7. 在正视宗教中存在消极因素的同时，重视挖掘、运用和发挥宗教中的积极因素的观点；8. 信教与不信教以及信仰不同宗教的群众，在政治上和经济上的根本利益是一致的观点，信教群众同样是社会主义建设的积极力量的观点；9. 强调执行宗教信仰自由政策，处理宗教问题的根本出发点和落脚点，是使全体信教的和不信教的群众联合起来，集中建设现代化的社会主义强国这个共同目标的观点；10. 积极引导宗教爱国爱教，与社会主义社会相适应的观点。

中国化马克思主义宗教观，突出地体现了中国共产党领导人善于从国际国内的大局出发观察、认识宗教，调动和发挥宗教界的积极性，以推进社会主义建设事业发展的广阔视野，也生动地体现了中国共产党解放思想、实事求是、与时俱进的理论创新精神。这是把马克思主义宗教观的基本原理与中国宗教问题的具体实际、中国宗教工作的丰富经验以及与中国社会主义社会本质要求三者结合，在革命、建设和改革的长期实践中加以认真总结的理论产物，是宗教学理论的宝贵精神财富。

中国化马克思主义宗教观具有重大的理论意义和实践意义：

第一，中国化马克思主义宗教观极大地丰富和发展了马克思主义宗教本质观、价值观和历史观，从而有助于破除对马克思主义宗教观的教条主义理解，有助于澄清附加在马克思主义宗教观名下的某些模糊观点。诸如片面地把宗教归结为政治性意识形态的观点，把宗教“鸦片论”等同于“毒品论”的观点，认为宗教将在短期内消亡、消灭的观点，等等。中国化马克思主义宗教观在客观上也为宗教学说的理性思考树立了典范，为学术创新和繁荣创造了氛围和条件。

第二，中国化马克思主义宗教观不仅有助于提高宗教人士对中国共产党在宗教问题上的基本观点和基本政策的认识，消除种种疑虑，甚或对立和紧张，也有助于提高他们对自身宗教信仰的认识，使其发扬适应社会需要和进步的积极因素，自觉限制与消除不适应社会需要和进步的消极因素，进而推动宗教自身的良性的、健康的发展。

第三，中国化马克思主义宗教观为制定合乎国情、教情的宗教政策和合乎宗教特性的、规范的宗教行政管理工作法规提供了正确的理论基础和思想指导。新中国成立后的历史表明，凡是执行符合中国化马克思主义宗教观的宗教政策，宗教工作的开展就顺畅、稳健，宗教生活就正常、适度，宗教与社会的关系就协调、适应；反之，如"文化大革命"期间，视宗教为落后、反动的代名词，为异己力量，欲一举消灭之，其结果是，不仅使宗教界遭受劫难，而且也必然遭到反弹，从而破坏社会的和谐融洽与全面发展。

第四，中国化马克思主义宗教观对于建构和谐社会有着特殊的实践意义。中国化马克思主义宗教观，尤其是其中的适应观，涉及了宗教与国家政权的新型政教关系、宗教与社会生产力发展即宗教与社会经济的关系、宗教与社会文化的关系、有神论者与无神论者即宗教信徒与非宗教信徒的关系、不同的有神论者即不同宗教信徒之间的关系等广泛领域。在一个拥有悠久文化传统、崭新社会制度和13亿人口的大国，如何使这种种关系协调融洽，实在是一项空前的富有挑战性的伟大实践。我们认为只要遵循积极引导宗教与社会主义社会相适应的方针，社会各界也都作出自觉的努力，就一定会大大增强全社会方方面面的凝聚力，就一定能够推动社会主义和谐社会的建构、发展和进步。

中国化马克思主义宗教观是马克思主义宗教观发展史上的一座丰碑，一座里程碑。可以预期，中国共产党人将继续根据时代的发展、宗教的演化和宗教工作的新鲜经验，不断探索、不断总结宗教理论，进而为马克思主义宗教观的不断丰富、不断发展做出新贡献。

注释：

[1] 《一定要做好宗教工作》，载《新时期宗教工作文献选编》，宗教文化出版社，1995年，第199页。

[2] 《高度重视民族工作和宗教工作》，载《新时期宗教工作文献选编》，宗教文化出版社，第250页。

[3] 《反杜林论》，载《马克思恩格斯选集》第3卷，人民出版社，1995年，第666—667页。

[4] 《关于正确处理人民内部矛盾的问题》，载《毛泽东文集》第7卷，人民出版社，1999年，第232页。

[5] 《关于正确处理人民内部矛盾的问题》，第209页。

[6] 《关于我国民族政策的几个问题》，载《周恩来统一战线文选》，人民出版社，1984年，第383页。

[7] 王兴国：《毛泽东与佛教》，中国书籍出版社，2002年，第312—314页。

[8] 陈晋：《毛泽东的文化性格》，中央民族大学出版社，2004年，第134页。

[9] 《新时期宗教工作文献选编》，第54页。

[10] 《周恩来年谱》（上卷），中央文献出版社，1997年，第50页。

[11] 《新时期宗教工作文献选编》，第68—69页。

[12] 《毛泽东选集》第2卷，人民出版社，1991年，第707页。

[13] 《周恩来统一战线文选》，第181页。

[14] 《关于和平谈判问题的报告》，载《周恩来选集》（上卷），人民出版社，1980年，第324页。

[15] 《新时期宗教工作文献选编》，第22页。

[16] 《同达赖喇嘛的谈话》，载《毛泽东西藏工作文选》，中央文献出版社、中国藏学出版社，2001年，第114页。

[17] 陈晋：《毛泽东读书札记诠释》，《瞭望》，1993年第8期。
[18] 《不信教的和信教的要互相尊重》，载《周恩来统一战线文选》，第308页。
[19] 《高度重视民族工作和宗教工作》，载《新时期宗教工作文献选编》，第255页。
[20] 《关于我国社会主义时期宗教问题的基本观点和基本政策》，载《新时期宗教工作文献选编》，第59页。
[21] 《毛泽东文集》第7卷，第4页。
[22] 《在中共中央统战部举行的茶话会上的讲话》，载《周恩来统一战线文选》，第201页。
[23] 《关于我国民族政策的几个问题》，载《周恩来统一战线文选》，第383页。
[24] 《关于我国民族政策的几个问题》，载《周恩来统一战线文选》，第384页。
[25] 《在全国统战工作会议上的讲话》，载《江泽民论有中国特色社会主义（专题摘编）》，中央文献出版社，2002年，第371页。
[26] 《周恩来统一战线文选》，第384页。
[27] 《在全国宗教工作会议上的讲话》，载《江泽民论有中国特色社会主义（专题摘编）》，第372页。
[28] 《对习仲勋在中共新疆省第二届代表会议上的报告的批语》，载《建国以来毛泽东文稿》第3册，中央文献出版社，1989年，第539—540页。
[29] 《给达赖喇嘛的信》（1953年3月8日），载《毛泽东西藏工作文选》，第93—94页。
[30] 《关于正确处理人民内部矛盾的问题》，载《毛泽东文集》第7卷，第209页。
[31] 《周恩来统一战线文选》，第185页。
[32] 《同班禅等的谈话》，载《党的文献》，1994年第2期。
[33] 《新时期宗教工作文献选编》，第72—73页。
[34] 《在中国共产党全国宣传工作会议上的讲话》，载《毛泽东选集》第5卷，人民出版社，1977年，第405页。

[35] 《论十大关系》，《毛泽东文集》第 7 卷，第 23 页。
[36] 《关于我国民族政策的几个问题》，载《周恩来统一战线文选》，第 383—384 页。
[37] 《关于基督教问题的四次谈话》，载《周恩来统一战线文选》，第 182 页。
[38] 《不信教的和信教的要互相尊重》，载《周恩来统一战线文选》，第 310 页。
[39] 《关于基督教问题的四次谈话》，载《周恩来统一战线文选》，第 181—182 页。
[40] 《邓小平年谱》（1975—1997）上，中央文献出版社，2004 年，第 669 页。
[41] 《新时期宗教工作文献选编》，第 178 页。
[42] 《新时期宗教工作文献选编》，第 220 页。
[43] 《新时期宗教工作文献选编》，第 210 页。
[44] 《新时期宗教工作文献选编》，第 253 页。
[45] 《江泽民论有中国特色社会主义（专题摘编）》，第 372 页。
[46] 《全面建设小康社会，开创中国特色社会主义事业新局面——在中国共产党第十六次全国代表大会上的报告》，人民出版社，2002 年，第 33 页。
[47] 《高度重视民族工作和宗教工作》，载《新时期宗教工作文献选编》，第 254 页。
[48] 《高度重视民族工作和宗教工作》，载《新时期宗教工作文献选编》，第 254—255 页。
[49] 《在全国统战工作会议上的讲话》，载《江泽民论有中国特色社会主义（专题摘编）》，第 371 页。
[50] 《保持党的宗教政策的稳定性和连续性》，载《新时期宗教工作文献选编》，第 210 页。
[51] 《在全国宗教工作会议上的讲话》，载《江泽民论有中国特色社会主义（专题摘编）》，第 374 页。
[52] 《在全国宗教工作会议上的讲话》，载《江泽民论有中国特色社会主义（专题摘编）》，第 375 页。

[53]　《保持党的宗教政策的稳定性和连续性》，载《新时期宗教工作文献选编》，第210页。

[54]　《在全国宗教工作会议上的讲话》，载《江泽民论有中国特色社会主义（专题摘编）》，第376页。

[55]　见《人民日报》1995年11月13日。

（选自《中国社会科学》2005年第4期）

三、论宗教的本质和特征

宗教是什么？

——宗教的本质、基本要素及其逻辑结构

吕大吉

一

对于一个像宗教那样的复杂而又庞大的对象，用一两句话清楚明白地下个定义，那是一桩很难做到的事。古今中外宗教品种繁多，情况千差万别，一个专业学者虽穷毕生之力也难窥其全貌；更难升堂入奥，曲尽其妙。如果执意要对宗教下个断然的判断，说它是什么，难免会闹出瞎子摸象似的笑话。科学的宗教定义必须揭示一切宗教必然具有的本质规定性，使之适用于一切宗教。但学者越是对古往今来的各种宗教有广泛的了解，就越是感到难以做到这一点。无论我们从哪一方面来确定宗教的本质和涵义，似乎都可以找到例外的情形。特别是近百余年来，随着宗教学术研究的发展，宗教学者从不同的立场和角度，应用不同的观点和方法去研究宗教，他们笔下的宗教定义展现出了千姿百态的多样性。近代宗教学的奠基人弗雷德里赫·麦克斯·缪勒（Friedrich Max Mùller 1823—1900）谈到这种状况时使用了这样的措辞：

各种宗教定义从其出现不久，立刻就会激起另一个断然否定它的定义。看来，世界上有多少宗教，就会有多少宗教的定义，而坚持不同宗教定义的人们之间的敌意，几乎不亚于信仰不同宗教的人们之间的对立。[1]

此种宗教定义多元化的趋势，近年来在我国的宗教研究者之中也有所表现，他们对此问题也有不同的意见。我认为，这种众说纷纭的情况，并非什么“混乱局面”，而是宗教研究日趋深入，对宗教的理解更加全面的反映。企图“一劳永逸”地作出了断，既无必要，更无可能。学者的任务应该是认真研究这种多元化的趋势，分析各种宗教学说的内容，取其所长，避其所短，使我们对此问题有一个更加全面、更加深入、更为准确的理解。这种研究不是终结不同意见的讨论，而是把这种讨论推向更新的境界和更高的水平。

回顾宗教定义多元化的历史过程是必要的，但如想对各种说法一一展开分析却是不可能的，本文选择的做法是在众多的学说中抓住几种最有影响和代表性的主张进行必要的分析。

在近代宗教学中，有三种研究方法最有影响，一是宗教人类学和宗教历史学，二是宗教心理学，三是宗教社会学。它们对宗教的本质和基本特性的看法各有侧重，在此基础上对宗教提出了不同的界说。宗教人类学和宗教历史学一般强调以宗教信仰的对象（神和神性物）为中心来规定宗教；宗教心理学则着眼于宗教信仰者个人内心世界对神或神性物的内在体验；宗教社会学则往往以社会为中心来看待宗教，把宗教对于社会生活的影响和功能视为宗教的核心和基础。可以这样概括：在把握和规定宗教的本质问题上，第一种是以宗教信仰的对象（神或神性物）为中心；第二种是以宗教信仰的主体（人）为中心；第三种则是以宗教信仰的环境（社会）为中心。

第一种主张：以神或神性物为中心来规定宗教的本质。

各种传统的制度化宗教显然是以对神灵的信仰和崇拜作为所信宗教的核心的。如果我们问一个犹太人：什么是宗教？他会说：宗教就是对上帝耶和华的信仰。如果问的是基督徒或穆斯林，他则会把对上帝、基督或真主的信仰作为宗教的核心内容。各个地区、各个时代的宗教都把对神灵的信仰和崇拜体制化了。所不同者，只是他们赋予神的神性各有不同的特点而已，中国历史上的宗教也不例外。

我们现在常用的“宗教”一词，源于西文“Religion”，意义广泛，主要意指对神道的信仰。尽管“宗教”为外来词，但我国古籍上亦有类似的说法。神道设教的思想，古已有之，它是把宗教理解为用鬼神之道来教化人民。《礼记·祭义》说：“合鬼与神，教之至也”。其意是说，对鬼神的信仰与崇拜，是教化人民的至理。我国近代有些学者仍根据这个传统来解释“宗教”的涵义：宗者本也；宗教者，有所本而以为教也。他们所谓的“本”，即本诸神道。这是“神道设教”的另一种说法。

19世纪末、20世纪初的近代西方宗教学以宗教人类学和宗教史学为主流，学者们着重研究人类历史上宗教的形成和演进。传统宗教以神道信仰为中心的历史事实，使宗教学者自然倾向于把宗教理解为某种以神道为中心的信仰系统。但由于学者们逐渐积累了世界历史上各种神道宗教的经验事实，对它们进行比较性的研究，这就促使宗教学者们超出特定宗教的神道，把各种各样的宗教信仰对象抽象化、一般化，使用“无限存在物”、“精灵实体”或“超世的”、“超自然存在”之类抽象的哲学概念来表述，使之适用于世界历史上的各种宗教体系。麦克斯·缪勒、爱德华·伯尼特·泰勒（Edward Burnet Tylor 1832—1917）、赫伯特·斯宾赛（Herbert Spencer 1820—1903）、詹姆斯·乔治·弗雷泽（James George Frazer 1854—1941）等人的宗教观是这方面的典型。麦克斯·缪勒认为人们产生宗教意识的种子，乃是人们对有限物背后的无限存在物的追求，因此，所谓宗教就是对某种无限存在物的信仰。[2]在爱德华·泰勒看来，宗教发端于万物有灵的观念，因此，他对宗教所下的定义就是“对于精灵实体的信仰”[3]。泰勒关于宗教的本质和定义的观点是根据他对原始宗教的研究作出来的，没有概括出其他宗教信仰系统的特点，所以，他以后的弗雷泽便提出了更概括的说法，认为宗教是对超人力量讨好并祈求和解的一种手段：“我说的宗教，指的是对被认为能够指导和控制自然与人生进程的超人力量的迎合或抚慰。”[4]奥地利宗教人类学家威廉·施米特（William Schmidt 1868—1954）虽然在宗教学说上持反对上述几位学者的宗教进化论的“退化论”观点，但仍以宗教信仰的对象（神）为中心来规定宗教的本质和定义。他在其《比较宗教史》一书中曾对宗教下了一个比较完整的定义：“宗教的定义，有主观与客观之分，从主观上来说，宗教是人对系属于一个或多个超世而具有人格之力的知或觉；根据这种知识或感觉，人与此力有一种相互的交际。从客观来说，宗教即是表现这主观宗教之一切动作的综合，如祈祷、祭献、圣事（Sacraments）、礼仪、修行、伦理的规条等。”[5]简言之，施米特所理解的宗教，主观上是对“超世（即超自然界的）而具有人格之力”的知觉，客观上是对这种力量的崇拜。

上述这些宗教学家所说的“无限存在物”、“精灵实体”、“超人力量”、“超世而具有人格之力”……实际上都是关于上帝或神灵的哲学术语，所以，他们都是把宗教规定为信仰和崇拜神灵的体系。

这种类型的宗教定义，后来受到了各种批评。各种异议的共同点是说它不适合于一切宗教。据他们说，虽然有些宗教中的神灵是具有无限性的存在，但有些宗教体系中的神灵并不具有无限性；虽然有些宗教中的神灵具有超自然和人格化的性质，但另一些宗教的神灵则并不具有此种性质。更大的异议是：许多宗教学者认为，有些宗教（如原始佛教和“儒教”）崇奉的对象，并非人格化的神灵。它们被说成是“无神的宗教”。因此，他们认为，对于宗教信仰和崇拜的对象，最好不要用“神”（God）的观念，而改用“神圣事物”（The Sacred）的观念。他们所理解的“神圣事物”这一概念，其主要特性是：它是不同于普通的世俗事物的事物。一件事物，只要被人视为不同于世俗之物，便被尊奉为“神圣”而成为宗教信仰、宗教禁忌和宗教仪式的对象。“神圣事物”这个概念可以把一切宗教信仰的对象（不管是有限的，还是无限的；超人的，还是非超人的；超自然的，还是非超自然的；宗教的，还是巫术的……）一包在内、涵盖无遗。因此，在这种宗教观看来，宗教就是对某种被奉为“神圣事物”的信奉。此说的主要代表人物是法国的杜尔凯姆（Emile Durkheim 1858—1917）、瑞典的瑟德布罗姆（Nathan Soderblom 1866—1931）、英国的马雷特（Robert Ranulph Marett 1866—1943）。这种“宗教即神圣”[6]之说，被认为是关于宗教之本质的一种最简单、包容性最广的规定。

更有一种倾向，不仅回避使用“神”观念，甚至连“神圣事物”观念也不用。有些宗教学家认为，宗教的本质就在于信仰并俯首听命于某种比人更高的力量。例如，英国的马林诺夫斯基就把宗教规定为“对于较高势力的乞求”。

第二种意见：把信仰主体的个人体验作为宗教的本质和基础。

宗教心理学特别强调宗教信仰者个人内在的心理活动在宗教生活中的意义，他们把信仰者个人的主观性的宗教感受和宗教体验视为宗教之最本质的东西和宗教之真正秘密所在。有些宗教心理学者认为，正是由于信教者有了关于神或神圣物的宗教感情和宗教体验，才对他们体验到的神圣对象进行崇拜、祈祷、祭祀，从而形成各种宗教体系。美国的哲学家和宗教心理学家威廉·詹姆士（William James 1842—1910）的名著《宗教经验之种种》，专从个人的宗教体验来研究宗教的性质和作用，实际上是把个人的宗教体验作为宗教的基础和本质。他说，以个人的宗教体验为本质的“个人宗教”，比以神学信条和教会制度为根本的制度宗教更为根本。以教会为基础的制度宗教一经成立，就变成因袭相承的传统。可是，每个教会创立者的力量，最初都是由教会创立者个人直接与神感通的宗教经验而来。不仅佛陀、耶稣、穆罕默德等超人的创教者如此，而且一切创建教派的人也是如此。可见，个人的宗教体验是宗教中最先起、最根本的因素。据此，他提出了自己的宗教定义：“因此，我现在请你们武断地采纳的对于宗教的定义，就是：各个人在他孤单时候由于觉得他与任何种他认为神圣的对象保持关系所发生的感情、行为和经验。”[7]詹姆士所理解的宗教就是个人对于神圣对象的感情和经验。此后，西方宗教学者把个人的宗教感情和宗教体验作为宗教的基础和本质因素，并以此来分析各种宗教现象的研究方法大为时兴。德国的鲁道夫·奥托（Rudolfotto 1869—1937）在1917年出版的名著《论神圣观念》中发挥了这种主张，把信仰者个人对神圣物的直觉性体验——“对神既敬畏又向往的感情交织（The numinous）”说成是一切宗教的本质特征，认为这种对神既敬畏又向往的感情和经验就是宗教。奥托的宗教本质论迎合了西方世界在20世纪个人主义高度发展时期的宗教心理，引起了很大的反响。英国当代著名的宗教学者麦奎利（John Macguarrie 1919— ）认为宗教中最根本的东西就是人与神的交际与感通。他据此对宗教下了这样一个定义：宗教就是存在本身（神或上帝）对人的触及，以及人对这种触及的反应。麦奎利这里所说的人对神的感触和反应，是指宗教信仰者个人对信仰对象的主观感受或宗教经验而言。

当然，在宗教心理学中，对于“宗教经验”的看法并不完全相同。有由此出发来肯定宗教者，也有由此而对宗教持批判态度者。例如，弗洛伊德（Sigmund Frend 1856—1939）从分析人类的潜意识出发推论宗教的起源和本质。他认为人类的宗教信仰和精神病一样，起源于童年时代潜意识冲动受到压抑的经验，本质上是对性冲动的强迫性压制。他对宗教的态度是批判性的。[8]

第三种意见：以宗教的社会功能来规定宗教的本质。

宗教社会学者一般把宗教在人类社会生活中的功能和作用作为宗教的基本因素。以杜尔凯姆为例，他一方面把宗教规定为一种与神圣事物相关联的信仰和行为的统一体系；同时又认为，宗教的基础是社会的需要，故被宗教尊奉为“神圣”的事物，本质上无非就是社会本身。用他的话讲，神明不是什么别的东西，而无非是被改造和被象征地表现出来的社会。一切宗教的祭祀、礼仪、道德诫命、神学信条、宗教团体和宗教制度，都是由社会需要所决定，为维护社会的一体化而产生的。[9]杜尔凯姆的宗教观在宗教社会学中颇有代表性。宗教社会学家逐渐趋向于完全撇开宗教在观念上与其他社会文化形式区别开来的本质，专门致力于研究宗教的社会功能。有些学者甚至还把宗教的社会功能当成宗教的本质，并以此来规定宗教的定义。当代美国宗教社会学家密尔顿·英格（M.Ying）在其《宗教的科学研究》中把宗教规定为“人们籍以和生活中的根本问题进行斗争的信仰和行动的体系”[10]。他所谓的人生根本问题就是“存在”问题，其中包括死亡、罪恶、痛苦、不幸等，宗教的功能则在于减轻人生的不幸和痛苦，使之转化为最高的幸福。宗教是人们获得最高幸福的手段。

日本很有影响的宗教学家岸本英夫在其《宗教学》一书中规定宗教定义时也贯穿了这种社会功能学派的宗教观。他明确地说，他是以人的生活活动为中心来观察作为社会文化现象的宗教，从宗教在人们的生活中具有什么作用、发挥何种效能的角度来规定宗教。在他看来，所谓宗教，就是一种使人们生活的最终目的明了化、相信人的问题能得到最终解决，并以这种运动为中心的文化现象[11]。这就是说，宗教的最基本的特征就是相信人生问题能得到最终解决。岸本英夫的这个规定与上述英格的宗教观异曲同工。一个认为宗教是使人获得“最高幸福”的工具，一个则认为宗教是使人生问题求得“最终解决”的手段。人有了最高的幸福，当然也意味着人生问题得到了最终的解决。

按照宗教研究中社会功能学派的主张，我们势必会得出一个结论：凡是与他们所规定的宗教社会功能起着相似作用的社会文化形式，都可以成为宗教的等价物或类似物，他们事实上也作如是观。他们一般都把在社会功能上近似于宗教的非宗教现象称之为“非宗教的宗教”，“准宗教”或“世俗宗教”。进一步还把共产主义、爱国主义、民族主义、科学主义等都视之为类似宗教的“世俗宗教”。因为，他们认为这些社会文化形式都起着维系社会秩序、加强社会一体化、决定社会伦理价值的功能，与宗教的社会功能等价。而且宗教体验的外在表现，如崇拜、忠诚、虔信、入迷、自我牺牲之类宗教行为，在共产主义、爱国主义、民族主义、科学主义等社会文化体系中也有同样表现。

上述三种宗教本质论和宗教定义只是就大概情形而言，既有例外的情况，也有不能简单归属于其中任何一类的主张。要对它们作出公正的评价，有必要进行一番比较性的研究。

我认为，如果要对宗教作一个比较科学的规定，必须解决一个认识论和方法论上的问题：对一类事物或概念下定义，也就是对这个概念所反映的那类事物的界限作出规定，揭示出这类事物之所以是这类事物，而不是他类事物的质的规定性，即揭示其本质。定义是事物之本质在概念上的表现。定义如不表现事物之本质，必然不能把此类事物和他类事物清楚地区别开来。同类事物只是在本质上是相同的，而在现象形态上则可能是多种多样的。如果从现象形态上，而不从本质上规定一类事物，这样的规定便不能涵盖该类事物在现象形态上的多样性，从而失去其普遍的适用性。在我看来，上述三种类型的宗教定义都各有一定的缺欠。它们或者是以现象为本质，或者未能全面准确地把握宗教的本质。神秘的宗教体验看来不应视为决定和产生一切宗教现象的本质，宗教经验乃是宗教传统、宗教教育以及习俗迷信的结果。人心中并无天赋的上帝神灵观念，此类体验必然来自后天。即使把我们的探索追根溯源地推进到底，找到某个第一位自称拥有此种宗教体验的人（佛陀、耶稣、穆罕默德……），其根源仍来自传统的宗教和文化背景。所以，宗教体验并非宗教生活的出发点和原动力，而是传统的宗教和文化生活积淀而成的副产品。

宗教的社会功能，显然是宗教体系中的重要问题。宗教研究中的社会功能学派强调这种研究，当然是有益的。不过，我们不能因此而把宗教的社会功能看成是宗教的本质。一种事物的“功能”，乃是它所表现出来的作用和作用的效果，因而属于事物之现象形态范围。不同的事物可能有相同或相似的作用和效果。坏事可能是坏人干的，也有可能是好心干坏事。能够对维系社会的秩序和一体化起作用者，可以是宗教，也可以是政治法律体系，还可以是哲学世界观和伦理道德规范；给予苦难不幸者的安慰，既可来自来世的天堂，也可以来自现实的世界。宗教与它的社会功能之间，并没有等质、等量或等价的关系。

任何事物的功能都是其内在本质的外在表现，不仅不能决定事物的本质，相反倒为其本质所决定。宗教的社会功能，与政治、法律、道德、哲学、文化艺术的社会功能，尽管彼此有互相交叉和重合的现象，但如仔细地观察和分析，是厘然有别的。它们各自发生作用的方式更是大不相同。究其原因，只能说，这是由于这些不同的社会文化形式各有其独特的本质，它们各自决定其自身并把自身与他物区别开来。由于宗教的社会功能乃是宗教之本质的表现，我们可以而且应该通过它来认识和揭露宗教的本质，却不能用宗教的社会功能来代替宗教的本质。要想给予宗教的社会功能以科学的说明，只有真正科学地把握了宗教的本质才有可能。这就像普通车工和工程师的关系一样。一个熟练的车工对车床的功能很熟悉，但他并不一定熟悉车床的设计原理，而工程师之所以在技术上高于普通的车工，就在于他掌握了车床的设计原理，正是这些原理决定了车床之所以为车床，并且决定了车床的工作效能。

按照社会功能学派的说法，宗教的社会功能主要在于它能维系社会的稳定和一体化。可是，能发挥此种社会功能者，不止于宗教一家，其他许多社会文化形式亦可发挥同样的作用。为了区别起见，就必须从它们发挥作用的方式、工具和方法上寻找各自的特殊性。用他们的话讲，宗教之所以是宗教，就在于它是以某种象征体系和价值体系来发挥其社会功能。即使我们接受这种理论，宗教社会学家仍然必须进一步回答：宗教的象征体系和价值体系是什么？它为什么就能发生如此这般的社会功能？这就是说，必须进一步探索宗教社会功能的内在根据，即宗教的本质。所谓宗教的象征体系和价值体系无非就是神、神性和天命、神迹之类。宗教之为宗教，正是由于它用神和神的诫命作为人们敬畏崇拜的象征性对象，从而发挥其特有的社会作用。所以，宗教社会学最后仍然必须把神观念作为宗教社会功能的内在根据和区别于其他社会文化形式的基本标志。实际上，离开了神观念和对神的信仰与崇拜，宗教社会学家就不能谈宗教及其社会功能，或者，所谈的对象就不复是真正的宗教，而是其他的社会文化对象了。正是由于这个缘故，杜尔凯姆仍然认为宗教是与对“神圣事物”的信仰和行为相关联的统一体系；岸本英夫也得在其功能性宗教定义之后加上附加语，承认宗教在发挥其最终解决人生问题的功能时，常常是通过神的观念进行的。这实际上无异于承认，如果没有神的观念和对神的信仰与崇拜，宗教就无从发挥其社会功能，神观念和对神的信仰与崇拜乃是宗教之为宗教并发生其社会功能的内在根据。

无论是宗教心理学的宗教体验，还是宗教社会学家的宗教社会功能，都离不开神观念，根据这个事实，我们似乎应该得出一个结论：如果要把握宗教的本质，规定宗教的定义，看来还是要返回到以神观念为中心的第一种主张上去。把宗教确定为信仰和崇拜神的体系，从总体上看仍是正确的。至于使用什么样的概念或术语来表述更为恰当，那是可以继续讨论的另一个问题。不管宗教学者使用何种术语，它所指的仍是那超人的、超自然的、神圣的对象。“比人更高的力量”不是“神”又是什么！自然界中至今并未发现什么比人更高的存在。所谓“比人更高的力量”、“神圣者”，仍然是超越于当时人所理解的自然律之外的超人间、超自然的力量。

许多西方宗教学家津津乐道所谓“无神的宗教”，而且把原始佛教和孔孟儒学归入此类。其实，就是从西方宗教神学着眼，这个说法也得作很大的限制和修正。孔子本人“敬鬼神而远之”，“远”则远矣，但“敬”仍敬之，并未否认鬼神的存在。他崇天畏命，颇为虔诚，而对天和天命的崇信，恰恰是中国神道和正统宗教的基础和核心。释迦牟尼宣扬“诸法无我，诸行无常，涅槃寂静”（“三法印”），在理论上似乎否定了永恒不灭、常住不变的神或灵魂实体，但其六道轮回的教义，却又在逻辑上必然肯定接受此种轮回果报的业力主体，这实际上等于承认灵魂不灭。六道轮回中的“天”，就是天神。至于涅槃境界，既被认之为佛徒修道的最后归宿，灵魂在此并非消灭于绝对的无，而只是免除轮回的痛苦得到永恒的安息。释迦牟尼之后，成佛越来越神格化，佛徒心目中的佛与其他宗教的神本质上并无差别。乔·瓦赫（J.Wach）在其《比较宗教学》一书中就对所谓佛教是无神宗教之说表示异议。

历史上是否有过标榜无神的宗教呢？确也有过。18世纪英国自由思想家约翰·托兰德（John Toland 1670—1722）所主张的“自然宗教”，就是以对自然、自然规律的崇拜代替对神的崇拜。费尔巴哈（Ludwig Andreas Feuerbach 1804—1872）的“爱的宗教”，孔德（Augnste Comte 1789—1859）的人道教和卢那察尔斯基的（Анатолии Васяьсвич Луначарский 1875—1933）的“造神论”和“社会主义宗教”，都可以说是“无神的宗教”，因为它们都是公开否定超自然的神和上帝的存在的。但是，唯其如此，它们不过是借着宗教之名，行反对宗教之实，决不是真正的宗教，而是真正反宗教的哲学体系。

在这个问题上，关键之点似乎并不在于历史上是否确有无神宗教的存在，而是如何理解和确定作为宗教崇拜对象的“神”的概念。世界上各种重要的宗教，其崇拜的“神”都具有强烈而浓郁的与人同形同性的人格性，如果以此为准来衡量一切形态的宗教（特别是原始民族的宗教）就可能会发生所谓例外的情况。但如果像许多宗教学者所主张的那样，对“神”概念作广义的理解，视为某种超人间、超自然的力量，把宗教理解为与此有关的信仰体系，或者对所谓神的“人格性”作更科学的规定，那么，对于宗教涵义的上述规定显然便会有广泛的适用性（笔者的《宗教学通论》在论及神灵观念时对神的“人格化”作了自己的解释，可供参阅）。

二

本世纪50年代以来，马克思主义宗教观在我国宗教研究中的地位是众所周知的。这一代的宗教研究者当时几乎不知道其他的理论与方法。然而，随着改革开放的进展，情况逐渐发生变化。对宗教的多元化理解在对马克思主义宗教理论的解释与应用中也越来越明显地表现出来。马克思、恩格斯关于“宗教是什么”的论断总计约有十来例之多。但究其内容，大体上仍可分为本文第一部分所分别的三种类型。一类是以宗教信仰和崇拜的对象为中心的；一类是以宗教信仰的主体为中心的；另一类则是论述宗教之社会功能的。如果这个分类可以成立，那么，根据上文对宗教本质论的比较分析，我们就不能把第二、第三类视为揭示宗教之本质的宗教定义。至于第一类是否符合定义的要求，也要视其是否揭示了宗教的本质规定性而定。

马、恩论断属于第二类型者，如：

宗教是那些还没有获得自己或是再度丧失了自己的人的自我意识和自我感觉。[12]

这个论断在形式上颇有一点宗教心理学派视宗教信仰主体的心理感受、宗教经验为宗教之本质的味道。不过，马克思这句话并没有把这种“自我意识和自我感觉”说成是宗教的本质。所谓“还没有获得自己，或是再度丧失了自己”，似可解释为尚没有意识到自己的主体性或丧失了自己的主体性的人。这里的“主体性”意指自己的命运。如果这个解释可以成立，那么，马克思这句话可以理解为：宗教是那些尚没有掌握自己命运的人的自我意识，是这种自我意识的异化。不管人们是否赞同这个思想，但应该说，这句话的内容并未说明宗教意识不同于其他意识的本质规定性。人的丧失主体性的自我意识并不一定表现为乞求上帝或追求来世的宗教意识，他完全可能用文学艺术、哲学或政治思想等文化形式予以表现。魏晋大文人阮籍有一番《咏怀诗》：“嘉树下成蹊，东园桃与李。秋风吹飞藿，零落从此始。繁华有憔悴，堂上生荆杞。驱马舍之去，去上西山趾。一身不自保，何况恋妻子。凝霜被野草，岁暮亦云已。”所谓“咏怀”，就是阮籍的自我意识的宣泄，自我感觉的表白。这种人生无常，身不自保的感怀岂不正是丧失了主体性或命运主人感的自我意识！但阮籍并未把这种自我意识表现为对宗教的皈依，而是抒发为伤感悲凉的诗歌。在封建专制时代，“君叫臣死，臣不得不死；父命子亡，子不得不亡”。臣、子在君、父面前，也是丧失了自己的人，但臣、子这种丧失主体性的自我意识也不是表现为宗教意识，而是表现为“事君以忠，事父以孝”的儒家伦理规范。在尼采的“超人哲学”中，平庸低能的下等人也是“没有获得自己”的一群人，但尼采为他们安排的“救世主”并不是宗教的上帝（尼采宣布：上帝已死!），而是权力意志达于顶点，才能出类拔萃的“超人”。“超人”是人，不是神，“超人哲学”并不是宗教。

我们大体上可以承认，各种宗教都是不能掌握自己命运的人的“自我意识”。这是宗教的共性。但这种“共性”并非宗教所特有的、其他社会文化形式也可能具有这种性质。这表明它不是决定宗教之所以为宗教，把宗教与非宗教区别开来的本质规定性。只有当这种意识与对超人间、超自然力量（神）的敬畏、崇拜联系起来时，它才是宗教意识。

马克思、恩格斯关于“宗教是……”的论断大多是说明社会功能的。其中最著名者如：

国家、社会产生了宗教即颠倒的世界观，因为它们本身就是颠倒了的世界。宗教是这个世界的总的理论，是它的包罗万象的纲领，它的通俗逻辑，它的唯灵论的荣誉问题，它的热情，它的道德上的核准，它的庄严补充，它借以安慰和辩护的普遍根据。[13]

这一大段话显然讲的是宗教的社会基础和社会功能。说的是宗教作为“颠倒了的世界观”，其社会基础是“颠倒了的世界”，其功能就是为“颠倒了的世界”提供总的理论上的辩护、感情上的安慰和道德上的核准。但这些社会功用也可以是其他形式的“颠倒了的世界观”（例如为反动社会力量服务的社会意识形态）

所同样具有的。宗教虽是“颠倒了的世界观”，但“颠倒了的世界观”并不就等于宗教，这个论断不能满足作为宗教定义的逻辑要求。

马克思还有一句更有名的论断：

宗教是人民的鸦片。[14]

由于后来列宁把马克思的这句名言誉为“马克思主义在宗教问题上全部世界观的基石”，所以，我国从事宗教工作的人常把这句名言认作为集中揭示了宗教之本质的经典论断。其实，这句话的内容讲的也是宗教的社会功能：对人民的麻醉。功能是本质的表现，并不等同于本质。本质不同的事物可以表现出相似的功能。对人民起鸦片麻醉作用者不仅限于宗教，颓废无聊的靡靡之音，诲淫诲盗的黄色书刊，实际上都是麻醉人民的精神鸦片。可见，“人民的鸦片”不是把宗教和其他社会文化形式区别开来的本质规定性。

上述马、恩的论断是他们在 1844 年 1 月之前写的。这属于他们的历史唯物主义的世界观和宗教观的形成时期。这些论述从各方面论及宗教的世俗基础、社会功能以及它们所表现的社会本质，都不是用定义形式规定宗教之为宗教的本质。但在 1876—1878 年写的《反杜林论》“社会主义”编讨论宗教问题时，一上来就对“宗教是什么”提出了一个定义式的规定：

一切宗教都不过是支配着人们日常生活的外部力量在人们头脑中的幻想的反映，在这种反映中，人间的力量采取了超人间的力量的形式。[15]

马克思主义的宗教理论工作者一般都把这段话当成马克思主义的宗教定义使用（包括笔者过去）。这个论断是以宗教的崇拜对象为中心来规定宗教的本质。毫无疑问，这是一种以唯物主义为哲学基础的无神论宗教观。它把一切宗教崇拜的对象——作为“超人间力量”的“神”说成是“人们头脑中”的一种虚假的观念，即对“支配人们日常生活的外部力量”这种“人间力量”所作的一种“幻想的反映”。从马克思主义宗教观看，恩格斯的论断不仅揭示了宗教的核心——神观念的本质，而且进一步揭示了它得以产生的世俗基础，为马克思主义探索宗教存在的根源及其消亡的途径之类重要宗教理论问题提供了思想基础。不管人们是否赞同马克思主义的整个宗教观，但也应该承认，恩格斯的论断言简意赅，内容是丰富而深刻的。

但是，本文所要探讨的主要问题是，恩格斯的这个论断是否可以作为宗教的科学定义而应得到学术界的承认。看来，这是难以实现的。

第一，这个论断带有鲜明突出的无神论色彩，是一个强烈的价值判断。对于那些具有有神信仰和希望在有神无神问题上保持价值中立的宗教学者而言，他们是很难接受的。因此，近现代宗教学者中许多人倾向于在此类宗教问题上最好采取价值中立立场，使用描述性的述语，可以指出一切宗教都信仰和崇拜超人间、超自然力量（神）的事实，但不必一定从定义开始就一句话否定神的存在，从而把整个宗教说成虚假的幻想反映。一种单纯的事实描写只要符合事实，而不涉及对事实的价值判断，对于宗教学者（不管是有神论者，还是无神论者）都是可以接受的。

第二，恩格斯这个论断，严格说来，只涉及宗教的“神”观念的本质，视为对于神观念的定义则尚可考虑，但如视为整个“宗教”的定义，仍有所不足。这是因为，神观念固然是宗教的核心，但整个宗教并不等于就是一个“神”观念。宗教作为整体，并不单纯是存在于个人头脑中的主观观念，它同时也是客观存在的社会事实；宗教也不单纯是个人对某种超人间、超自然力量的虚幻信仰，它同时还是某种与社会结构相结合的现实的社会力量。作为个人信仰的宗教观念是一回事，作为社会现实客观存在的宗教又是另一回事。二者有联系，也有区别。只要信仰者相信有某个超人间、超自然的力量支配着自己的命运和生活，他就会把这种力量反映为头脑中的上帝神明之类观念。没有这种反映形成的神观念，就没有宗教信仰的对象和对它的信仰活动和崇拜行为，从而也就没有所谓宗教的存在。但这种反映而成的超自然体的观念，却完全有可能停留在反映者个人头脑之中，并不必然表现为信仰宗教、崇拜神灵的行为。唯心主义哲学家有可能在世界观上承认某种超验的绝对物的存在，但却不一定把它视为祈求和崇拜的对象，成了某种宗教的信徒。宗教观念只是宗教体系的基础和前提。但只有当宗教反映超出了观念形态的主观性，表现为宗教信仰的外在行为；超出纯个人的信念，表现为社会性群众性的信仰、准则和行为规范的时候，主观的宗教观念才获得了它的“物质外壳”，宗教才作为一种社会现象而出现于世。

总结上文两部分的讨论，我们的结论是：无论是西方近现代各派宗教学的宗教观，还是马克思、恩格斯的各种论断，尽管它们各自都在揭示宗教之本质问题上提出了许多有价值的内容，推动了整个宗教学研究的进步，但它们也都各有自身的缺欠，都还不能作为现存的答案全盘接受过来。我们的宗教研究应该在它们已经提供的基础上继续往前走，把这项重要的研究向前推进一步。

三

通过上文的分析，我们看到，各种类型的宗教规定都离不开神或神性物的观念。具有超人间、超自然的神或神性物的观念在宗教体系中构成核心的、本质的因素。但是，我们同时也指出，单是神观念并不构成宗教的全体，无论我们对神观念作了多么准确的规定，也不等于对宗教有了完整的定义，因为宗教并不单纯是一种主观的观念，而是一种客观存在的社会文化系统，包含有比神观念更广泛的内容。本文尝试对从宗教神观念进一步构成宗教文化系统的各个基本要素作一次比较系统的研究。

一当人们头脑中形成某种超人间、超自然力量的观念，它就成了神秘或神圣的东西。但是，无论这种超人间、超自然的神观念，在人们头脑中被设想得多么神圣、多么神秘、多么伟大，却始终只是存在于个人的观念世界之中，自己以外的其他人无从感知，因而不能成为信众共同崇拜的对象。如果要想做到这一点，神观念就必须表象为信众可以共同感知和体认的感性物。它必须外在化、必须物态化。因此，各种宗教几乎都是把其心中信仰和崇奉的神圣观念客观化为某种具有感性形态的象征系统。原始宗教崇奉为神圣的图腾物、氏族祖先、自然物和自然力，多神教中的各种偶像，都是神灵观念的感性象征。天主教神学家虽然把他们的上帝抽象化为无形的精神性存在，但同时又把十字架、圣母像、圣徒遗物之类作为上帝的象征和神圣事物，把耶稣基督说成是“道成肉身”和“上帝之子”，这实际上也是把他作为上帝和圣灵的感性象征。伊斯兰教谴责一切偶像崇拜，说真主既无形象，也无方所（空间），但真主却偏要通过某个具体的人（真主的使者穆罕默德）来传达他的启示，而且圣城麦加的克尔白庙还要供奉一块黑石头作为神圣的象征物。至于佛教寺庙中的佛和菩萨的偶像更是数不胜数。

主观的宗教观念外在化、物态化为宗教崇拜的偶像或其他象征表现之后，还必须有宗教象征物的安息之地和供奉之所，以便为信仰者提供宗教活动的场所。于是，各种各样的寺庙和教堂便傲然矗立在大地之上，虚无缥缈的神灵便具有了物质存在的形式。这说明，宗教的神明已不仅仅是信仰者主观的观念，它客观化了、社会化了、物态化了。

宗教信仰者的宗教崇拜行为，是信仰者用语言和肉体进行的外在活动，它是内在的宗教观念和宗教感情的客观表现。一定的宗教观念和一定的宗教感情总是像磁铁的两极一样相伴而生。当人们头脑中产生了视某种力量为超人间、超自然力量的时候，也就伴生了对它的敬畏感、依赖感和神秘感。情动于中则形之于外，发之为尊敬、爱慕、畏怖、祈求、祷告、赞美的言词，表现为相应的崇拜活动。各种宗教都通过一定的仪式把这些原为自发而且分散的宗教行为规范化、程式化，并附加上神圣的意义。因此，一切宗教的礼仪行为都是规范化的，而且是有组织地进行的，具有鲜明的社会性。

宗教的社会性更具体地表现为宗教组织和制度的建立。在原始社会里，整个氏族部落都崇拜共同的神灵，有组织地进行共同的宗教活动。宗教信仰和崇拜活动把每一个氏族成员凝结在氏族社会的组织结构之中。在阶级社会里，由于多种宗教的同时共存和彼此竞争，由于新兴宗教和教派的不时出现，各种宗教和教派的信徒往往由于社会利益的不同和信仰上的差异，导致各种形式的冲突和斗争。在此基础上，形成了各种不同的宗教组织。宗教组织的出现，进一步消除了原始宗教信仰上的自发性，而使宗教成为以宗教组织为基础的社会性宗教。宗教既然有了固定的组织形态，为了对外立异和对内认同的需要，便相应地把本教的基本宗教观念教义化、信条化，并建立与教义相适应的各种戒律规范和教会生活制度。这些共同的礼仪行为，共同的教义信条，共同的教会生活制度，共同的戒律规范……强化了宗教的社会性，把广大信仰者纳入共同的组织和体制，规范了他们的信仰和行为，影响以至决定了他们的整个社会生活，这就使宗教在现实生活中成为一种重要的社会力量，更由于宗教的教义、信条、行为规范、礼仪规定……常通过文化、艺术、哲学、道德的形式表现出来，不仅铸型信仰者的信念和灵魂，更规定他们的价值观念和价值取向，所以宗教也是一种社会文化体系。

通过上述分析，我们可以看到，宗教作为一种社会化的客观存在具有一些基本要素。这些要素分为两类：一类是宗教的内在要素，其中有两部分：1. 宗教的观念或思想；2. 宗教的感情或体验。一类是宗教的外在要素，也有两部分：1. 宗教的行为或活动；2. 宗教的组织和制度。一个比较完整的成型的宗教，便是上述内外四种因素的综合。

宗教的四种基本要素在宗教体系中有其一定的关系和结构。长期以来，宗教学者在如何理解和说明这种关系和结构问题上各有不同的看法，体现了他们在宗教本质论上的差异。有强调宗教神道观念是宗教的基础和本质因素者，有强调宗教的感情或体验是宗教的核心者，也有人强调最初的宗教原本是无意识的行为，宗教观念和宗教体验不过是宗教行为理智化和感情化的结果。各执一词，难以一致。看来，如果要以四种要素产生的时间先后来区分宗教的本质因素和非本质因素，是难以找到可信的答案的。实际上，宗教观念和宗教体验是统一的宗教意识的互相依存的两个方面。没有无识之情，亦无无情之识。宗教意识的情与识又必然形之于外，体现为宗教信仰和宗教崇拜的行为。这一切又逐渐规范化、体制化为宗教的组织和制度。概念上可分析为二，实质上内外一体，它们是相互伴生、相互制约的。

如果我们把宗教四要素产生的时间先后这个烦琐问题撇在一边，着重分析它们在宗教体系中的关系结构，那么应该承认，它们在逻辑上是有序的（当然，逻辑的秩序不是一个时间上的先后关系，而是义理上的蕴含关系）。从逻辑次序上看，四个要素在宗教体系中实际上有四个层次。处于基础层或核心层的是宗教观念（主要是神道观念）。只有在有了宗教神道观念的逻辑前提下，才有可能使观念主体产生对它的心理感受或宗教经验。因此，我们把宗教的感受或体验作为伴生于宗教神道观念的第二个层次。各种宗教崇拜的行为（巫术、祭祀、祈祷、禁忌、礼拜、忏悔等）显然是宗教观念和宗教体验之外在的表现，属于宗教体系的第三个层次。宗教的组织与制度则是宗教观念教义化、信条化，宗教信徒组织化，宗教行为仪式化，宗教生活规范化和制度化的结果，它处于宗教体系的最外层，对宗教信仰者及其宗教观念、宗教体验和宗教崇拜行为起着规范、凝聚和固结的作用，保证宗教这种社会文化现象形成为一种有着严整结构的体系，并作为社会结构的重要部分而存在于社会之中。宗教体系四大基本要素之间的逻辑次序和层次结构，可以用一个简单的图式来表示：

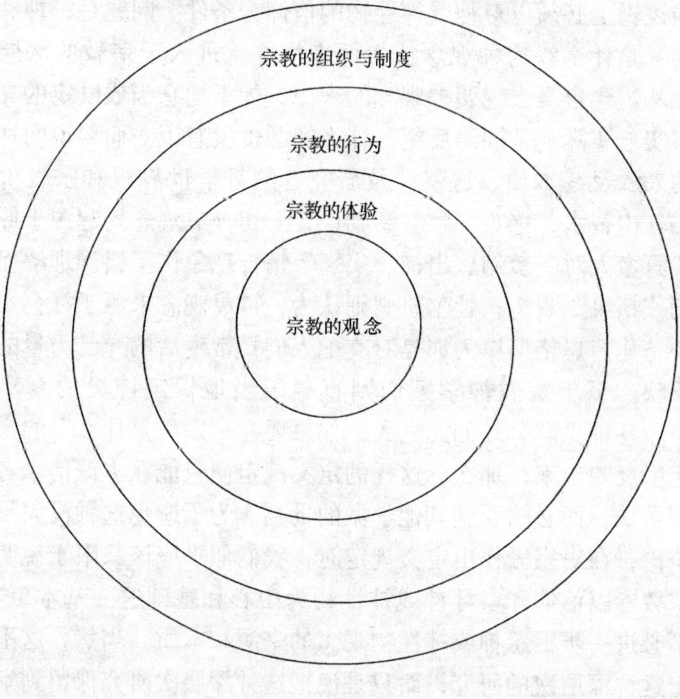

我个人认为，这个图示对“宗教是什么?”问题给了一个一目了然的回答。不仅说明了宗教是四个基本要素的综合，而且形象地表明了这四大要素之间的结构和关系。宗教作为一个整体，就是这四大要素如此结构组合而成的社会文化体系。有此四要素，并如此结构组合起来，就有了宗教体系；缺乏其中任何一个要素都不成其为完整的宗教。因此，现在如果有人问：什么是宗教？我可以这样回答，请看此图。

我把这种研究方法称之为宗教要素的结构性分析。这种分析暂时还是把宗教体系作为一个封闭性的系统来处理的。但是，宗教并不是一个自身决定、自给自足的封闭性系统。宗教的外在要素当然是其内在要素的外在表现。在内在要素中，宗教的感情和体验逻辑上必须以对神或神性物的信仰为条件。问题是，神和神性物又是什么？这种观念从何而来？这就进入于宗教的深层本质。从观念自身去说明神观念的来源，等于把它当成既定的先在的事实，实际上是同语反复，什么问题也没有说。而要说明神观念的来源及其本质，这就涉及研究者的哲学世界观和宗教价值观，仁山智水，绝难一致。泰勒说，一切神灵观念均起源于原始时代野蛮人对于梦幻、出神、疾病等精神现象作了错误理解而产生的“精灵”观念；杜尔凯姆则认为，神灵观念来源于社会本身的神圣化。恩格斯以为那是对支配人们日常生活的异己力量的幻想反映。至于宗教神学家们则直截了当地肯定神灵的真实存在……各种见解分歧如此之大，如果要在“宗教是什么”的定义规定中反映出来，那么，这样的定义规定便只能在本派信奉者中得到承认，而必然受到其他学派的批判。为了避免这种没完没了的争论，在对宗教作出定义规定时，我们似乎应该只限于说明一切宗教皆以信仰和崇拜神或神性物为中心和基础这一基本事实，而不必进一步揭示神或神性物观念的来源和本质。当然，这不是否定这种深层次的研究，而只是说把这种深层次研究保留到宗教定义之后或之外。这样的宗教定义，既然只限于经验事实，而不再涉及神或神性物的真假是非，不包含任何价值性评判，它就比较容易为各派宗教学者所认可。在此之外的进一步宗教研究中，你可以坚持你的无神论，也可以坚持你的有神论，甚至具体阐述你的“精灵论”、“巫术论”、“鬼魂论”、“图腾论”、“玛纳－塔布论”、“超神论”、“泛神论”、“内在神论”、“原始一神论”……。笔者个人过去认为，恩格斯的宗教规定，虽然不足以成为“宗教”的完整定义，但却可以承认为关于“神观念”的定义。因此，曾经把它纳入我的宗教四要素说之中，从而对宗教下了这样一个定义：

宗教是把支配人们日常生活的异己力量幻想地反映为超人间、超自然力量的一种社会意识，以及因此而对之表示信仰和崇拜的行为，是综合这种意识和行为并使之规范化的社会文化体系。

根据笔者在上文表明的新思考，这种视神观念为“幻想反映”的无神论价值评判在宗教定义中出现是没有必要的（不是说它是错误，而只是说没有必要），我打算对这个论断作如下的修改：

宗教是关于超人间、超自然力量的一种社会意识，以及因此而对之表示信仰和崇拜的行为，是综合这种意识和行为并使之规范化、体制化的社会文化体系。

用不着多加解释，这个表述意在从经验事实上说明宗教是一种宗教意识（宗教神道观念和宗教体验）及其外在表现（各种宗教行为和宗教制度）诸多因素组合而成的社会文化体系，并且蕴含着这四大基本要素的逻辑联系和层次结构。

四

为了寻找一个具有比较广泛的适用性、比较准确反映宗教之所以为宗教、并能与其他社会文化形式区别开来的宗教定义，我们在宗教学领域进行了一番学术漫游，最后得出了自己的结论。无论是对西方各派宗教学，还是对马克思、恩格斯的宗教观，对于他们给出的宗教规定，我们的评论自信是实事求是的，既未轻率地否定一种观点，也不盲目接受一种主张，我对各种宗教定义都有不尽满意之处。为了研究宗教，总得对宗教的本质、特性、基本内容和基本要素有一个基本看法，否则，就连什么是宗教、什么不是宗教也分不清，宗教研究也就根本无法进行了。我按照宗教四要素说对宗教给出的规定，是我个人进行宗教研究的基础理论。我打算从三个方面谈谈我对它的理解与应用。

第一，宗教四要素说揭示了宗教的本质及其基本内容，能把宗教与非宗教明确区分开来。

宗教四要素说一方面揭示了宗教的核心和本质内容是关于超人间、超自然力量的信仰（神观念），另一方面又指出了这种作为宗教之核心和本质的神观念必然伴生宗教的感情和体验，表现为外在的崇拜行为，规范化为宗教的体制。这就意味着这个表述体现了宗教的本质与其表现的综合与统一，给予宗教一种完整的规定，能对宗教与非宗教作出明确的区分。某些西方宗教社会学者之所以把某些非宗教文化形式宣布为“宗教”、“准宗教”、“世俗宗教”……其原因盖在于他们不知道宗教是四种要素的统一，从而把宗教与非宗教在某些外在表现形式上的相似，夸大为整体上的相同。他们之所以把“儒家”说成“儒教”，也是因为他们只看到了儒家对“大成至圣”及其教诲的顶礼膜拜与宗教崇拜在行为方面的相似性，而忽略了一个最基本的事实：孔孟是学者，孔门弟子只把他们说成“圣贤”。所谓“圣贤”，不过是道德高尚、知识渊博的人，而不是超自然的神。孔子创建的理论是一种社会的、政治的、伦理的学说，而不是引导世人追求天堂净土之类超自然境界的宗教体系。对于夏商周三代以来的传统宗教信仰，孔子既有信仰的一面，也有否定的一面。孔子“畏天命”，这是宗教性信仰；但他同时又“敬鬼神而远之”、“不语怪力、乱神”，表现出反传统宗教的态度。孔子并未构想某种新的神灵观念和崇拜体制，我们不能视儒学为宗教。我之所以不采用恩格斯的论断为宗教之定义，也是因为它只表述了神观念（超人间力量）的本质，未概括其他的宗教要素，不能划清有神论哲学和宗教的界限。一个哲学家完全有可能只承认某种超自然力量的存在，可并不把它当成祈求和礼拜的对象。

这里必须回答一个问题。我们如此强调宗教是四大要素的统一，固然可以把某些与宗教部分要素相似的世俗文化形式排斥于真正宗教之外，但是否因此而有可能把某种虽不完备具有四大要素，但却是货真价实的宗教从宗教领域驱逐出去呢？我的回答是：如果它确实是货真价实的宗教，那它就必然具有上述四大要素。且以中国原始宗教为例。北京周口店山顶洞人的葬式，是我国迄今发现的最原始的宗教迹象。由于葬式意味着灵魂观念，所以它是我国宗教的最早萌芽，但尚未发育成型为完整的宗教。可即使在这株宗教“幼芽”中，也已包含了宗教四要素的“种子”。这是因为，如果山顶洞人没有某种死后生活的观念（当然是非常之模糊的），他们就不会把死人进行丧葬处理，并随葬装饰物和生活用物。其中蕴含的观念就是后来发展为灵魂不死和神观念的种子。既然山顶洞人有了死后生活的遐想，就相应会伴生对“死灵”的“敬”、“畏”感；没有这种情绪，就不会出现使用殉葬物的行动。此即宗教的感情和行为。死者不会自己葬自己。在当时，葬他者只能是与他有血缘关系的血缘集团中人。可以设想，丧葬过程是同一血缘集团成员集体进行的。这是一种社会性—集体性的宗教活动，是以原始社会氏族血缘关系为其背景的。可见，即使是在山顶洞人的“丧葬”这种最简单、最原始的宗教活动中，确已存在着宗教四要素的“种子”。随着原始社会氏族制的形成与完备，原始宗教的四要素也发育成型。崇拜的对象越来越具有超人间、超自然的神秘性和神圣性，逐渐成了原始氏族群体的命运的决定者和保护者。原始人越来越强烈地对之感到尊敬、爱慕、敬仰、畏惧、恐怖、震慑，于是便表现为祈求、崇拜、祭祀、巫术利用……之类行动。原始的神灵总是氏族集体共同信仰的对象，对之进行的献祭之类崇拜行动也总是氏族成员集体进行的。集体性的宗教活动要求一致性，于是便越来越规范化、体制化、成为氏族成员共同遵守、一致奉行的制度。宗教要素制度化和社会制度宗教化同步进行，整个氏族制度下的社会生活都宗教化了。可见，原始社会的宗教生活实际上已明显而完备地具有宗教的四个基本要素。原始宗教尚且如此，后来发展程度更高的宗教又岂能例外。古往今来到底有没有不完全具备宗教四要素的宗教呢？当然没有。

第二，宗教四要素及其层次结构为宗教分类和建立宗教学的范畴体系提供了理论依据。

任何一门学科，如果它确实是具有科学意义的学问，应具有两点标志。一，它的内容应该反映其研究对象的本质和规律。本质找到了，有关的众多现象就有了共同的根据，得到了统一的说明；规律找到了，这众多的现象之间就有了必然的联系，而不再是偶然的、任意的堆砌。现象与现象之间应该有可重复性，其关联应该是只能如此，不能如彼。二，从表现形式上看，这门学科应有一系列概念和范畴，它们之间的关联也应有其必然的逻辑联系，而不是研究者可以随其所好而任意排列的。因为概念、范畴之间的逻辑必然性乃是事物、现象之间的规律必然性的表现。如果我们要把宗教学这门人文学科建设成为真正的科学，就应使它符合于上述两点标志。我个人相信，宗教四要素说可以满足这两点要求。

首先，这个学说把一切宗教中的众多宗教现象，按照同一原理、同一逻辑予以分类，最后归纳为四大类。并确定，一切宗教现象都可归类于这四类宗教现象之中，似乎没有任何一种宗教现象可以游离于这种分类之外；同时，一切宗教都必然具有这四类现象并以之作为组成宗教的基本要素，似乎也没有任何一种宗教可以不具有这一要素或那一要素。这是否可以表明：宗教四要素说具有一种科学性的理论所应该具有的普遍适用性呢？

其次，它发现并确定了宗教四要素之间的逻辑关系。人们头脑中萌生的宗教观念（灵魂观念、神灵观念、神性观念等）是一切宗教的核心和逻辑出发点。由于它被设想为超人间、超自然的力量和支配自已命运的神圣者，设想者必然伴生对它的依赖感、崇敬感、畏怖感、神圣感、神秘感。内在的宗教敬畏感外在化为崇拜神灵的宗教行为，具体表现为巫术、献祭、祈祷、礼拜、崇拜、皈依、修行、悟道、苦行禁欲……之类宗教活动。由于宗教信仰的社会性和集体性，为了对内认同、对外立异的需要，就自然而然地发展为把宗教的信仰和行为规范化、体制化。于是，就出现了宗教观念的信条化、教义化、经典化；宗教体验的虔诚化、神秘化、目的化；宗教行为的仪式化、礼仪化；宗教信徒的组织化、宗教生活的制度化。于是，就出现了“宗教观念——→宗教体验——→宗教行为——→宗教体制”的逻辑序列。宗教四要素的内在关系是严格符合于上述逻辑必然性的。它们各自在此逻辑序列中的位置只能如此，没有任何主观随意性可言。

再次，宗教四要素说反映了宗教四大范畴之间的逻辑序列与宗教发生发展之历史过程的一致。只要我们认真观察历史上任何一种宗教发生和发展的历史过程，当可发现并都可归纳为“宗教观念——→宗教体验——→宗教行为——→宗教体制”的过程，前面，我们分析过原始宗教从萌芽状态到成型状态的发展历程，它非常典型地体现了宗教四要素的历史逻辑。其实，高度发展的宗教也是如此。佛教的创立，开始于佛陀在菩提树下静坐沉思数日之后的“觉悟”。据说，他“悟”到了最终解脱的“涅槃”境界。有此涅槃境界的直觉，就会伴生对涅槃境界的渴慕与追求。由此出发，佛陀提出了四圣谛、三法印、八正道以及一整套的修行法门。初转法轮之后，有了越来越多的追随者，于是结成僧伽团体。有了一个社会性的集体，自然要求众僧尼奉行共同的教义，执行共同的戒律，实行共同的行为规范。总之，随着佛教僧众的组织化，推进了佛教哲理的教义化、涅槃悟道的目的化、宗教生活戒律化、宗教行为规范化，一个体制化的佛教体系于是成型。

按照新约圣经的说法，耶稣创建基督教的过程与此颇有相似之处。旧约时代以色列先知关于上帝将派“弥赛亚”（基督、救世主）到世上来建立“千年王国”的预言，乃是基督教创教时期的基本宗教观念。耶稣其人于是自称他是上帝之子，上帝派他来此世界拯救苦难大众。信徒认为他就是“弥赛亚”，就是“基督”，他将建立地上的天国，而且做王一千年。据福音书载，耶稣在约旦河受洗之后，天忽然为他打开。他看见上帝之灵如鸽降在他身上，天上有声音说，这是我的爱子，我所喜悦的（《新约圣经·马太福音》第3章第16节）。有了这种宗教体验，耶稣开始传道。随着基督教的传播，信仰者的增多，自然而然地形成教会组织。教徒在共同的教会组织中过宗教生活，礼拜上帝和基督，实行“圣餐”之类宗教仪式。后来，为了在不同宗教的竞争中获得胜利，为了克服教内不同教派之间的分歧，逐渐用各种方式把基督教的思想观念系统化为统一的教义，作为基督徒必须遵奉的“信经”。在成为罗马帝国和中世纪封建制国家的国教之后，又适应社会的政治结构形成教阶制度。

穆罕默德创建伊斯兰教大体上也是如此过程。

所以，无论是原始社会的氏族宗教、国家社会中的国家宗教，还是像佛教、基督教、伊斯兰教等由创教者创建的世界性宗教，它们从其萌芽到成长，再到发展成型的历史过程，实际上都是经历从“宗教观念──→宗教体验──→宗教行为──→宗教体制”

这样一个过程。宗教史的历史事实证明，宗教四要素的层次结构体现了宗教发生发展的历史逻辑。如果使用一句黑格尔的术语说：宗教四要素说体现了理论与事实、逻辑的东西与历史的东西的一致。

如果宗教四要素说的科学性能够成立，那么，它的价值不仅可以为比较宗教学的学科体系和范畴系统提供基础理论（本人主编和主笔的《宗教学通论》的理论构架和范畴体系就是按此学说构建起来的），而且也将会对各种具体宗教史的研究发挥一定的理论参照作用。在以往的宗教史研究中，由于学者们一般把“神”观念等同于宗教，于是便自觉不自觉地把宗教史的发展看成是宗教观念（主要是神观念）的发展，具体内容往往局限于宗教观念、宗教教义、宗教哲学的提出和演变、各种宗教和教派围绕这方面问题的分歧与论争之上；而对于宗教的其他要素（宗教体验、宗教行为、宗教体制）的形成与演变，却很少涉及，甚至基本没有涉及。按照宗教四要素说，这样性质和内容的宗教史就并非完整的宗教史，而只能算作“宗教观念史”或“宗教教义史”。一部完整的宗教史，应该包含宗教四大要素诸方面的内容。我希望，宗教四要素说将会为各种具体宗教史的研究提供一种可资参考的认识论和方法论，为宗教史研究开辟更广阔的研究空间，使它的内容更充实，形式更完美。

五

宗教四要素说的宗教定义把宗教规定为四要素构建起来的“社会文化体系”，那么，宗教四要素为什么、又如何发挥其社会文化功能呢？这是笔者必须回答的一个重要理论问题。

在漫长的历史上，宗教一直高居于社会上层建筑的顶端，支配着人类的精神世界。正像宗教的神被视为君临世界的主宰一样，它也被视为人类社会各种文化形式的神圣之源。早在原始时代，各种文化的幼芽几乎无不包含在原始人的宗教观念和宗教活动之中。从那时起，宗教及其神灵的权威，就渗入于人们社会文化生活的各个领域，成了人们包罗万象的纲领，思想的原理，行为的准则，激情的源泉，道德的效准，人际关系的纽带，社会秩序的保证。人际社会关系和各种文化形式无不打上宗教的神圣印记，从宗教观念中吸取自己成长所需的营养，通过宗教活动来展现自己的存在，并由之而获得自己的表现形式。文化与宗教的这种历史性结合，并不完全是上帝启示和皇帝御旨造成的包办强迫婚姻，其中也有自然而然的成分。宗教既有阻碍各种世俗文化自然发展的消极作用，也有在一定条件下促进文化发展的积极性一面。在我国，相当一个时期，由于把唯物史观绝对化、片面化，总认为宗教作为维护统治秩序的上层建筑，其社会功能是反动的，而凡是反动的，就得打倒、消灭。至于传统宗教的文化功能则被放逐于视野之外。其实，就是按照唯物史观的历史辩证法的本来意义，社会的统治阶级在一定的历史阶段并不一定就是反动的。为他们服务的社会意识和上层建筑的社会功能也是如此。更何况，宗教作为一种上层建筑，其功能和作用也不完全局限在政治上。它本身也是一种社会文化形态，对社会文化生活的各方面发挥着独特的作用。我们把宗教规定为一种包含宗教四要素的层次结构的“社会文化体系”，这就意味着宗教体系赖以构成的四个基本要素作为这个“社会文化体系”的一部分，本身都具有文化意义，发生文化功能。

宗教的灵魂观念、神灵观念、神性观念，从科学观点看，当然是人的一种幻想反映，它最初发端于原始时代野蛮人的头脑中，本来是质朴而粗陋的。但在那个使用石器的野蛮人的头脑中，诸如此类的神观念却是他们当时所能想像出来的最伟大、最崇高的一种存在，它集中了原始人的最高智慧，是人性的最高升华，寄托着他们对美好生活的期待以及对人类自身命运的关注。当代的文明人不妨设身处境地想一想，石器时代这些凭借自然本能、终日以生存为务的原始人群，竟然在某一天构想出某种逐渐脱离肉体的“灵魂”观念；再进一步，竟至构想出灵魂的不死；构想出飘忽不定的“精灵”，构想出能创造人类所不能创造的“奇迹”（“神迹”）的“神灵”……我们有理由这样说，这样的幻想本身就是一首充满“灵感”的奇妙的诗，是一部原始时代的“科幻”小说，比之于现代科学家设计的脱离地球引力场的宇宙飞船是毫不逊色的。那是划破原始蒙昧人黑暗精神世界的一道曙光。神灵观念给原始人的想像添上了超自然的羽翼，使之解脱了人类生理本能的自然束缚，翱翔于超自然的无垠空间；也使原始人超出动物式的感性直观，进入于人类所特有的想像空间和抽象思维领域。正是这种具有超人性、超自然性的宗教灵魂观念、宗教神灵观念、宗教神性观念孕育了人类关于人与超人、自然与超自然的思考，成了文明时代各种哲学思辨和科学探索的起点。我们当然也不必像泰勒那样，把产生万物有灵观念的原始人称之为“原始的哲学家”，因为他们头脑中当时所有的东西，不过是某种模模糊糊的意念，而不是明晰的概念和推理。但是，如果原始人没有某种关于“超人间、超自然力量”的意念，就不会有超人的宗教之神，也就不会在文明发展的一定阶段，出现论证它的宗教哲学和神学；也不会因此而激发起把这种“超人性的神性”还原为人性，把“超自然力量”还原为自然力量的启蒙哲学和自然科学。这两种不同的思潮，一方面是论证超自然神灵的宗教哲学和神学，另一方面是把超自然力量还原为自然力量，把神性还原为人性的启蒙哲学和自然科学。它们在历史上不断论战和斗争，又不断互相渗透和启发，既推动这两大思潮自身的发展，又推动了人类理论思维和各种文化思想的发展。

宗教感情随神观念的产生而产生，也随着神观念的发展而发展。神观念愈是发展，神的神性愈益崇高，神的权能愈益巨大，神对人间生活的主宰愈是无所不在，人对神的依赖之感和敬畏之情也就相应膨胀，益发强烈。内在的情感外在化为相应的言词和身体动作，以之来表现他心中的神灵和对神灵的感受。但是，由于神灵只是幻想中的存在，任何人都不可能对神有实在的感触，所以，一切表现神灵的言词和身体动作便不能不是拟人化的、象征性的。或者用某种物质性的实物和偶像来象征那本属虚无的神灵；或者用模拟化的身体动作来表象神灵的活动和事功，以及自己对神灵的感受……一切“象征”性的表现，都是人性的创造性活动，展现为形象化的艺术。语言的象征，发展为讴歌神灵事功，感谢神灵恩德的文学艺术；身体动作的象征性模拟，发展为舞蹈艺术；神灵偶像的制作，发展为雕塑、绘画之类造型艺术……人类的艺术活动和艺术创作冲动之最深刻的源泉，无疑是他们的生活实践。但同样无疑的事实是，在人类社会的早期以及以后的文明发展史中，各种艺术的存在和发展，不可能脱离宗教观念的激发和宗教崇拜活动的哺育。文化人类学告诉我们，世界各民族的早期文化艺术几乎无不具有宗教的色彩，寄生于人们的宗教生活之中。

道德、法律和社会习尚的形成，最早也与早期人类的宗教生活和宗教行为有关。人们对神灵的依赖感总是表现为向神祈求、对神献祭之类崇拜行为；对神灵的敬畏感又总是体现为对自身的限制和禁戒规定。不管是在原始社会的氏族宗教、还是在民族国家的国家宗教中，全氏族以至全民族的成员都信仰共同的神灵，进行共同参加的宗教活动，从而逐渐形成全氏族、全民族成员必须共同遵奉的规范化的宗教礼仪，它把全体成员纳入一个普遍性的行为模式和统一性的宗教体制之中。规范化的宗教礼仪具有超个人的权威，对共同信仰体制中的每一个人的行为与活动具有社会的强制力。社会集体和共同信奉的宗教体制赋予宗教禁忌规定和宗教礼仪以神圣的权威，迫使共同体制下的成员逐渐强化了对社会规范的服从和对个人行为的约制。这些神圣的禁忌和规范逐渐构成人们在生活中必须遵守奉行的“无上命令”，使早期社会中人所天赋的动物本能受到抑制，由此而受到自制的教诲。年深日久，这些神圣的禁忌规定和行为规范演变而成为社会共同体的习尚。外在的强制内化为内在的责任，行为上的“必须”积淀为良心上的“应该”，成为判断人们行为好坏善恶的价值准则。这就强化了源于人际关系的行为准则和伦理意识。在人类社会的早期，特别是在原始社会，如果社会上没有与宗教崇拜相联系的礼仪制度和与宗教禁忌有关的禁戒规定，以及随之而来的对犯禁违礼者的严酷可怕的神圣制裁，人类社会的道德规范、伦理准则和“法纪性”规约是难以建立起来的，社会的文明和进步就难以想像了。

在原始时代的氏族制社会和早期民族国家中，宗教的体制和社会的体制基本上是浑然一体的。社会体制宗教化了，宗教崇拜活动的体制也构成了社会的制度。例如，在氏族制社会中，由图腾崇拜而固定了同一图腾氏族男女不婚的外婚制；由祖先崇拜而强化了以血缘关系为基础的氏族制，规定了相应的丧葬制度和礼仪规范；与生产活动相联系的自然崇拜和丰产巫术仪式发展为各种祭祀制度……这一切都说明，宗教渗透到氏族制社会生活中的各个方面，固定乃至构成氏族社会的各种制度。许多社会制度在当时往往是作为宗教的一个组成部分而表现出来的。尽管随着社会的演进，文化和文明的发展，许多上层建筑和社会制度或先或后脱去了宗教的外衣，但如追根溯源，我们几乎总是可以在其中发现宗教的作用与影响，而在原始时代的宗教中则可以找到它们诞生之初的原初表现形态。

上述所论宗教四要素的文化功能，主要侧重于原始宗教的例证，但它的原理和方法同样适合于其他发展程度更高、文化色彩更浓的宗教体系。我们只想得出一个一般性的结论，宗教的四要素在社会文化诸形式中的作用和功能是非常明显和深刻的。不管人们喜爱与否，但这却是历史事实。我希望，本文阐发的宗教四要素说应该有可能为我们研究宗教的文化功能问题提供一种独特的视角和有效的方法。

注释：

[1] 弗·麦·缪勒：《宗教的起源和发展》，1972 年印度重印版，第 21 页。

[2] 麦克斯·缪勒的《宗教学导论》一书对宗教的特点作了如下的说明："如果我们说把人与其他动物区分开来的是宗教，我们指的并不是基督徒的宗教或犹太人的宗教，而是指一种心理能力或倾向，它与感觉和理性无关，但它使人感到有'神'（the Infinite——意为无限）的存在。……"（该书第 13—14 页）。后来，他在《宗教的起源和发展》一书中把这段话说成是他给宗教所下的定义（见该书 1972 年印度重印本，第 22—23 页）。

[3] 泰勒在其《原始文化》中指出，一切宗教，不管是发展层次较高的种族的宗教，还是发展层次较低的种族的宗教，它的最深层、最根本的根据是对"灵魂"或"精灵"的信仰。他根据他当时掌握的大量宗教人类学资料论证说：在人们已经完全了解的所有低级种族中，都存在着对"精灵"的信仰。据此，泰勒直接把对精灵的信仰作为宗教的最低限度的定义。（详见《原始文化》第 11 章"万物有灵观"）。

[4] 弗雷泽：《金枝》，徐育新、汪培基、张泽石译，中国民间文艺出版社，1987 年版，上卷，第 77 页。

[5] 威廉·施米特：《比较宗教史》，萧师毅、陈祥春译，辅仁书局，1948 年版，第 2 页。

[6] 例如，按照瑟德布罗姆的说法："宗教徒就是视某物为神圣的人"（引自他的论文：《神圣》，载于《宗教与伦理百科全书》第 6 卷，第 731 页）。由此推论出：宗教就是视某物为神圣之事。

[7] 威廉·詹姆士：《宗教经验之种种》，唐钺译，商务印书馆 1947 年版，第 30 页。
[8] 关于弗洛伊德的宗教观，请参见拙作：《西方宗教学说史》第 16 章。
[9] 关于杜尔凯姆的宗教观，请参见拙作：《西方宗教学说史》第 15 章。
[10] 岸本英夫：《宗教学》，日本大明堂，1961 年版，第 17 页。
[11] M·英格：《宗教的科学研究》，纽约，1970 年版，第 7 页。
[12] 马克思：《〈黑格尔法哲学批判〉导言》，见《马克思恩格斯选集》人民出版社，1972 年版，第 1 卷，第 1 页。
[13] 马克思：《〈黑格尔法哲学批判〉导言》，见《马克思恩格斯选集》第 1 卷，第 2 页。
[14] 马克思：《〈黑格尔法哲学批判〉导言》，见《马克思恩格斯选集》第 1 卷，第 2 页。
[15] 《马克思恩格斯选集》第 3 卷，第 354 页。

（摘自《世界宗教研究》1998 年第 2 期）

论宗教的本质

李 申

一、宗教本质诸论

1. 从古到今，古圣先哲，中外时贤，从不同角度论述过宗教的本质，这些论述也都从某一方面反映了宗教的本质。本文不企图刻意立异，仅想尝试从一个新的角度去看待宗教。

2. 有人说，宗教是一种文化。是的，宗教是一种文化，同样正确的是，科学、哲学、法律、艺术等等也都是一种文化。宗教学的任务就是要说明，宗教是一种什么样的文化？有哪些区别于其他文化现象的特殊的本质？而不是只到“宗教是一种文化”为止。

3. 宗教具有人民性、长期性、复杂性、民族性、国际性等等特征。然而任何一种较为普遍的社会现象，几乎无一不具备这些特征，比如文学，比如商业，无不具有人民性、长期性、复杂性、国际性、民族性等等特征。宗教具备这些特征，但这些并非宗教区别于其他社会现象的本质特征。提出宗教的这些特征，以提醒有关的国家机关或国家机关工作人员在处理宗教问题时注意政策、防止简单粗暴，是十分必要的。提出这些特征还有一个前提，那就是有关的人们已经面对着宗教、并且已经知道自己面对的就是宗教，就是说，是在当事者已经认识了自己所面对的对象的本质特征的情况下对宗教问题的进一步说明。而宗教学的任务，在于揭示宗教的本质，要在当事者尚未弄清对象“是什么”的情况下，向当事者说明该对象是不是宗教?

因此，宗教具有人民性、复杂性等等，和关于宗教本质的探讨，面对的是不同的对象，要解决的是不同的问题。把这些特征当作宗教的本质，或以此替代对宗教本质的探讨，乃是一种误解。

4. 宗教是人民的鸦片。这被认为是马克思主义的经典定义。这个定义正确地揭示了宗教的社会功能，否认这个功能是错误的。所谓鸦片，意思是说，宗教是人民的精神麻醉剂。在人民痛苦的时候，它抚慰人民的心灵。它使人得到慰藉，不致因痛苦而毁灭；但一般也不鼓励革命，不鼓励人民去消除痛苦的现实根源。

不过宗教的情形并非完全如此。宗教可以在神的名义下教人安分守己，也可以在神的名义下鼓动起义和战争。古今中外的许多战争都是在宗教的名义下进行的，其中大多是为摘取现实的花朵。

因此，马克思所说的情形，当只是宗教的局部的功能，是宗教在社会矛盾不太尖锐的情况下的功能，而不是全部的情形。依马克思主义基本原理，一切宗教的斗争，归根到底，是现实的社会矛盾的冲突；反过来说，当社会矛盾尖锐的时候，人们也会在宗教的旗帜下去寻求矛盾的解决。

而且，宗教是人民鸦片的命题，是在宗教已经存在的情况下来看待它的社会功能，它没有揭示人类创立宗教的目的。而对于由人类自身所创立的东西来说，人类创立它的目的，才是该被造物的本质。可以设想，耶稣、释迦创立他们的宗教，其目的决不是为了给人民制造麻醉剂。

5. 宗教是一种颠倒的世界观。这个命题正确地指出的宗教世界观的性质，但宗教不只是一种世界观。哲学的目的是认识，哲学的界限也是认识和说明。宗教除了认识和说明之外，它还要将认识和说明付诸行动，有一套行动纲领和终极目标。所以这个命题只是揭示了宗教世界观的性质，而不是对宗教的整体定义。

6. 宗教的本质是救赎，或曰拯救。但宗教是用一种特殊的方式、借助一种特殊的力量所进行的救赎或拯救。宗教是对善的追求，是超越。但追求至善的不仅是宗教，宗教是用自己特殊的方式、借助一种特殊的力量对至善、超越等等的追求。宗教学的任务，在于找到和说明宗教实现自己追求所依赖的特殊力量和特殊方式。

7. 或者以现存的某种宗教为典型，找出它的几个要素作为标准，并以此来衡量其他，符合的就是宗教，不符合的就不是宗教。问题在于，是不是该宗教的这些要素都具有普遍性?

比如说，宗教有一个彼岸世界，并把这个世界作为它追求的目标。其实并非所有的宗教、或宗教在任何时候，都把彼岸世界作为自己追求的目标。据《新约》，所谓基督，就是像大卫王那样的救世主。他的目标，首先不是把世人带到天国，而是遵照神的意志，在现世实现人类的幸福。只是当他的此岸目标不能实现，他才把自己的目标放在彼岸的天国。即使如此，当教父奥古斯丁作《上帝之城》时，仍然把现世的教会看作天国。至于其他宗教，其目标首先也是此岸的，至少不都首先是彼岸的。当一个宗教仅把彼岸作为自己追求的目标的时候，一定是它在此岸遭受了重大的挫折和失败，是它的不得已。然而只要有机会，它就要追求自己的此岸目标。我们不能把宗教的不得已状态作为它的本质，正如不能把失意者的暂时消沉看作该人就根本无意追求一样。

又比如说，宗教有自己的独立于国家或其他社会组织之外的单独组织，宗教须有自己的祭礼仪式等等，并认为不具备这些要素的不能算作宗教。其实，宗教也可以没有自己的组织和祭礼仪式。组织和祭礼仪式是宗教的物质外壳，但决定宗教本质的乃是这个物质外壳之内的灵魂。

8. 找出一个对象的本质，或者定义一个对象，并不是找出的要素越多，其论断就越正确。关键在于你是否抓住根本，是否得到要领。

二、宗教本质新论

9. 宗教的本质可规定为：宗教是这样一种社会存在，它借助非现实的力量，或用非现实的方式去解决现实的问题。

10. 宗教和人类创造的其他许多社会存在一样，人类创造它出来，首先是为了解决某种社会问题。人类创造了原始宗教，是为了解决人和自然的矛盾，他们希望神灵赐予自己充足的生活资料，赐予自己阳光和雨水；人类创造了人为的宗教，不仅是要解决人与自然的矛盾，还要解决人类社会自身的矛盾。人类希望借神灵和宗教的方式之助，摆脱社会生活的痛苦，达到社会普遍的安乐和幸福。

这是在自然和社会的压迫下人类所寻找的一条出路。那些为人类找到这个出路的人物，他们对人类的苦难有比常人更为强烈的感受，对拯救人类于苦难有着异乎寻常的顽强和热情，这就是被信教群众称为大慈大悲的人物。

11. 人类借宗教向神灵寻求帮助，其思想基础是承认神灵的存在。仅到承认神灵存在为止，还只是哲学问题。宗教和哲学的区别在于，宗教不仅相信神灵的存在，认为是神灵在主宰着世界上的一切，而且告诉人们，要得到这一切，必须向神灵乞求。从这个意义上说，宗教就是人和神的关系。

12. 人类为了解决自身的问题，自始就没有完全向神灵乞求。他们依靠自身的力量去谋取食物，谋取衣、住、行等等生活资料，去解决自己所面对的社会问题。人类解决自身问题的这种方式，和宗教的方式是根本对立的。人类在多大的程度上意识到可以靠自身的力量去解决自身所面对的问题，人类就在多大程度上摆脱了宗教的束缚。

依靠自身的力量去解决自身所面对的问题，是一种现实的方式；与此对立的就是宗教的方式。宗教的方式是一种非现实的方式，或者要借助非现实的力量。

13. 所谓现实的方式，也就是人类依赖自身力量的方式。采用这样的方式，假若天气干旱，就引水灌溉或人工降雨；假若遭受欺压，就奋起反抗，或诉诸法律，或诉诸实力。而非现实的方式，则是向神灵乞求或者诉诸内心：乞求神灵赐给自己财富、长寿、幸福和公正，主张不以苦为苦，或者指望在死后使坏人受惩罚，使好人得好报。

宗教解决问题的方式，有时就其本身来说也是现实的，但是这种现实的手段必须借助非现实的力量，也就是借助于神灵。在古代社会，人们也用现实的方式解决自己面对的问题，但他们在这样做的时候，总是认为这样做是神的指示，而他们自己只是在履行神的意志。至少在一些大事上，他们一定要向神灵请示，并把或成或败的后果归于神的意志。

14. 借助非现实的力量，或用非现实的方式去解决现实的问题，表明宗教既是一种思想体系，又是一种行为方式。相信非现实力量的存在，相信非现实方式的效用，是这种思想体系的核心。“借助”这样的力量，“用”这样的方式，去“解决”问题，是一种行为。宗教思想必贯彻于自己的行为，宗教行为必有自己的思想作为行为的基础。

15. 借助非现实的力量，或用非现实的方式去解决现实的问题，这样的定义概括了一切宗教的最本质的特征。无论是人为宗教还是原始宗教，无论是世界性的宗教还是地区性的宗教，都概莫能外，也就是说，都是这样的一种思想体系和行为方式：相信神灵的存在，并把自己所面对的问题诉诸神灵，以求问题的解决。

相信神灵的存在，是一种颠倒的世界观；指望神灵，或指望某种非现实的方式解决自己的问题，就是在精神上的自我麻醉；所谓解决自己的问题，就是指望神灵的拯救，因此可说宗教是一种拯救；一切高级的宗教几乎都认为，取悦于神的最有效的方式是德行，所以一切高级的宗教都把追求至善作为自己行为的核心，使人看来好像宗教就是追求至善，而往往忽略宗教对至善的追求是为了实现神的意志；追求至善是为了取悦于神，取悦于神是为了摆脱苦难，得到幸福，幸福的极限是生命的永存、快乐的永存，所谓超越，所谓终极关怀，不过是对这种极端幸福的追求。而追求这种极端的幸福，开始于苦难的摆脱和问题的解决。对这种极端幸福的追求，不是所有宗教的终极目标，更不是所有的信徒所敢于奢望的目标。

这样的一种思想休系和行为方式，是人类的创造，所以它是一种文化。在千万年的历史长河中，这样一种文化渗透到人类的思想行为之中。它或者普遍传播，形成了广泛的国际联系；或者根深蒂固，成为民族的基本特征和人民生活的一部分；从而使它具有了以上所说的人民性、复杂性、民族性、国际性等等特征。这些特征，乃是宗教本质属性的派生物。

至于宗教的其他定义，都可被涵盖于这一定义之下，或者由这一定义出发得到说明。

16. 宗教产生的基础，是人类认识能力的局限和行为能力的局限。每个人都有这种局限。在生活顺利、没有困难的情况下，人们或许感觉不到这种局限，或不以这种局限为局限。但是在人处于困境的情况下，他就会感到这种局限，并且希望有认识和行为能力都高于自己的人来帮助自己，这几乎是人的本性。人生的路，几乎处处是困境。希求帮助的心情，几乎时时处处都会发生。这种心情不断加强、放大，于是创造出了全知全能的神。人们只要向它乞求，一切难题就都可以得到解决。

假若人类有那么一天，能够做到全知全能，它就会不需要宗教。然而人类在任何时代和任何时代的人类，都是一个具体的存在，都不可能做到全知全能。由此看来，似乎人类可能永远需要塑造一个全知全能的对象，并在困难的时候向他求助。

然而历史表明，在认识和行为能力发生巨大进步的时代，人类往往会产生一种过分的信心，相信仅靠自己的能力就可以解决许许多多的问题，甚至可以解决一切问题。当后来的事实证明这种信心不切实际的时候，人类又会转而更多地依赖宗教。人类在自己的历史进程中思想和行为不断发生的这种波动，总有一天会使越来越多的人认识到，虽然人类在任何时代都是一个具体的存在，因而不可能全知全能，但它也不需要幻想出一个全知全能的存在来帮助自己；因为它知道这样的存在不能给自己以帮助。并且它也会知道，虽然自己并非全知全能，不可能解决一切问题，但要解决自己的问题，归根到底还要依靠自己。

17. 人不可能全知全能，全知全能的神也是不存在的。但人类创造出了这个全知全能的存在，则表明了人类的希望。同样，极端幸福、没有苦难并且永恒不灭的天国、彼岸，也集中体现了人类对理想世界的向往。希望是美好的，走向极端就成了幻想和空想。沉醉于幻想就是自我麻醉，所以我们应该面对现实；但是我们不应该放弃希望。

三、宗教的灵魂和躯体

18. 宗教的灵魂就是宗教的思想体系，宗教的躯体就是宗教的组织。

19. 宗教思想体系的核心是它的神灵信仰，尤其是至上神信仰。普通的神灵在不同的宗教之间可以有所交叉，至上神的不同则往往是宗教教门之间相互区别的主要标志。

20. 神的存在形态，随着人类思想的发展，也不断发生着变化。最初的神是兽和禽，后来是有血有肉的人，再后是与人同形、但人却不见其形的存在或纯粹的灵，再后是仅和人同性、主宰世界、可赏善罚恶，但无形象、无方所、全知、全能、至善、至美、无处不在、无时不在的存在。

神的存在形态可以不同，但神的存在和对世界的支配则是始终如一的。支配的方式不同，有直接的、有间接的，有最初的推动、有最后的决定，但神的支配作用是任何宗教都一致承认的。没有神的存在和对世界的支配，也就没有宗教。

21. 神产生于崇拜。

神不必是属灵的存在，神也不必是产生于人类的灵魂观念。人们可以认为某物有灵魂，但不一定把它崇拜为神。被崇拜的对象不一定都是神，但只有被崇拜才有可能成为神。不被崇拜的东西永远成不了神。

22. 对神以及神人关系的说明构成了宗教的教义。较为高级的宗教教义也比较复杂，比较复杂的教义形成体系，就是宗教的经典。比较高级的宗教一般都有自己的经典。经典最初靠口耳相传，后来逐渐形诸文字。

23. 神人的交通方式随着神的性质的改变也不断发生着变

化。原始宗教的神是强有力的，原始宗教中神人交通的方式主要是人向神的献祭。献祭必取一定的方式，由此形成宗教的礼仪。人为宗教的神主要是仁慈的和尚德的，又是全知全能的，德行高尚自然可得神的眷爱，献祭的礼仪已不是神人交通的主要方式。如果神无处不在、无时不在，或者神就在我的心里，那么，献祭的礼仪就更是可有可无的了。

所以，礼仪是宗教存在的物质外壳，但宗教的存在也可以没有这个物质外壳。礼仪不是宗教存在的必要条件。

24. 信仰者的存在是宗教存在的必要条件。

哲学可以没有信仰者，哲学仍然存在。宗教不能没有信仰者，否则存在的只是宗教的思想，即宗教的灵魂，而不是整个的宗教。宗教思想和信仰者的关系，就像人的灵魂和他的肉体的关系。

25. 信仰者最初没有什么特殊的组织，原始宗教就没有什么特殊的组织，当时的社会组织就是当时的宗教组织。一切宗教活动，都在当时的社会组织内进行，或者说，由当时的社会组织进行。这种情况的延续，就是所谓政教一体的组织形式。国家机构同时又是宗教组织，国家官吏同时又是一级教职。

由于历史的原因，在当时的国家组织之外，陆续兴起了一些新的宗教，比如基督教。假若耶稣基督获得成功，成了犹太人的王，那么，基督教就会借助当时的国家组织来进行它的宗教活动。但是耶稣失败了，他的信仰者不得不在民间组成一些大大小小的团体，成为国家组织之外的特殊的宗教组织。佛教的情况，和基督教相类似。从这两个教门在当前世界上覆盖的人口和领土面积来看，似乎在国家组织之外组成特殊的宗教组织才是宗教发展的正常状况，但从整个宗教发展的历史和宗教的整个状况来看，在国家组织之外组成教会等宗教团体，则是特殊的情况。是特例，不是常规。

26. 任何一个信仰者，都不仅是一个信仰者，而且还担负着其他的社会角色。因此，和这个信仰者的冲突，可能是由于和他的信仰的冲突，也可能不是和他的信仰的冲突，而是由于其他的原因。同样，教会和其他社会组织的冲突，也有类似的情形。教会，不等于宗教。

四、宗教和其他社会存在的关系

27. 宗教作为社会存在之一，和其他的社会存在发生着这样那样的关系。其中最引人注目的是宗教和国家的关系，宗教和科学的关系。

28. 在宗教与国家一体的情况下，既为一体，也就不存在二者的关系。只有在政教不一体的情况下，才发生二者的关系问题。或者是在政教一体的国家内存在着其他的教门，也存在这些教门和这个国家的关系。粗略说来，通称宗教和国家的关系。

29. 信教者既是信教者，又是国家公民。公民有公民的权利，也有公民的义务。信教者应该享有和其他公民同等的权利，也必须履行和其他公民同样多的义务。不给信教者以同等的公民权利，是国家政治和社会的缺失；信教者不履行公民的义务，也当和其他公民一样，受到应有的制裁。

30. 国家不可能不管理信教者和他们的组织，至于信教者和他们的组织是否接受国家的管理，那要以双方磨合的情况来定。佛教初入中国，自认是方外之士，不跪拜王者。古代国家和佛、道二教的关系，曾经历了长期的、有时是痛苦的磨合过程，到宋代以后，才逐步稳定下来。佛、道二教随顺地接受了当时国家的管理，而当时的国家对佛、道二教的政策，也没有再发生大的起伏。在西方，是基督教战胜了原来的国教，成为国家的基本信仰，教会借此获得了对国家政治的干预、甚至支配的权力。经过近代的革命运动，国家才逐步摆脱了这种干预。

31. 以马克思主义为指导的社会主义国家，存在着和宗教的关系问题。不容讳言，马克思主义和宗教世界观是根本对立的，是无法协调、也不可能相互适应的。宗教信仰也不可能是社会主义的意识形态，或社会主义意识形态的一部分。但社会主义国家和宗教组织，是国家和公民以及他们组织的关系问题。国际上，意识形态问题不妨害国与国之间的和平共处；在国内，世界观的不同和对立也不应妨害社会主义国家和信教者及其组织的相互协调。

32. 社会主义国家尊重信教者的信仰自由，给信教者以同等的公民权利，不歧视，也不赋予特权；信教者及其组织应履行自己的公民义务，不应以特殊公民自居。

33. 宗教和科学的关系是近代社会几乎人人关注的问题，它起始于基督教会对第一批近代科学家的迫害。由于迫害的残酷，随着科学在近代社会中的胜利进军，社会的一股思潮遂视宗教为科学的仇敌，甚至社会的公敌。这种情况的造成首先是中世纪基督教会的责任。

34. 然而如果认真考察，当时的冲突并不是宗教和科学的冲突，在实践上，它是教会和具有新思想的科学家的冲突；在思想上，它是旧科学和新科学的冲突。

早在这些冲突发生以前几个世纪，基督教就把古希腊的科学纳入它的教义，古希腊的科学成了基督教教义的一部分。这样的教义，是中世纪教会维护它们自身利益的思想工具。以哥白尼学说为开端的新科学，是在与作为基督教教义一部分的旧科学的冲突中诞生的。中世纪教会长期维护着旧科学的声誉，也是在维护着自己的权威和利益。旧科学的破产，必然损害教会的权威和利益，这是教会一定要维护旧科学、反对新科学的基本动因。

教会当时加给新科学的罪名是，新科学是伪科学，所以他们要反对它。这里内含的意思是，他们所维护的科学是真科学。而从我们研究的目的来看，这里还包含着这样的意思：就科学和宗教来说，二者并不是不相容的。

35. 原始宗教的目的，主要是解决人和自然的矛盾。它的内容，也主要是有关自然现象的解说。当然，这些解说多是臆测和谬误，而少有真理。科学（这里主要指自然科学）的发展，不断推翻着这些谬误。因此，科学和原始宗教的教义是不能相容的。

人为宗教要解决的是人与人的矛盾，即社会矛盾。原则上，它可以把对自然的说明交给自然科学，而自己专管人事。历史上，几乎所有的民族都是宗教的意识形态占据着统治地位。就在这样的情况下，科学和哲学仍然在发展。能够发展，就说明宗教和它们可以相容。当然，其前提是不损害宗教的基本教义。这也就是哲学和科学作为宗教婢女的情形。

36. 人为宗教不仅要说明社会，也要说明自然界；在许多情况下，它为了说明社会，往往必须借助对自然界的说明。而要说明自然界，它就必须借助当时的自然科学。如果细心审查人为宗教的教义，就会发现，这些教义都是与当时自然科学的发展水平相适应的。

自然科学是人类对自然界的认识，这个认识是一切其他社会思想的现实基础。即使宗教教义，如果违背了这个基础，也难以取信于人。所以宗教教义不仅在它创立的时候不能违背自然科学，以后它也要随着科学的发展不断修改自己的教义。这就是关于神的观念不断得到新的说明、神人交通的方式不断发生改变的基本原因。中世纪教会容纳古希腊科学，也是为了借助自然科学来论证自己的教义，以使自己的教义在新的条件下易于取信于人。

然而教义必须稳定，稳定才能保证信仰的连续性，所以宗教的本性是维护旧传统，只有在迫不得已的情况下，它才会修改自己的教义，或对教义作出新的解说。科学的本性是创新，因此，新的科学发现和宗教教义中的旧的科学传统相冲突的情况是不断发生的。

冲突当时的结局要以双方力量的对比来决定，冲突的长远结局则必然是科学迫使宗教修改自己的教义，容纳新科学。

所谓容纳新科学，其实质是科学的发展迫使宗教教义发生改变。原则上说，这样的改变并不改变宗教的根本教义，并且使它适应新的时代，毋宁说对宗教是有利的。但是一定的教义是由某些具体的人所信仰的，而它的改变对于这些具体的信仰者并不一定是轻松愉快的。而所谓宗教和科学的冲突其实就是这种利益的冲突，或者说，是从这种利益的冲突开始的。

在激烈的冲突过后，早晚要达到这样一个较为平静的时期。那时候，宗教教义中容纳了新的科学内容，而科学也和这种教义和平共处。宗教专心于人生的事务，而把关于自然界的说明让给科学。在这种情况下，真正和宗教不共戴天的，是新的哲学和社会科学。

五、宗教发展的大势和当代巫术性宗教的兴起

37. 马克思主义提出了宗教消亡的问题，而在宗教家看来，宗教是与人类共存亡的。有的宗教认为，世界是神创造的，人也是神创造的，而神是永恒存在的。在我们国家，在一个时期里，马克思主义关于宗教必然消亡的论断，曾是从学界到政界普遍相信的结论。但是近几年来，至少在学界，有人对这个论断发生了怀疑，有的人甚至提出了明确的不同意见。

即使宗教果真要消亡，目前离消亡的日子还很长很长，现在来讨论这个问题，就像在庄子的时代讨论“六合之外”的问题一样。然而理论必须一贯和彻底，作为一个理论问题，宗教是否会灭消亡，目前仍有讨论或者重新检讨的必要。

38. 马克思主义不仅提出了宗教消亡的问题，而且提出了国家、政党等消亡的问题，其中当然包括共产党，包括社会主义国家。从逻辑上说，马克思的理论是一贯的。

因为宗教要消亡，于是现在就来积极地促进它的消亡，这就是前些年我们在宗教问题上的“左”的倾向。而且这种倾向不仅表现在对待宗教问题上，也表现在对待国家等政治、经济问题上。列宁把这种倾向叫做“左派幼稚病”。幼稚可以成熟，至于不相信宗教消亡会导致什么样的行为，目前还看不出来。

39. 最初的人类没有宗教，宗教是人类发展到一定阶段的创造物。不是神创造了世界和人类，而是人创造了神和宗教。凡是在历史上产生的东西，也要在一定的历史时期消亡，这是马克思主义宗教消亡论的重要根据之一。

宗教产生以后，在一个很长的历史时期里，完全占据了社会思想的统治地位。在这个历史时期中，几乎是人人信教，完全不信神灵、不信宗教的人，几乎没有。延至近代，出现了一批彻底的无神论者，并且结成了团体，甚至取得了国家政权。宗教不仅减少了它覆盖的人口的比例，而且丧失了它对最主要的社会事务的干预甚至决定的权力。虽然由于种种社会原因，这种趋势的发展总是不断地出现波动，但是这种趋势的发展恐怕是无法阻止的，宗教要恢复昔日总揽一切社会事务的辉煌恐怕是不可能了。

与此相伴随的，是宗教自身、尤其是神灵观念的变化。原始宗教的神，往往是有血有肉的动物或人，并不是一个虚无缥缈的灵。直到很晚的时期，不少民族还用非常物质性的观念看待神，认为神是住在天上的，那里确实有一个美丽的天国。早在人造卫星上天以前，人类就逐步破除了这样的观念，他们首先认为神是一个纯粹的灵，后来又否认了神人同形观念，甚至把我们看来不过是一些哲学概念的东西也当作神。正是基于这样的变化，一些宗教家指出，神，就在我的心里；甚至天堂、地狱等等也都在我的心里。这毋宁等于宣布，神，以及所谓的彼岸世界是不存在的。这可以称作神灵的非神化倾向。

伴随神灵的非神化倾向，是宗教的世俗化倾向，或者说是宗教的非宗教化倾向。从历史的长河看问题，“宗教世俗化”的命题是否正确值得研究。因为宗教从诞生开始，就是和世俗生活结合在一起的，后来它更是深入社会生活的方方面面。但从近期的情况来看，它反映着宗教在政教分离、失去了许多世俗的领地以后，重新回归世俗生活的努力。这种努力虽然可使社会生活的许多方面和宗教接轨，但是它的前提却是宗教必须适应世俗的生活，其最终结果势必不是使世俗重新都被纳入宗教，而是使宗教消融于世俗生活之中。到了所有的人都把“运水搬柴”作为妙道的时候，当不会是宗教的全面胜利，而是它的消亡。

40. 与宗教消亡大势相反，是目前世界性的所谓宗教的反弹。过去就存在的宗教在近几个世纪中由于不断受到批评甚至攻击因而在近期出现某种程度的反弹是可以理解的，但是在这个反弹的潮流中，出现了一些新的宗教，在国外被称为新宗教运动，在国内、国外也有人把这些新出现的宗教称为邪教。这些宗教的共同特点是程度不同地带有巫术的性质，我们把它称为“巫术性的宗教”，或简称“巫教”。

41. 上一代人类学和宗教学家认为，巫术不等于宗教，巫术的出现先于宗教。但是在原始宗教中，巫术可说是它的主要内容。就这一方面可以说，原始宗教就是巫教。

人类认识的发展，越来越多的巫术遭到了否定。人为宗教的兴起，也是对原始巫教的某种程度的否定。人为宗教在它的发展历程中，一面把许多原始巫术的成分纳入自己的宗教体系，一面也不断地进行着反对巫教的斗争，有时甚至掀起大规模的对巫教的迫害运动。历史表明，后起巫教中的巫术，并不是原始巫术的简单继承，而主要是产生于认识和社会两方面的缺失。

42. 科学的真理都是具体的，而人类的希望常常是无限的，至少是往往超越当时的科学所能达到的限度之外的，特别是在生老病死这些问题上。这恐怕是无须证明的事实。而在这有限和无限之间，是科学的盲区，这个盲区，是巫教得以存身的空间。

每一时代的社会意识都是分层次的。先进的、高级的文化创造，往往只是少数人的事业，也只为少数人所享用。在它下面，就像不同的地层保存着不同地质时代的生物遗骸一样，不同的"文化地层"也保存着过去不同时代的社会意识。原始的、落后的巫术及其相关的意识，在相应的"地层"中，有所保存，也容易传播。

社会文化的发展，也产生了文化的分化和分类。越是晚近，这种分化和分类就越厉害，致使一个人再也无法像过去一样，会在文化的各个方面都处于社会的高级层次。在某一方面，他可能处于最高的层次；在其他方面，他就可能处于较低的层次，甚至最低的层次。这就是许多在某些方面造诣很高的人物却会热衷巫术的思想原因。

由于"文化地层"毕竟不同于地质学上的地层，文化地层相互之间会有程度不同的交流，所以巫教中的巫术往往装饰着当时最新科学成果的术语，甚至冒充最新的科学成果。去掉这些外在的装饰，就会发现，它其实不过是最古老的巫术而已。

43. 假若仅仅由于科学存在盲区，巫术就不会成为广泛的社会思潮，巫教也不会成为大规模的社会运动。巫教的广泛兴起，是社会和政治生活发生缺失的反映。

44. 以高级的人为宗教为统治思想的古代国家，无一不对新起的巫教采取严厉打击的政策。下层群众则往往把巫教作为他们反抗运动的旗帜。而在平素或大多数的情况下，巫教乃是江湖骗子行骗的工具，或是一些野心家扰乱社会治安的手段。因此，打击巫教，在一个政治和社会生活都健全发展的社会里，是保护群众利益、维持社会安定的必要措施。

在当今并存于世的各种意识形态中，巫术可说是最落后的一种。历史上，以巫教为旗帜的反抗运动从来没有成功的希望。这样的运动或是失败，或是在运动的进程中抛弃巫教的指导，接纳更高级的意识形态。

45. 在人为宗教已经非常成熟、并且不断更新自己的观念的时候，以人为宗教为统治思想的国家也不再承认巫教的合法地位。然而现代国家的个人自由观念和信仰自由政策，被解释为也有信仰甚至创立、传播巫教的自由。这样的观念和政策，已给不少国家带来了麻烦和难堪，并且还会继续给它们带来麻烦。因这些麻烦而难堪的不仅是这些国家的政府，还会有这些国家中正常发展的高级的人为宗教。在抵制巫教这个问题上，无神论者、当代国家、人为宗教，应该有共同的语言。

46. 科学（自然科学和社会科学）所发现的真理，永远都是有限的，永远也不可能做到全知全能；人类对社会的管理也永远不会做到十全十美；人的愿望也总是要超出当时科学的局限。然而人类也总有一天会认识到，科学的局限只有靠科学来克服，靠幻想去超越局限是无益的。

（摘自《哲学研究》1997年第3期）

宗教本质新论

赵志毅

马克思的伟大之一在于他研究社会问题时独辟蹊径地选择了商品——这个资本主义社会的细胞，进而论及整个资本的增殖过程，以他的剩余价值理论完成了对资本主义的批判，奠定了科学共产主义的理论基础。受这一思路的启迪，笔者在众多的宗教研究者中试图从抽象化的意识商品、精神货币的角度探讨宗教的本质这个人类社会争论最多的永恒的主题。

一

自从现代意义上的宗教学诞生以来，各个派别的宗教学家对宗教的本质进行了长期广泛的探讨，提出了纷繁多样的企图概括宗教本质的界说或定义。或许可以这样认为，有一百名宗教理论家就会有一百种宗教本质说。总起来看，这些表面上歧异甚大的宗教定义，归根结底都或隐或显地把对“异己力量”[1]的信仰作为宗教的本质核心或根本。大致说来，这些定义可以分成三类。

第一类定义倾向于以信仰的对象为中心来规定宗教的本质，多由宗教史学家和宗教人类学家提出。他们当中的代表人物缪勒把宗教定义为对某种“无限存在物”的信仰，E·泰勒把宗教定义为对“精灵实体”的信仰[2]，弗雷泽把宗教定义为对“控制自然与人生进程的超人力量”的迎合或抚慰，[3]施密特把宗教定义为对“超世而具有人格之力”的知觉和崇拜。[4]这些“存在物”或“实体”或“力量”，乃是宗教学或哲学用来表达“异己力量”的一些术语，所以这些定义，实际上都以历史事实和人类学事实为依据，把宗教规定为信仰和崇拜“异己力量”的体系。马雷特和瑟德布罗姆关于宗教是对“神圣事物的信仰”，马林诺夫斯基关于宗教是对“较高力量”的乞求等说法，[5]也都把宗教同“异己的力量”联系在一起，只不过各自从特有的历史学和人类学角度出发，对“异己的力量”的解说各有不同罢了。

第二类定义则以信仰主体的个人体验作为宗教的基础和本质，多由宗教心理学家和宗教现象学家提出。其代表人物詹姆斯把宗教定义为“个人在孤单之时由于觉得他与任何他认为神圣的对象保持关系所发生的感情、行为和经验”。[6]奥托把宗教本质说成个人对神圣者的直觉体验，“对神既敬畏又向往的感情交织。”弗洛伊德虽把宗教说成无意识中的犯罪感的产物，但这个产物也是通过把“父亲”投射为“上帝”而造成的。蒂里希把宗教定义为对于“终极”的关切，而在他看来，真正的终极乃是“存在本身”即上帝。[7]布雷克认为，宗教现象学把宗教“理解为笃信宗教的人的真诚表示：他们具有对于上帝的认识”[8]。总之，这些说法虽然强调了信仰主体的宗教体验，但都不可避免地要涉及宗教体验的对象——异己的力量。

第三类定义倾向于以宗教的社会功能来规定宗教的本质。多由宗教社会学家提出。其代表人物涂尔干把宗教定义为把信奉者团结到道德性团体之中的、与“神圣事物”相关联的信仰与行为体系。[9]M·英格把宗教定义为“人们借以同生活中的根本问题进行斗争的信仰和行动体系”[10]，是使人获得最高幸福的手段。岸本英夫认为，宗教是使人们生活的最终目的明确化、相信人的问题能得到最终解决并以此为中心的文化现象。[11]贝格尔作为当代有代表性的宗教社会学家，明确地把宗教定义为人类构筑“神圣秩序”的活动。[12]由此看出，即令是倾向于把宗教的社会功能等同于宗教本质的宗教社会学家，也都是把这种功能同对“异已的力量”的信仰联系起来。

在此，我们要着重谈谈马克思主义的宗教定义。理论界对马克思主义经典作家关于宗教定义问题有三种不同的观点，即：鸦片本质说、虚幻反映说、自我意识说。

鸦片本质说 其理论主要来源于马克思1844年在《〈黑格尔哲学批判〉导言》中的一段话：“宗教是被压迫生灵的叹息，是无情世界的感情，正像它是没有精神的制度的精神一样。宗教是人民的鸦片。”[13]这段话被列宁认为是“马克思主义在宗教问题上的全部世界观的基石”[14]之后，宗教是人民的鸦片这一判断被说成是马克思的创见，是马克思主义宗教观的精髓，是一语道破了宗教的本质。

其实，在马克思之前的德国哲学家、社会学家、文学家如鲍威尔兄弟、赫斯、海涅和费尔巴哈等人都曾经用鸦片、麻醉剂、酒精等来比作宗教，此话并非马克思首创。而在当时，鸦片是作为药用的镇痛剂，和后来的毒品是不同的。有的学者认为：“在我国阶级对立已经消失的现阶段如果仍然强调‘宗教是麻醉人民的鸦片’就等于宣称，我们的社会主义社会还和过去阶级剥削的旧社会一样，以致全国几千万各族人民还是‘被压迫的生灵’，不得不以宗教的形式来‘叹息’，也就等于认为，我们社会主义社会还是‘无情世界’，还是‘没有精神的制度’，以致几千万人民要到宗教这‘鸦片’中去寻找感情和精神的支持。”[15]经过争论，学界已基本达成共识：即1.“鸦片”是对宗教在阶级社会中一定条件下所起消极作用的形象化比喻；2. 历史上的宗教的作用因时代、社会条件不同而不同，不能一律用“鸦片”来概括；3. 社会主义时期宗教的作用更不能用“鸦片”来说明。[16]—

句话，鸦片本质论在退潮。

虚幻反映说　有人认为，在马克思主义经典作家关于宗教的论述中，恩格斯的下述论断是最典型的宗教定义："一切宗教都不过是支配着人们日常生活的外部力量在人们头脑中的幻想的反映，在这种反映中，人间的力量采取了超人间力量的形式。"[17]这项定义可归入社会学方法的定义一类，它的着眼点是宗教的社会根源，而不是其社会功能，所以采取的是一种发生学的角度，同时，又因其着眼于人的主观意识对客观外在的反映过程和反映方式，所以它又取了一种认识论的角度。其核心在于揭示宗教同"超人间力量"的关系。对恩格斯这段话，人们容易着重宗教是"外部力量"的"幻想的反映"这一点，因此，认为宗教是"荒诞"的。事实上，马克思之前的唯物主义者已经是这样看的。恩格斯在这里指出：这种幻想不是荒诞的、凭空出现的，乃是支配人们日常生活的外部力量的反映，只不过它是一种"歪曲的反映"，从而解释了宗教有神论的自然与社会根源。但宗教的产生与存在，是否仅仅由于人们认识反映上的错误呢？而且，为什么会出现这样的歪曲反映呢？恩格斯在这里并没有讲。"像宗教这样在历史上占有如此重要地位，人民不时前来从中汲取对他们生活所必需的毅力的思想体系，只是一种幻景，这样的想法是不能容忍的。今天，人们都认为法律、道德和科学思想本身都诞生于宗教，在长时期内都与宗教搅在一起，都浸透了宗教的精神。空虚的幻景怎能对人们的意识熏陶得如此有力，又如此长久呢？"[18]有的学者认为，如果对宗教何以存在只解释为它是"支配人们日常生活的外部力量在人们头脑中的幻想的反映"，那么试问：自然科学家或自然科学知识相当丰富的现代人，可以不相信任何超人间的力量，不指望死后真有天堂地狱，为什么也会信仰宗教呢？人们可以说，因为资本主义社会里盲目的市场力量和赤裸裸的金钱关系支配着人们的生活，人们无法掌握自己的命运。那么在社会主义社会，消失了阶级压迫和剥削，市场是有计划的，人们又有了足够了解物质世界一般状况的自然科学知识，可宗教信仰并未消失且有蔓延之势，这又做何解释呢？因此，仅仅援引恩格斯的那段话还不足以充分说明宗教存在的根据。宗教，尤其是现代宗教，诚然有它的社会根源、认识根源，但它们都集中到人身上，因而，宗教的最深的根源在于人本身，在于人的自我意识和自我感觉，这是宗教存在的根据。[19]

自我意识说 此说认为马克思的“宗教是那些还没有获得自己或是再度丧失了自己的人的自我意识和自我感觉。但人并不是抽象的栖息在世界以外的东西。人就是人的世界，就是国家、社会。”[20]这段话是宗教在各个时代的共性，是宗教的本质。论者从宗教产生的历史过程的角度对原始社会、奴隶社会、封建社会与资本主义社会中人们是如何的“没有获得自己或是再度丧失了自己”进行了分析，指出：主观愿望与客观条件经常的不能吻合，人与人之间的冷酷关系，对死亡的思索，社会生活中的矛盾都集中反映在人的自我意识之中。正是在自我意识这个统一体中所蕴含的矛盾，贯串于宗教历史过程的始终——尽管在不同时期、不同的人身上，矛盾的形态会有差别。然而，正是这些矛盾引起了宗教的运动和变化，成为它的历史发展的根本原因。到了社会主义社会，它也还在起作用。此说认为社会主义市场经济主要部分是有计划的，市场的盲目力量不起主要作用，并且消灭了阶级压迫和剥削；但经济、文化、民主、法制需要有一个长期发展与自我改革、完善的过程。其中发展的不平衡是难以避免的，加之机会不均，个人的才能、愿望与客观条件不相吻合的情况是常有的。如果个人不能树立起科学的进步的世界观、人生观、劳动观、价值观，不能正确处理个人与集体的关系，也会感到个人的潜能在现实中未能发挥的苦恼，会感到一切都凭机遇、命运，难以捉摸。个人生活遭遇中种种挫折和不幸也难以避免。这使人仍然感到无从掌握自己的命运，感到迷茫，而向宗教寻求慰藉和精神支持。这也成为宗教依然能够存在的社会基础和宗教在社会主义社会中仍将长期存在的根据。[21]

无疑，此说比“鸦片本质说”和“虚幻反映说”前进了一大步，为社会主义时期宗教存在的合理性做了理论阐述，但此说把宗教的本质完全归结为主体本身的“自我意识”和“自我感觉”是失之偏颇的。况且用一百多年前生活在资本主义上升时期的马克思在当时德国特殊历史背景下所作的论述来“一劳永逸”地“打发”宗教的本质，显然是不全面的、不科学的。众所周知，宗教的核心是信仰，信仰是人对某种主义和对象物的极度信服和尊重，并以之为行动的准则。[22]信仰的基本的内容表现为信仰主体（即信仰着的人）和信仰客体（即人所信仰的对象）之间的一种特定关系，即信仰主体对信仰客体的由衷相信和自觉追求。当此说的论者把以信仰为核心的宗教中的信仰者与信仰对象隔裂开来，把宗教的本质单纯地归为人的自我意识和自我感觉之时，其逻辑上的相悖与观点上的缺陷便暴露出来。何况，对当今世界科技进步影响下的宗教改革的火热现实视而不见，一味埋在前人古纸堆里，“我注六经”，“六经注我”，用马克思的彼段话否定此段话的文风也实在给人一种捉襟见肘，牵强附会的沉闷感觉。如果说此说的论者认为“虚幻反映说”过分强调了“外部力量”的“虚幻的反映”（姑且称之为“客观本质论”），因而并未揭示宗教的本质的话，那么，把宗教的本质归为“是失去了自我和还没有获得自我的人的自我意识或是自我感觉”（抑或可以称之为“主观本质论”）同样没有揭示出宗教的本质。

回顾历史，十八世纪法国唯物主义者之所以陷入人决定环境而环境又决定人这种二律背反之中，就在于总想在人或环境中找一个决定者，然后把一方归于另一方，而不懂得二者间的活动、关系是解决这一问题的关节点。宗教本质论中的主观说与客观说之所以重蹈覆辙，其原因同样是不懂得信仰主体与客体二者间的关系是这一问题的关节点，因而走进了死胡同。纵观本文开头介绍的三类宗教定义，其思维方式上的缺陷，究其原因，概莫能外。三类定义从功能上看都是描述性而不是规范性的。所谓“描述性”，是指研究的方法仅限于对事实的描述，它同事实世界相关联。三类定义均是就信仰谈信仰，而对信仰的本质、内容、结构、功能不去探究。所谓“规范性”是指研究方法不局限于对事实的描述，而且要以人类为中心，以人的发展为目标而提出一系列实践指导准则，它同人的价值和目的世界相关联。[23]在此，笔者将本着从两极的对立到实践中的趋同，从实体到关系、活动，这种新的哲学思维方式对宗教、信仰的本质作出规范性的探讨。

二

宗教是意识形态领域里一种特殊形式的精神货币，它产生于人为满足自己的需要所进行的特殊的交换活动。宗教的核心是信仰，信仰的本质是交换。我们把这种观点称为精神货币说。

作为特殊形式的精神货币，宗教具备一般精神商品的三个条件：能够满足人的需要、用来交换、劳动产品。

人类有两大需要：物质需要和精神需要。物质需要是人类的求食与增殖的基本生存需要。在原始社会中，原始人主要是为求生存而奋斗。原始宗教的产生与人类的生存需要直接相关。原始人试图通过对异己力量（自然力、神力）的崇拜，以弥补自身的不足，实现直接的功利目的。如自然崇拜，正是因为自然是人类的基本生活依靠，但同时自然又以其神秘的威力成为人们恐惧的对象，于是将自然幻化为神，企图在对自然的崇拜中，使自然不断地惠赐给人财富。原始人对祖先、鬼魂的崇拜，也不过是企求死者佑护生者，以便生者得到更多的物质财富罢了，可以说，对自然、祖先、图腾的种种崇拜，都是源于原始人的求食需要，而生殖崇拜则是出于人类的人口增殖、自身延续的需要。原始人的女阴崇拜、男性生殖器崇拜、性行为崇拜，盖因如此。应当明确，在原始人类中，宗教与科学常常是互为补充，互为渗透的，它们都产生于人类的基本生存需要，它们又并行不悖地发挥着各自的作用。物质需要，这是人类的第一位的生存需要。但物质需要一产生就已伴随着各种精神的需求。只不过在原始人那里，物质需要常常压倒甚至掩盖了精神需要，因而原始人的多种活动主要是源于物质需要的满足，宗教也正是这样。原始宗教首先是服务于原始人的基本生存需要，但它一定程度上又作用于原始人的较高层次的精神上的需要。如伴随于人与自然的分裂而产生的恐惧感，使原始人在对自然神的崇拜、祈求中获得安全感的满足，而在那种迷狂的集体崇拜仪式中，原始人不仅获得了生命力宣泄的满足，同时也有了某种审美性的愉悦。这种安全感的满足、生命力宣泄的满足以及审美愉悦需要的满足在原始人看来都是有偿的，都必须以自己劳动力的付出为代价，以交换为前提。他们明了支出与收入之间的因果关系，他们知道，如同在物质生产领域里只有付出劳动（劳动力的支出）才能获得果实一样，在精神领域里只有“投入”才能“产出”。原始人对神灵的虔诚笃信和在宗教仪式中的行为就是这种精神投入的具体表现，而原始人丰年的获得、灾病的祛除、战争的胜利、心情的平衡就是这种产出的外在体现。“向异己的力量支出自己的精力去信仰它，它就一定会护佑我”的朴素的等价交换的思想在先民的头脑中萌发并指导着他们的行为。先民们用自己并不丰裕的物质做祭品再加上自己的精神祭品——虔诚与笃信与神交换，他们坚信，神是公平的，公平的神会换给他们更加丰富的物品。所以我们认为，先民们对动、植物图腾的崇拜，一系列的巫术活动只是形式，而实质是交换。在长年累月的这种以“物”易“物”的交换中，精神货币产生了。这种特殊形态的精神货币既可以购得进入天堂的入场券，又可以激励先民对未知领域那种神秘力量不断探求的好奇心。对这种精神货币的追求使得艺术、哲学、道德和法应运而生。

在阶级社会中，伴随着人与自然的分裂之后的人与人、个体与社会的分裂及其随着人对自我的认识的不断加深而感到人与自我的分裂，这种种矛盾在现实中无从解脱，常使人去寻求另外的超越的途径，通过异己的力量以超越有限的个体达到无限的精神本体，超越现实的痛苦走向彼岸的极乐世界，常常成了阶级社会中人皈依宗教的原动力。这主要表现为精神上的需要。随着文明的进步，人类在自己的实践活动中基本满足生活需要已成为可能，在此基础上较高形态的精神需求就显得越益迫切，人类精神需求的丰富与现实无法满足的矛盾日益尖锐，于是人们转向宗教，拿自己对异己力量的崇拜这笔精神货币来“购买”心理的平衡、精神的安慰和异己力量对自己事业成功的保佑。正如今天人们的口头禅所讲的“花钱买个清静”，“花钱图个吉利”，“花小钱赚大钱”（精神意义上的）。

这里需要明确的一点是对“劳动产品”的理解，如果对这里讲的“劳动”的内涵与外延加以深化与泛化，把劳动理解为人的体力（肌肉组织）、脑力（聪明才智）精神力量（信仰指向为核心）的支出，那么这里所讲的“劳动产品”就是意识领域里信徒心灵的宽慰感、释罪感、快感和热情与冲动力。这种特殊形态的产品是信徒的特殊形态的劳动所得，即信徒用宗教这种特殊形态的货币的购得“物”。

宗教区别于其他精神商品的地方在于它是一种特殊形态的精神商品，是精神货币。这主要是指宗教的核心——信仰而言。

精神领域中最高的主宰是信仰，信仰是人们关于生命和宇宙最高价值的信念，是主体对于某种思想或现象的真诚信服，它是一种附着于一定对象的信仰心态，这种心态以“相信”为中心，将知、情、意组织起来，成为统一的高级情感。信仰作为人类掌握世界的单独而永恒的方式，其作用首先表现在主体形成思想，即从客观事实向主观意识转化的过程中制约和影响着认识的结果；其次，还表现在实现思想，即把属于主观精神领域的东西转换为客观事实的过程中起着导航和掌舵的作用。从伦理学的角度看，信仰可以给人生以确定和安慰。“确定”指明确人在宇宙中的地位，“安慰”指把永恒无限浸入生命以使人活得稳定。信仰给人生以追求。物质生活是人活着的基础，信仰给活着的人一个明确的目的。[24]我认为，就信仰的本质而论，它非静态而是采取“动姿”的一种位格，它指向未来，希冀回报，我将之比喻为精神货币，它沟通与维持主体与客体之间的变换关系，带有明确的功利色彩。任何一个主义或实物的信仰者无一例外地将功利目的放在第一位，并且常常是信仰对象的有用程度和对主体的利益大小决定着主体的信仰的持久性与坚定性。有用就信，无用就不信。宗教信仰者的功利性自不待言，就连共产主义者也概莫能外。后者虽不相信有什么救世主，也不信神仙皇帝，“要实现人类的幸福，全靠我们自己”，他们坚信自己以及后人的奋斗与牺牲会带来“人类的幸福”。或许可以认为，信仰（当然包括宗教信仰）这种凝结着人类劳动（体力的、脑力的和精力的）的特殊形态的精神货币，正是以它的功利性所决定的凝聚力（或曰吸引力）把一盘散沙式的人们团结起来，充分调动起他们的积极性，为了幸福的生活（现今的或来日的抑或是来世的）而辛勤劳作着。人们正是在追求物质货币尤其是在追求精神货币的过程中，产生了哲学、美学、伦理学、心理学、逻辑学、戏剧、小说、诗歌、音乐、绘画、舞蹈、雕刻、建筑创作的灵感，在这形形色色的物质商品与精神商品之中无不闪烁着宗教——这精神货币那耀眼夺目的光辉。

人的需要是无限的，而宗教，随着人的需要的不断从低级向高级的发展，也在不断地发展、变异。如果说原始宗教主要是满足人的直接生存需要而产生的，而神学宗教满足了一般层次的精神需要，如求痛苦的解脱，求归属、求兴奋与刺激的需要。那么现在宗教走向道德化，乃是适应了人的高层次的需要：自我实现的需要（其本质仍是个体与异己的社会力量之间的交换）。也许，宗教还将发生新的变异，但是，只要宇宙间还存在着人迹未至的领域，只要在人的需要与异己力量之间还存在着矛盾，宗教，这种特殊形态的精神货币就永远不会消失。

三

用“精神货币说”来说明宗教的本质，可以使许多问题得到较为合理的解释。

我认为，同物质货币一样，宗教这一精神货币本身并无褒贬之分，追求宗教信仰是天经地义的事情，严肃的宗教信仰者从来都是认真对待生活的人，正像人类对幸福生活的追求在货币产生以后变成对金钱的追求一样，宗教徒把对幸福的向往变成对精神货币的追求应该被认为是理所当然的事。在历史发展的长河中，人类宗教信仰之所以表现出积极意义与消极意义，那完全是统治阶级人为因素造成的。宗教为进步阶级所掌握，其积极意义得以发挥之时，它就可能推动生产力的发展，促进经济繁荣。反之宗教若被反动阶级所利用，变成他们手中剥削压迫人民的工具时，其压制科学发展，麻醉人民意志的消极面便暴露无遗。就如货币是人类社会商品经济发展的必然产物一样，人们对货币的追求造就了资本主义社会强大的物质基础，在此期间，当货币变成资本家手中榨取工人阶级剩余价值的资本时，“它的每一个毛孔便充满着肮脏的血和泪”。

用“精神货币说”取代旧的宗教本质论可以避免在宗教本质问题上功能（积极的与消极的）混同于宗教的本质而各执一端，无谓纷争的混乱局面，使理论探讨得以深入进行。

“理论只要说服人，就能掌握群众；而理论只要彻底，就能说服人。所谓彻底，就是抓住事物的根本。”[25]新说摆脱了功能观的思维窠臼，从描述性上升到规范性。得出宗教的性质是中性的结论，为党的宗教政策和宪法关于“宗教信仰自由”的规定奠定了令人信服的理论基础，结束了我国长期以来理论上讲无神论者要实现共产主义的理想与实践中间却允许宗教信仰自由的政策二者之间存在的自相矛盾的状况，为科学研究宗教，充分发挥宗教的积极意义，踏上世界各国人民共同前进的时代节拍提供理论依据。

四

当今中国，当今世界，急剧变革的社会大潮使人们的精神追求发生紊乱，这种精神追求的紊乱反映着一种深刻的时代要求：现代化需要一种既产生于民族传统，又能推动经济向现代化方向发展，既是利益驱动的有力杠杆，又是利益限制的伦理规范的特殊的精神动力，马克斯·韦伯称之为“经济精神”。他提出要努力把握“某些宗教观念对于一种经济精神的发展所产生的影响，或者说一种经济制度的社会精神气质”。他论证了西方民族在经过宗教改革以后所形成的新教，对于西方所代资本主义的发展起了重大作用，构成了西方社会现代化进程中的“经济精神”，使利益驱动与限制有机统一起来了。我们要大力发展社会主义市场经济，就不能不讲利益驱动的杠杆，不能不讲利益。但是，当整个民族被利益追求的目标激动起来的同时，就必须有整个民族所认同的利益限制的精神规范，防止人们为追求眼前实惠而放弃远大理想，为计较个人利益而不顾国家、民族的整体利益，把整个民族的利益追求的热情湮灭于每一个体的利己主义的冰海之中。我们的确亟待寻求和确定为广大人民所认同的我们民族的“社会精神气质”或“经济精神”。宗教从理论到情感（绪）都反对个人至上，在社会思想方面，多数主张实现社会公共福利，奉行“积善”原则，把个体的欲望与群体的追求结合起来，尽管这里有人为的消极面，但其积极意义激励着无数坚定的信仰者去为之献身。对宗教进行科学研究，不啻给我们这样一个启示：社会改革有待于更深层次的“社会精神气质”，也即有待于寻求和弘扬一种在社会主义市场经济中利益的驱动与限制相一致的“经济精神”去从根本上解决问题。这种“精神气质”的寻求理所当然的应到包括宗教及其宗教道德在内的一切意识形态的原野中去觅得。而这一切又首先取决于对宗教本质的认识和理解，于是，我写了这篇文章。如果能被专家认为是一家之论而不责怪，对文中谬误之处予以斧正，想来对宗教问题的深入研究与我自己的学习都将是莫大的激励。

注释：

[1] 我们主张在学术讨论中对“上帝”、“神”、“真主”、“超自然的力量”、“终极的实在”、“超人间的力量”之类的概念应采用“异己的力量”这一术语来表达，同时对其外延做宽泛的理解，这既符合宗教学研究所揭示的大量宗教事物，又可避免在无神论者眼里多少带有贬义成分的“上帝”、“神”这类概念引起的情感上的厌恶，以保证研究者应有的客观公正的学术立场与态度。

[2] E. 夏普：《比较宗教学史》，上海人民出版社，1988 年，第 48 页，第 71 页。

[3] J. 弗雷泽：《金枝》，中国民间文艺出版社，1984 年，第 77 页。

[4] W. 施密特：《比较宗教史》，辅仁书局，1974 年，第 2 页。

[5] 参阅前引《宗教比较学史》以及吕大吉主编《宗教学通论》第一编第一章。
[6] W. 詹姆斯：《宗教经验之种种》，上册，第 30 页。
[7] 参见《比较宗教史》，弗洛伊德的《图腾与禁忌》，p·Tillich's Systematic Theology (Chicago, 1967).
[8] The Sacred Bridge: Researches into the Nature and Structure of Religion. Leiden 1963. p. 9.
[9] Elementary Forms of the Religions Life (1915). p47.
[10] Scientific Study of Religion, New York, 1970. p7.
[11] 《宗教学》大明堂，1961 年版，第 17 页。（参阅吕大吉主编《宗教学通论》第一编第一章。）
[12] Sacred Canopy, Doubleday Co, 1969. p51.
[13] 《马克思恩格斯选集》第 1 卷，第 2 页。
[14] 《列宁选集》第 2 卷，第 377—378 页。
[15] 赵复三：《究竟怎样认识宗教的本质》，载《中国社会科学》1986 年第 3 期。
[16] 罗竹风主编《中国社会主义时期的宗教问题》，上海社会科学院 1986 年版。转引自丁光训、汪维藩《近几年宗教研究上的若干突破》，载《江海学刊》(南京)，1989 年第 2 期。
[17] 《马克思恩格斯选集》第 3 卷，第 354 页。
[18] 涂尔干：《宗教生活的基本形式》，巴黎法文版，第 98 页。
[19] 参见赵复三《究竟怎样认识宗教的本质》，载《中国社会科学》1986 年第 3 期。
[20] 《马克思恩格斯选集》第 1 卷，第 1 页。
[21] 参见赵复三《究竟怎样认识宗教的本质》，载《中国社会科学》，1986 年第 3 期。
[22] 《辞海》(缩印本)，上海辞书出版社，1980 年版，第 247 页。
[23] 参见赵志毅：《马克思的实践哲学是教育研究的理论基础》，载《理论之声》1991 年第 3 期。
[24] 刀割草：《国内关于信仰的研究》，载《哲学动态》，1992 年第 6 期。
[25] 《马克思恩格斯选集》第 1 卷，第 9 页。

（摘自《世界宗教研究》1995 年第 4 期）

当前我国的宗教问题

——关于宗教五性的再探讨

叶小文

宗教是一种复杂的社会现象。宗教的定义众说纷纭。宗教问题是错综复杂的社会问题。马克思说，“宗教即颠倒了的世界观”，“宗教是这个世界的总的理论，是它的包罗万象的纲领，它的通俗逻辑”。那么，要谈宗教问题，应该从何谈起？

当今世界，随着从两极对峙向多极化的演变，不少国家和地区的民族矛盾和宗教纷争十分突出。频频引发流血冲突和局部战争，搅得世界很不安宁。国外不少学者认为，21 世纪宗教问题将是世界范围内突出的问题之一。那么，要谈当前的宗教问题，应该从何谈起？

我国正处在改革开放和现代化建设承前启后、继往开来的重要时期。在思想观念上，随着经济体制的转变和对外交往的增多，出现了新旧碰撞、是非伴生的现象。如何对传统文化（这其中当然有我国的宗教文化）中优秀的加以继承、腐朽的予以摒弃？如何对外来文化（这其中当然有世界的宗教文化）中有益的加以吸收、有害的予以排斥？如何对市场经济下出现的思想观念（这其中当然也包括着依赖、适应于一定社会的经济制度的宗教观念，如韦伯的《新教伦理与资本主义精神》一书所论）积极的予以提倡、消极的予以抵制？如何由此而逐步形成具有中国特色的、有利于改革开放和社会主义现代化建设的价值观念、思维方式和舆论环境？这是一项需要正确引导、审慎处理的复杂工作。在这项巨大的、复杂的工作中，当然也包括着怎样正确地看待、审慎地处理我国的宗教问题。于是，要谈当前我国的宗教问题，应该从何谈起？

要谈“当前我国的宗教问题”，就等于要谈那“包罗万象的纲领”；要谈21世纪世界范围的突出问题；要谈变革社会中的最深层次的变革。究竟应该从何谈起？

我们可以选择不同的角度，作出不同的概括。我以为比较好的角度，比较深刻的概括，还是宗教的五性说。

宗教的五性说（即宗教的长期性、群众性、民族性、国际性和复杂性），来自于中国共产党人对中国宗教情况的实事求是的观察，以及运用马克思主义宗教观对中国的宗教问题所得出的科学的、理论的认识。

宗教五性说的由来

民族、宗教工作者都知道一个著名的调查，即50年代初全国民族政策执行情况大检查；大都知道一个著名的报告，即由李维汉同志主持的中央统战部起草，经中央政治局讨论，得到毛主席高度评价并转发全党的题为《关于过去几年党在少数民族中进行工作的主要经验总结》的报告。就是在这个报告中，有一段著名的论述：“若干地方的若干同志，就是因为不了解上述的少数民族宗教的长期性、民族性、国际性，因而发生了急躁冒进的错误……这样做，不仅没有消灭或削弱宗教，反而使当地少数民族感觉到宗教情感受到压抑，因而更加巩固了宗教信仰。”这段话实际已提出了宗教五性说的雏形。其后，在1958年的第五次全国宗教工作会议上提出了宗教的五性；在1960年的第六次全国宗教工作会议上原中央统战部副部长张执一同志专门阐述了宗教的五性；在拨乱反正的1981年，赵朴初先生撰文把五性概括为“宗教客观存在的几个基本的社会特征”；[1]直至1989年，原中央统战部副部长江平同志还有《关于宗教五性的来历及其现实意义》的专论[2]，都很看重其在实践上的指导意义。

有的学者认为，凡意识形态大体都有五性，并非宗教所独有，讲宗教未必一定要讲五性。我认为，宗教的五性有其特定的内涵。当然，还要根据现实的情况赋予其现实的内涵。

长期性

1. 社会主义时期宗教仍将长期存在

宗教有其发生、发展和消亡的过程，在社会主义社会中将长期存在，我们不能用行政力量去消灭宗教，也不能用行政力量去发展宗教。

由于我国的执政党是以辩证唯物主义和历史唯物主义的科学世界观（包括无神论）为指导，由于世界观上唯物论与唯心论（包括有神论）的对立，我们有的同志往往对宗教这种应该容忍的“非正统的意识形态”不能容忍，不能求同存异，有的甚至巴不得灭此朝食，尽早除之而后快。建国以来的不同时期，中央针对这种认识和作法讲过两段话，很有重温的必要。

一段话出自1953年政策大检查后那个著名的报告对宗教长期性的论述：“共产党人是无神论者，是唯物主义者，他们是不信仰宗教的。但是共产党如何使劳动群众也不信仰宗教的办法，不是用行政命令去干涉，而主要是依靠政治、经济、文化教育事业的发展和社会改革的实践，自然地、间接地、迂回曲折地去逐步削弱宗教影响，任何简单急躁的做法都是错误的。这正如列宁所指示的‘……而应该把这一斗争同消灭产生宗教的社会根源的阶级运动的具体实践联系起来’。对于那种企图用无神主义的宣传去‘打倒宗教’的做法，列宁曾严肃地予以批判，斥为‘……肤浅的、资产阶级的、狭隘的文化主义观点’。这是因为‘恐惧创造神’，是人类面对他们所不能理解的、认为是不可抗衡的自然力量与社会力量而求助于神秘力量的表现，因而朴素的宗教观念在原始社会便已产生了，而在阶级社会形成了系统的宗教，并由于剥削阶级的利用，大大地发展了宗教，既然宗教产生和发展是这样，因而宗教的消灭，只有在人类消灭了阶级并大大地发展了控制自然力量的能力时，才有可能。”

另一段话出自中央1982年19号文件即《关于我国社会主义时期宗教问题的基本观点和基本政策》，进一步分析了社会主义时期宗教仍将长期存在的原因，指出在社会主义社会，“由于人们意识的发展总是落后于社会存在，旧社会遗留下来的旧思想、旧习惯不可能在短期内彻底消除；由于社会生产力的极大提高，物质财富的极大丰富，高度的社会主义民主的建立，以及教育、文化、科学、技术的高度发达，还需要长久的奋斗过程；由于某些严重的天灾人祸所带来的种种困苦，还不可能在短期内彻底摆脱；由于还存在着一定范围的阶级斗争和复杂的国际环境，因而宗教在社会主义社会一部分人中的影响，也就不可避免地还会长期存在。……那种认为随着社会主义制度的建立和经济文化的一定程度的发展，宗教就会很快消亡的想法，是不现实的。那种认为依靠行政命令或其他强制手段，可以一举消灭宗教的想法和做法，更是背离马克思主义关于宗教问题的基本观点的，是完全错误和非常有害的。”

这两段话，一段是针对建国初期对宗教“发生了急躁冒进的错误”来说的，一段是针对“文革”中“在宗教问题上使用暴力”来说的。教训犹存，言之切切。今天，从总体上说我们当然不会再犯“急躁冒进”、“使用暴力”的错误，但正当宗教这些年来比较热、甚至是建国以来最为活跃的时期，我们不妨冷静下来，重温这两段话，先给我们自己泼两瓢冷水。这并不是要听任宗教发烧发热，而是要我们冷静观察，审慎对待，周密考虑，寻找良策。

2. 长期性中包含着阶段性、曲折性、反复性

讲宗教的长期性，就是说宗教的发展本身是一个漫长的过程，我们处理宗教问题、做好宗教工作相应也是一个过程，急不得，也松不得。长期性必然规定着过程论、阶段论。我们不能用行政力量去消灭宗教，不等于我们就赞成、甚至就用行政力量去发展宗教。不管是自然、间接也好，还是迂回曲折也好，我们总还是希望逐步削弱宗教的影响。可是这十几年来，宗教的影响不是削弱了，而是大大地增强了，这是怎么回事呢？我认为，仍然要从宗教的长期性来分析，从长期性中蕴含着的阶段性、曲折性、反复性来分析，从长期性中蕴含着的一般性、特殊性来分析。

十几年来宗教的发展，有一般的原因，即 19 号文件指出的旧思想（特别是迷信思想）存在，生产力落后，物质不丰富，天灾人祸，阶级斗争和国际环境等。也有特殊的原因：

——从社会背景看。宗教的发展与活跃往往是社会大变动或转型期的伴生现象。据宗教研究中心统计，苏联解体前，俄罗斯联邦信教人口比例为 22%，1994 年上升到 50%。韩国 1947 年信仰天主教、基督教人口比例仅 7%，到 1985 年达到 21%。按一般想法，宗教发展应与经济发展程度成反比，但近几十年来韩国和一些国家并非如此。我国的情况与俄、韩不同，但我国也正处于经济体制、社会生活发生深刻变革的时期。矛盾交织、利弊伴生，各种宗教有可能找到生存的空间和发展的必要条件。随着市场经济的发展，不少人受价值规律自发性支配，企图靠神（包括命运、风水等）的暗中帮助来顺利发财，以至“6”（顺）和“8”（发）也成了神圣、吉祥之数。这就为宗教的发展提供了大量的社会心理基础。而随着对外开放的扩大，来自境外的宗教方面的影响或渗透也与日俱增。

——从工作方面看。“文革”极左后难免有反弹，而我们在恢复宗教信仰自由后，相应的对宗教事务的依法管理未及时跟上，特别是基层工作削弱、涣散。我们在实际工作中存在的“一手硬，一手软”问题，对农村社会控制力量的减弱，以及农民负担加重，贫富差距拉大，医疗缺乏保障，社会治安恶化等客观原因，都给宗教的发展提供了可乘之机。在一些干部、群众中，对马列主义、毛泽东思想发生动摇，产生了“信仰危机”，加上传统的思想政治工作说教过多，较少考虑人际关系的调谐和社会心理的调适，不大注意一般群众近年来心理的变化，对于他们在社会转型期的心理需求关心不足，而宗教正是从这些方面吸引了大批群众。有些地方政府搞“宗教搭台，经贸唱戏”，有的领导干部甚至参与宗教活动，更助长了宗教热。而农村基层政权的涣散，又使得一些地区邪教得以滋生、蔓延。

——从宗教自身看。宗教是一个动态的社会现象。当前我国宗教已进入安然存在、其自身发展张力较强的阶段。建国以来，宗教大体经历了三个阶段：“文革”前，宗教处于摆脱殖民色彩和封建因素的阶段，无暇顾及发展；“文革”期间，宗教基本上处于被打击压制阶段，无力公开发展；1982年以来，随着宗教政策的落实和调整，宗教也自然相应获得了实实在在的合法存在、正常活动的条件，难免有所发展。在我国有较长历史传统的佛、道、伊等宗教都有恢复和扩大自身影响的内在冲动力；进入中国较晚的基督教和天主教，经过长期磨合，与中国文化逐步适应，其传教模式也作了若干中国化的变革。这些都成为目前宗教势力自身的推动因素。

第三阶段的宗教热（不仅是相对发展快，而且是出现了不少混乱现象），实际上也是第二阶段宗教受压制后的反弹。正如一位青年学者所说，“文革”期间“社会文化的伪神圣化（实质是偶像崇拜化）和伪秩序化（实质是整合单一化），已为它的走向反面，即过度世俗化（实质是物质主义化）和无序化（实质是犬儒主义化）积蓄了力量。”[3]

对宗教的发展和宗教影响的扩大，我们应当冷静分析，认真对待。要看到我国宗教界总体上是稳定的、遵纪守法的。对存在的问题，无论是看得过重，张皇失措；还是视而不见，掉以轻心，都是同实际情况不相符合的，都不利于我们的工作。

3. 长期性中也有积极面

讲宗教的长期性，一般是讲宗教自然消亡过程的渐进性和漫长性，讲宗教在某一特定历史阶段反弹的可能性和曲折性，都是从消极角度来谈。其实，任何事物都是辩证统一，在长期性中既有消极面，也就有积极面。正是在中国宗教的长期性中，蕴含着、发扬光大着几千年未曾间断的爱国爱教、团结进步的优秀传统。爱国爱教，并非中国独有，但历经几千年而未曾中断，在世界上也不多见。

中华民族的发展史、中国的宗教发展史，与西方的发展史、宗教史有很大的区别。中华民族是世界上历史最为悠久、文化积淀最为深厚、民族的优秀传统从未间断的民族。我们不妨从世界的四大文明古国埃及、古巴比伦、中国、印度的文化发展来看，从世界的三大宗教——佛教、基督教（包含罗马公教、正教、新教）和伊斯兰教的起源和发展来看。在这一部漫长的经济发展、阶级斗争、制度变革、国家兴替和文化发展史中，四大文明古国唯有中国不仅民族世代繁衍，国家的主体文化也从未被外来文化所中断。早在公元前221年，秦始皇就统一了中国。车同轨，书同文，量同衡，废除了分封制，建立了郡县制。汉承秦制，方有"汉人"之称。以后文化一脉相承，元、清少数民族入主中原，也并非文化更替，而是民族文化融合。所以，一部世界发展史，如果放到几千年很长过程中来看，"爱国"与"爱教"如果在其他国家、其它民族的宗教徒中，有不少是因历史的变迁而时断时续，在中国，在中华民族的宗教徒中，则几千年来早已融为一体，延绵不断。从国外传入的宗教，包括所谓"洋教"，如果不尊重、不适应中国的爱国传统，就很难立足、发展。中华民族从来就不只是一个汉族，而是包括各少数民族；中华民族大家庭的成员从来就不只是无神论者，也包括有神论者；中国从来就不只是汉族的国家，而是汉族和少数民族（包括基本上全民族信仰某种宗教的少数民族）共同的国家。今天中华民族的振兴，是56个民族的共同振兴。汉族和少数民族，谁也离不开谁。爱国，是中华民族所固有的民族气节。历代多少志士仁人，包括爱国的宗教领袖，都把保持民族气节看得至高无上，视为比生命更珍贵。鉴古知今，既然宗教在社会主义社会将会长期存在，我们又要与之长期相处；既然在长期存在的宗教中有着从未间断的爱国与爱教相统一的历史传统，我们何不顺应客观规律，发挥传统优势，着力教育引导信教群众把爱国和爱教更好地统一起来呢？八届人大四次会议李鹏总理所作的报告，在谈到宗教工作时，根据代表的意见最后定稿时，特地加上了"教育信教群众爱国爱教"这个意思，加得好！

4. 长期性的根子还在贫困愚昧

我国宗教问题的长期性，在很大程度上还取决于解决贫困问题的艰巨性和农村两个文明建设的艰巨性。穷则思变，今生不能变富，就幻想来世富。马克思说："宗教里的苦难既是现实的苦难的表现，又是对这种现实的苦难的抗议。宗教是被压迫生灵的叹息，是无情世界的感情，正像它是没有精神的制度的精神一样。宗教是人民的鸦片。”[4]穷人也有精神生活的要求。宗教的一些仪式，对于那些偏僻乡村几无文化生活可言的农民，就有了强烈的吸引力。穷人更富于同情心。宗教宣扬的“爱心”召唤着他们皈依。穷人最怕害病，贫病交加，走投无路，就只好求助于神“医病赶鬼”。于是，在农村一些地方，“医病赶鬼”成了吸引农民入教的重要原因。对这些地方，要去传教的当然也就特别关注。国外某基督教组织就对广西石山区制定了100种传教方法。我们当然也想去做工作。可是做工作也要必要的经费。讲“宗教无小事”，都是大事；可做起工作来不能既无大钱，也无小钱。经济落后了，说话就没有分量，工作就没有力量。群众说不能靠会议落实会议精神，靠文件落实文件精神，靠讲话落实讲话精神。

群众性

1. 客观上人数众多，我们要“目中有人”

中国的宗教徒究竟有多少？很难统计。究其原因，既有客观指标难以确定，受洗、受戒而入教者大体可以有数，不入教而信教者则难计其数；也有主观因素妨碍确定，所谓“干部出数字，数字出干部”（在宗教问题上确切地说是“干部出负数，负数出干部”）。因此，对教徒的数字只能是统计加估计。比较权威的估计，至今还在沿用周总理生前的说法：中国的宗教徒有几千万人，加上在家里信教而不上寺庙的差不多有1亿人。以此推论，现在当超过1亿人。

讲宗教的群众性，就是要“目中有人”，目中有这1亿人。

这1亿人虽然有宗教信仰，仍然是我们的基本群众。或者反过来说，正因为这1亿人是我们的为数众多的基本群众，他们的宗教信仰和宗教感情，我们就应予尊重；他们的宗教生活需要，我们就应予满足。据老同志回忆，周总理说过，要懂得“不看僧面看佛面”，这个“佛”，指的是群众。我们不能把这1亿人看作异己力量，为渊驱鱼，为丛驱雀；而只能看作、也必须看作与另外11亿人同样重要的社会主义现代化的建设力量，我们不能因为信教群众与不信教群众思想信仰上存在差异，就忽视和抹杀他们在政治上、经济上根本利益的一致。宗教信仰自由政策是团结广大信教群众与不信教群众，共同建设我们的伟大国家的政策，是真正符合这1亿人的根本利益，也符合12亿人的共同利益的政策，实现“九五”计划和2010年远景目标，是中国人民在中国共产党领导下创造历史的过程。在这个过程中，信教的1亿人同样是创造历史的主角，并且要充分发挥其不可替代的历史作用。

宗教在台、港、澳同胞和海外侨胞中有广泛的影响。做好宗教工作，对于争取、团结台、港、澳同胞和海外侨胞，对于按照“一国两制”的构想收回香港、澳门并促进其长期稳定、繁荣，对于促进台湾回归祖国、完成统一大业，也有重要意义。

2. 正确对待宗教问题也是正确对待群众问题

讲宗教的群众性，就是说，正确对待宗教问题也是正确对待群众问题，做宗教工作也是做群众工作。共产党是靠群众起家的，共产党所做的一切都是为了最大多数的群众，共产党的看家本领就是做群众工作。群众的拥护与支持是我们最大的政治优势，离开群众，我们将一无所有、一事无成。而无论出于什么原因，如果有相当多的群众——极而言之，如果1亿信教群众与我们作对，我们将一筹莫展、无一宁日。

在宗教问题上，当矛盾以持续的、较大规模的、难以遏制的群众性对抗形式出现时，仅仅把矛盾的原因归结为“极少数坏人的利用”恐难辞其咎。不妨问一问，为什么此时此地“极少数”竟能左右大多数？我们是以“为大多数群众谋利益”为使命的，为什么恰恰在此时此地失去了大多数？对坏人的及时惩治是必要的，群众的一时不觉悟当然也是原因。但我们的工作如果有失误，就不应该以夸大坏人的作用、群众的落后来掩盖自己的失误。是否善于做群众工作，尤其要包括是否善于做受蒙蔽的部分信教群众的工作，反映出我们领导水平的高低，群众工作是否扎实。

3. 讲群众性并不是要迁就群众的落后面，但要善于做落后群众的工作

讲宗教的群众性，并不是要迁就群众的落后面，更不是要容忍少数群众去妨碍、去损害大多数群众的利益，去影响、去破坏大局的安定。对不听劝告、不明事理，一定要打着宗教旗号从事违法活动的人，就要及时依法予以制止。维护法律尊严与维护人民利益是一致的。宁夏西吉哲合忍耶教派之间，各持其说，争执不休，发展到大规模械斗，一年打死 49 人。我们说，教派之争本来可以慢慢调解，但就如两口子吵架，政府可以不管，但发展到你杀掉我，我杀掉你，就是损害人民利益，践踏法律尊严，政府岂能不管？宁夏哲派械斗，我们就动用了大批警力，一律缴械，坚决制止。高举的是两面旗帜——维护人民利益，维护法律尊严，正义之师，人民欢迎。宗教工作从一定意义上讲也就是群众工作，是比较特殊的群众工作，我们要努力在实践中增长做这部分群众的工作的才干，提高工作水平。对涉及信教群众的问题要十分谨慎，避免措施不当而把多数群众都推到对立面，人为树敌，自讨苦吃。对宗教的发展简单地用行政手段进行量的抑制，可能会适得其反，刺激宗教更加发展。小平同志说：“对于宗教，不能用行政命令的办法，但宗教也不能搞狂热，否则同社会主义，同人民利益相违背。”对宗教放任自流，它就难免过热，甚至搞狂热。要高举“爱国爱教，团结进步”的旗帜，坚持维护人民利益、维护法律尊严、维护民族团结、维护祖国统一的原则，制止宗教方面搞狂热。但处理宗教问题不到万不得已，不可过激、过急。否则，极易使本来潜在的危险迅速释放、裂变，变为现实的危险。多年来的经验证明，具有群众性的宗教问题，易结不易解，宜解不宜结；易聚不易散，宜散不宜聚；易阻不易疏，宜疏不宜阻。处理宗教个案时，要千方百计把矛盾从宗教问题的范畴中拉出来，从法律的角度进行处理，避免与宗教正面冲突。

民族性

1. 要善于体察宗教问题与民族问题的区别与联系

讲宗教的民族性，首先是要看到宗教问题在很大程度上与民族问题相关联，要善于体察宗教问题与民族问题的区别和联系，并且正确地加以处理。宗教与民族是两个不同的范畴。宗教历来不是形成民族的先决条件，也不是构成民族的基本特征，二者不能混为一谈。但在我国这样一个多民族的社会主义国家，宗教问题与民族问题又往往有密切的联系。我国的藏传佛教、南传佛教和伊斯兰教在不同的少数民族中有广泛深入的信仰，成为近20个少数民族中的多数人信仰、或基本上全民族信仰的宗教。信仰藏传佛教的有藏、蒙古、土、羌、普米、怒、裕固等民族。信仰南传佛教的有傣、阿昌、德昂、佤、布朗等民族。信仰伊斯兰教的有回、维吾尔、哈萨克、东乡、撒拉、柯尔克孜、塔吉克、乌孜别克、塔塔尔、保安等民族。在这些民族中，宗教与民族的共同语言、共同地域、共同经济生活以及表现于共同的民族文化特点上的共同心理素质这四个要素，均息息相关。从世界范围来看，无论什么样的世界性宗教，只有渗透到特定的民族文化中并与之相融合，也即经过宗教的“本色化”过程，才有勃勃生机。而当一种宗教植根于某一民族之后，又会对民族的发展产生极大的影响。凡有一种广泛、深入的宗教信仰的民族，对于这个民族中的每一个信教者来说，其宗教感情与民族感情、宗教心理与民族心理、宗教习俗与民族习俗、宗教文化与民族文化、宗教意识与民族意识，无不相互交错、相互渗透，有时甚至难分难解。由此我们才能理解，为什么吃猪肉的问题，在广大穆斯林群众中会那么敏感。由此我们也才能理解，我们要求生活在基本上全民信教的少数民族中，特别是在基层的共产党员，为了联系群众，既要在思想上同宗教信仰划清界限，又要在生活中适当尊重和随顺民族的那些含有某些宗教色彩和宗教传统的风俗习惯；不要信仰宗教，但可以参加含有某些宗教色彩和传统的婚丧仪式和群众性活动。

我们既要善于体察宗教问题与民族问题的联系，同时又必须看到两者的区别，宗教毕竟不能与民族完全混为一谈。如果完全迁就信仰宗教者的看法，把一切宗教感情、心理、习俗、文化都扩大、上升，等同于民族感情、心理、习俗、文化，绝对不可触动，就从宗教至上论走向了妨碍民族发展进步的狭隘民族主义。事实上，即使在西方的中世纪，宗教文化一统天下，从民族的进步分子中也产生了与之对立的科学文化——日心说。今天，我们在处理宗教问题时，要着眼于民族的根本利益，着眼于民族的长远发展和进步，依靠本民族先进分子的带动，依据本民族大多数人的意愿，对那些不利于群众生产、生活和身心健康的风俗习惯，对那些阻碍民族发展、进步，不适应社会主义社会的教规陋习、宗教制度，逐步地加以改革。

2. 宗教对于少数民族特殊的二重作用

讲宗教的民族性，还要看到宗教对于少数民族的特殊的二重作用。这种二重作用，正如李维汉同志早在1940年所著的《关于回回民族问题的提纲》一文中所指出的，在民族压迫制度存在的时代表现为：一方面宗教是这些民族反抗民族压迫的神圣旗帜和团结自己民族的重要纽带；一方面宗教又成了民族文化发展与民族觉醒、阶级觉醒的障碍，民族内部与外部的黑暗势力就利用它来作为巩固自己地位的工具。这种二重作用概而言之就是：神圣的旗帜，黑暗势力所利用。那么在今天，这种二重作用又有何表现呢？我们当然不能照套民族压迫时代的二重作用。但宗教还存在，民族还存在，宗教对民族的作用仍然还可以从这两个方面去加以分析。先看神圣旗帜的一面。反抗民族压迫的使命已经过去，因为民族压迫已不存在。靠宗教来团结人、号召人，这在我们已经建立起来的平等、团结、互助的社会主义新型民族关系面前，显然已经过时了，没有必要了。但宗教的团结力、号召力仍然在少数民族中存在。这就特别需要我们谨慎地加以引导。因为民族之间的差异、矛盾还存在，群众与群众之间、群众与国家之间在根本利益一致的基础上，具体利益不一致的矛盾还存在。贫富之间、地区之间的差距在不均衡发展中还会有所扩大。这些矛盾，难免反映在民族情绪、民族意识上。而宗教作为在一些少数民族中仍然有号召力的神圣的旗帜，如果把这些民族情绪、民族意识从不满聚合，放大为对立，号召为对抗，则有可能演化为难以处理的民族问题。在这面旗帜下的“团结奋斗”要与谁斗？只能是亲者痛、仇者快。再看黑暗势力利用的一面。近年来，我们看到某些教派中的某种势力和某些个人，常常利用宗教争权夺利，制造事端，甚至伤害人民。利用宗教干涉行政、司法、教育、婚姻和群众生产生活的现象时有发生，有的地方甚至恢复了早已被废除的宗教封建特权和某些陈规陋习。尤其值得我们警惕的是，国际敌对势力明目张胆地支持我国内部的民族分裂主义势力，利用民族、宗教问题打开缺口，正在加紧对我们进行渗透、破坏、分裂和颠覆活动。而国内民族分裂主义分子则作为他们的内应力量，利用宗教狂热来分裂人民，破坏祖国统一，破坏各民族之间的团结。西藏问题上我们与达赖分裂集团的斗争，其实质不是什么信教不信教、自治不自治的问题，而是稳定西藏，还是搞乱西藏；是维护统一，还是分裂祖国；是捍卫国家主权尊严，还是勾引外国敌对势力插手中国内政。新疆问题目前不如西藏问题突出，但潜在的问题值得重视。当前影响新疆、特别是南疆稳定的主要危险来自民族分裂主义。其危险性，除了"顶风作案"、直接捣乱外，还表现在它能够借助民族、宗教情绪和民族隔阂的滋长，掩护自己，躲避打击；表现在它能利用我们工作的失误，挑拨离间，兴风作浪；表现在它能借助泛伊斯兰主义、泛突厥主义思潮，推波助澜，发展自己。一句话，它较容易混淆于人民内部矛盾之中，使我欲反对它，思想难统一，措施难落实；欲打击它，目标不清楚，难以打出手。需要深入研究，综合考虑，对症下药，狠抓落实。人无远虑，必有近忧！历史上清朝政府通过对宗教问题的处理实现边陲安定，在这方面下过大功夫，我们应比清朝政府高明得多。

国际性

1. 宗教是一种国际现象

讲宗教的国际性，首先因为宗教是一种国际现象。世界上几乎没有一个国家不存在着宗教。基督教、伊斯兰教、佛教是世界性宗教。据《1990年大不列颠统计年鉴》，到1989年，全世界共有人口52亿多，其中各宗教信徒的总数为41亿，占世界总人口的78.8%。其中，基督教徒约有17.12亿，占世界信徒总数的41.76%；伊斯兰教徒9亿多，占信徒总数的22.56%；佛教徒约有3亿多人，占总数的7.59%；其他各种宗教信徒，如印度教、犹太教、神道教、巴哈伊教包括一些地域性宗教等合计约有10多亿，约占总数的28.01%。在亚洲，佛教、伊斯兰教有着广泛的社会影响，宗教的影响渗透到政治、经济、文化等各个领域，其中有的还在一些国家中被奉为国教。

2. 从世界总体发展的高度观察宗教问题

讲宗教的国际性，就要从世界总体发展的高度来观察宗教问题，始终要注意国际上的影响和动向。当今世界上很多地方闹乱子，如前苏联解体、波黑冲突、中东问题、非洲的部族冲突等等大都与民族、宗教问题有联系。波黑一度打得死去活来，除了现实的国际政治背景外，公元4世纪罗马帝国的大分裂，公元11世纪基督教的大分裂，其断层线都从巴尔干半岛划过，恰如历史老人早就埋下的两个伏笔。面对世纪之交，世界范围内民族、宗教问题危机引发社会动乱、加剧政治演变、挑起民族冲突、造成国家分裂方面的政治作用正在增长。中国的宗教界是稳定的，宗教方面的矛盾也主要是人民内部矛盾，且并非当前突出的社会矛盾。但中国正在扩大开放，加速走向世界。现代科技的飞速发展也加速了全世界信息的传递。世界范围内宗教问题的“热闹”很难长时期对中国毫无影响。internet（电脑国际互联网）正在把世界网络起来，各种宗教问题的信息沿着这条联通世界的信息高速公路飞快地传递着，使我们难以独善其身。展望未来，一旦世界进入“掌上电脑”的时代，就难免有人要用电脑传教。最近新加坡政府就作出决定，为了国家的安全对internet传递的宗教信息严加管理，防止色情内容和容易引发宗教与政治动荡的内容传播。我国虽然也已要求进入 internet 的计算机用户进行登记，但如何有效地管理，还有待于早谋良策，未雨绸缪。

3. 在扩大开放下抵制渗透

讲宗教的国际性，就要研究在扩大开放的新形势下如何既要积极开展宗教方面的正常、友好的国际交往，又要坚决抵制渗透。我国的五种宗教除道教外，都是由外国传入。而道教又传到国外。五大宗教同境外都有着千丝万缕的联系。随着我国对外开放的日益扩大，宗教界的对外联系也日益发展，这对于扩大我国的政治影响，促进我国的对外经济合作与文化交流都具有重要的意义。但是，国际敌对势力要利用民族、宗教作为对我进行“西化”、“分化”的突破口，国际宗教反动势力也力图趁机“重返中国大陆”。我们的头脑里要有政治这根弦。资产阶级政治家们在宗教问题上，政治这根弦其实比我们绷得还紧。美国原国务卿舒尔茨早在十几年前在美国召开的所谓“共产党国家民主化”的会议上就说过：“从宗教信仰到政治行动，只有一小步距离。”他们总希望中国的宗教徒很快跨过这个距离，去不断发生影响稳定的“政治行动”。美国之音就自称其使命之一是要“煽动铁幕后面的宗教狂热”。美国哈佛策略研究所、美国霍普金斯大学国际事务研究机构在其研究报告中，就建议美国以宗教为“首选武器”对中国进行颠覆活动。苏联解体、东欧剧变，是国内政治经济陷于困境、各种社会矛盾激化的结果，其中就包括长期以来宗教政策的失误而造成信教群众离心离德，宗教就作为不同政见者煽动政治动乱的工具，为苏东共产党的下台推波助澜。当前，在梵蒂冈的支持下，我国的天主教地下势力人数不多，能量不小。我国的基督教中，在扩大开放的新形势下，能否坚持“按三自原则办好教会”而不倒退，仍是一场严峻的考验。宗教渗透的新特点是诱之以利，我们一些人便趋之若鹜。扩大开放就难免有渗透。各部门应就抵制国外宗教敌对势力渗透，进行长期、积极的配合，打整体防御战。

全世界既然有五分之四的人信教，宗教就必然是世界性热门话题，一个国家对待宗教的态度很容易引起人们的关注，“宗教不容忍”在世界上是一种很难堪的形象。我国实行宗教信仰自由政策，对各种宗教一视同仁，应当说是最大的宗教容忍。但美国等西方国家每每在人权问题上攻击我国，都给我们加上“宗教信仰自由得不到保障”等罪名，在世界舆论中对我起着很恶劣的诽谤、中伤作用。在国际人权斗争领域，我国在宗教方面要据理力争，加强对外宣传工作，与西方反华势力作长期的周旋和斗争。

复杂性

1. 宗教是一个有复杂结构和功能的体系

宗教自身是一个复杂的体系。这个体系由情（宗教的感情或体验）、识（宗教的观念或思想）、为（宗教的行为和活动）、体（宗教的组织和制度）四大基本要素所构成。情与识作为宗教的内在要素，在思想上层建筑范围内，与社会的政治法律思想、道德、艺术、哲学等发生作用，形成独特的宗教文化；为和体作为宗教的外在要素，在社会生活的范围内，与方方面面发生联系，形成特殊的宗教事业，与各种社会组织、社会实体打交道，产生若干的宗教事务。宗教信仰是公民个人的私事，宗教组织则是公众生活中的社会实体。宗教是对人的处境的幻想，这幻想就难免扑朔迷离，形式繁杂。不同宗教的教义、教规、礼仪、组织自成一体，互不相干；同一宗教的教派往往又五花八门，难以兼容。一部经典往往有若干种相互矛盾的解释，海纳百川。一种观点往往又可以在若干种不同的经典里找到相似的解释，诸论归一。宗教大都追求真、善、美，止恶扬善，有利于社会的和谐安定。但宗教拥有着大量的群众，且又直接沟通着这些群众的情绪乃至潜意识，由于情绪的相互感染，价值的相互认同，行为的相互激励，就有可能掀起集体性的非理智的狂热。宗教自身的这种矛盾表现，同样服从着对立统一规律。

2. 宗教方面的矛盾的特点

以上对宗教的复杂的结构和功能作了一个简单的描述。正是由于这样一些结构功能特征，今天我国宗教方面的矛盾虽然主要是非对抗性的人民内部矛盾，但却是属于矛盾的形式比较容易激化、矛盾的性质比较容易转化的人民内部矛盾。我在过去的文章中，曾经描述过这类矛盾的五个特点及其循环过程：

一是累积。宗教方面的人民内部矛盾，往往是各种情绪、意见的累积，各种小摩擦、小纠纷的累积，量大面广。量的累积，到一定程度，就会引起质的突变。

二是突发。偶然的小事，星点的火花，或因互不相让迅速升级，或因官僚主义处置不当激化矛盾，或因意见不统一，当报不报、当断不断而贻误时机，很快由小事变成大事，由大事酿成乱子。事件的起因是偶然的，闹起来却有必然性，必然性总是通过偶然性为自己开辟道路的。

三是扩展。宗教信仰，在一定范围内具有其特殊的凝聚力、号召力，而且特别敏感，传播快速。一旦有事，宗教信仰中的自我保护心理，会很快蔓延开来，煽动一种抗争的激情或盲目的热情。信息社会中的大众传播手段，更有助于加速这一扩展的进程。

四是变异。或因矛盾性质转化，是非问题转化为敌我问题。或因矛盾激化，非对抗性激化为对抗性。

五是沉淀。事情闹大了，靠说服教育的手段已难以奏效，不得不动用行政手段解决。结果表面上矛盾处理了，缓解了，其实沉淀到更深层次的民族心理或宗教心理中去了，成为潜意识的隔阂，累积起来，为以后矛盾的再度爆发或以其他形式爆发悄悄地做准备。

以上五个特点，正好构成一个循环过程，如图：

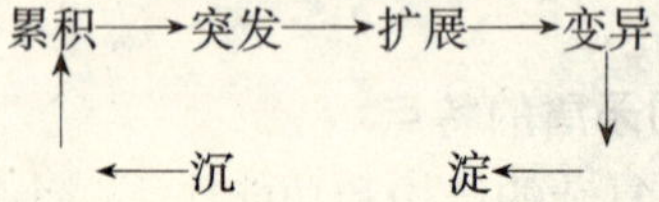

显然，如果陷入这一循环过程中，就难把问题解决在萌芽状态，解决在基层，解决在内部。

3. 宗教问题与政治问题相联系时的复杂表现

也是由于宗教的复杂的结构功能特征，当宗教信仰问题与政治问题联系在一起的时候，就会产生合作与对立两种截然相反的倾向。合作的倾向当然是我们所欢迎的，我们希望同宗教徒之间的关系是“政治上团结合作，信仰上相互尊重”，这种关系当前在我国是主流并且得到巩固和发展。但对立的倾向则是我们所头痛的。在这种对立中，信徒所崇拜的人间的“神”，同时又是要把信仰者引向与自己的国家相对立、与自己的人民相分裂的“鬼”，是政治上的死敌。“人”夹在“神”与“鬼”之间，夹在顶礼膜拜的被崇拜者和千夫所指的死对头之间。这本是水火不能相容，但却要在一种宗教信仰中强行统一。这种统一表现在单个的信徒身上，就难免由信仰的二重性，导致人格的二重性而演化出人格的分裂；这种统一表现在集体的宗教组织身上，就难免由组织的二重性演化出地下宗教势力，我们对宗教信仰，不能用行政命令的办法；对政治对抗的问题，却必须用行政命令的直至专政的办法。因此，取缔地下宗教势力是一件极为复杂的工作，要用行政的直至专政的办法，又不能只用行政的、专政的办法。还是要攻心为上，“能攻心则反侧自消”。但我们如果离开了爱国宗教人士的积极协助，要攻心又极不容易，因为宗教的说教天天在灌输，宗教的礼仪天天在攻心，宗教的感情排斥着非宗教的道理。

4. 宗教还有新种、亚种、变种、伪种

当前我国宗教问题的复杂性还表现在，除了我们承认的天、基、佛、道、伊五大宗教外，事实上还存在着五花八门的宗教的新种、亚种、变种、伪种。

一是新兴宗教，此为宗教的新种。多从国外传入。美国的宪法修正案第一条规定，一切“公开的或私下持有的信仰”都可称为宗教，给予注册并加以保护和享受免税等优惠待遇。于是在美国及受其影响的韩国、日本，新兴宗教甚为活跃。随着我国对外交往的增多，一些新兴宗教也纷至沓来，其特点是“有钱，友好，传教”。我们如何对付，需要调查研究。

二是民间信仰，此为宗教的亚种。民间信仰究竟如何定义，算不算宗教，现在说法很多。我认为，民间信仰以鬼神观念、灵魂观念和命运观念为核心，是传统的宗族、宗法因素，原始的、粗俗的宗教信仰和祖先崇拜，加上民风民俗、民间文化、迷信色彩，以及现实的社会文化生活、社会心理等因素的混合物。目前沿海地区民间信仰比较活跃，如何引导管理也急需调查研究。

三是邪教，此为宗教的变种。既非宗教组织，又非宗教派别，而是由少数不法分子纠合在一起，披着宗教外衣，摘取和利用宗教经典中的片言只语，掺杂大量封建迷信，炮制一套异端邪说，蒙骗群众，秘密结社，从事违法犯罪活动。这些邪教组织活动猖獗，发展迅速，已经成为部分农村地区危害社会稳定的一股恶势力。必须坚决依法查禁取缔其非法组织，坚决依法制止其违法活动，坚决依法惩办其犯罪分子。但这类组织往往是宗教信仰问题与政治问题纠缠在一起，不明真相的群众和别有用心的坏人搅和在一起，非对抗性矛盾和对抗性矛盾交织在一起，在查禁取缔时需要严格掌握政策界限，最大限度地教育争取受蒙蔽群众，大力加强农村两个文明建设，维护社会稳定。

四是迷信，这是宗教的伪种。现在，商品中不乏坑蒙拐骗的伪劣产品，迷信也是一种具有宗教色彩、而其实非宗教的伪品、劣品。从广义来说，宗教固然也是一种迷信。但宗教与迷信各有其确定的特征，既要看到它们之间的联系，又不应混为一谈。如果我们划一条数轴，这条数轴一头的端点 A 点，定义为其信仰形态低级、粗俗，其组织形态散漫无序，其手段卑鄙低劣，专搞假、丑、恶以谋财害命，在“闹神闹鬼”中重在“闹鬼”；这条数轴另一头的端点 B 点，定义为其信仰形态高级、精致，其组织形态井然有序，其精神追求相对地较为真诚、执著，崇尚真、善、美，有的也“闹神闹鬼”却重在“闹神”。那么，“迷信”就在这条数轴上趋向 A 点，“宗教”则在这条数轴上趋向 B 点。它们之间既在一条道上而相互联系，又背向而驰相互区别。由于在一条道上，迷信就有可能混淆于宗教，因此我们在贯彻宗教信仰自由政策时，要特别注意决不给封建迷信泛滥的自由。在全国人大审定的“九五”计划和 2010 年发展纲要中，在最后定稿时，根据代表们的要求特地加上了一句话：“破除封建迷信”。这确实是一项不可忽略的复杂任务。

为什么说宗教信仰是一种相对趋向于真诚、执著的精神追求（这是与迷信相区别的重要之点）呢？恩格斯说：“一切宗教都不过是支配着人们日常生活的外部力量在人们头脑中的幻想的反映，在这种反映中，人间的力量采取了超人间的力量的形式。”[5]我认为，恩格斯前一句提到的“外部力量”既客观存在的物质力量——自然力量和社会力量，既包括后一句提到的“人间的力量”即人类已经认识到的物质力量，也包括句中没有提到的“非人间的力量”即人类尚未认识到的物质力量。对人间的力量却要采取“超人间的力量的形式”去作“幻想的反映”，这无疑是人类思维的误区。但对尚不知的物质力量作幻想的反映，却是人类思维不断探索和追求未知世界的一种形式。例如，宇宙的深处究竟是什么？在哈勃望远镜把比太阳还远4亿倍的巨鹰星云的图像传回来之前，人们就难免作幻想的反映。因此，不能说宗教的幻想的反映就一概等于愚昧、迷信，当然，也不能说它就等于真理性的认识，不过是说它在一定程度上表现出一种趋向于真诚、执著，但却走入了误区的精神追求。

新种、亚种、变种、伪种，种种种种，五花八门。我们要加强对宗教事务的管理，对这些要不要加强管理？一般来说，它们不在政府宗教事务局的业务范围之内，那么该由谁来管理？宗教界对此也颇有意见，说政府只能管听话的，管不了不听话的；每加强一次管理，都是“对着按时到会者批评迟到者”，“该放开的没有放开，该捆死的没有捆死”。这些意见，值得我们研究。

总之，讲宗教的复杂性，既要看到宗教自身就是一个结构和功能都很复杂的系统，又要充分认识宗教方面矛盾的多样性。漫长的渐进过程和激烈的突变形式，内部矛盾与敌我矛盾，对抗性矛盾与非对抗性矛盾，思想信仰与政治立场，民族问题与宗教问题，国内问题与国际问题，错综复杂地交织在一起。需要我们深入实际调查研究，具体问题具体分析，下一番去粗取精、去伪存真、由此及彼、由表及里的功夫。切不可把复杂的问题看简单了。切不可图一时痛快，简单从事，给后来的工作留下无穷的麻烦。

五性之外是否还有二性

宗教的五性说，对于我们既了解宗教的全貌又深入把握其种种特性，不失为一种科学的概括。但我们在根据现实的情况赋予其现实的内涵的时候，把宗教放到两个文明建设的进程中来看，似还可以提出五性之外的二性来加以探讨。

把宗教放到精神文明建设的进程中来看，在依法对宗教事务的管理加强后，作为宗教外在要素的为和体及其与社会生活诸方面的联系，受到了较多的约束；于是，作为宗教内在要素的情和识及其与思想上层建筑相联系而形成的宗教文化，就比较地活跃起来。再加上宗教要与社会主义精神文明建设相适应，宗教的文化性便突出起来。赵朴老提出五性之外还应加上一个文化性。这是可以研究的。我认为，努力支持、引导宗教的文化、伦理、哲学趋向，提高其信仰层次，避免混杂其中的迷信色彩对群众的误导，这对于社会主义精神文明建设应该是利大于弊。

把宗教放到物质文明建设的进程中来看，宗教要与以经济建设为中心的现实生活相适应，宗教的入世性便突出起来。本来强调出世的宗教，现在却有很强的入世的要求。如伊斯兰教的“两世吉庆”，佛教的“庄严国土，利乐有情”，“以出世的精神，做入世的事业”，道教的重贵生、养生，基督教的“荣神益人”等。不少宗教团体热心于社会慈善事业的同时，还在“搞好自养”的旗帜下兴办实业，一些既是神职人员、又关心经商理财，既遁入“苦海”又涉足“商海”的“新型宗教者”也时有所见。这些新的现象，也值得研究。

但是，由于宗教在两个文明建设进程中的表现还只是初露端倪，究竟能否在“五性”之外再加上文化性、入世性，还有待观察和研究，因此一般不再另提两性，而是把这些现象暂时放到“复杂性”的范畴中来考虑为好。

两点启示

以上的论述，试图根据当前我国宗教问题的实际情况，对宗教的“五性”赋予其特定的、现实的内涵。这并非为了标新立异，而是努力运用马克思主义宗教观，紧密结合宗教方面的新情况、新问题，作一点新的探索，因而就难免不准确、不完善，有待于今后修正与补充。以上的论述，绝非为了“坐而论道”，而是力图对当前做好宗教工作有所启示，我认为有以下两条重要的启示。

1. 坚持三个观点是正确认识和妥善处理当前我国的宗教问题要过好的“三关”

宗教的五性要求我们，正确认识和妥善处理宗教问题绝对不能忽略三个观点，即政治观点、群众观点和政策观点。忽略了，看待宗教问题就往往陷入片面性、陷入误区，而不能到达正确认识的彼岸。错误的认识又会导致错误的行动，给宗教工作带来不必要的损失。因此，把握三个观点如同要过好“三关”，是我们必不可少的基本功。

例如，强调政治观点，就是看宗教问题也要善于从政治着眼，首先要从有利于改革、发展、稳定的大局，有利于国家长治久安的高度着眼。宗教历来既有一定的社会稳定功能，又可能引起社会动荡。从这个意义上讲“宗教无小事”，正确处理宗教问题十分重要。在今后我国经济发展关键的 15 年，要努力避免宗教问题激化和爆发。宗教工作要为实现全党和全国人民跨世纪宏伟蓝图提供保证，在这15年内，不能让宗教问题干扰中心任务。为此，要对一切假借宗教名义破坏社会稳定、干扰经济建设的行为依法进行打击；同时，在无损法律尊严和人民利益的情况下，也要对宗教的发展适当作一些必要的妥协、让步，并积极地引导宗教与社会主义社会相适应。这种求同存异是可能的，从根本上说也是对我们有利的。绝大多数宗教徒同我们之间，在信仰上的差异毕竟是次要的，共同的奋斗目标和对政治上团结、合作、安定的企盼才是主要的。我们应在求同存异的基础上尽力吸引宗教信徒投身于振兴中华的伟业。随着2010年奋斗目标和中华民族的伟大复兴的实现，随着人民物质和精神两个文明水平的提高，各种社会矛盾会逐步缓解，宗教存在的负面作用也将大大减少。

强调群众观点，就是必须认识到有宗教信仰的1亿人同样是我们应该尊重、应该依靠的基本群众，切不可把他们视为异己力量；必须认识到一部分因为受蒙蔽而参与闹事甚至卷入地下势力或信奉邪教的群众，仍然是我们应该团结、教育、争取的特殊的群众，切不可把他们“推过去”，而必须把他们“拉过来”；当然也必须尊重和保护更大多数群众的不信仰宗教的自由，切不可忘记“用马克思主义哲学批判唯心论（包括有神论），向人民群众特别是广大青少年进行辩证唯物论和历史唯物论的科学世界观（包括无神论）的教育，加强有关自然现象、社会进化和人的生老病死、吉凶祸福的科学文化知识的宣传，是党在宣传战线上的重要任务之一”，切不可“有神论有人传，无神论无人讲”。宗教工作就是特殊的群众工作，需要有做特殊群众工作的特殊才干，需要在实践中不断提高工作水平。我们往往容易只见宗教工作不见群众工作，只看“佛面”不看“僧面”。列宁早就告诫我们：“同宗教偏见作斗争，必须特别慎重；在这场斗争中伤害宗教感情，会带来许多害处。应当通过宣传、通过教育来进行斗争。斗争过激会引起群众的愤恨；这样进行斗争会加深群众因宗教信仰而造成的分裂，而我们的力量在于团结。”[6]

强调政策观点，就是说处理宗教问题，不能各行其是。中央一再强调指出：“全党同志要清醒地理解，党的宗教政策，决不是临时的权宜之计，而是建立在马克思列宁主义、毛泽东思想的科学理论基础之上的，以团结全国各族人民共同建设社会主义现代化强国为目标的战略规定。”尊重和保护宗教信仰自由，是一项长期的、基本的政策，为了全面正确地一以贯之，就要有辩证的思考、策略的运筹、依法的管理、积极的引导。周总理说过：“一方面不能无原则地团结，另一方面不要脱离广大群众。这是政策问题，不是策略问题。”在新的历史时期，我们党坚持把马克思主义宗教观同中国宗教方面的实际相结合，形成了一套正确对待和处理宗教问题的基本观点和基本政策，走出了一条具有中国特色的解决宗教问题的正确道路，并成为邓小平建设有中国特色社会主义理论的一个组成部分。我们必须在实践中认真学习、领会马克思主义宗教观和党的宗教政策，全面、正确、认真地贯彻执行。

2. 认真贯彻三句话才能坚持宗教工作的正确方向和正确原则

江泽民同志指出，在宗教问题上要强调讲三句话：一是全面正确地贯彻执行党的宗教政策，二是依法加强对宗教事务的管理，三是积极引导宗教与社会主义社会相适应。李鹏同志在全国人大八届四次会议的报告中也强调了这三句话。简而言之，就是讲政策、讲管理、讲适应。这是马克思主义宗教观与中国宗教情况的实际相结合的结晶，是做好新时期的宗教工作必须遵循的指导方针。

三句话有其丰富的内涵，我们根据新时期有关重要文件、法规和中央领导同志的重要讲话，概括出 30 个要点（参见《讲政策 讲管理 讲适应》一文，载《人民日报》1995 年 3 月 14 日理论版)，这些政策要点反映了我们党对宗教的五性和宗教自身规律的全面、深入的把握。三句话之间有着不可分割的内在联系。贯彻执行宗教政策与依法管理宗教事务，两者分别从政策角度和法制角度表述，其实质完全是一致的，其核心都是在处理宗教问题上要保护合法，制止非法，打击违法。依法管理宗教事务的过程，就是贯彻执行宗教政策的过程。但两者表现方式不同，关于宗教的法律、法规是宗教政策的制度化、法律化。依法管理具有强制性。全面、正确地贯彻执行宗教政策也好，依法加强对宗教事务的管理也好，目的都是要积极引导宗教与社会主义社会相适应。“三句话”体现一个原则，即全面、正确地贯彻执行党的宗教政策；突出一个重点，即针对当前宗教工作中存在的问题切实依法加强对宗教事务的管理；对准一个目标，即积极引导宗教与社会主义社会相适应。当我们贯彻基本原则而强调“讲政策”时，当我们突出工作重点而强调“讲管理”时，当我们体现工作目标而强调“讲适应”时，当然都难免有所侧重而讲“一句话”，但这每“一句话”实质上都紧密关联着、体现着“三句话”。要把这三句话作为一个整体来理解，这就是理解和把握新形势下党的宗教政策的精髓，是宗教工作中坚持实事求是、坚持辩证法、坚持大原则和大方向的体现。把宗教信仰自由政策与依法对宗教事务的管理割裂开来，甚至对立起来，是理解上的偏差，实践中必然走入误区。而贯彻政策、依法管理，如果忘记它的出发点和落脚点，是使全体信教和不信教的群众联合起来，把他们的意志和力量集中到建设现代化的社会主义强国这个共同目标上来，我们的宗教工作又会失去目标，迷失方向。

综上所述，我认为，正确看待和处理当前我国的宗教问题，很重要的就是要结合当前宗教问题和宗教工作方面的实际，认真分析宗教的五性，用五性说对宗教的全貌作一番概要的描述，对宗教的规律作一点基本的分析，我们看问题，做工作，就应该注意过三关，就应该贯彻三句话。也即：讲宗教，要分析五性；看问题，要能过三关；做工作，要贯彻三句话。

注释：

[1] 见中共中央党校《理论动态》1981年第254期，《对宗教方面的一些理论和实践问题的认识和体会》。

[2] 江平：《民族宗教论文集》，中共党史出版社出版。

[3] 引自何光沪《中国宗教改革论纲》。载《东方》1995年1期。犬儒主义出自希腊哲学学派之一的犬儒学派，主张破坏社会常规，返回"自然的"生活，提倡不顾羞耻、直言不讳以及朴素刻苦。

[4] 对于马克思关于"宗教是人民的鸦片"这一著名论断，钱钟书在其《管锥编》一书中所作的考证，有助于我们加深理解："马克思所谓宗教乃人民对实际困苦之抗议，不啻为人民之鸦片。浪漫主义诗人（Novalis）早言，俗子仰宗教以解忧止痛，不过如收鸦片之效；或言，世人莫不吸食精神鸦片，以谬误信仰自醉；后来小说家有以不信奉基督教比于不求助鸦片；哲学家有以宗教比牙痛时所服之麻醉剂。要推马克思语为最明快矣。海涅屡取譬于此，如追忆亡友一编中言宗教为'可口之催眠药水、精神鸦片'；又1840年巴黎通信讥英国人日趋惰靡，将如中国人之不尚武，'宗教虔信主义乃最有害之鸦片'，与有咎焉。"

[5] 《反杜林论》，载《马克思恩格斯选集》第3卷，第354页。

[6] 《列宁全集》第2版，第35卷，第181页。

（摘自《世界宗教文化》1997年第1—2期连载）

四、论宗教与社会主义

积极引导宗教与社会主义社会相适应

——学习江泽民同志在全国宗教工作会议上的讲话

王兆国

宗教作为人类社会发展到一定阶段的社会历史现象将长期存在，在社会主义条件下依然如此。如何解决宗教与社会主义社会的关系问题，是国际共产主义运动中的一个重大理论、政策和实践问题。由于时代的局限，马克思主义经典作家对宗教与社会主义社会的关系问题没有做过全面论述，其他社会主义国家也缺乏成功的经验。在 2001 年召开的全国宗教工作会议上，江泽民同志在总结新中国 50 多年来的理论探讨和实践经验的基础上，系统阐述了宗教与社会主义社会相适应的理论观点和方针政策，丰富和发展了马克思主义宗教观，从理论和政策上解决了宗教与社会主义社会的关系问题，对新形势下全面贯彻党的宗教信仰自由政策、依法对宗教事务进行管理，提供了理论和实践依据，也对宗教在社会主义条件下的存在与变化产生重大的积极影响。

一、积极引导宗教与社会主义社会相适应，是我们党在理论和实践中不断探索得出的科学论断

我们党一直用辩证唯物主义、历史唯物主义的观点和方法来认识和对待宗教问题。马克思、恩格斯和列宁所处的时代是唤起被压迫人民的革命精神的时代，基于当时革命的需要对宗教进行了必要的批判。马克思说，“宗教是被压迫生灵的叹息，是无情世界的心境，正像它是无精神活力的制度的精神一样。宗教是人民的鸦片。”（《马克思恩格斯选集》第2版第1卷第2页）列宁认为马克思“宗教是人民的鸦片”这句话是“马克思主义在宗教问题上的全部世界观的基石”。（《列宁选集》第3版第2卷第247页）鸦片在当时既是毒品，又作为药物具有镇痛和麻醉的作用，马克思和列宁之所以把宗教视为鸦片，是因为当时的宗教确实像鸦片一样，对人民经受悲惨生活而造成的精神痛苦，起着镇静和麻醉作用，从而束缚了人民的革命意志，遏制了人民的革命精神。但他们并没有因为批判宗教束缚了人民的革命精神就忽略了宗教的群众性和复杂性等基本特点，而是慎重地对待宗教问题，根据革命形势的变化和发展来具体地对待和处理宗教问题。同样如此，我们党坚持马克思主义的基本立场和观点，根据中国革命和社会主义建设的需要来对待和处理宗教问题。在新民主主义革命时期，我们党根据马克思主义宗教观，结合中国的国情并根据当时革命发展的需要，提出了对待宗教的方针和原则，谨慎而稳妥地处理宗教问题。1931年，《中华苏维埃共和国宪法大纲》就规定，苏维埃共和国的公民，“不分男女种族宗教，在苏维埃法律前一律平等”，“中国苏维埃政权以保障工农劳苦民众有

真正的信教自由的实际为目的”。1945 年，在中共第七次代表大会上，毛泽东同志在《论联合政府》的政治报告中更加完整地表述了这一政策：“根据信教自由的原则，中国解放区容许各派宗教存在。不论是基督教、天主教、回教、佛教及其他宗教，只要教徒们遵守人民政府法律，人民政府就给以保护。信教的和不信教的各有他们的自由，不许加以强迫或歧视。”（《毛泽东选集》第 2 版第 3 卷第 1092 页）新中国成立以后，我们党在探索社会主义道路的过程中，也对宗教与社会主义社会的关系在理论上和实践上进行了有益的探索。积极引导宗教与社会主义社会相适应的科学论断，既是以江泽民同志为核心的党中央第三代领导集体在马克思主义宗教观上的一个重大的理论创新和卓有成效的实践创举，也是我们党根据中国国情不断探索和发展的必然结果。

新中国成立初期，我们党就将新民主主义革命时期已经实施的宗教信仰自由政策确立为党的宗教工作的一项原则。毛泽东同志在接见西藏代表团时说：“共产党对宗教采取保护政策，信教的和不信教的，信这种教的和信别种教的，一律加以保护，尊重其宗教信仰，今天对宗教采取保护政策，将来也仍然采取保护政策”。(《毛泽东西藏工作文选》第 88 页）宗教信仰自由政策得到了各民族信教群众和广大宗教界人士的积极拥护，各民族信教群众和广大宗教界人士拥护党的领导，拥护社会主义制度，为宗教与社会主义社会相适应创造了前提。随着革命和建设实践的发展，我们党又提出了宗教要适应新中国、服务新中国的一些观点和认识。周恩来同志在同基督教界爱国民主人士谈话中就提出：“研究怎样服务于中国人民，使基督教有益于新民主主义社会”，(《周恩来统一战线文选》第 181 页）并肯定“宗教在教义上有某些积极作用”。(同上，第 318 页）李维汉同志在长期从事民族、宗教工作实践的基础上总结了社会主义时期宗教的五个基本特征，即群众性、民族性、国际性、长期性和复杂性。这些思想观点对全面正确地贯彻执行党的宗教政策具有重要的指导意义，也包含有引导宗教与社会主义社会相适应的思想萌芽。为了割断我国宗教与帝国主义、封建主义的联系，我们党鼓励支持宗教界开展轰轰烈烈的反帝爱国运动和宗教制度民主改革运动，使宗教摆脱帝国主义和反动势力的控制，废除了封建特权，从政治上解决了我国各宗教何去何从的重大问题，使宗教真正成为我国宗教徒自办的事业，为宗教与社会主义社会相适应奠定了基础。

新时期以来，我们党在总结建国以来正反两方面经验教训的基础上，全面贯彻落实党的宗教政策，逐步提出和明确了积极引导宗教与社会主义社会相适应这一命题。1982 年中央下发了《关于我国社会主义时期宗教问题的基本观点和基本政策》的文件，全面系统地阐述了中国共产党对宗教问题的基本观点和基本政策，指出处理我国社会主义时期一切宗教问题及贯彻执行宗教信仰自由政策的根本出发点和落脚点，就是使全体信教群众和不信教群众联合起来，把他们的意志和力量集中到社会主义现代化建设这个共同目标上来。以江泽民同志为核心的党中央第三代领导集体主持中央工作以来，将宗教与社会主义社会关系的理论和实践不断推向前进。1990 年党中央《关于加强统一战线工作的通知》中提出："要引导爱国宗教团体和人士把爱教与爱国结合起来，把宗教活动纳入宪法和法律的范围，同社会主义制度相适应"，在党的文件中第一次使用了宗教要同社会主义制度相适应的提法。1993 年，江泽民同志在全国统战工作会议上的讲话中关于宗教问题强调了三句话，即全面、正确地贯彻执行党的宗教政策，依法加强对宗教事务的管理，积极引导宗教与社会主义社会相适应。并指出，贯彻党的宗教信仰自由政策也好，依法加强对宗教事务的管理也好，目的都是要引导宗教与社会主义社会相适应。这标志着我们党关于积极引导宗教与社会主义社会相适应科学论断的明确提出和确立。

宗教与社会主义社会相适应明确提出和确立后，对这一科学论断的内涵、要求和实践的方式，又经历了一个不断丰富、发展和完善的过程。江泽民同志系统地总结这些年来党的宗教工作的经验，研究和分析了宗教工作面临的新形势、新情况和新问题，在宗教理论、政策方面作出了新的阐述、概括和发展。其中最为突出的是全面、系统地阐述了积极引导宗教与社会主义社会相适应的内涵。即：积极引导宗教与社会主义社会相适应，不是要求宗教界人士和信教群众放弃宗教信仰，而是要求宗教界人士和信教群众热爱祖国，拥护社会主义制度，拥护共产党的领导，遵守国家的法律、法规和方针政策；要求他们从事的宗教活动要服从和服务于国家的最高利益和民族的整体利益；支持他们努力对宗教教义作出符合社会进步要求的阐释；支持他们与各族人民一起反对一切利用宗教进行危害社会主义祖国和人民利益的非法活动，为民族团结、社会发展和祖国统一作出贡献。江泽民同志的论述，标志着我们党对宗教的认识达到了一个新的高度，处理宗教与社会主义社会的关系进入了成熟阶段，是我们党对马克思主义宗教观的新发展、新贡献。

二、在建设有中国特色社会主义事业中，宗教与社会主义社会相适应不仅是必要的，也是可能的

我国是社会主义国家，我国宗教是在社会主义条件下存在和活动的，必须与社会主义社会相适应。这既是社会主义社会对我国宗教的客观要求，也是我国各宗教自身存在的客观要求。宗教作为一种社会现象虽然经历了较长的历史过程，但宗教并不是脱离或超越社会历史的发展而存在的，宗教总是某一社会的宗教，

它作为上层建筑的一种形式总是反映着当时社会的经济、政治和文化面貌，同时又随着社会经济、政治、文化的发展而发展，随着社会形态的变化而变化。所以，宗教的历史发展过程就是一个不断与社会发展相适应的过程。

我国宗教之所以必须与社会主义社会相适应，既是由于宗教要适应所处社会和时代的一般规律的要求，也是由于我国宗教的政治面貌发生了根本性变化所决定的，更是由于社会主义条件下宗教将长期存在所决定的。

宗教与社会主义社会相适应是团结信教群众和不信教群众的客观要求。宗教工作，最根本的是做信教群众的工作，是要团结和教育信教群众为祖国富强和民族振兴积极贡献力量。我国有1亿多信教群众，能否做好对他们的团结教育引导工作，对社会主义现代化建设至关重要。如果处理得好，就能够对社会发展和稳定产生积极作用，有利于巩固和扩大党的群众基础，增强党在广大信教群众中的凝聚力，从而为社会主义现代化建设作出积极的贡献。但如果处理得不好，就会产生消极作用，甚至产生很大的破坏作用。而处理得好与不好的关键，就在于能否有效地引导宗教与社会主义社会相适应，大力加强广大信教和不信教群众的团结，把他们的力量凝聚到建设有中国特色社会主义这个共同目标上来。

宗教与社会主义社会相适应是抵御境外敌对势力利用宗教进行渗透活动、克服宗教中的各种混乱现象的客观要求。我国宗教的社会作用仍然具有两重性，既有积极的一面，也有消极的一面，还会受到一定范围内存在的阶级斗争和国际上一些复杂因素的影响。随着国际形势的发展变化，境外敌对势力不断加紧利用宗教对我国进行渗透，加紧对我国实施“西化”、“分化”的政治战略，从而影响到国家统一、民族团结和社会稳定。同时，目前我国现有的各种宗教还存在着程度不同的混乱现象，一些旧时代的落后观念和礼仪制度也程度不同地体现在各种宗教当中，对信教群众的生活、生产和思想观念造成了一定的甚至是严重的负面影响。为了抵御境外敌对势力的渗透活动，坚持独立自主、自办教会的原则，克服和改善一些落后的思想观念、礼仪制度，使广大信教群众能够更好地把意志和力量凝聚到社会主义建设事业上来，也必须积极引导宗教与社会主义社会相适应。

宗教与社会主义社会相适应是宗教在社会主义社会长期存在的客观要求。社会主义制度的建立，有利于消除宗教存在的阶级根源，但宗教存在的社会根源、自然根源和认识根源的消失，则还要经历一个极为漫长的历史时期。因此，宗教的消亡必然是一个漫长的历史过程，甚至可能比阶级、国家的消亡还要久远。这就是说，宗教可能存在于社会主义社会的全过程。宗教在社会主义社会存在的长期性，要求我们必须尊重宗教自身的客观规律，既不能用行政的力量去消灭宗教，也不能用行政的力量去发展宗教，而是要积极引导宗教与社会主义社会相适应，立足长远，着眼当前，坚持不懈地做好宗教工作。同时，宗教在社会主义条件下的长期存在，也要求宗教自身不断地改变和消除旧时代的烙印，随着时代发展和社会变化而在宗教观念、宗教制度和礼仪、宗教组织活动等方面进行调整，从而适应社会主义社会的发展。

我国宗教与社会主义社会相适应不但是必需的，也是可能的。

第一，建设有中国特色社会主义，符合包括信教群众在内的广大人民群众的根本利益，这是“相适应”的政治基础。在社会主义条件下，信教和不信教群众在信仰上的差异是次要的，在政治上、经济上根本利益的一致性是主要的。广大信教群众热爱祖国，拥护共产党的领导，拥护社会主义制度，也是建设有中国特色社会主义的积极力量。爱国宗教界人士坚持爱国爱教、团结进步，是爱国统一战线的重要组成部分。正是这种根本利益的一致性，决定着宗教能够服务和服从于国家的最高利益和民族的整体利益，自觉地适应社会的发展。

第二，党和国家全面正确地贯彻宗教信仰自由政策，调动了宗教界人士和广大信教群众投身于社会主义现代化建设的积极性，这是“相适应”的基本保证。我们党成立以来就一直坚持宗教信仰自由政策，新中国成立后又成为国家的一项长期基本政策，并作为宪法赋予公民的一项基本权利。十一届三中全会以来，党中央对宗教问题的理论和政策作了进一步的丰富和发展，形成了一整套正确认识和处理宗教问题的基本观点和基本政策，有力地保护了公民的宗教信仰自由权利，加强了广大信教群众和不信教群众的团结，增强了党在广大信教群众中的凝聚力、吸引力，为引导宗教与社会主义社会相适应创造了良好的社会环境。

第三，我国各宗教在新中国成立以后通过自身的改革和进步，政治面貌发生了根本的变化，这是“相适应”的重要条件。20世纪50年代在宗教界开展的反帝爱国运动和民主改革，使宗教摆脱了帝国主义和落后势力的控制和影响，成为宗教信徒自办的事业，爱国宗教界人士和广大信教群众坚持独立自主、自办教会的原则，按照社会和时代的要求适应社会主义社会的发展。长期以来，各个宗教出现了一大批拥护党的领导、拥护社会主义制度、爱国爱教的爱国宗教界人士，他们在引导宗教与社会主义社会相适应过程中发挥了不可替代的重要作用。各级爱国宗教团体作为联系宗教界人士和信教群众的桥梁和纽带，在党和政府的支持和指导下，自身的思想、组织和制度建设得到不断加强。这些都为宗教与社会主义社会相适应打下了坚实的思想、组织和人才基础，有利于“相适应”向深层次发展。

三、宗教与社会主义社会相适应既有丰富的内涵，也有可行的途径和方法

江泽民同志在全国宗教工作会议上的讲话中，不仅将积极引导宗教与社会主义社会相适应的内涵精辟概括为“两个要求”和“两个支持”共四个方面的内容，而且明确了积极引导宗教与社会主义社会相适应的基本途径和方法，主要有以下几个方面：

一是要鼓励和支持宗教界发扬爱国爱教、团结进步、服务社会的优良传统。要求他们热爱祖国，拥护社会主义制度，拥护共产党的领导，遵守国家的法律、法规和方针政策；要求他们巩固反帝爱国运动和宗教制度民主改革的成果，坚持独立自主、自办教会的原则，使宗教活动服从和服务于国家的最高利益和民族的整体利益；要求他们高举维护法律尊严、维护人民利益、维护民族团结、维护国家统一的旗帜，支持他们与各族人民一起，反对一切利用宗教进行危害社会主义祖国和人民利益的非法活动，为民族团结、社会发展和祖国统一多做贡献。

二是鼓励和支持宗教界发挥宗教中的积极因素为社会发展和稳定服务。要鼓励宗教界多做善行善举，在国家的引导和管理下，宗教组织从事一些有益于社会发展的公益、慈善活动，帮助信教群众发展经济、改善生活，追求和创造现世的幸福生活，使广大信教群众把主要精力用于经济建设，为社会经济的发展作出贡献，也为自身生活水平的不断提高而努力。

三是鼓励和支持宗教界人士对宗教教义作出符合社会进步要求的阐释，使宗教在深层次上与社会主义社会相适应。近年来，藏传佛教界进行的寺庙爱国主义教育、基督教界开展的神学思想建设、天主教界开展的民主办教，以及伊斯兰教界进行的“解

经”工作等，就是对宗教教义作出符合时代要求的初步尝试和具体体现。要继续鼓励和支持宗教界在这方面迈出新步伐、作出新贡献。

从方法来说，就是党和政府在“积极引导”中，在方式的把握上要耐心、细致、慎重，努力探求和把握规律，不能急于求成，希冀一蹴而就。这种引导和支持，主要表现为启发宗教界人士的自觉与自愿，而不是越俎代庖。具体要把握好以下几个方面：

坚持不懈地贯彻执行党的宗教信仰自由政策，尊重和保护公民的宗教信仰自由的权利，进一步加强广大信教群众和不信教群众的团结，把他们的力量凝聚到建设有中国特色社会主义这个共同目标上来。

依法加强对宗教事务的管理，加快宗教法制建设的步伐。保护正常的宗教活动和宗教界的合法权益，制止利用宗教进行的非法活动，抵御境外敌对势力利用宗教进行的渗透，打击利用宗教进行的违法犯罪活动，充分发挥宗教的积极因素，有效地抑制宗教的消极因素。同时要不断完善关于宗教的各项法律、法规，把宗教活动真正纳入法制化管理。

提高宗教人士自身素质，加强宗教团体自身建设。引导宗教与社会主义社会相适应，没有一大批爱国爱教、有一定宗教学识并能联系广大信教群众的宗教界代表人士是不可能的。目前宗教团体领导人也处于新老交替的阶段，人才建设十分关键。要切实加强爱国宗教力量的培养，使宗教团体的领导权牢牢掌握在爱国爱教的宗教人士手中。要加强宗教团体的思想、组织和制度建设，充分保证引导相适应的工作全面深入地开展。

不断加强党同宗教界人士的爱国统一战线。宗教界人士是我们党的新时期爱国统一战线的一个重要组成部分，他们在积极引导宗教与社会主义社会相适应方面发挥着重要的、不可替代的作用。要按照“政治上团结合作，信仰上互相尊重”的原则，与他们建立密切的联系，关心他们的生活，了解他们的思想，最大限度地发挥党和政府对他们的教育引导作用，鼓励和支持他们为积极引导宗教与社会主义社会相适应作出更大的贡献。

（摘自《求是》2002年第10期）

对社会主义社会宗教问题的再思考

叶小文

江泽民同志2001年12月10日在全国宗教工作会议上的讲话（以下简称“12·10讲话”，其主要观点已收入《江泽民论有中国特色社会主义（专题摘编）》一书），集党中央第三代领导集体坚持和发展马克思主义宗教观，正确认识和处理社会主义时期宗教问题的基本观点和基本政策之大成，是“三个代表”重要思想的“宗教问题篇”或“社会主义的宗教论”，体现了我们党面对复杂敏感的意识形态问题，认识的清醒和理论的成熟；体现了我们党对新时期群众路线的深刻思考和对群众工作的改进、创新；体现了我们党作为执政党，面对执政条件和社会环境的深刻变化，领导水平和执政水平的提高。

一、以“三个代表”重要思想为指导看宗教问题

“三个代表”重要思想，是在科学判断党的历史方位的基础上提出来的。众所周知，我们党经过几十年建设社会主义的艰辛探索，才有了我们究竟处在什么历史阶段的科学判断——社会主义初级阶段，由此才创立了建设中国特色社会主义的一整套科学的方针政策，其意义非同凡响。同样，“党的历史方位的科学判断”，其意义也非同凡响。我们党历经革命、建设和改革，已经

从领导人民为夺取全国政权而奋斗的党，成为领导人民掌握全国政权并长期执政的党；已经从受到外部封锁和实行计划经济条件下领导国家建设的党，成为对外开放和发展社会主义市场经济条件下领导国家建设的党。正是因为这“两个转变”，党的性质现在是“两个先锋队”，即始终是中国工人阶级的先锋队，同时是中国人民和中华民族的先锋队；党的建设必须重视“两个基础”，即增强党的阶级基础和扩大党的群众基础。“12·10讲话”，正是一个科学判断自身历史方位的党，一个明确意识到自己同时是中国人民和中华民族的先锋队的党，一个高度重视扩大自己的群众基础、注意保持与群众的血肉联系、始终代表最广大人民群众根本利益的党，一个实事求是、解放思想、与时俱进，“海纳百川、有容乃大”、充满青春活力的党，对社会主义社会宗教问题的重新认识和深刻思考。这种认识和思考，老祖宗不能丢，又要说新话；经典著作要认真读，又要写出新篇章；马克思主义宗教观要坚持，又要丰富和发展。

江泽民同志说，“我们要用宽广的眼光去观察和把握当代世界经济、政治、文化的发展趋势，观察和把握当代中国的伟大实践，努力把‘三个代表’的要求研究好、宣传好、贯彻好。”用宽广的眼光观察和把握天下大事才有“三个代表”，以“三个代表”观察和把握宗教问题也必须有宽广的眼光。

二、宗教的三个主要特点

宗教有长期性、群众性、民族性、国际性、复杂性等特点。“12·10讲话”用相当大的篇幅，从理论和实践、历史和现实、中国与世界的结合上，集中阐述了观察宗教问题必须把握的三个主要特点：第一，宗教的存在有着深刻的社会历史根源，将会长期存在并发生作用；第二，宗教与一定社会的经济、政治、文化问题交织在一起，对社会的发展和稳定产生重大影响；第三，宗教常常与现实的国际斗争和冲突相交织，是国际关系和世界政治中的一个重要因素。讲话强调，“宗教的这三个特点，是相互联系、相辅相成的，最根本的是宗教存在的长期性。我们观察和分析宗教问题，开展宗教工作，必须时刻注意并充分估计宗教的这些特点及其带来的影响。”

时刻注意、充分估计、反复分析和把握宗教的三个主要特点，宗教“根本是长期性”、“关键是群众性”和“特殊的复杂性”（三性），就凸现出来。

1. 根本是长期性。我们共产党人是唯物主义者，我们不信仰宗教，同时我们坚持以科学的观点和方法对待宗教，努力认识和掌握宗教自身的规律。宗教走向最终消亡可能比阶级、国家的消亡还要久远。这是客观事实，也是客观规律。人类社会发展规律以及由此规定的宗教发展规律，是自然演进的客观过程，不以人的喜恶为转移，不因行政力量的干预所左右。我们强调“根本是长期性”，并不是主张“宗教万岁”，也不是可以无所作为，任凭一些宗教自流发展，更不是人为地去扩大宗教的阵地。而是要通过积极的引导和正确的管理，努力使已经存在的宗教发挥自身的积极因素，多为祖国统一、民族团结、经济发展、社会稳定服务。是要“立足长远，着眼当前，坚持不懈地做好宗教工作”。是要按照宗教的规律去做工作，不能操之过急，适得其反。不能用简单的方法去处理复杂的宗教问题，自找苦吃。急不得，也松不得。

2. 关键是群众性。宗教是一种群众性的社会现象，它们往往成为社会各种势力利用和争取的对象，同时反过来又往往成为一些现实斗争和矛盾的依托与深刻背景。人们争取和利用宗教力量，目的就是要争取和利用众多的信教群众。社会主义不需要

“利用”宗教，但这不等于因此就可以轻视、忽视甚至歧视宗教，不等于因此就可以把一大批信教群众置之度外。你把宗教始终看作“消极因素”，它就是“消极因素”。你把信教群众始终看作是“落后群众”，他们就是“落后群众”。如果我们的社会还有那么多“消极因素”，哪还有安定团结？如果还有那么多“落后群众”，哪还有政通人和？所以，眼光应该转换，观念必须更新，这是观察和处理宗教问题的关键所在。我国信仰各种宗教的群众有一亿多，他们也是建设有中国特色社会主义的积极力量。做好宗教工作，关系到加强党同人民群众的血肉联系。把广大信教群众看作“积极力量”，肯定宗教也有积极作用，把党同信教群众的关系看作“血肉联系”，这是我们党对马克思主义的宗教观和群众观的重大发展，是“三个代表”重要思想在认识和处理宗教问题上的体现。

3．特殊的复杂性。宗教问题从来就不是孤立存在的，它总是同政治、经济、文化、民族等方面历史和现实的矛盾相交错。讲宗教的复杂性，既要看到宗教自身就是一个结构功能都很复杂的系统，又要充分认识宗教方面矛盾的多样性。漫长的渐进过程和激烈的突变形式，内部矛盾与敌我矛盾，对抗性矛盾与非对抗性矛盾，思想信仰与政治立场，民族问题与宗教问题，国内问题与国际问题，错综复杂地交织在一起。不同视角看宗教问题，又难免有不同的认识。18世纪英国有个叫吉朋（Gibbon）的史学家就感叹：“众人视各教皆真，哲人视各教皆妄，官人视各教皆有用。”列宁强调对宗教问题要采取特别谨慎、十分严谨、周密考虑的态度。我们切不可把复杂的问题看简单了。如果图一时痛快，简单从事，只会给后来的工作留下无穷的麻烦。

十六大报告中有句告诫大家居安思危的话：“面对很不安宁的世界”。解析当今世界范围内“很不安宁”的因素，就包括宗教问题。宗教对国际经济、政治新秩序的建立产生着重大影响。

因民族、宗教、领土等因素引发的局部冲突时起时伏。许多热点问题的台前幕后，均同宗教有着或多或少的关联。有的冲突直接因宗教问题引发，有的冲突又因宗教因素而加剧、扩大，变得扑朔迷离。宗教是主张和平和正义的，但现实世界中的许多暴力和罪恶，却在宗教“神圣外衣”的包裹下进行。宗教这根巨大的琴弦，不时被人拨动，去引发和煽动冲突、分裂、仇恨、动乱。有人散布“文明冲突论”、“绿祸论”，不断挑起基督教文明同伊斯兰文明、东方文明的冲突。亨廷顿说，“自创始起，伊斯兰教就依靠征服进行扩张，只要有机会，基督教也是如此行事。‘圣战’和‘十字军东征’这两个类似的概念不仅令它们彼此相像，而且将这两种信仰与世界其他主要宗教区别开来。”宗教这面神圣的旗帜，恐怖主义和霸权主义都在挥舞，恐怖主义是赤裸裸、血淋淋的，高举着复仇、圣战旗号的疯狂的宗教极端主义，霸权主义其实也是包装过的、打着维护“宗教自由”和人类安全旗号的国家恐怖主义。伊拉克虽然脚下石油滚滚，头上却战云密布，布什发誓要“打击恐怖主义”，萨达姆则誓死以“圣战”来对抗，人们忙着领食品配额，想躲过灭顶之灾，哪里还谈得上发展经济、改善人民生活？今天我们能聚精会神搞建设，一心一意谋发展，这个局面来之不易，一定要倍加珍惜，其中包括对宗教问题、宗教工作也应该倍加重视。我国宗教的社会作用仍然具有两重性，既有积极的一面，也有消极的一面，还会受到一定范围内存在的阶级斗争和国际上一些复杂因素的影响。我国宗教方面的矛盾主要是人民内部矛盾，但在一定条件下也可能出现对抗性的问题，不可掉以轻心。

三、宗教工作的基本方针

从“根本是长期性”、“关键是群众性”和“特殊的复杂性”着眼，新时期宗教工作的基本方针，就比较容易明确和把握了。

充分认识宗教问题“根本是长期性”，就要积极引导宗教与社会主义社会相适应。既然宗教在社会主义社会中将长期存在，从宗教与社会主义社会的关系上考虑，我们就要本着和而不同、求同存异的原则，客观地对待宗教与社会主义社会的相容性，正确地分析宗教是否有与这个社会相适应的基础，努力去探索如何使宗教成为这个社会中的一种和谐因素。

深刻理解宗教问题的“关键是群众性”，就要全面贯彻党的宗教信仰自由政策。在我国社会深刻变革，党和国家事业快速发展的历史进程中，在为实现中华民族的伟大复兴需要不断增添新力量的历史背景中，宗教工作必须致力于加强广大信教和不信教的群众的团结，把他们的力量凝聚到建设有中国特色社会主义这个共同目标上来。我们对宗教信仰的任何不尊重、不理解，甚至采取错误的做法，广大信教群众就不会靠拢我们，就会与党和政府离心离德。

善于把握宗教问题“特殊的复杂性”，就要依法管理宗教事务，坚持独立自主自办原则。宗教是一种强大的社会力量，处理得好，可以对社会发展和稳定产生积极作用，处理得不好，就会产生消极作用，甚至产生很大的破坏作用。关键看能否有效地管理和引导它们，减少它们中的消极因素，发挥它们中的积极因素。不能以宗教信仰自由和政教分离为借口，放弃或摆脱国家对宗教事务的管理。依法管理宗教事务的要旨是保护合法，制止非法，抵御渗透，打击犯罪。越是在扩大开放的形势下，越要坚持独立自主自办原则不动摇，坚决抵御境外势力利用宗教进行的渗透。我们抵御渗透要“固本强身”，依靠宗教界自觉抵御渗透，切实加强爱国宗教团体和爱国宗教教职人员队伍的建设，努力争取一切可以争取的力量。要巩固和扩大党的群众基础，保持党和群众的血肉联系，不断提高党的社会影响力，最广泛最充分地调动一切积极因素，不断为中华民族的伟大复兴增添新力量，就必须全面贯彻党的宗教信仰自由政策；要建设社会主义法治国家，推进社会主义政治文明，创造良好社会环境，就必须依法管理宗教事务；要维护国家和民族最高利益、维护国家政治安全，就必须在扩大开放的条件下坚持独立自主自办原则、坚决抵御境外势力利用宗教对我渗透；要调动、凝聚和发挥一切积极因素、推动我国社会全面进步，就必须积极引导宗教与社会主义社会相适应。

“全面贯彻党的宗教信仰自由政策，依法管理宗教事务，积极引导宗教与社会主义社会相适应，坚持独立自主自办的原则”，就是十六大报告对“发展社会主义民主政治，建设社会主义政治文明”这个全面建设小康社会的重要内容的阐述中，所包含的宗教工作的基本方针。“怎么看”（宗教问题的“三性”）清楚了，“怎么干”（工作方针的“四句话”）就理所当然地明确了。

这个基本方针，源于早已为广大宗教工作干部和宗教界朋友熟悉的“三句话”。1993 年全国统战工作会议，江泽民同志从讲政策、抓管理、促适应三个方面，提出在宗教问题上要讲“三句话”，高屋建瓴、提纲挈领地点明了宗教工作的指导方针。“三句话”从此成为我们做好宗教工作的行动指南。十年来宗教工作的主要实践，就是反复强调“三句话”，深刻理解“三句话”，认真贯彻“三句话”。

1996 年全国宗教局长会议，要求全国的宗教工作要“长时期贯彻三句话，九六年抓好三件事”。

1998年全国宗教局长会议，提出“全面贯彻三句话，切实依法抓管理”。

2000年全国宗教局长会议，提出“坚持根本，服务大局，抓好重点”。强调“对于我们宗教工作战线来说，‘三句话’就是根本，要始终坚持，保持贯彻的连续性；要全面把握，理解内涵的丰富性；要突出重点，注意落实的针对性。”强调面对世界各种思想文化的相互激荡，面对宗教极端主义和国际恐怖主义的频频亮相，面对世界上因民族、宗教、领土等因素引发的局部冲突和社会动荡，面对经济体制转换时期社会生活、意识形态领域出现的不少新情况、新问题，面对社会主义初级阶段宗教不仅继续存在、在某些方面还有所发展等等复杂情况，正确对待宗教问题，切实做好宗教工作，需要把握根本、坚持根本，根本就是“三句话”。

2002年党的十六大，在重申“三句话”的基础上，根据对外开放进入新的阶段、我国一些宗教坚持走独立自主自办的道路面临严峻考验的新情况，面对国际国内敌对势力利用宗教进行的无孔不入的渗透和分裂活动，增加了一句“坚持独立自主自办的原则”，在党的政治报告中慎重地写下了社会主义时期宗教工作的基本方针。从“三句话”变成了“四句话”。这也是在宗教工作方针表述上的实事求是、与时俱进，即“长期贯彻‘四句话’，全面深入抓落实”是新时期我们宗教工作的全部实践。

总之，“三个代表”重要思想体现时代性，把握规律性，富于创造性，是科学地认识和解决社会主义建设各领域重大问题的强大理论武器。尽管在一部社会主义发展史上，如何正确认识和处理社会主义社会的宗教问题，一直是复杂、敏感的政治难题，以“三个代表”为指导，这个难题就迎刃而解。尽管“社会主义的宗教论”内涵深刻、内容丰富、头绪甚多，以“三个代表”为指导，进行科学的理论抽象和清晰的政策、方针概括，就纲举目张，条分缕析。“怎么看”就是“三性”，“怎么办”就是“四句话”。简单明了、深入浅出。真理的理论表述总是简单朴素的，真理的实现形式又总是丰富多彩、不可穷尽的。

（摘自《中国宗教》2003年第1期）

关于宗教与社会主义社会相互关系的思考

牟钟鉴

一

宗教是一种超世的信仰，是人类在自然力量和社会力量压迫下，把这种现实的力量外化为超人间的力量，并从其中吸取生存的信心的表现，也是人类对社会人生奥秘所作的一种超乎理性的探讨，是人类由于现实生活的巨大欠缺而在精神生活领域里所作的补偿。从社会史上看，宗教是一种普遍而持久的文化现象，也就是说它并不限定于某个时代某个地区，从原始社会直到今天现代社会，始终都有宗教相伴随，因此宗教的长期存在是必然的，不以人们的意志和好恶为转移，问题只在于如何处理好宗教与社会的关系。宗教虽然以超世的信仰为其教义宗旨，而宗教人士却又不能不生活在现实社会之中，与社会各界发生联系；宗教活动不能不依靠社会提供的物质基础；宗教思想体系又不能不与社会各种思想互相影响，成为社会文化的组成部分。因此，宗教的存在、发展和演变又离不开具体的社会历史条件，或者说它必须适应社会的需要和时代的变化，否则它就不能生存，更谈不上发展。当然，每个时代的政治管理者为了稳定社会，要制定适合宗教存在和发挥作用的政策、法规，这也是宗教能够正常活动的重要条件。历史上有些宗教产生了，有些宗教灭亡了，有些宗教通过不断地自我更新而延续到今天，其决定的因素在于宗教与社会和时代相适应的能力。事实证明，世界三大宗教：佛教、基督教、伊斯兰教，以及道教、犹太教、印度教等，有巨大的普世性和适应能力，所以能从古代社会经由中世纪而进入现代社会。当然，这其中充满了矛盾、曲折和改革运动，不是一帆风顺的。由此可知，宗教并不固定与某种社会形态相适应，它可以与多种社会形态相适应。宗教与社会相适应的问题是一个古老而又实在的问题，历史就是这么走过来的。

现在新的问题是：宗教能否与社会主义社会相适应。这个问题的特殊性在于社会主义社会的指导思想是无神论的，不赞成宗教有神论，在制度上以公有制为主，是不同于以往一切私有制的崭新社会制度。在这种情况下，宗教是否能像它适应以往社会那样适应社会主义社会呢？这就有分歧发生了。曾经有一种看法，认为宗教只是私有制的产物，它是旧社会遗留下来的旧思想、旧传统的残余，它与社会主义思想体系不能相容，所以要加以限制，促其尽快消亡。这种“宗教不能适应社会主义社会”的观点到了“文革”时期便发展成为“消灭宗教”的极左思想和批斗宗教界人士的疯狂行为。经过拨乱反正，坚持这种看法的人已经极为罕见了。但是，还有另一种看法：尽管宪法规定宗教信仰自由，可是这是不得已而为之，宗教虽然不反社会主义，但毕竟不是社会主义社会的上层建筑；宗教坚持有神论和唯心论，组织上自成体系，对于社会主义来说，它仍然是一种异己的力量，不能不加以严密防范和控制，使其力量越小越好，信教人数越少越好。持有这种看法的人并不否定宗教界对国家和社会的种种积极贡献，但看得多的还是宗教的消极面，在感情上不把宗教系统作为社会主义社会的系统之一，而把宗教列入另册，隔着一层。有这样看法和情感的人恐怕有一定的数量，他们对宗教能否真正适应社会主义社会抱有某种怀疑的态度。

马克思主义经典作家虽然不赞同宗教教义，对于反动阶级利用宗教麻痹人民的思想也作过尖锐批判，但是他们并不认为宗教与社会主义制度不能相容，并且坚决反对用行政手段消灭宗教，而是主张实行宗教信仰自由的政策。恩格斯和列宁再三强调要把信教变为公民私人的事情，不应向宗教宣战，要团结信教群众为建立人间天堂而奋斗。社会主义国家作为社会管理者不能仅仅满足于无神论的水平，还要以唯物史观为指导，全面深刻地认识和把握宗教产生、发展和演化的规律性，认识和把握宗教在社会主义社会存在的长期性、复杂性、历史性、群众性和国际性，从而制定正确的宗教政策，慎重地、耐心地处理全社会的宗教问题，绝不会以简单粗暴的态度对待宗教。斯大林治下的苏联，没有真正贯彻列宁关于保护信教自由的政策，却实行许多“左”的错误政策，宗教界和政府的关系长期处于紧张状态。东欧一些社会主义国家也没有处理好与宗教的关系，阿尔巴尼亚还一度禁止宗教。他们没有向我们提供宗教与社会主义社会相适应的范例，他们的社会主义模式也经不起考验而瓦解了。在中国民主主义革命过程中，宗教界的主流是爱国进步的，表现是好的。新中国建立初期，在周恩来总理直接领导下，宗教工作相当平稳，宗教界与政府和社会各界的关系也比较融洽。后来，“左”的思潮日占上风，宗教界不断受到冲击，关系日趋紧张，直到“文革”，形成大混乱大灾难。我们既有两者比较和谐的经验，也有两者失调紧张的教训，而关键在于宗教信仰自由政策能否真正得到执行和落实。“文革”之后，特别是改革开放以来，宗教工作重新走上轨道，宗教信仰自由政策相当深入人心，宗教界与政府和社会各界的关系达到新的和谐，应当说宗教正在走向与社会主义社会相适应的道路。但是还有许多不相适应的问题存在，特别是人们还缺乏对宗教与社会主义社会相互关系的理论高度的认识，许多陈旧的观念仍在作怪，不能适应改革开放飞速发展的形势，认识滞后，行动滞后。在这种形势下，江泽民总书记提出“积极引导宗教与社会主义社会相适应”的命题，既有其现实的基础，又有迫切的需要，它可以形成一种崭新的观念，用以充实马克思主义宗教理论，改善宗教工作现状，并对建设有中国特色的社会主义作出贡献。

二

“引导宗教与社会主义社会相适应”这一命题本身就表示宗教与社会主义社会有相适应的可能性和必要性，这是我们研究问题的前提。宗教和社会主义是两种不同的思想体系，这是就世界观而言。从社会政治和文化的层面来说，两者之间有许多相容性，不仅可以并行而不悖，而且在引导正确的条件下，两者可以互通互渗，形成良性互动关系。宗教与社会主义社会相适应的问题，有理论的层面，有实际工作的层面，先要有正确的理论观念，其次才能落实到实际工作上来。这个问题包括三个重要概念，必须作出正确解释，才能把问题说清，即“宗教”、“社会主义”、“适应”这三者的内涵是什么，有哪些错误的观念需要澄清。对“宗教”本质的认识，要纠正过去褊狭和武断的观点，应把宗教看成是一种正常的信仰选择，以平常心对待之，不要把宗教看成是异常现象。同时要把宗教看成一种多层次、多侧面、立体化的社会体系，它不仅是一种社会意识形态，也是一种社会物质力量和传统文化模式，它影响着广大人口，这些人口也是社会主义社会主人队伍的组成部分。在社会主义社会里，宗教是整个社会母系统中的一个子系统，它的功能是多重的，至少可以概括为五大功能：政治的、心理的、道德的、文化的、社会福利的，其重心是起稳定社会精神生活的作用。现实人间有许多事情科学不能解释、人力不能解决，人们很容易到宗教里去寻找答案，借以安身立命。宗教虽然有幻想性、谬误性，并且常被社会不健康的势力所利用，但是它也能安顿人们的心灵，形成一种有理想的价值取向，从而稳定和改良社会。有人把宗教理解成一种特殊的心理治疗医学，其说不无道理。由于社会主义社会里异化现象仍然存在，宗教的存在就不可避免。扩大来说，宗教不仅仅有核心教义信仰，它还形成内涵丰富的文化体系，如哲学、道德、文艺、政治、经济、民俗等等，与社会生活紧密联系在一起，这种联系并不因社会主义制度的建立而中断。宗教文化是人类文化的一部分，也可以成为社会主义社会文化的一部分，包含着许多有益的成分，表现人们的智慧和品性，应该加以重视。当然，宗教有其特殊性和复杂性，宗教及其文化中也包含一些不符合社会前进要求的内容，有些曾经有益后来变得陈旧，总之，有消极的成分，消极的作用，如同其他文化体系一样，同时存在着正面价值和负面价值。但在人类进入现代社会，在商品和金钱崇拜广泛流行的今天，追求崇高的宗教价值更有匡世救弊的意义，只恐其衰落不嫌其发达。在社会主义的中国也同样如此，现在搞市场经济，也面临着过度的物质主义和实用主义吞没理想主义和真诚信仰的危机，最迫切的问题，不是信仰什么，而是有没有信仰。社会主义应当作为主流信仰加以提倡，这是没有疑问的，同时也要保护其他真诚信仰包括宗教信仰；最可怕的是没有任何信仰而只信金钱，法律和道德将因此而受到冲击。在物欲横流、信仰失落的挑战面前，哲学应协同宗教，推动精神文明建设。

我们对社会主义的认识经历了曲折的过程，曾经认为“一大二公”是社会主义，纯粹的公有制是社会主义，计划经济是社会主义，思想文化清一色是社会主义等等。经过总结历史及“文革”的教训和改革开放，人们逐步认识到了社会主义社会的复杂性和变动性，认识到它是一个过渡时期，以公有制为主体同时多种经济成分并存，要大力发展市场经济，不断健全民主与法制。而在上层建筑领域里，必然是政治和法律的统一与思想文化的多元同时并存。学术与文艺应该百花齐放、百家争鸣。精神信仰上则是多元选择、彼此尊重。由于社会主义的本质是维护人民大众的权益，所以社会主义社会应是人民选择信仰最为自由的时代，应是人民心情舒畅、精神生活最为生动活泼和丰富多彩的时代。在这个意义上，社会主义应是对宗教最为宽容的主义，因为它尊重人民的意志和愿望，不会干涉人民选择信仰的权利。宗教不是社会主义思想体系，但它却是社会主义社会的上层建筑，它是社会主义社会精神文化生活的重要组成部分。社会主义精神文化不是凭空创造的，它必须继承以往人类的优秀文化，并且以宽容的态度协调一切其他的健康文化。在社会主义时期，宗教赖以生存的社会根源、自然根源、认识根源和心理根源依然存在，而且将长期存在，“谋事在人，成事在天”的现象将长期存在。尤其是在市场经济的竞争中，生活里许多不稳定的因素加重了，人们对自己的命运更难把握，因此增加了对宗教的心理需要。从社会管理的角度看，社会主义社会是一个不断改革和创新的过程，改革不仅会带来发展和利益，也会带来震动、错位和痛苦，这时候社会特别需要稳定和良好的道德氛围，传统宗教便是社会稳定系统中一支重要的精神力量。当然，做得不好，宗教也会成为不稳定因素，不过，稳定的作用是主要的，只要宗教信仰自由政策得到认真贯彻和宗教界予以配合。所以宗教对于社会主义社会来说，不仅是它的一个正常组成部分，而且还可以成为它的上层建筑中一个积极的组成部分，为巩固和发展社会主义经济基础服务。因此，要区分社会主义思想与社会主义制度，前者与宗教不能混淆，后者必须容纳宗教。对于共产党员来说，必须信仰社会主义和共产主义，但对于一般公民来说，只能要求他们在政治上拥护社会主义，至于他们在世界观上信仰什么，可以自由选择，其结果必然是多样化的；硬要在公民中统一信仰，只能导致文化专制主义，而文化专制主义绝对不是真正的社会主义。

对宗教与社会主义社会相适应的理解不能片面。“适应”不是抹杀差别、完全一致，这做不到，硬要去做只能造成紧张和对立，恰恰是不适应。“适应”应是和而不同，一方面承认差别，另一方面是保持和谐，是在“两尊重”，即充分尊重宗教的特点和充分尊重社会主义的庄严的前提下，建立宗教与社会主义社会之间的和平合作关系。“适应”意味着调整的过程，对于宗教来说，社会主义是新事物，要有一个熟悉和与之协调的过程；对于社会主义主体系统来说，宗教亦是一个需要重新认识的事物，也有个与之相协调的过程，因此，适应不是单方面的，大家都有责任。“适应”的基础是：在社会主义制度下，宗教信徒与非宗教信徒之间没有根本的利害冲突，社会主义现代化事业代表着他们的共同利益，可以在这个旗帜下团结起来；社会主义制度保障人民信教的权利，视各教一律平等，不允许因信仰不同而在政治上受到歧视。但由于社会主义本身有一个发育的过程，宗教与社会主义社会相适应没有现成经验可以借鉴，彼此要不断调适。不适应的情况时有发生，有时甚至出现紧张状态，这对于社会主义事业和宗教本身的健康发展都没有好处，所以要强调适应，要认真加以调整。以前我们有一种认识，认为宗教与社会主义只能在政治上结盟，不能在思想上沟通，这种看法也应该有所突破。从“左”的斗争哲学看，社会主义与其他思想体系是泾渭分明，甚至是彼此对立的。两者的核心信仰当然不同，但是真正的马克思主义者向来认为社会主义和共产主义学说要吸收全人类一切文明成果，而不是在理论上把自己封闭起来。世界上各种学说，包括宗教思想中的真善美，都是彼此相通的，当然立论的角度、推衍的思路各有不同，但可以在互相批评中彼此吸收和借鉴。例如宗教中的人生智慧、心理分析、辩证思维、道德信念，都可以为社会主义精神文明作出贡献。所以宗教与社会主义社会相适应的范围是广阔的，内涵是丰富的，需要人们去不断开拓。

宗教是多层次的综合性的社会体系，有信仰的层面，有理论的层面，有实体的层面，有文化的层面，它们与社会主义社会相适应的内涵和要求是不一样的。从主要方面说，适应的内涵和要求应该是：第一，在信仰上相互尊重，信教与不信教的人们之间，不同宗教信仰的人们之间，都能彼此尊重，友好共处，不发生信仰歧视的问题；第二，宗教团体和宗教界人士同其他社会团体人士一道，在维护国家独立、统一和宪法尊严上能相互配合，避免宗教被利用来进行非法活动；第三，宗教团体和广大信徒能同全国人民一道，积极从事社会主义现代化建设，在改革开放的事业中协力合作，作出贡献，还可以开办各种社会文化和福利救济事业，为人民造福。应当指出，宗教适应社会主义社会不能满足于遵纪守法，要变消极适应为积极服务。宗教的声誉是靠它为社会进步效力换来的。宗教关心社会，社会也会关心宗教；第四，宗教哲学和宗教道德能以自己的特殊方式在一定程度上参与社会主义精神文明建设，起到稳定社会秩序、配合社会主义教育的作用，例如在教徒中提倡博爱平等、济世利他、清心寡欲，禁止和谴责各种危害他人和社会的行为，劝人去恶为善，形成良好的道德风尚并影响到社会。宗教道德中那些表现社会公德的内容，那些能够净化人们心灵的内容，应当大力开发运用，这是宗教适应社会主义社会的重要方式；第五，宗教文化资源的开发和宗教学术研究的开展，能丰富社会精神生活，给文化建设提供一定的思想营养和表现形式，在这方面教内外的合作余地是很广大的。

如果上述五项要求做得比较好，就可以说我国的宗教已经与社会主义社会基本相适应了。如果存在着这样或那样的问题，那就表明还有不相适应的地方，还需要调整改进。即使已初步适应，还有个加深和提高的问题，这是一个不断出现矛盾、不断解决矛盾的过程，其进路永无止境。上述五项要求还说明，适应就是合作，既需要宗教界的努力，也需要国家宗教事务管理部门和理论界的努力。由于宗教事务管理部门代表社会主义国家掌管宗教政策，它在宗教与社会主义社会相适应的过程中不能不起特殊的重要作用。江泽民总书记讲“积极引导”，谁来引导？管理部门、学术界和宗教界都有责任，当然主要责任在制定和执行宗教政策的管理部门。不去积极引导不对，引导不得法也不行，关键的因素是管理干部队伍自身观念的正确和自身素质的提高。

三

应当承认，宗教与社会主义社会不相适应的情况是存在的，主要表现有以下几项：第一，宗教界有极少数人以宗教为掩护进行各种非法活动，如进行民族分裂活动，从事吸毒贩毒的犯罪活动，以及其他违法乱纪活动。这些活动触犯法律，已不属于宗教问题，但如果与宗教组织有关，而后者又不能及时揭露和配合司法部门的执法行动，甚或有意无意加以袒护包庇，这就是该宗教组织不能适应社会主义社会的表现。第二，宗教教义教规中有某些与国家现行政策相抵触，而又加以宣扬和坚持。例如基督教教义反对堕胎和计划生育，伊斯兰教教义鼓励“圣战”及其门宦制度和教派纷争，佛教和道教庙观在管理体制上尚残留封建宗法性等等。这些方面都不符合中国现有的国情和政策，必须加以改革，至少要淡化。第三，宗教界人士从总体上说文化素质不高，宗教素养不够，缺少高级人才，更缺少大师和哲人，不能创造性地发展宗教理论，以适应新的时代；同时在发展教徒的过程中不能严格掌握标准、履行手续，遂有良莠混杂、教规失范的现象发生，给宗教带来不好影响。第四，有些宗教事务管理干部对于“管理”的范围不清，管理的方式不当，存在着干涉过多、强迫命令、包办代替的问题，这就会发生许多矛盾。第五，宗教法规尚不健全，宗教法尚未出台，有些事情无章可循。例如对于民间宗教和信仰应持何种态度和政策，迄今没有明文规定，于是各行其是，形成放任和无序状态。第六，宗教事务管理队伍更新快、不稳定、缺乏宗教理论与政策的训练，残存着许多过时的旧观念，有时不能以非常慎重的态度处理宗教问题，不善于与宗教界人士交朋友，往往使矛盾激化，造成人为的紧张。有时甚至混淆两类矛盾，用公安代替统战，使人民内部矛盾激化为对抗性矛盾。第七，个别新闻出版部门缺乏宗教政策观念，出版一些伤害宗教感情的作品，发表一些违背宗教政策的言论，引起宗教信徒的不满甚至抗议，此类事时有发生。

不适应状态的发生，除了客观原因外，往往导因于若干错误的思想。主要有这样几种：第一，某些宗教界人士认为宗教适用于一切社会，它的教义教规、组织活动向来如此，不存在要调整和适应新的社会的问题。这当然是不对的。宗教史表明，宗教有变与不变两个方面，其核心信仰不易变化，而其他方面无不随着社会的发展而不断变化更新，例如对经典的注释，每个时代都有新的内容。宗教要适应社会主义社会，尤其要有更多的创新。抱残守缺并不利于宗教传统的保存。第二，社会上有人认为宗教是一种幻想和谬误，是反科学的，从根本上不能与社会主义社会相适应，承认宗教是为了消灭宗教，必须加以限制，使它的力量越小越好，教徒人数增多便不利于社会主义。前不久还有人提出，要进行社会主义精神文明建设，就必须把广大教徒“从宗教唯心主义束缚下解放出来”。持有这种观点的人自然不会去积极协调宗教，而是想方设法硬性限制宗教。他们不懂得宗教与科学既有对立关系又有相容关系，本不属于一个文化层次，也不懂宗教与社会主义制度有相容性。第三，宗教事务管理干部中有人认为“适应”就是宗教界人士要一味听话，特别是听他们的话，不听话或者提意见就是不适应。这里必须弄清两个问题：一个是某些干部的话是否符合党的路线方针，符合的要听，不符合的可以不听；另一个是，肯定成绩固然应当，批评缺点也是关心和支持社会主义事业，因此要欢迎批评建议，这才能形成有生气的局面。第四，有人认为适应就意味着完全一致，讲一样的话，做一样的事，否则就是不适应。这是不可能的事，硬要做只能是表面取消差别实际上加剧矛盾。宗教界人士在教言教，自然正当，应尊重其独立性和信仰。个别宗教界人士讲话如同党的干部，这只能脱离信教群众，引起信徒反感。

四

为促进宗教与社会主义社会相适应，我们要做许多事情。首先要把“宗教与社会主义社会相适应”作为重要问题加以认真研究，从理论上阐明其确切含义及其丰富的内容，纠正片面或错误的认识，把正确的、全面的观念树立起来，特别要确立“和而不同”、“多元一体”的理念，使它们深入人心。其次要采取措施提高管理干部和宗教界人士的理论文化素质，一方面干部要学点宗教学和宗教政策，实行专业训练和考核；另一方面宗教界人士要学习有中国特色的社会主义理论及人文和科学知识，而两方面人士都要以各种方式了解时代和世界的新鲜事物，开阔眼界，增加智慧，有了这样的人才素质，遇到问题容易解决。第三，要认真研究和总结宗教管理的历史和现实中的经验和教训，建立宗教管理学，明确宗教事务管理的宗旨、范围、权限和方式，做到依法管理，恰到好处。该管的要管，目的是制止非法行为，贯彻党的宗教政策，保护正常的宗教活动，协调宗教与社会各界的关系。不该管的坚决不管，纯属教内宗教事务和宗教活动不应干预，目的是保证信徒的真正自由和教团教务的独立自办。该管的不管或不该管的硬管，都会引起矛盾和冲突。此外，在改革开放和市场经济转型的新形势下，宗教活动也出现一些新问题，如教办企业，应有相应的法规加以管理。随着时代的进步和形势的变化，有些法规需要改革，有些法规需要充实，总之，政策和法规既要有稳定性、连续性，又要不断调整和完善，以适应改革开放的步伐。第四，宗教改革问题主要应由宗教界人士自己去研究解决，应该尊重他们的选择和创造，目的是为了更好地适应新的时代，教外人士一般不宜说三道四，越俎代庖。对于宗教界为创立有中国特色的新宗教神学的努力，应予支持。例如“人间佛教”的理论的深化，“生活道教”的理念的提出，中国基督教新神学的探索，都是宗教界努力使宗教与社会主义社会相适应的高层次的表现，应受到社会的欢迎。第五，提倡教内人士与教外人士广交朋友，特别是宗教事务管理干部与宗教界人士交朋友。不仅如此，党政各级领导人都应该有几位宗教界的朋友，彼此相互沟通，相互谅解，相互支持，遇到问题，商量解决，而不能仅靠开会和公文办事。第六，宗教事务管理干部、宗教理论学者、宗教界人士这三支队伍之间的团结是至关重要的。他们之间应该经常交流、相互协调、加强合作，共同研究一些理论和现实问题，推动社会主义时期有中国特色的宗教理论和政策法令的不断完善。这三支队伍如能消除隔膜，关系融洽，那么宗教与社会主义社会相适应的问题就容易解决得好。在宗教文化资源中，有哪些是积极健康的成分，需要大力开发，哪些是消极陈旧的东西，需要淡化或改革，应当进行认真细致的研究探讨，不能简单急躁。第七，矛盾是层出不穷的，但要及时发现，及时研究，及时解决，把非对抗性矛盾及时化解掉，不要拖延回避，不要等事情闹大了，矛盾激化了，才被迫去处理。

促进宗教与社会主义社会相适应，决不仅仅是宗教界和宗教事务管理部门的事情，而是全社会都要来做的事。如果各级领导、社会各界都能正确理解和执行社会主义的宗教方针政策，并且在可能的情况下，帮助宗教信徒和教徒聚集地区发展经济，脱贫致富，关心他们的生活、家庭、医疗、教育、文化事业，在物质文明和精神文明上都取得好成绩，宗教界和广大信徒自然会心向社会主义，高高兴兴地参加社会主义现代化建设事业。社会主义自身的健康发展和实在成就，是解决一切社会问题的基础，这是我们时刻要记住的。

（摘自《中央民族大学学报》〈社会科学版〉1999年第5期）

和谐社会的构建与宗教的作用

方立天

胡锦涛同志在省部级主要领导干部提高构建社会主义和谐社会能力专题研讨班上作了重要讲话，他明确指出："我们所要建设的社会主义和谐社会，应该是民主法治、公平正义、诚信友爱、充满活力、安定有序、人与自然和谐相处的社会。"又说："实现社会和谐，建设美好社会，始终是人类孜孜以求的一个社会理想，也是包括中国共产党在内的马克思主义政党不懈追求的一个社会理想。"构建和谐社会，必将加快建设小康社会的步伐。我们要在和谐中求发展，在发展中增强和谐。和谐必将推动发展，发展一定促进和谐。构建社会主义和谐社会需要处理好各种关系，笔者拟从宗教视域对此提出一些看法。

一、和谐与和谐社会的本质要求

当代著名哲学家、哲学史家张岱年先生在《哲学思维论》中阐述了哲学思维和方法，他把"和谐"列入辩证法的基本概念中，指出："对待（按：即对立统一）不唯相冲突，更常有与冲突相对峙之现象，是谓和谐。……和谐包括四方面：一相异，即非绝对同一；二不相毁灭，即不相否定；三相成而相济，即互相维持；四相互之间有一种均衡。”（《张岱年全集》第3卷第35页，河北人民出版社1996年12月版）从上述对和谐的界说来看，哲学层面的和谐就是矛盾的相对统一、一致，和谐的本质就是事物发展中矛盾的均衡状态，也就是相异事物互不毁灭，相成相济，互不失衡，平衡发展。应当承认，动态和谐、动态均衡，是矛盾运动和事物发展的常态。

和谐社会的“社会”，是指与政治、经济、文化相并列的一个具体的发展领域。“和谐社会”包括了人与自我、人与人以及人与自然的和谐三个方面，但主要是指社会关系的和谐。人自身的和谐，即社会成员的身心和谐是和谐社会的基点。人与自然的和谐为和谐社会提供必要的条件和生存的空间。人与人的社会关系和谐，包括个人与个人、个人与群体、群体与群体等之间的关系。“利之所在，天下趋之。”人与人之间的关系，本质上是一种利益关系。因此政府如何确立利益平衡和协调机制，妥善处理人们之间的各种利益关系，对于实现人与人之间、社会各群体之间、各阶层之间关系的和谐，具有基础性、关键性的意义。

二、宗教和谐是构建和谐社会的重要方面

宗教和谐的含义有四个层次：（一）不同宗教、不同教派内部信徒之间的和敬；（二）不同宗教信徒之间的和睦；（三）宗教信徒与非信教群众之间的和谐；（四）宗教作为一种文化形态与社会领域之间的协调。应当说，当前中国宗教和谐是有目共睹的，但是进一步提高中国宗教和谐的质量，仍是任重道远。

为了构建宗教和谐关系，我们要清醒认识我国社会转型中的宗教问题及其发展趋势。首先是宗教人口不断增加。早在上世纪50年代周恩来总理称中国宗教信徒约一亿人，现在半个世纪过

去了，中国人口翻了一番多，其间宗教人口增加的绝对量肯定是很大的。随着宗教信徒的增加，宗教对社会的影响力也日趋增强。其次是宗教内部结构发生变化，诸如城市基督教中形成的“知识精英”教徒和“老板基督徒”两个新兴群体，将对社会产生深刻影响。再次是信教群众维护自身权益和宗教内部的利益之争，将为宗教方面的矛盾和纠纷增添许多不确定的变数。以上情况表明，在社会和谐中宗教和谐的重要性。

民族性和国际性是我国宗教现象的重要特点。汉族与各少数民族、各少数民族之间的宗教信仰有着显著的差异。一般而言，汉族民众是多神崇拜，信仰复杂，正式信徒较少。少数民族之间的宗教信仰也有所不同，总的说来，少数民族的宗教信仰比较专一，宗教传统久远牢固，宗教信徒比较多，有的几乎是全民族信教。由此看来，构建宗教和谐，对于维护与增强汉族与少数民族之间、各少数民族之间以及不同民族内部的和睦团结，具有重大意义。可以说，只有宗教和谐，才能有巩固的民族团结；只有宗教和谐，才能全面实现社会和谐。再就国际性特点来说，中国宗教信徒中，佛教、伊斯兰教、天主教、基督教等世界宗教占有的比重最大，中国周边国家多是奉行不同世界宗教的国家，中国宗教界与其他国家的相关宗教界有着千丝万缕的关系。由于中国宗教的正式信徒相对较少等诸多复杂原因，中国被某些国外政界和宗教界的人士视为有待开发的广阔宗教市场，从而使中国宗教工作和宗教问题的国际因素更为凸显。如何进一步构建中国宗教的和谐关系，对于维护宗教与社会主义社会的协调适应，维护我国与周边国家的睦邻友好，以及国际关系的稳定安全，都有着不可忽视的重要意义。

宗教和谐首要的也是利益层面的和谐，但由于宗教是有独特信仰的群体，因此价值观念层面的和谐，对于宗教来说，又具有特殊重要的意义。在社会矛盾的两种驱动因素，即利益驱动和价值驱动中，对宗教来说，价值驱动的作用越来越大，价值认同的和谐越来越重要。因此，信仰上互相尊重，在构建宗教和谐中的意义，是无论怎样估价也不会过高的。

三、发挥宗教构建社会主义和谐社会的积极作用

广大信教群众是建设中国特色社会主义的积极力量，同样也是构建社会主义和谐社会的重要力量。由于宗教教义具有构建和谐社会的内在诉求和理论机制，蕴涵了构建和谐社会的丰富思想资源，因此，若能积极发挥宗教有关和谐共处的优良传统，必将有助于社会主义和谐社会的构建。

宗教有关构建和谐社会的重要优良传统有：第一是宗教间互相包容的传统。中国宗教史表明，各宗教之间虽有对立的一面，但也有融合的一面，如佛教与道教就由冲突走向融合，道教与民间宗教也长期处于融合的状态。中国宗教并没有因为信仰价值的差异而导致长期冲突，更没有宗教之间的战争，相反是在长期的和睦共处中各得其所。第二是爱人利他的传统。如佛教的平等慈悲、容忍布施的理念；道教的“齐同慈爱，异骨成亲”思想；基督教和伊斯兰教的爱人仁慈、慈善公益的主张，都有助于人与他人、人与社会的和谐。第三是爱国爱教的传统。历史与现实都表明，中国宗教都主张把爱教与爱国统一起来，积极维护国家的主权、独立、荣誉和根本利益。如佛教提倡的“庄严国土，利乐有情”，道教的“弘扬道教，即所以救国”；伊斯兰教的“国家兴亡，穆民有责”等主张，都体现了宗教的爱国、护国的崇高精神。第四是关爱自然的传统。宗教普遍认为宇宙是一个整体，人与自然是一个整体。如佛教的缘起共生论，认为人与自然万物都

是由各种原因、条件而相待相成的；道教视天、地、人为一个统一的整体，都十分尊重自然，主张善待万物，提倡人与自然的和谐。

为了切实有效地发挥宗教在构建社会主义和谐社会中的积极作用，笔者有三个建议：一是为了提高宗教界参与构建和谐社会的自觉与能力，各宗教团体要召开专门研讨会，以“宗教与构建和谐社会”为中心，发掘整合本宗教教义教规中的有关资料，并形成专集与宣传品，以普及于本宗教的广大信众，使发扬各宗教的优良传统转化成信众的实际行动。二是宗教界要进一步加强参与社会事业的力度，即大力开展慈善救济等社会公益事业，关爱社会弱势群体，缓解社会矛盾和困难。三是宗教界参与构建和谐社会，关键是人，是宗教信徒，为此要大力办好宗教院校，培养人格高尚、知识丰厚、爱国爱教和富有开创能力的宗教人才，以利于持续不断地提高宗教界参与构建社会主义和谐社会的能力和水准。

我们深信，只要我国宗教界人士具有自觉意识，大力发挥上述优良传统，专心致志，持之以恒，形成风气，形成氛围，就一定能够维持宗教和睦，进而推动社会主义和谐社会的不断前进。

（摘自《中国宗教》2005年第7期）

附　件

宗教事务条例

第一章　总　　则

第一条　为了保障公民宗教信仰自由，维护宗教和睦与社会和谐，规范宗教事务管理，根据宪法和有关法律，制定本条例。

第二条　公民有宗教信仰自由。

任何组织或者个人不得强制公民信仰宗教或者不信仰宗教，不得歧视信仰宗教的公民（以下称信教公民）或者不信仰宗教的公民（以下称不信教公民）。

信教公民和不信教公民、信仰不同宗教的公民应当相互尊重、和睦相处。

第三条　国家依法保护正常的宗教活动，维护宗教团体、宗教活动场所和信教公民的合法权益。

宗教团体、宗教活动场所和信教公民应当遵守宪法、法律、法规和规章，维护国家统一、民族团结和社会稳定。

任何组织或者个人不得利用宗教进行破坏社会秩序、损害公民身体健康、妨碍国家教育制度，以及其他损害国家利益、社会公共利益和公民合法权益的活动。

第四条　各宗教坚持独立自主自办的原则，宗教团体、宗教活动场所和宗教事务不受外国势力的支配。

宗教团体、宗教活动场所、宗教教职人员在友好、平等的基础上开展对外交往；其他组织或者个人在对外经济、文化等合作、交流活动中不得接受附加的宗教条件。

第五条 县级以上人民政府宗教事务部门依法对涉及国家利益和社会公共利益的宗教事务进行行政管理，县级以上人民政府其他有关部门在各自职责范围内依法负责有关的行政管理工作。

各级人民政府应当听取宗教团体、宗教活动场所和信教公民的意见，协调宗教事务管理工作。

第二章 宗 教 团 体

第六条 宗教团体的成立、变更和注销，应当依照《社会团体登记管理条例》的规定办理登记。

宗教团体章程应当符合《社会团体登记管理条例》的有关规定。

宗教团体按照章程开展活动，受法律保护。

第七条 宗教团体按照国家有关规定可以编印宗教内部资料性出版物。出版公开发行的宗教出版物，按照国家出版管理的规定办理。

涉及宗教内容的出版物，应当符合《出版管理条例》的规定，并不得含有下列内容：

（一）破坏信教公民与不信教公民和睦相处的；

（二）破坏不同宗教之间和睦以及宗教内部和睦的；

（三）歧视、侮辱信教公民或者不信教公民的；

（四）宣扬宗教极端主义的；

（五）违背宗教的独立自主自办原则的。

第八条 设立宗教院校，应当由全国性宗教团体向国务院宗教事务部门提出申请，或者由省、自治区、直辖市宗教团体向拟设立的宗教院校所在地的省、自治区、直辖市人民政府宗教事务部门提出申请。省、自治区、直辖市人民政府宗教事务部门应当自收到申请之日起30日内提出意见，对拟同意的，报国务院宗教事务部门审批。

国务院宗教事务部门应当自收到全国性宗教团体的申请或者省、自治区、直辖市人民政府宗教事务部门设立宗教院校的报告之日起60日内，作出批准或者不予批准的决定。

第九条　设立宗教院校，应当具备下列条件：

（一）有明确的培养目标、办学章程和课程设置计划；

（二）有符合培养条件的生源；

（三）有必要的办学资金和稳定的经费来源；

（四）有教学任务和办学规模所必需的教学场所、设施设备；

（五）有专职的院校负责人、合格的专职教师和内部管理组织；

（六）布局合理。

第十条　全国性宗教团体可以根据本宗教的需要按照规定选派和接收宗教留学人员。

第十一条　信仰伊斯兰教的中国公民前往国外朝觐，由伊斯兰教全国性宗教团体负责组织。

第三章　宗教活动场所

第十二条　信教公民的集体宗教活动，一般应当在经登记的宗教活动场所（寺院、宫观、清真寺、教堂以及其他固定宗教活动处所）内举行，由宗教活动场所或者宗教团体组织，由宗教教职人员或者符合本宗教规定的其他人员主持，按照教义教规进行。

第十三条 筹备设立宗教活动场所，由宗教团体向拟设立的宗教活动场所所在地的县级人民政府宗教事务部门提出申请。县级人民政府宗教事务部门应当自收到申请之日起 30 日内，对拟同意的，报设区的市级人民政府宗教事务部门审批。

设区的市级人民政府宗教事务部门应当自收到县级人民政府宗教事务部门的报告之日起 30 日内，对拟同意设立寺院、宫观、清真寺、教堂的，提出审核意见，报省、自治区、直辖市人民政府宗教事务部门审批；对设立其他固定宗教活动处所的，作出批准或者不予批准的决定。

省、自治区、直辖市人民政府宗教事务部门应当自收到设区的市级人民政府宗教事务部门拟同意设立寺院、宫观、清真寺、教堂的报告之日起 30 日内，作出批准或者不予批准的决定。

宗教团体在宗教活动场所的设立申请获批准后，方可办理该宗教活动场所的筹建事项。

第十四条 设立宗教活动场所，应当具备下列条件：

（一）设立宗旨不违背本条例第三条、第四条的规定；

（二）当地信教公民有经常进行集体宗教活动的需要；

（三）有拟主持宗教活动的宗教教职人员或者符合本宗教规定的其他人员；

（四）有必要的资金；

（五）布局合理，不妨碍周围单位和居民的正常生产、生活。

第十五条 宗教活动场所经批准筹备并建设完工后，应当向所在地的县级人民政府宗教事务部门申请登记。县级人民政府宗教事务部门应当自收到申请之日起 30 日内对该宗教活动场所的管理组织、规章制度建设等情况进行审核，对符合条件的予以登记，发给《宗教活动场所登记证》。

第十六条 宗教活动场所合并、分立、终止或者变更登记内容的，应当到原登记管理机关办理相应的变更登记手续。

第十七条 宗教活动场所应当成立管理组织，实行民主管理。宗教活动场所管理组织的成员，经民主协商推选，并报该场所的登记管理机关备案。

第十八条 宗教活动场所应当加强内部管理，依照有关法律、法规、规章的规定，建立健全人员、财务、会计、治安、消防、文物保护、卫生防疫等管理制度，接受当地人民政府有关部门的指导、监督、检查。

第十九条 宗教事务部门应当对宗教活动场所遵守法律、法规、规章情况，建立和执行场所管理制度情况，登记项目变更情况，以及宗教活动和涉外活动情况进行监督检查。宗教活动场所应当接受宗教事务部门的监督检查。

第二十条 宗教活动场所可以按照宗教习惯接受公民的捐献，但不得强迫或者摊派。

非宗教团体、非宗教活动场所不得组织、举行宗教活动，不得接受宗教性的捐献。

第二十一条 宗教活动场所内可以经销宗教用品、宗教艺术品和宗教出版物。

经登记为宗教活动场所的寺院、宫观、清真寺、教堂（以下称寺观教堂）按照国家有关规定可以编印宗教内部资料性出版物。

第二十二条 跨省、自治区、直辖市举行超过宗教活动场所容纳规模的大型宗教活动，或者在宗教活动场所外举行大型宗教活动，应当由主办的宗教团体、寺观教堂在拟举行日的30日前，向大型宗教活动举办地的省、自治区、直辖市人民政府宗教事务部门提出申请。省、自治区、直辖市人民政府宗教事务部门应当自收到申请之日起15日内作出批准或者不予批准的决定。

大型宗教活动应当按照批准通知书载明的要求依宗教仪轨进

行，不得违反本条例第三条、第四条的有关规定。主办的宗教团体、寺观教堂应当采取有效措施防止意外事故的发生。大型宗教活动举办地的乡、镇人民政府和县级以上地方人民政府有关部门应当依据各自职责实施必要的管理，保证大型宗教活动安全、有序进行。

第二十三条 宗教活动场所应当防范本场所内发生重大事故或者发生违犯宗教禁忌等伤害信教公民宗教感情、破坏民族团结、影响社会稳定的事件。

发生前款所列事故或者事件时，宗教活动场所应当立即报告所在地的县级人民政府宗教事务部门。

第二十四条 宗教团体、寺观教堂拟在宗教活动场所外修建大型露天宗教造像，应当由省、自治区、直辖市宗教团体向省、自治区、直辖市人民政府宗教事务部门提出申请。省、自治区、直辖市人民政府宗教事务部门应当自收到申请之日起 30 日内提出意见，拟同意的，报国务院宗教事务部门审批。

国务院宗教事务部门应当自收到在宗教活动场所外修建大型露天宗教造像报告之日起 60 日内，作出批准或者不予批准的决定。

宗教团体、寺观教堂以外的组织以及个人不得修建大型露天宗教造像。

第二十五条 有关单位和个人在宗教活动场所内改建或者新建建筑物、设立商业服务网点、举办陈列展览、拍摄电影电视片，应当事先征得该宗教活动场所和所在地的县级以上地方人民政府宗教事务部门同意。

第二十六条 以宗教活动场所为主要游览内容的风景名胜区，其所在地的县级以上地方人民政府应当协调、处理宗教活动场所与园林、文物、旅游等方面的利益关系，维护宗教活动场所的合法权益。

以宗教活动场所为主要游览内容的风景名胜区的规划建设，应当与宗教活动场所的风格、环境相协调。

第四章 宗教教职人员

第二十七条 宗教教职人员经宗教团体认定，报县级以上人民政府宗教事务部门备案，可以从事宗教教务活动。

藏传佛教活佛传承继位，在佛教团体的指导下，依照宗教仪轨和历史定制办理，报设区的市级以上人民政府宗教事务部门或者设区的市级以上人民政府批准。天主教的主教由天主教的全国性宗教团体报国务院宗教事务部门备案。

第二十八条 宗教教职人员担任或者离任宗教活动场所主要教职，经本宗教的宗教团体同意后，报县级以上人民政府宗教事务部门备案。

第二十九条 宗教教职人员主持宗教活动、举行宗教仪式、从事宗教典籍整理、进行宗教文化研究等活动，受法律保护。

第五章 宗教财产

第三十条 宗教团体、宗教活动场所合法使用的土地，合法所有或者使用的房屋、构筑物、设施，以及其他合法财产、收益，受法律保护。

任何组织或者个人不得侵占、哄抢、私分、损毁或者非法查封、扣押、冻结、没收、处分宗教团体、宗教活动场所的合法财产，不得损毁宗教团体、宗教活动场所占有、使用的文物。

第三十一条 宗教团体、宗教活动场所所有的房屋和使用的土地，应当依法向县级以上地方人民政府房产、土地管理部门申请登记，领取所有权、使用权证书；产权变更的，应当及时办理变更手续。

土地管理部门在确定和变更宗教团体或者宗教活动场所土地使用权时，应当征求本级人民政府宗教事务部门的意见。

第三十二条 宗教活动场所用于宗教活动的房屋、构筑物及其附属的宗教教职人员生活用房不得转让、抵押或者作为实物投资。

第三十三条 因城市规划或者重点工程建设需要拆迁宗教团体或者宗教活动场所的房屋、构筑物的，拆迁人应当与该宗教团体或者宗教活动场所协商，并征求有关宗教事务部门的意见。经各方协商同意拆迁的，拆迁人应当对被拆迁的房屋、构筑物予以重建，或者根据国家有关规定，按照被拆迁房屋、构筑物的市场评估价格予以补偿。

第三十四条 宗教团体、宗教活动场所可以依法兴办社会公益事业，所获收益以及其他合法收入应当纳入财务、会计管理，用于与该宗教团体或者宗教活动场所宗旨相符的活动以及社会公益事业。

第三十五条 宗教团体、宗教活动场所可以按照国家有关规定接受境内外组织和个人的捐赠，用于与该宗教团体、宗教活动场所宗旨相符的活动。

第三十六条 宗教团体、宗教活动场所应当执行国家的财务、会计、税收管理制度，按照国家有关税收的规定享受税收减免优惠。

宗教团体、宗教活动场所应当向所在地的县级以上人民政府宗教事务部门报告财务收支情况和接受、使用捐赠情况，并以适当方式向信教公民公布。

第三十七条 宗教团体、宗教活动场所注销或者终止的，应当进行财产清算，清算后的剩余财产应当用于与该宗教团体或者宗教活动场所宗旨相符的事业。

第六章　法律责任

第三十八条　国家工作人员在宗教事务管理工作中滥用职权、玩忽职守、徇私舞弊，构成犯罪的，依法追究刑事责任；尚不构成犯罪的，依法给予行政处分。

第三十九条　强制公民信仰宗教或者不信仰宗教，或者干扰宗教团体、宗教活动场所正常的宗教活动的，由宗教事务部门责令改正；有违反治安管理行为的，依法给予治安管理处罚。

侵犯宗教团体、宗教活动场所和信教公民合法权益的，依法承担民事责任；构成犯罪的，依法追究刑事责任。

第四十条　利用宗教进行危害国家安全、公共安全，侵犯公民人身权利、民主权利，妨害社会管理秩序，侵犯公私财产等违法活动，构成犯罪的，依法追究刑事责任；尚不构成犯罪的，由有关主管部门依法给予行政处罚；对公民、法人或者其他组织造成损失的，依法承担民事责任。

大型宗教活动过程中发生危害公共安全或者严重破坏社会秩序情况的，依照有关集会游行示威的法律、行政法规进行现场处置和处罚；主办的宗教团体、寺观教堂负有责任的，由登记管理机关撤销其登记。

擅自举行大型宗教活动的，由宗教事务部门责令停止活动；有违法所得的，没收违法所得，可以并处违法所得1倍以上3倍以下的罚款；其中，大型宗教活动是宗教团体、宗教活动场所擅自举办的，登记管理机关还可以责令该宗教团体、宗教活动场所撤换直接负责的主管人员。

第四十一条 宗教团体、宗教活动场所有下列行为之一的，由宗教事务部门责令改正；情节较重的，由登记管理机关责令该宗教团体、宗教活动场所撤换直接负责的主管人员；情节严重的，由登记管理机关撤销该宗教团体、宗教活动场所的登记；有非法财物的，予以没收：

（一）未按规定办理变更登记或者备案手续的；

（二）宗教活动场所违反本条例第十八条规定，未建立有关管理制度或者管理制度不符合要求的；

（三）宗教活动场所内发生重大事故、重大事件未及时报告，造成严重后果的；

（四）违反本条例第四条规定，违背宗教的独立自主自办原则的；

（五）违反国家有关规定接受境内外捐赠的；

（六）拒不接受登记管理机关依法实施的监督管理的。

第四十二条 涉及宗教内容的出版物有本条例第七条第二款禁止内容的，对相关责任单位及人员由有关主管部门依法给予行政处罚；构成犯罪的，依法追究刑事责任。

第四十三条 擅自设立宗教活动场所的，宗教活动场所已被撤销登记仍然进行宗教活动的，或者擅自设立宗教院校的，由宗教事务部门予以取缔，没收违法所得；有违法房屋、构筑物的，由建设主管部门依法处理；有违反治安管理行为的，依法给予治安管理处罚。

非宗教团体、非宗教活动场所组织、举行宗教活动，接受宗教性捐献的，由宗教事务部门责令停止活动；有违法所得的，没收违法所得；情节严重的，可以并处违法所得1倍以上3倍以下的罚款。

擅自组织信教公民到国外朝觐的，由宗教事务部门责令停止活动；有违法所得的，没收违法所得，可以并处违法所得1倍以上3倍以下的罚款。

第四十四条 违反本条例规定修建大型露天宗教造像的，由宗教事务部门责令停止施工，限期拆除；有违法所得的，没收违法所得。

第四十五条 宗教教职人员在宗教教务活动中违反法律、法规或者规章的，除依法追究有关的法律责任外，由宗教事务部门建议有关的宗教团体取消其宗教教职人员身份。

假冒宗教教职人员进行宗教活动的，由宗教事务部门责令停止活动；有违法所得的，没收违法所得；有违反治安管理行为的，依法给予治安管理处罚；构成犯罪的，依法追究刑事责任。

第四十六条 对宗教事务部门的具体行政行为不服的，可以依法申请行政复议；对行政复议决定不服的，可以依法提起行政诉讼。

第七章 附 则

第四十七条 内地与香港特别行政区、澳门特别行政区和台湾地区进行宗教交往，按照法律、行政法规和国家有关规定办理。

第四十八条 本条例自2005年3月1日起施行。1994年1月31日国务院发布的《宗教活动场所管理条例》同时废止。

中华人民共和国国务院

后　　记

本书上编收录了近年来学界对马克思主义宗教观探究的最重要成果。本书的编撰得到了相关出版机构和作者的大力支持和帮助。由于种种原因，个别单位和作者没有联系上。在此，对我们提供帮助的单位和个人一并致谢！

宫玉宽

2007 年 7 月